Droemer Knaur

Marianne Mehling (Hg.)

KNAURS KULTURFÜHRER IN FARBE BURGUND

Über 325 farbige Fotos und Grundrisse
sowie 6 Seiten Karten

Droemer Knaur

scharen ausgesetzt blieben. Der Gründung der ersten Abtei Burgunds 425 in Moutiers-Saint-Jean folgten im 6. Jh. weitere in Flavigny-sur-Ozerain, Saint-Seine-l'Abbaye und Bèze sowie die in bzw. bei den Städten angesiedelten Institutionen Saint-Germain (Auxerre) - ihre Krypta (9. Jh.) weist die am besten erhaltenen karolingischen Wandmalereien in Frankreich auf -, Saint-Marcel (Chalon), Saint-Bénigne (Dijon) und Saint-Étienne (Nevers) von weitreichender religiöser und kultureller Bedeutung.
Die nach ihrer Herkunft wohl aus Bornholm benannten Burgunder, die seit dem 1. Jh. v. Chr. nach Süden zogen, wurden 437 bei Worms durch den weströmischen Feldherrn Aëtius im Kampf gegen den drohenden Reichszerfall mit hunnischer Unterstützung besiegt: Dieser historische Rahmen dürfte dem um 1200 entstandenen Nibelungenlied zugrunde liegen. Die daraufhin nach Savoyen umgesiedelten Burgunder errichteten ein abermals erstarkendes Königreich, das nach der Unterwerfung durch die Franken 534 als Teilreich der Merowinger jedoch nur noch bedingt selbständig bleiben konnte.
Hiervon ist indes das *fränkische Teilreich Burgund* klar zu trennen, das aus der Zergliederung unter den Merowingern hervorging: Nur fränkisches (nicht ursprünglich burgundisches) Gebiet umfassend, wurde es dennoch so benannt zur Unterscheidung von den anderen Teilreichen Austrasien (im Osten) und Neustrien (im Westen). Dieses burgundische Reich zerfiel wiederum bei der karolingischen Reichsteilung 843 (Vertrag von Verdun) in einen östlichen und eben jenen westlichen Herrschaftsbereich, der - zwischen Saône und Loire gelegen - fortan allein den Namen *regnum Burgundiae* trug: das Kernland der bis heute als Bourgogne/Burgund bezeichneten Region. - Nahmen die Grafen im fränkischen Reich gemäß dem sich entwickelnden Herrschafts- und Feudalsystem auch die Verwaltungs-, Finanz- und Rechtshoheit in ihren Gebieten wahr, so wuchs ihre Führungsrolle im Wehrbereich wesentlich in der Zeit der Normanneneinfälle (9. Jh.). In jener historisch bewegten Epoche lebte auch der Graf von Roussillon, Titelfigur in 3 altfranzösischen Heldenepen aus dem 12.-13. Jh.: Als Schauplatz der Geschehnisse erscheint Burgund hier erstmals in der Literatur.
Graf Richard von Autun brachte um 890 die herzogliche Gewalt an sich (911 gelang es ihm, die Normannen endgültig zurückzudrängen) und begründete somit das *Herzogtum Burgund.*
956 in die Herrschaft einer Seitenlinie der nach Hugo Capet (französischer König 987-996) benannten Kapetinger gelangt, wurde das Herzogtum nach dem Aussterben dieser Linie 1002 unter territorialem Verlust vom König erkämpft, der es wiederum seinem Sohn Heinrich verlieh. Mit dem Gewinn der Grafschaft Dijon stieg 1016 ihre Hauptstadt zur herzoglichen Residenz auf. Seit 1031 selbst König von Frankreich, bestimmte Heinrich seinen Bruder Robert zum Herzog: Diese 2. kapetingische Seitenlinie regierte Burgund bis zu ihrem Aussterben 1361. Sie schuf durch geschickte Politik gegenüber der Krone und häufig gewaltsames Vorgehen gegen die Grafen, durch Landkauf und vorteilhafte Eheschließungen ein Herrschaftsgefüge von wirtschaftlicher Kraft und militärischer Stärke, die dann im 14. Jh. denjenigen des Königreichs ebenbürtig wurden. Das höfische Leben jener Epoche - seine Glanzzeit erlebte das Rittertum in Frankreich im 11.-späten 13. Jh. - vergegenwärtigen zahlreiche Epen und besonders für Burgund die berühmte Verserzählung »La Chastellaine de Vergy« aus dem 13. Jh. (→Reulle-Vergy).

Die Jahrhunderte der Kapetinger-Herzöge kennzeichnen freilich auch entscheidende religiöse und kulturelle Entwicklungen: Von den 910 bzw. 1089 gegründeten Abteien in *Cluny*, Ursprungsort der cluniazensischen Reformbewegung, und *Cîteaux* (→Saint-Nicolas-lès-Cîteaux), Stammkloster des 2. großen benediktinischen Reformordens (Zisterzienser), gingen wesentliche Impulse auf die Kirchengeschichte und mittelalterliche Politik aus, und sie schufen mit ihren zahlreichen Tochterklöstern Zentren des geistigen Lebens bald auch in weiten Teilen Europas; ihre sich u. a. durch Urbarmachung auch von Wald- und Sumpfgebieten ausdehnenden Ländereien verschafften ihnen zudem erhebliche wirtschaftliche Macht.

Wegkreuz bei Alise-Sainte-Reine >

Die seit dem 10. Jh. beginnende Baukunst der *Romanik* schuf in Burgund Meisterwerke der Sakralarchitektur z. B. in *Dijon* (Saint-Bénigne: Reste der Rotunde), *Tournus* (Saint-Philibert), *Chapaize* (Saint-Vincent), *Cluny, Paray-le-Monial* (Sacré-Cœur), *Nevers* (Saint-Étienne), *Autun* (Saint-Lazare), *Saulieu* (Saint-Andoche), *La Charité-sur-Loire, Beaune* (Notre-Dame): Zu ihren Merkmalen gehören der zumeist 3zonige Wandaufbau, (Spitzbogen-)Tonnengewölbe über dem Hauptschiff und Kreuzgratgewölbe über den Seitenschiffen, Umgangschor mit Kapellen, oft eine Vorhalle. *Anzy-le-Duc* und *Vézelay* (Sainte-Madeleine: Langhaus) zählen zu der jüngeren Gruppe mit nunmehr 2zoniger Wandgliederung, Kreuzgratgewölbe auch über dem Mittelschiff, Rundbogen und (Halb-) Säulen. Die Architektur der Klosterkirchen in Cluny und Cîteaux und der Wallfahrtsstätte in Autun wirkten vorbildhaft auch auf zahlreiche Pfarrkirchen. Besondere architektonische Konsequenz zeigt sich in den auf klare Schlichtheit bedachten Baunormen der Zisterzienser: z. B. in *Fontenay* mit dem am besten erhaltenen Klosterkomplex dieses Ordens. Ab der 2. Hälfte des 11. Jh. erreichte der Kirchenbau (außer bei den Zisterziensern) eine neuartige Einheit durch das Zusammenwirken v. Architektur und Bildprogramm, wie der reiche figürliche Bauschmuck erkennen läßt: *Portalplastik* bes. in Autun, Cluny, Vézelay sowie in Anzy-le-Duc, Avallon, Charlieu, Montceau-l'Étoile, Perrecy-les-Forges; *Kapitelle* besonders in Cluny, Autun, Saulieu, Vézelay. – Die roman. *Wandmalerei* tritt uns vor allem noch in Auxerre (Krypta v. Saint-Étienne) und Berzé-la-Ville entgegen. – Die künstlerisch bedeutendsten Schöpfungen der *Buchmalerei* entstammen dem Kloster in Cîteaux.

Die *Gotik* – der eigentliche Stil des französischen Kronlands –, die um 1140 in der Abteikirche von Saint-Denis bei Paris und in der Kathedrale von *Sens* (das jedoch kunsttopographisch nicht zu Burgund gehört) einsetzte, brachte durch die Verschmelzung des ja bereits vorher verwendeten Spitzbogens mit dem genial konstruierten, neuartigen *Rippengewölbe* in ihren verschiedenen Entwicklungsstufen ein System klarster Baulogik von zunehmend kühner Statik hervor: Da der Gewölbeschub nunmehr in die Seiten abgeleitet wurde, konnten die Mauern durch geringere Mächtigkeit an Höhe gewinnen und durch wesentlich größere Fensteröffnungen durchbrochen werden. Die Höhe und die vom Boden bis zum Gewölbeansatz durchgehend aufstrebenden Dienste steigern die charakteristische Vertikaldynamik der gotischen Kirchen ebenso wie die exakt kalkulierte Lichtführung. Außer dem beeindruckenden Beispiel für die Hinwendung zur Gotik in *Sens* finden sich die schönsten frühgotischen Kirchen in *Pontigny, Vézelay* (Sainte-Madeleine: Chor) und *Saint-Seine-l'Abbaye*. Dem Stil der Hochgotik zuzurechnen sind z. B. die Bauten in *Auxerre* (Kathedrale Saint-Étienne), *Dijon* (Notre-Dame), *Saint-Père-sous-Vézelay, Semur-en-Auxois* mit ihrer strukturellen Leichtigkeit, eleganten Raumgestaltung und reichen Bauplastik. Besondere statische Raffinesse offenbart sich in *Saint-Thibault*. Die Fenster der Kathedralen in Sens und Auxerre gehören zu den hervorragendsten Schöpfungen *gotischer Glasmalerei*. – Die Profanarchitektur jener Epoche bleibt noch in mehreren *Wohnbauten* etwa in Dijon, Cluny und Bèze sichtbar sowie in der *Stadtbefestigung* v. Semur-en-Auxois und den älteren Teilen der *Schlösser* La Rochepot (tiefgreifend restauriert; →Beaune, Umgebung), Rully, Chastellux-sur-Cure, Bazoches und Époisses.

Nachdem der letzte Kapetinger-Herzog 1361 noch jung an der Pest gestorben war – die in Europa besonders seit Mitte des 14. Jh. wiederholt ausbrechende Seuche quälte die Bevölkerung ebenso wie die Verheerungen durch marodierende Banden und Truppenbewegungen in diesem Durchzugsland zwischen Mittelmeer und Nordsee –, fiel das Herzogtum erbrechtlich wieder dem König zu. Er überließ es 1363 seinem jüngsten Sohn Philipp dem Kühnen als Apanage: So wurde die bis 1477 fortgesetzte Herrschaft der Herzöge aus dem Hause Valois (3. kapetingische Seitenlinie) begründet, die Burgund durch erheblichen Landgewinn, wachsende Wirtschaftsmacht und militärische Kraft im 15. Jh. in ernsthafte Konkurrenz mit dem Königreich treten und zu einem Zentrum der europäischen Kultur aufsteigen ließ. Durch Heirat kamen 1384 das reiche Flandern, der Artois und die burgun-

Burgunderrebe aus Château du Clos de Vougeot >

dische Freigrafschaft hinzu, 1390 durch Kauf die Grafschaft Charolais: Solche Machtposition mußte zu steigenden Spannungen mit der Krone führen, besonders mit Ludwig von Orléans, Bruder des geisteskranken Königs Karl VI. Nachdem Philipps Sohn Johann ohne Furcht 1407 Ludwig hatte umbringen lassen, wurde er 1419 selbst bei einer Zusammenkunft mit dem französischen Thronfolger ermordet. – Herzog Philipp der Gute regierte Burgund 1419–67. In der Eskalation der Feindseligkeiten verbündete er sich mit den Engländern, die im Hundertjährigen Krieg (1339–1453) gegen Frankreich kämpften, und erkannte deren König auch als französischen König an; 1430 lieferte er Jeanne d'Arc an England aus. Von diesen schweren Kriegzeiten zeugen bis heute die Ruinen vieler Schlösser, am beeindruckendsten wohl die noch immer trutzige Anlage in *Druyes-les-Belles-Fontaines*. Philipp erweiterte das Herzogtum durch Eroberungen, Kauf, Erbschaft und den Friedensvertrag mit dem Königreich (1435) um die Grafschaft Boulogne, große Gebiete der deutschen Niederlande, Mâcon, Auxerre, einen Teil der Picardie und das Herzogtum Luxemburg. Sein Hof wurde dominanter Mittelpunkt der spätmittelalterlichen Adelskultur. – Philipps Sohn Karl der Kühne trachtete, das Herzogtum Lothringen zu erobern als notwendiges Verbindungsglied zwischen den südlichen und nördlichen Teilen seines großräumigen Herrschaftsgebiets, das er zur selbständigen Macht zwischen dem französischen Königreich und dem Deutschen Reich ausbauen wollte. Doch nach zwei Niederlagen gegen die Eidgenossen fiel er 1477 im Kampf mit den Lothringern bei Nancy.

Die Epoche der 4 Valois-Herzöge (1363–1477) leistete trotz der Kriege und damit verbundenen drückenden ökonomischen Belastungen einen wesentlichen Beitrag zur europäischen Kulturgeschichte. Besonders die Hafen- und Handelsstädte Flanderns und der Niederlande garantierten hohe Einkünfte, die der herzoglichen Hofhaltung Glanz und Pracht von internationalem Rang ermöglichten. Hierzu gehörten große Festlichkeiten und die Ausbildung einer spezifisch burgundischen Mode mit eleganter Kleidung aus kostbaren Stoffen ebenso wie die Berufung und Förderung bedeutender Musiker – Komponisten wie Guillaume Dufay, virtuose Sänger und Instrumentalisten führten die sogenannte burgundische Schule zu europäischer Geltung – und bildender Künstler auch aus jenen nördlichen Gebieten. Vornehmlich die *Skulptur* erlebte eine großartige Entwicklung durch die künstlerisch meisterhafte Umsetzung genauer und einfühlender Beobachtung in die realistische Ausdruckskraft menschlicher Züge und Verhaltensweisen, wie sie außer den Porträts auch die Figuren der Sakralplastik und Grabmäler offenbaren. Für den Hof in Dijon arbeiteten u.a. die herausragenden Bildhauer Claus Sluter, Claus de Werve, Jacques de Baerze und der Maler Melchior Broederlam. Im flämischen Stil entstand das Armenhospital in Beaune, dessen Weltgerichtsaltar zu den Hauptwerken Rogier van der Weydens zählt. Die außerordentliche künstlerische Qualität in jener Zeit wird besonders deutlich u.a. in Dijon (ehemalige Kartause von Champmol; Kunstmuseum im ehemaligen Herzogspalast) und Beaune (Museum im Hôtel-Dieu).
Da Karls des Kühnen Tochter Maria 1477 den Erzherzog und späteren Kaiser Maximilian I. von Österreich heiratete (die Brautwerbung Maximilians erzählt das allegorische Rittergedicht »Teuerdank« von 1517), fiel das burgundische Erbe an die Habsburger, was zu deren Verfeindung mit der französischen Krone führte. Der Kampf um diesen gewaltigen Machtkomplex durchzog die folgenden Jahrzehnte: Bereits 1482 (Friede von Arras) gewann Ludwig XI. die Bourgogne, die Picardie und Boulogne endgültig für Frankreich. Fortan zwar durch einen vom König eingesetzten Gouverneur regiert, behielt Burgund doch größtenteils das im Herzogtum bewährte Verwaltungssystem, wobei sich zunehmend auch reiche (z.T. geadelte) Bürgerliche in wichtige Ämter einkauften. – In einer Zeit relativer Ruhe lebte der Handel wieder auf, da das traditionelle Durchzugsland von dem gut ausgebauten Straßennetz und den schiffbaren Flußläufen für den Warenverkehr profitierte, wurden entvölkerte Landstriche neu besiedelt und die Landwirtschaft intensiviert, indem besonders die Kaufleute vom kriegsbedingt verarmten Adel Grundbesitz erwarben.
Dem folgte wiederum ein kampferschüttertes Jahrhundert: Die Reformation erlangte in Frankreich wachsende Bedeutung, und sogar Mitglieder des Hochadels traten der protestantischen Partei bei. Doch dieser Bewegung stemmten sich das Königshaus und der

größte Teil des Adels mit Unterstützung durch den Papst und die Spanier entgegen. Im Schloß *Tanlay*, häufiger Treffpunkt der Hugenottenführer, zeigt ein interessantes Fresko die prominentesten Vertreter der beiden verfeindeten Gruppen. Die 1562 ausbrechenden Hugenottenkriege, in denen es zunächst um die Kultfreiheit ging, bestimmten (wie ja auch die meisten anderen Religionskriege) bald mehr politische Ursachen. Denn u.a. alarmiert durch das Blutbad in der Bartholomäusnacht 1572, verbündete sich auch eine Gruppe des katholischen Adels mit den Protestanten gegen die Herrschaft Königin Katharinas von Medici und der Herzöge von Guise, was wiederum die Bildung der katholischen Liga zur Folge hatte. König Heinrich IV. gestand den Hugenotten 1598 im Edikt von Nantes Gewissens- und Religionsfreiheit zu, politische Rechte und gewisse Territorien. Die nach seinem Tod 1610 abermals einsetzenden Verfolgungen gipfelten in der Widerrufung dieses Erlasses 1685 durch Ludwig XIV. und führten zur Vertreibung bzw. Emigration der Protestanten: Hieraus erwuchs nach den Verlusten in der Bevölkerung und den Zerstörungen kirchlicher Institutionen und Baulichkeiten während der Hugenottenkriege auch den Gemeinden Burgunds erneut beträchtlicher Schaden.

Kulturgeschichtlich gesehen fiel der Anschluß der Bourgogne an das französische Königreich (1482) in die Epoche der frühen Renaissance. Den stilistischen Übergang von der spätgotischen zur Renaissancearchitektur offenbaren sehr eindrucksvoll u.a. die Kirchen in *Dijon* (Saint-Michel: Fassade), *Tonnerre, Saint-Florentin* (auch mit ihren bedeutenden Glasmalereien) und *Cravant* (Chor), worin sich jeweils noch gotische Raumstruktur mit der architektonischen Formensprache des neuen Stils verbinden. Auch den Profanbau bestimmten in der 1. Hälfte des 16. Jh. zunächst italienische Einflüsse, wie etwa die Schlösser *Ancy-le-Franc, Maulnes* (→Tanlay, Umgebung: Cruzy-le Châtel), *Chailly-sur-Armançon* (Fassade; →Pouilly-en-Auxois), *Bussy-Rabutin* (Seitenflügel; →Bussy-le-Grand) erkennen lassen sowie das Rathaus in *Paray-le-Monial*. Um die Mitte des 16. Jh. setzte sich dann allgemein die eigentlich französische Ausprägung dieses Stils durch: so z.B. beim größten Renaissanceschloß Burgunds in *Sully* oder in *Tanlay*. – Bedeutende Vertreter des literarischen Humanismus waren Bonaventure des Périers aus Arnay-le-Duc und der Dichter Pontus de Tyard, Bischof v. Chalon-sur-Saône. Die erste Druckerei Burgunds wurde 1490 in Dijon eingerichtet.

Nach den Religionskriegen trugen zur Festigung des Katholizismus im 17. Jh. u.a. die seit 1571 zunächst in Nevers wirkenden Jesuiten bei, die Gründung des Visitantinnenordens 1610 in Dijon und bis zum Vorabend der Französischen Revolution die Einrichtung neuer Klöster bzw. die Erneuerung bestehender Anlagen (z.B. in Autun, Cluny und Cîteaux). Hierbei folgte man dem jeweils zeitgemäßen Baustil: der Klassik, gelegentlich auch des für Frankreich nicht eigentlich typischen Barock und des frühen Klassizismus. Sehr schöne Beispiele des Kirchenbaus befinden sich etwa in *Dijon* (ehemalige Kapelle Sainte-Anne und die ehemalige Kapelle der Karmelitinnen), *Givry* Chalon-sur Saône) und westlich von *Nevers* (Saint-Pierre). – Die das Europa des 18. Jh. bestimmenden Ideen der Aufklärung förderten auch das intellektuelle Leben Burgunds: In Dijon wurden wichtige Lehr- und Forschungsinstitute gegründet (→Dijon, Université de Bourgogne). Der Komponist und Theoretiker Jean-Philippe Rameau entstammte einer bedeutenden Musikerfamilie dieser Stadt. Entscheidende Beiträge zur Naturkunde leisteten Georges Louis Leclerc (Graf von Buffon) und Louis Jean Marie Daubenton (→Montbard).

Die Entwicklung des *Wohnbaus* im 17. und 18. Jh. läßt sich – ähnlich wie für die Zeit der Renaissance – hervorragend im städtebaulichen Ensemble von Dijon betrachten. – Der *Schloßbau* führte zu bedeutenden Gründungen bzw. modernisierenden Erweiterungen z.B. in Commarin (→Châteauneuf-en-Auxois), Tanlay, Époisses, Grancey. Die Anlagen in *Bussy-Rabutin* (→Bussy-le-Grand), *Cormatin* und *Saint-Fargeau* haben sich als besonders glänzende Zeugnisse des Repräsentationswillens und Kunstsinns ihrer Bauherren erhalten. Anklänge an den Rokokostil zeigen sich in Beaumont-sur-Vingeanne, während die Schlösser von Fontaine-Française und Talmay die klassizistischen Züge der 2. Hälfte des 18. Jh. prägen. – Der Aufschwung im Bauwesen gründete sich auch auf die Wirtschaftslage, die sich trotz aller Probleme des Feudalsystems aus Landwirtschaft, wachsender Eisenindustrie und Handel ergab: Dieser Entwicklung dienten auch die Verbesserungen der Wasserwege (z.B. durch Schleusen wie in Rogny-les-Sept-Écluses) sowie der Bau des Canal du Centre (→Chalon-sur-Saône) und des Canal de Bourgogne (1775–1832).

In der durch die Französische Revolution ausgelösten Verwaltungsreform wurde die Bourgogne in die bis heute bestehenden Départements aufgeteilt. Die gewalttätigen Auswüchse der allgemeinen Umwälzung brachten der Region abermals Leid und Zerstörung, das Eigentum des verfolgten Adels wurde zerschlagen bzw. konfisziert, auch Kirchen und Klöster erlitten teils schwere Schäden und wurden als nationales Eigentum zur Tilgung der Staatsschulden (häufig auf Abbruch) verkauft.
Das geistige Leben erhielt nach jener Zäsur neuen Aufschwung durch die Gründung bzw. Wiedereröffnung mehrerer Akademien und der Universtiät Dijon. Unter den Erfindungen sind die Beiträge Joseph Nicéphore Niepces (Chalon-sur-Saône) und Étienne Jules Mareys (Beaune) für die Entwicklung der Fotografie besonders zu erwähnen. Bedeutende Bildhauer waren François Rude (Dijon, Musée Rude, und Fixin) und François Pompon (Saulieu); der dem Impressionismus zuneigende Maler Félix Ziem (Beaune) schuf ein umfangreiches Werk besonders aus Landschafts- und Städtebildern von effektvoller farblicher Intensität. – Um 1840 begann man im Zuge der »Wiederentdeckung« des Mittelalters mit der Restaurierung einzelner Bauwerke: Richtungweisendes leisteten hierbei der Schriftsteller und Politiker Prosper Mérimée als Inspektor der historischen Denkmäler Frankreichs sowie der Architekt und Kunsttheoretiker Eugène Emmanuel Viollet-le-Duc (z.B. in Vézelay). – Den in Mâcon geborenen Dichter Alphonse de Lamartine inspirierte die Landschaft Burgunds zu berühmten Versen seiner »Méditations poétiques« (1820), dem lyrischen Hauptwerk der Frühromantik. – Schrieb im 19.Jh. z.B. Mérimée über Autun (in »Notes d'un voyage dans le Midi«) und Stendhal über Schloß Vougeot (in »Mémoires d'un touriste«), so spielte die burgundische Heimat auch im 20.Jh. eine wichtige Rolle in den Werken Romain Rollands aus Clamecy (in »Colas Breugnon« und »Le voyage intérieur«) und Sidonie-Gabrielle Colettes aus Saint-Sauveur-en-Puisaye (in den Claudine-Romanen).
Auch nach der Aufgliederung in die Départements – burgundische Traditionen reichen allerdings über ihre Grenzen hinaus in die Nachbarregionen – versteht sich die Bourgogne weiterhin als ein in Jahrhunderten zusammengewachsener Komplex mit seinem Zentrum Dijon: Das große kulturelle Erbe, die abwechslungsreiche Landschaft und die Lebensart seiner Bewohner geben ihm den ausgeprägten Reiz eines vielfältig attraktiven Reiseziels.
Die Sehenswürdigkeiten in den kleineren Orten, wie auch die teils einzeln stehenden Schlösser, sind im allgemeinen nur während der Hauptreisezeit zwischen Ostern und Ende Oktober zugänglich.

Wie in den übrigen Bänden der Reihe stehen auch hier die Farbabbildungen gleichrangig neben dem Text. Von mehr als 400 beschriebenen Orten werden Burgen, Kirchen und Klöster, Schlösser, Rathäuser, Herrensitze, Theater und Museen, Calvaires und Enclos paroissiaux, Dolmen, Menhire und Megalithe vorgestellt. Über 325 farbige Fotos und Skizzen sowie 6 Seiten Karten illustrieren den Text. Und analog zu den Vorgängerbänden sind die Artikel alphabetisch nach Orten geordnet. Die Brücken zwischen den Orten, die geographisch benachbart sind, in diesem Buch jedoch durch das Alphabet getrennt wurden, schlägt der Kartenteil auf Seite 319-324. Er führt alle behandelten Orte auf und bietet einen Überblick darüber, welche Orte in der Nachbarschaft eines Zielpunktes liegen und deshalb vielleicht zusätzlich in einen Reiseplan einbezogen werden können. Bei jedem Ort sind im Kopf des Artikels Einwohnerzahl und ein Hinweis auf die betreffende Karte (S.319 □ C2 = Seite 319, Planquadrat C2) angegeben. Die einzelnen Sehenswürdigkeiten sind jeweils fett gedruckt. Im Anhang befinden sich ein Register der Fachausdrücke, ein Künstlerregister und ein Register aller behandelten Orte.

A

Aignay-le-Duc

21 Côte-d'Or

Einw.: 540	Höhe: 330 m	S.321 □ E2

Stattliche Wohngebäude und 3 Waschhäuser erinnern an den Wohlstand, den einst die Leinenweberei dem Dorf gebracht hatte. Lange Siedlungstraditionen bezeugen der Menhir (im Norden), ein - wie die meisten derartigen, kultischen Zwecken dienenden Monumente - wohl in der späten Jungsteinzeit (um 2000 v. Chr.) aufgerichteter Stein, keltische Hügelgräber aus der Bronzezeit (ca. 1. Hälfte 1. Jtd. v. Chr.) und ein Altar des gallorömischen Lokalgottes Mars Cicolluis. Die seit dem Mittelalter bestehende Vogtei der Herzöge von Burgund, woraus sich die Zusammensetzung des Ortsnamens erklärt, wurde nach dem Tod Karls des Kühnen (1477) aufgehoben, als das Territorium im Kampf um das burgundische Erbe schließlich König Ludwig XI. zufiel.

Saint-Pierre-et-Saint-Paul: Die frühgot. Kirche (1. Hälfte 13. Jh.) gehört zu den sehenswertesten Sakralbauten im weiteren Umkreis v. Châtillon-sur-Seine. Durch sein massiges Mauerwerk, das kräftige Strebepfeiler stützen, und den gedrungenen quadratischen Vierungsturm wirkt das Gebäude zwar insgesamt eher schwer, gewinnt aber durch die solide Ausführung im einzelnen: z.B. W-Portal, Fensterlai-

Aignay-Le-Duc, Saint-Pierre-et-Saint-Paul >

Aignay-Le-Duc, Saint-Pierre-et-Saint-Paul

Alise-Sainte-Reine, Alesia, Musée d'Alésia, Statue der Göttin Epona

bungen und Rundfenster, umlaufendes Profilgesims und Dachgesimse auf charakteristischen burgund. Konsolen. Von derselben Qualität ist die plastische Gestaltung im harmonisch rhythmisierten, überraschend hohen Inneren: besonders die den Bauschmuck jener Stilepoche kennzeichnenden Blatt- und Knospenkapitelle und die Ausbildung der Gurte an Gewölben und Arkaden. Die horizontal gestreckten Wandflächen des Mittelschiffs zwischen den Arkaden und den wegen der Seitenschiffe weit nach oben gerückten, kleinen Fenstern belebt die Vertikalbewegung der emporstrebenden Dienste. Im Chor (restaurierter) Renaissance-Altar (16. Jh.) mit 9 Szenen aus der Passionsgeschichte. Sechseckiges Taufbecken (14.Jh.).

Befestigung: Während die im 12.Jh. erbaute Herzogsburg hoch über dem Ort auf Befehl Ludwigs XI. bis auf geringe Reste zerstört wurde, blieben mehrere *Türme* der ma Siedlungsbefestigung erhalten.

Alise-Sainte-Reine

21 Côte-d'Or

Einw.: 700	Höhe: 344 m	S.321 □ E2

Seit dem 8.Jh. n.Chr. entstand der Ort im Schutz des Südwesthangs des Mont Auxois (407 m), da die ursprüngliche keltische Mandubiersiedlung und später gallorömische Stadt *Alesia*, einst Zentrum des Gaus »pagus Alsensis«, auf dem Plateau aufgegeben wurde. Eine Quelle, der Heil- und Wunderkräfte zugeschrieben wurden und deren Entspringen die Legende auf das Martyrium der hl. Regina (Sainte-Reine) angeblich im 3.Jh. zurückführt, ließ Alise zum vielbesuchten Wallfahrtsziel werden. Die Reliquien der Heiligen wurden 864 in das Kloster Saint-Pierre nach →Flavigny-sur-Ozerain gebracht. – Gemäß jahrhundertelanger Tradition finden am Wochenende vor bzw. nach ihrem Todestag (7.9.) eine Prozession in historischen Kostümen und (im 1946 nach der Art eines antiken

Theaters erbauten Théâtre des Roches) ein Mysterienspiel statt.

Saint-Léger (Quartier d'Alise): In der S-Wand der im frühen 16.Jh. erbauten (1965 restaurierten) Pfarrkirche befinden sich Reste eines merowingischen (7.Jh.), in der N-Wand eines karolingischen (10.Jh.) Vorgängerbaus. An der n Außenwand die Büste des in A. beheimateten und auf dem Friedhof beigesetzten Seelsorgers und Politikers Kanonikus Félix Kir (1876-1968). Von den Bildwerken im Inneren sind bes. die farbig gefaßte Pieta (15.Jh.), die Madonna mit der Weintraube - die Grafschaft Auxois war einst reiches Winzerland - und eine Figur der hl. Regina (17.Jh.) zu beachten.

Alesia: Die Mandubiersiedlung auf dem Mont Auxois (erst ihr röm. Name ist überliefert) sowie die umliegenden Täler und Höhen waren Schauplatz des letzten großen Kampfs der vom Keltenfürsten Vercingetorix angeführten Gallier gegen die röm. Legionen Cäsars im Jahre 52 v.Chr. Die zunächst unter günstigen Verhältnissen auf der Höhe stationierten, dazu zahlenmäßig überlegenen gallischen Verbände wurden dennoch durch zermürbende Belagerung und Zersplitterung in provozierte Teilgefechte aufgerieben und dazu v. der nachrückenden Unterstützung abgeschnitten, die die Römer in einer Zangenbewegung hätte angreifen sollen. Nach 7 Wochen mußten sich die Gallier schließlich ergeben; Vercingetorix wurde nach 6jähriger Kriegsgefangenschaft in Rom umgebracht.
An ihn erinnert das weithin sichtbare, heroisierende *Denkmal* (1865) v. Aimé Millet* (Sockel v. Eugène Emmanuel Viollet-le-Duc*) am W-Rand des Plateaus. Strategie und Verlauf dieser Kämpfe schilderte Gajus Julius Cäsar in seinem Geschichtswerk »Aufzeichnungen über den Gallischen Krieg« (Buch 7). Dieser entscheidende Sieg leitete die rasch fortschreitende Romanisierung Galliens im politischen, wirtschaftlichen und kulturellen Bereich ein mit ihren weitreichenden Folgen für die europäische Geschichte.

Alise-Sainte-Reine, Alesia, Vercingetorix-Denkmal >

Ausgrabungen: Die 1861–65 auf Initiative Napoleons III. begonnenen Grabungen zur Klärung der lange umstrittenen Lokalisierung dieser historischen Ereignisse und die Ergebnisse moderner Luftbildarchäologie lassen sowohl die Reste des röm. *Belagerungssystems* - ein 15 km langer innerer Ring (»contrevallation«) gegen Ausfallversuche der Eingeschlossenen, dazu ein 21 km langer äußerer Ring (»circonvallation«) mit 23 Kastellen zum Schutz gegen das gallische Entsatzheer - als auch die antike bzw. frühmittelalterliche Siedlung erkennen: Der Plan im Pavillon beim Denkmal erläutert die Anlage. - Vom *keltischen* Wohnplatz auf der O-Seite des Plateaus sind Spuren einfacher Häuser und der Weganlage erhalten; außerdem konnten mehrere Heiligtümer und kleinere Kultbauten gesichert werden. Die ö angrenzende bzw. ältere Substanz überbauende *röm.* Stadt, die hauptsächlich im 1.Jh. v. Chr.–2.Jh. n.Chr. entstanden war, wird jedoch wesentlich besser greifbar durch den Nachweis öffentlicher Gebäude und Anlagen (mehrere Tempel, vermutlich Forum und Kapitol, Theater, Thermen), die Reste v. Privathäusern, Werkstätten, Läden und den Verlauf einiger Straßenzüge. – In diesem Areal befinden sich auch die Fundamente einer wohl der hl. Regina geweihten merowingerzeitlichen Kirche aus dem 5.–6.Jh.

Musée d'Alésia (Rue de l'Hôpital): Dokumentation der archäologischen Ausgrabungen und ihrer wissenschaftlichen Ergebnisse: Die interessanten Exponate aller Art veranschaulichen das Leben in dem keltischen Siedlungsplatz bzw. der gallo-röm. Stadt und den Kampf um Alesia (zahlreiche Stücke u.a. auch im archäologischen Museum v. →Dijon).

Außerdem sehenswert: Im w unteren Ortsteil (Quartier de Sainte-Reine) die *Quelle* (Trois Ormeaux) und die der Heiligen geweihte *Kapelle* (15.Jh.) mit einer Figur aus dem 13.Jh. Gegenüber wurde das *Hôpital* auf Veranlassung v. Vincent de Paul (Begründer der neuzeitlichen kath. Caritas) 1660–63 für die Heilung suchenden Pilger errichtet: In seiner (nur bedingt zugänglichen) *Kapelle* ein durch Anna v. Österreich, Mutter Ludwigs XIV., gestifteter Bilderzyklus mit Szenen aus dem Leben der hl. Regina.

Ancy-le-Franc

89 Yonne

Einw.: 1240 Höhe: 193 m S. 320 □ D2

Der einst an der Römerstraße von Agedincum (Sens) nach Alesia (Alise-Sainte-Reine) gelegene Ort ist seit dem späten 11.Jh. in Verbindung mit einem Herrensitz urkundlich faßbar.

Château: Anstelle der 1414 zerstörten ma Burg wurde um 1546 das Schloß der Grafen v. Clermont-Tonnerre begonnen, das zu den hervorragendsten Leistungen der Renaissance-Architektur in Frankreich gehört: Seine Bedeutung gewinnt es sowohl durch die außergewöhnlich harmonische Gestaltung der streng gehaltenen Außenfassaden und der plastisch bewegteren Hofseiten als auch durch die stilistisch homogene, größtenteils der ca. 30jährigen Bauzeit entstammende Innenausstattung.
Der Bauherr Antoine III. v. Clermont, Schwager der einflußreichen Mätresse des damaligen Dauphins und späteren Königs Heinrich II., Diane de Poitiers, berief den ital. Baumeister Sebastiano Serlio*, der seit 1541 in Fontainebleau für König Franz I. und den Hof arbeitete. Hauptsächlich durch seine theoretischen Schriften nahm Serlio weitreichenden Einfluß auf die Baukunst der Renaissance. Dieses Schloß ist eines seiner wenigen ausgeführten und erhaltenen Gebäude. Die Pläne wurden – vielleicht unter Beteiligung v. Pierre Lescot? – während ihrer Realisierung mehrfach geändert: Am deutlichsten sichtbar wurde z.B. die Pilastergliederung auf alle Geschosse ausgedehnt, statt sie auf das traditionell vornehmste 1.Obergeschoß (»bel étage«) zu beschränken; außerdem übernahm man statt der flacheren ital. Bedachung die hohen franz. Dächer mit Lukarnen.
Die völlige Symmetrie des quadratischen Baukörpers akzentuieren die ebenfalls quadratischen, als Risalite vorgeschobenen Eckpavillons, die auch zum durchaus noch

Ancy-le-Franc, Salle de garde >

kastellartigen Zug des Erscheinungsbildes beitragen. Bei mehreren Kämpfen bewährten sich die baulichen Vorkehrungen zur Verteidigung (z.B. auf die Portale ausgerichtete Schießscharten, Wachräume bei den Eingängen, der im 19.Jh. zugeschüttete Wassergraben). - Den äußeren Gesamteindruck prägt eine im Vergleich zu andern Großbauten im Frankreich jener Zeit auffallend zurückhaltende Gliederung und Verwendung architektonischer Dekorationsmotive. Eine etwas reichere Ausformung in bewegterer Gliederung zeigt der (durch das N-Portal zugängliche) Hof bes. durch die rhythmisierenden Wechsel v. Bogenfeldern und gekoppelten Pilastern und die Anordnung v. Fenstern, Türen und Nischen. - Der mehrfach wiederkehrende *Wappenspruch* der Grafen v. Clermont »si omnes, ego non« (»Wenn alle dich verraten, werde ich dich nicht verraten«) zitiert Petrus' Treuebekenntnis für Jesus und bezieht sich auf die Unterstützung Papst Calixtus' II. durch die Grafen v. Clermont gegen Papst Bourdin im Investiturstreit des 12.Jh.

Die großenteils erhaltene (aber im 19.Jh. meist erheblich restaurierte) *Innendekoration* ist hauptsächlich der Schule v. Fontainebleau zuzuschreiben, auch wenn die Mitwirkung ihrer bedeutendsten Künstler Francesco Primaticcio* und Nicolò dell'Abbate* nicht zweifelsfrei gesichert ist. Charakteristisch für die von italienischen Kompositionsprinzipien, Maltechniken und Motiven inspirierten Werke sind etwa die Grotesken und Arabesken sowie die Tendenz zur leichten Überlängung der Figuren.

Erdgeschoß: Der Saal der Cäsaren *(Salle des Césars)* ist nach den Medaillon-Porträts der 12 ersten röm. Kaiser benannt; dazu Darstellungen antiker Göttinnen, Deckenbild mit Grotesken und »Diana auf dem Halbmond«. In der *Salle de Diane:* »Diana wird beim Bad v. Aktäon überrascht« und »Urteil des Paris«; auch hier lassen die Grotesken an Raffaels Vorbild in den Loggien des Vatikans (Rom) denken. Weitere Räume sind nur bedingt zugänglich, z.B. die nach den mythologischen Aktdarstellungen bezeichnete *Chambre des nudités* und die im Geschmack des 19.Jh. ausgestaltete *Salle des archives.*

Obergeschoß (nur mit Führung): In der *Galerie des sacrifices antiques* Grisaillebilder mit heidnischen Opferszenen und kunstvoll gearbeitete ital. Renaissanceschränke. In der *Chambre de Judith* ein Bilderzyklus zur alttestamentlichen Erzählung v. der Ermordung des Feldherrn Ho-

Ancy-le-Franc, Château

lofernes durch die keusche Witwe (in den Gesichtszügen glaubt man, Ähnlichkeiten mit Diana v. Poitiers und Franz I. zu erkennen). *Cabinet du Pastor Fido:* 1620 malte Philippe Quantin* aus Dijon in diesem schönen Raum Szenen aus Giovanni Battista Guarinis gleichnamigem Schäferspiel v. 1590. Der blau-goldene Salon *(Salon bleu et or)* wurde 1826 im klassizistischen Zeitgeschmack verändert. *Salle de garde:* Mit ca. 200 qm größter Raum und ehem. Ehrensaal, der 1580 zum Empfang König Heinrichs III. (sein Reiterbildnis über dem Kamin) reich ausgestaltet worden war und später auch als Theatersaal diente. *Galerie de Pharsale:* In monumentaler, teils kühn komponierter und dramatisch inszenierter Darstellung wird die Entscheidungsschlacht im röm. Bürgerkrieg zwischen Cäsar und Pompejus 48 v. Chr. bei Pharsalos erzählt (gelegentlich Nicolò dell'Abbate* zugeschrieben, mit Einflüssen v. Paolo Uccello). In der *Chambre des fleurs* ist deutlich das Vorbild ital. Dekorationsmalerei zu erkennen. Zimmer der Künste *(Chambre des arts)*, benannt nach den Darstellungen der 7 Freien Künste (Geometrie, Astronomie, Musik, Arithmetik, Grammatik, Rhetorik, Dialektik), denen die Musen zugeordnet sind; bes. reiche Kassettendecke. In der *Galerie de Médée* schildern 8 (im 19. Jh. sichtbar restaurierte) Gemälde die Sage v. Medea und den Argonauten. – In der 1604 geweihten *Schloßkapelle Sainte-Cécile* erzählt ein beschrifteter Bilderzyklus (1596) v. im Glauben vorbildlichen Menschen. – In den ehemaligen Stallungen ist heute ein Fahr- und Flugzeugmuseum.

Anzy-le-Duc

71 Saône-et-Loire

Einw.: 447 Höhe: 275 m S. 323 □ D5

Der kleine Ort, Sitz der 913 von Letbalt gegründeten, Saint-Martin von Autun unterstellten Benediktinerpriorei, hat eine bewegte Geschichte hinter sich. Vom Unglück verfolgt, geriet das kleine Gemeinwesen zeitweilig zwischen alle Stühle: schon 1366 vom »schwarzen Prinzen«, Eduard IV. von England, zerstört, wurde es in den französischen Religionskriegen nicht nur von den Hugenotten (1576), sondern auch von der Gegenseite (1594), der Hl. Liga, verwüstet. Dennoch gaben seine Bürger nie auf. Als das Priorat 1791 unter dem Druck der Revolution als Volkseigentum verkauft werden sollte, legten alle zusammen, um sie zurückzukaufen,

Anzy-le-Duc, Prioratskirche

und ersparten ihrer Kirche so das Schicksal von Cluny III.

Prioratskirche: Zwischen 1000 und 1050 v. O her erbaut, macht die dreischiffige, fünfjochige Kirche mit ausladendem Querschiff und Staffelchor einen höchst ausgewogenen, harmonischen Eindruck. Der *Außenbau* zeichnet sich – typisch für die burgund. Romanik – durch einen sehr hohen Vierungsturm aus, einen schönen, dreigeschossigen, flachgedeckten, oktogonalen Turm, dessen eindrucksvolle Massigkeit durch einen reichen Baudekor (roman. Doppelfenster unter Rundbogenblende, Rundbogenfries und durchlaufende Simse) aufs geschickteste gegliedert ist. Wie im Brionnais häufig, sind auch in A.-le-D. die Schauseiten des Querhauses über das Dach hinaufgezogen. Die für das kleine Dorf geradezu unverhältnismäßig erscheinende Größe der Kirche erklärt sich aus den Pilgerfahrten an das Grab des 930 verstorbenen hl. Hugo aus Saint-Savin-sur-Gartempe, der sich hier in eine Zelle hatte einmauern lassen.

Innenraum: Etwa doppelt so hoch wie breit, ist der Innenraum durch kräftige Gurtbogen und Kreuzgratgewölbe in eine Reihe identischer Raumelemente zerlegt, die sich bis in den Chor mit den dreifach gestaffelten Apsiden hinein fortsetzen. Die mittlere, gleichzeitig auch die größte, ist noch durch den Anbau einer kleinen Kapelle nach O verlängert. Über der Vierung steigt eine auf Trompen ruhende achteckige Kuppel auf. Die Wand ist – spezifisch für das Brionnais – zweigeteilt in Rundbogenarkaden und ein geschlossenes Bogenfeld mit Rundbogenfenster. Auffallend hier die großen Quadersteine, an deren Stelle im Chor kleinteiliges Mauerwerk tritt. Im übrigen wurden Wandaufriß sowie Jochteilung durch Rechteckvorlagen mit Runddiensten und Unterfangung der Kreuzgratgewölbe durch Gurtbögen in Vézelay Punkt für Punkt übernommen.

Innenausstattung: Der Chor ist mit *Fresken* ausgemalt, die um 1850 wiederentdeckt und restauriert wurden. Die Themen: 2 schreibende Kirchenväter; Verhaftung und Enthauptung des Heiligen (südlichste Apsis); Krankenheilung des hl. Maurus und Tod des hl. Benno (angrenzende Apsis); Himmelfahrt Jesu, l und r davon das Stifterpaar Letbald und Altaric (Zentralapsis); Meßopfer des hl. Maurus an Benno, dem der hl. German erscheint (innere n Apsis); Szenen aus dem Leben Johannes' d. T. (äußere n Apside).

Besondere Beachtung aber verdient der plastische Schmuck der Kirche, die *Figu-*

Anzy-le-Duc, Chorfresko, Apostel bei der Himmelfahrt (l), Hl. German, Bischof v. Capua (r)

Anzy-le-Duc, Portalkapitell mit Opfer Abrahams (l), Prioratskirche, Westportal (r)

renkapitelle der Stützenvorlagen, 40 an der Zahl, die zu Recht als das bedeutendste burgund. Werk dieser Art aus dem 11. Jh. gelten, stehen sie doch am Anfang einer großartigen Entwicklung. Außerdem vermitteln sie dem Betrachter ein anschauliches Bild v. der Vorstellungswelt des ma Menschen. Sie lassen ahnen, welcher Stellenwert damals Tier, Dämon und Engel zukam, auch wenn wir keineswegs alle Szenen sicher zu deuten vermögen: so das Kapitell mit dem bärtigen, die Zunge herausstreckenden, riesigen Kopf und den sich an den Bärten packenden Männern auf der einen und dem gedrungenen, einzelnen Mann auf der anderen Seite; oder das Schlangenkapitell mit dem elastisch gebogenen Menschen; oder auch das Kapitell mit dem Atlanten zwischen zusammengekauerten, nachdenklich wirkenden Männern, flankiert v. Affen; oder gar das Kapitell mit dem Flöte spielenden Dämon und dem an die siamesischen Zwillinge erinnernden Menschen mit 2 Oberleibern und Köpfen. In der Kraft der Aussage aber stehen sie den leichter deutbaren Darstellungen wie dem v. 2 Löwen abgeleckten Mann (vermutlich Daniel) oder dem auf einem Löwen knienden Mann (vielleicht David), dem kämpfenden Engel, dem apokalyptischen König, den Paradiesesflüssen oder den trinkenden Tauben nicht nach. Sie zeichnen die Welt, wie sie dem Menschen im MA *gegenübertritt* (denn in der Romanik fordert die Plastik den Beschauer nicht, wie dann in der Gotik, zur Identifikation mit dem Dargestellten auf): eine v. den Bildern der Bibel geprägte, v. Dämonen bedrohte und v. Engeln in Schutz genommene Welt. Der Kampf um den Menschen bildet auch das Thema des *Türsturzes vom Klosterportal* (der s Klostermauer, um 1150), wo sich Engel schützend vor die Menschen stellen, während eine riesige Schlange und ein auf ihr reitender Teufel sie zu verschlingen und fortzuzerren trachten. Das *Bogenfeld* darüber ist in 2 Hälften geteilt: Auf der ihrerseits in 2 Szenen gegliederten rechten sind die Versuchung (Baum der Erkenntnis und

Schlange) und das Entsetzen über den Sündenfall (Adam und Eva, die sich im Gebüsch verstecken) dargestellt; auf der linken die Hoffnung der erleichterten und dankbaren Menschen: Christus, der auf Mariens Schoß die Gaben der Weisen aus dem Morgenland entgegennimmt. Das linke Portalkapitell zeigt Abrahams Opfer, das rechte einen Gefesselten, zu dem ein anderer etwas hingießt. Daneben sind kämpfende Ritter zu sehen, vielleicht Roland und Ferragut. Ebenfalls erhalten, wenn auch durch die Revolution erheblich beschädigt, ist das *W-Portal* (1118) mit dem majestätisch thronenden Christus in der Mandorla und den um Maria gescharten 12 Jüngern im Türsturz, umschlossen v. den 24 Ältesten auf der leider bes. stark zerstörten Archivolte. Das schönste Werk aber ist das heute im Musée du Hieron in Paray-le-Monial aufbewahrte Tympanon des einstigen *Hauptportals.* Auch es zeigt im Bogenfeld, wie im Brionnais so häufig, die Himmelfahrt Christi (also Jesus, den Gottessohn, in einer v. 2 Engeln emporgetragenen Mandorla) und im Türsturz darunter Maria mit dem Kind (also Jesus, den Menschensohn), eingerahmt v. 4 weiblichen und 4 männlichen Heiligen. Bes. geglückt sind hier die klare, großzügige Gliederung der Fläche, die plastische Durchbildung der Körper und dagegen die gleichzeitig graphische Betonung des Faltenwurfs, kurzum die reife Behandlung der Figuren, die dieses Portal in eine Linie mit der Portalplastik v. Cluny bis Vézelay stellen.
Einen Blick verdienen auch die *Wasserspeier,* v.a. die alten, z.T. ausgesprochen witzigen auf der Seite des Bauernhofs (die auf der anderen Seite stammen großenteils aus späterer Zeit). Bes. gut kommt der schöne, fast golden glänzende Kalkstein der Kirche im Licht des Sonnenuntergangs zur Geltung.

Umgebung

Baugy (5 km sw): Das alte *Balgiacum,* ein kleines Dörflein v. 405 Einw., besitzt eine schöne roman. *Kirche* aus dem 11. Jh.
Bourg-le-Comte (12 km w): Prähistorische Funde; Reste einer alten *Römerstraße.*
Chambilly (7 km sw): Das alte *Cambiliacum* am Römerweg Roanne-Digoin. – Keltische und galloröm. Überreste. – 2 *Schlösser* aus dem 19. Jh.
Sarry (6 km ö): In dem kleinen Ort, dem alten *Sarvium,* später zusammengezogen zu *Sarreium,* zieht das *Manoir de Sarry,* ein befestigtes Haus aus dem 16. Jh., durch gewaltige Kamine den Blick auf sich.

Arcy-sur-Cure

89 Yonne

Einw.: 510 Höhe: 123 m S. 320 □ C2

Das anmutige Dorf mit noch weitgehend erhaltenem mittelalterlichen Ortsbild beiderseits der Cure (von der im 18. Jh. erbauten Brücke schöner Blick ins Flußtal) ist berühmt wegen der äußerst interessanten Höhlen in der Umgebung.

Kirche: Sie wurde im 18. Jh. unter Verwendung eines roman. Vorgängerbaus (Anfang 13. Jh.) und des Chors aus dem 16. Jh. erneuert. – Benachbart Reste der ma *Burg,* die im 15. Jh. in strategisch günstigere Lage auf die Höhe verlegt worden war und im 18. Jh. durch das dort bestehende *Schloß* ersetzt wurde.

Manoir de Chastenay (s außerhalb): Hübsches, kleines Renaissanceschloß aus der Mitte des 16. Jh. mit Wirtschaftsgebäuden eines Vorgängerbaus (15. Jh.). Während die ältere Anlage – einst Eigentum der Templerkomturei – im MA den Pilgern nach Santiago de Compostela Unterkunft geboten hatte, war dieser Bau während der Religionskriege wichtiger Treffpunkt der Hugenotten.

Grottes d'Arcy: Die zahlreichen (seit dem 18. Jh. erforschten) Höhlen, die der Fluß in das Kalkgestein des Ufers gegraben hatte, sind v. sowohl naturkundlich als auch kulturgeschichtlich großer Bedeutung: Ergiebige Knochenfunde weisen die Fauna seit der Eiszeit nach (u.a. Mammut, Bison, Hirsch und Rentier, dann auch Bären, Wölfe, Wildpferde). Eine menschliche Besiedlung der Höhlen seit der Zeit der Neandertaler belegen altsteinzeitliche Waffen und Werkzeuge und insbesondere die (für die Höhlen teils namengebenden) Fels-

zeichnungen erlegter Tiere. Die Fundstükke aus dem Lebensbereich jener Jägerkulturen (etwa zwischen 70000 und 10000 v. Chr.) und einige röm. bzw. frühmittelalterliche Exponate befinden sich teils in der Mairie/Bürgermeisteramt (*Musée Parat*, benannt nach dem Anfang 20. Jh. hier tätigen Ausgräber), teils im Museum v. →Avallon.
Allgemein zugänglich (Mitte März–November) ist der größte, über 2,5 km ausgedehnte Höhlenkomplex *La Grande Grotte:* In einer Länge v. 900 m die imposante Folge v. größeren »Räumen« und schmalen Durchgängen mit Stalagmiten bzw. Stalaktiten und 2 kleinen Seen.

Umgebung

Saint-Moré (4 km s): Auch hier eine Reihe (nicht zugänglicher) urgeschichtlich besiedelter Höhlen. Südlich außerhalb die Reste einer 250 m langen Mauer mit 7 Türmen: Das im Geschichtswerk des Ammianus Marcellinus (spätes 4. Jh. n. Chr.) erwähnte Kastell *Camp de Cora* sicherte einen Abschnitt der in Spuren zwischen Saint-Moré und dem nw benachbarten Séry erkennbaren röm. Fernstraße v. Lyon nach Boulogne-sur-Mer.

Arnay-le-Duc

21 Côte-d'Or

Einw.: 2450 Höhe: 375 m S. 323 □ E3

Reizvolles Städtchen mit teils erhaltenem historischen Ortsbild besonders aus dem 16.–17. Jh. und Resten der mittelalterlichen Befestigungsmauer. Die Besiedlung im Kreuzungsbereich der Römerstraßen von Bibracte (Mont Beuvray) bzw. Augustodunum (Autun) nach Alesia (Alise-Sainte-Reine) und Andematunum (Langres) läßt sich bis auf die keltischen Äduer zurückverfolgen. Der Besitz der seit dem 11. Jh. bekannten Herren von Arnay wurde im 14. Jh. an den Herzog von Burgund verkauft (daher der Zusatz im Ortsnamen), wechselte später jedoch mehrfach die Herrschaft. – Geburtsort des der Reformation zuneigenden Sekretärs Margaretes von Navarra und geistvollen Literaten und Humanisten Bonaventure des Périers (um 1510–44).
Zwischen Arnay-le-Duc und dem altburgundischen Dörfchen *Mimeure* (2 km n) besiegte der protestantische Feldherr Coligny 1570 unter Beteiligung des jungen Heinrich v. Navarra (seit 1589 König Heinrich IV.) die katholischen königlichen Truppen unter Marschall Cossé-Brissac.

Arnay-le-Duc, Saint-Laurent, Pieta (l), Johannes der Täufer (r)

Nach der Aufhebung (1685) des Edikts von Nantes, worin Heinrich IV. mit Bestätigung der katholischen Staatsreligion den Hugenotten dennoch Gewissens- und Kultfreiheit gewährt hatte, flüchteten die Protestanten aus Arnay-le-Duc, was den Niedergang der einst bedeutenden Textilindustrie zur Folge hatte.

Saint-Laurent: Die anstelle der urspr. Burgkapelle im 15.-16. Jh. erbaute Kirche (Bedachung der Vorhalle v. 1749) weist im Inneren, das achteckige Pfeiler harmonisch gliedern, bemerkenswerte Ausstattungsstücke bes. aus der Renaissance auf. N-Seite, 1. Kapelle: Decke (1535), Schnitzfigur des hl. Michael (15. Jh.), Gemälde mit der hl. Ursula (17. Jh.). 4. Kapelle: Heiligenfiguren des 16. Jh. S-Seite, 1. Kapelle: Altaraufsatz mit der Darstellung des Marientods (1609), Pieta und hl. Johannes der Täufer jeweils aus dem 16. Jh.; die 4. Kapelle wurde in der 2. Hälfte 19. Jh. restauriert. - Östlich anschließend die *Tour de la Motte-Forte* mit für den franz. Wehrbau charakteristischen Pechnasen, einzig erhaltener Teil der ma Burg, die während der Religionskriege zerstört wurde. Darin eine regionalgeschichtlich interessante *Ausstellung* mit Exponaten aus verschiedenen Epochen.

Ehem. Château des Princes-de-Condé (Rue du Château): Das im 16. Jh. errichtete Schloß wurde um die Mitte des 17. Jh. umgebaut (1965 restauriert). Die einst gerühmte Innenausstattung aus jener Zeit ging in der Revolution verloren bzw. wurde im 19. Jahrhundert verkauft. 1865 bis 1954 beherbergte das Gebäude eine Sägenfabrik.

Hospice de Saint-Pierre (Rue Saint-Jacques): In dem seit 1693 bestehenden Gebäude wurde die *Maison régionale des Arts de la Table* eingerichtet, die sich (in Wechselausstellungen) der Eßkultur und Gastronomie widmet.
Schönes Mobiliar und eine Sammlung v. Geschirr des 16. Jh. - Benachbarte *Brücke* v. 1768.

Außerdem sehenswert (Straßenzüge und Gebäude): *Place Bonaventure-des-Périers:* klassizistisches *Rathaus* (1783), *Maison aux Lions* (16. Jh.; Nr. 6). - *Rue du Collège: Haus Lally* (16. Jh.) mit got. Portal. - *Place du Cours-Moingeon: Ursulinenkloster* (1626; Nr. 6). - *Rue Saint-Honoré:* ältestes erhaltenes Haus in A.-le-D. (15. Jh.; Nr. 26) sowie schöne Fassaden. - *Rue Saint-Jacques: Geburtshaus v. B. des Périers* (Nr. 17).

Autun, Panorama

Autun
71 Saône-et-Loire

Einw.: 21651	Höhe: 306 m	S.323 □ D4

Geschichte: Heute eine von der Entwicklung übergangene, abseits der großen Verkehrswege gelegene, verschlafene Provinzstadt, ist Autun nur noch ein Schatten seiner selbst. Das gegen Ende des 1.Jh. v.Chr. von den Römern gegründete *Augustodunum* war wohl als Ersatz für die 25 km entfernte Hauptstadt der Äduer gedacht, das alte, 800 m hoch im Morvan auf dem Beuvray gelegene Bibracte, das bei der Niederschlagung des Keltenaufstands unter Vercingetorix zerstört wurde. Aus diesem Grund wurde die »Stadt des Augustus« auch Sitz des römischen Präfekten von Gallien. Gleichzeitig aber sollte sie auch vom Glanz und von der Stärke Roms künden. Zum Zeichen ihrer Auszeichnung erhielt sie von allem Anfang an einen gewaltigen Ringwall, der eine Fläche von 200 ha einschloß. Selbst das umwallte Rom war um diese Zeit nur gut doppelt so groß (die im 4.Jh. v.Chr. erbaute Mauer des Servius Tullius umschloß ein Areal von 426 ha, die um 271 n.Chr. errichtete Aurelianische Mauer ca. 2000 ha). Außerdem wurde sie mit einer Reihe prächtiger Bauten ausgestattet, so daß sie mit Rom wetteifern konnte. Der Handel blühte und gedieh, die *écoles meniennes* (von *Moentana*= Laubengänge, unter denen der Unterricht stattfand) legten Ruhm und Ehre ein, und so erhoben selbstbewußte Bürger, gestützt auf Schriften von Cicero und Cäsar, ihre Vaterstadt im 18.Jh. zur *soror et aemula Romae,* »zur Schwester und Nebenbuhlerin Roms«. Ein stolzer Titel, aber gleichwohl verdient. Unter den Römern erlebte Autun in der Tat seine glanzvollste Zeit. Von einigen Aufständen der Urbevölkerung wegen zu scharfer Besteuerung abgesehen, verstand es die *Pax Romana* in einer Weise zu nutzen, die seine spätere Geschichte im Grunde als Abstieg erscheinen läßt. Augustodunum, die Römerstadt, war um ein Vielfaches größer als das Autun des Mittelalters, und selbst in unserem menschenreichen Jahrhundert scheint die Stadt Mühe zu haben, über ihre römischen Grenzen hinauszuwachsen. Noch im 19.Jh. mehr schlecht als recht durch Möbelfabrikation und die Gewinnung von Bitumen über Wasser gehalten, gelangt Autun erst mit der Ansiedlung von Gießereien und Textilindustrie im 20.Jh. wieder in den Aufwind. Den ersten herben Schlag mußte die Römerstadt bereits im 3.Jh. einstecken, als sie beim Abfall der gallischen »Kaiser« Rom die Treue hielt. Sie wurde belagert, geplündert und teilweise zerstört, und als ihr Kaiser Konstantin 311 einen Besuch abstattete, lag ihre Glanzzeit bereits hinter ihr. Dann folgten Verwüstungen und Plünderungen durch Vandalen (406), Franken (534), Burgunder und wieder Franken, bis die einst so prächtige Stadt des Augustus schließlich zu einer mehr oder weniger unbedeutenden Siedlung in der Oberstadt zusammenschrumpfte. Auch die Sarazenenüberfälle zu Beginn des 8.Jh. gingen nicht spurlos an ihr vorüber, und ebensowenig machten die Normannen vor ihren Toren halt (895). Mitte des 10.Jh. verlor die Grafschaft Autun dann ihre Autonomie und kam an das Herzogtum Burgund, dessen Herzöge sie zur Verwaltungszentrale machten. Anfang des 12.Jh. wurde die Zitadelle von Rivault als Sitz des Baillis, des herzoglichen Vogts, in der Unterstadt erbaut. 1327 erhielt die Stadt eine vom Klerus unabhängige Stadtverwaltung. Und in den folgenden Jahrhunderten forderten Feudalkriege, Pest und Religionskriege ihren blutigen Tribut von ihr. Im 18.Jh. war Autun Schauplatz einer Räuberpistole, die aus heutiger Zeit stammen könnte: 1754 verschaffte sich der Räuberhauptmann Mandrin durch die Geiselnahme von Seminaristen Einlaß in die Stadt, nahm sich, was er brauchte und öffnete vor seinem Abzug die Gefängnistore. Ähnlich modern klingt Talleyrands Beschluß während seiner kurzen Amtszeit als vom König eingesetzter Bischof von Autun (1789-91), bei besonders feierlichen Messen die Predigt vom Bürgermeister halten zu lassen.

Damit kommen wir zu Autuns 2. Karriere als *Wallfahrtsort.* Eingeleitet wird sie im 2.Jh. durch die Christianisierung der Stadt, die bereits um das 3./4.Jh. zum Bischofssitz erhoben wurde und unter den Merowingern, v.a. unter Königin Brunehaut (Brunhild), zu einem bedeutenden religiösen Zentrum und einer regelrechten Mönchsstadt aufstieg. Im 7.Jh. erstreckte sich der Machtbereich des Bistums Autun bis nach Vézelay, und nach der sagenumwobenen Überführung der Gebeine des hl. Lazarus im 10. oder 11. Jh. setzte ein stetig anwachsender Pilgerstrom ein. Der Bau einer Wallfahrtskirche (der späteren Kathedrale Saint-Lazare oder Saint-Ladre, wie das Volk liebevoll sagt) wurde erforderlich; andere Kirchen und Kapellen schossen aus dem Boden, Händlerbuden drängten sich um sie, Handwerkerwerkstätten schoben sich dazwischen - kurzum die hl. Stätte war komplett, die schließlich Autuns 3. Karriere einleitete, seine Karriere als *Touristenstadt*. Wo sich ehedem der Strom der Heil und Heilung suchenden Wallfahrer ergoß, drängelt sich heute die Herde der Bildungsgläubigen. Autun ist zu einer Stadt der Vergangenheit, zu einer Stadt der Erinnerungen geworden. Zwar haben sich in den 60er Jahren unseres Jh. einige bedeutende Industriezweige angesiedelt (v.a. Textilfabriken und Gießereien), als sicherste Einkommensquelle aber hat sich der Tourismus erwiesen. Und so versäumt die Stadt nicht, an allen Ecken und Enden durch Tafeln und Statuen auf ihre glanzvolle Vergangenheit hinzuweisen. Hier erinnert eine Statue an den Äduerhäuptling Divitiac, dort eine Tafel an den in Autun geborenen berühmten Rhetor Eumène und die glorreiche Universität, da eine »Promenade des Marbres« an das monumentale, triumphbogenähnliche Tor, durch das mehr als ein Kaiser schritt, dort der Name eines Lyzeums daran, daß Napoleon und seine Brüder einmal, wenn auch nicht für lange, die Schulbank des hiesigen Jesuitenkollegs drückten. Nichts wird ausgelassen, alles wird wieder ausgegraben: Eine Stadt zehrt von ihrer Vergangenheit und breitet ihren ganzen, allerdings wirklich erheblichen Reichtum an Geschichte aus, kann sie doch den Ruhm für sich in Anspruch nehmen, auf burgundischem Boden die einzige gallorömische Siedlung zu sein.

Kathedrale Saint-Lazare: Den größten Stolz der Stadt macht die weit über Frankreichs Grenzen hinaus berühmte Kathedrale Saint-Lazare aus, die urspr. nur als Grablege der sterblichen Überreste bzw. Wallfahrtskirche des hl. Lazarus gedacht war. Die Geschichte v. der Auferweckung v. den Toten ist aus der Bibel bekannt. Aber während sich diese über das weitere Leben des Lazarus ausschweigt, weiß die Legende zu berichten, wie der v. Christus Auferweckte mit seinen Schwestern Maria Magdalena und Martha vom Hl. Land nach S-Gallien kam, wo er in Marseille als

Autun, Saint-Lazare (l), Tympanon des Hauptportals, Christus (Mitte) (r)

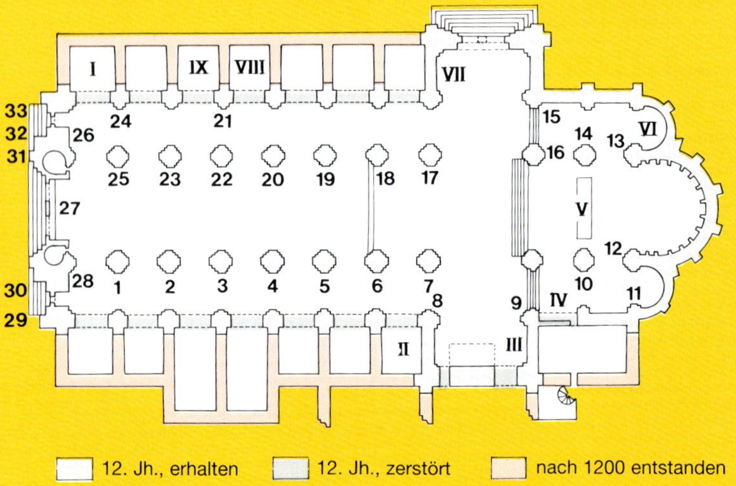

Autun, Kathedrale Saint-Lazare
1 Liegender ersticht Greif; Der Leichnam des hl. Vinzenz wird von Adlern bewacht **2** Nebukadnezars Traum vom Baum, der in den Himmel wuchs; Sturz des Magiers Simon **3** Der Flug des Magiers Simon; Der 4. Ton des Gregorianischen Gesangs **4** Fußwaschung; Mose und das Goldene Kalb; Samson und der Löwe **5** Steinigung des heiligen Stephanus; Samson stürzt die Säulen des Palastes von Gaza **6** Arche Noah auf dem Berg Ararat; Tugenden und Laster **7** Gott befragt Kain **8** Tod des Judas **9** Kampf mit den Basilisken **10** Dreiköpfiger Vogel; Kampf zwischen Mann und Vogel; Konstantin **11** Faun und Sirene **12** Die 1. Versuchung Jesu **13** Die 4 Paradiesflüsse; Gang nach Emmaus **14** Luxuria (Unzucht); Flucht nach Ägypten **15** Anbetung der Könige **16** Traum der Könige **17** Schenkung der Kirche **18** Der Tod Kains durch Lamech; Verkündigung an Joseph (oben); Obstpflücker **19** Ballspieler (oben); Christus erscheint Maria Magdalena **20** Daniel in der Löwengrube; Die 2. Versuchung Jesu **21** Hahnenkampf **22** Bekehrung und Taufe des Paulus; Engel befreit Petrus aus dem Gefängnis **23** Jünglinge im Feuerofen; Löwen (oben); Verkündigung an Anna **24** Geburt Jesu **25** Isaaks Opferung **26** Teufel und Schlange **27** Jakobs Kampf mit dem Engel **28** Teufel mit Feuergabel **29** Kopf eines Ungeheuers **30** Junger Mann bändigt einen Affen **31** Krieger **32** David und Goliat **33** David mit der Schleuder

Außer den Kapitellen zu beachten:
I Flügelaltar (16. Jh.): Christus erscheint Maria Magdalena; Maria mit dem Kind (15. Jh.) **II** Fresko (15. Jh.): Wallfahrt des hl. Gregor nach Rom **III** Kreuzabnahme v. Le Guerchin (17. Jh.) **IV** Grabmal des Pierre Jeannin und seiner Gemahlin Anne Gueniot **V** Stelle des roman. Lazarusgrabes **VI** Marienkapelle: Madonna (15. Jh.) v. Jean de la Huerta **VII** Treppe zum Glokkenturm **VIII** Fenster (16. Jh.) mit Wurzel Jesse; Grab der Bischöfe v. Autun **IX** Martyrium des hl. Symphorion, Gemälde v. Ingres (1836)

Autun, Saint-Lazare, Die Geretteten (l), Die Verdammten (r)

Bischof wirkte und missionierte, und wie seine Gebeine dann im 10. oder 11. Jh. v. einem Girard de Roussin oder vom Bischof Gérard nach Autun überführt wurden. Jedenfalls setzte der Lazarus-Kult in Autun bereits im 10. Jh. ein und ließ schon bald eine Entlastung der urspr. Kathedrale Saint-Nazaire aus dem 5. Jh. durch einen entsprechenden Anbau angezeigt erscheinen. V.a. Aussätzige strömten herbei, da Lazarus infolge einer Verwechslung oder richtiger: Gleichsetzung mit seinem Namensvetter aus dem Gleichnis vom armen Lazarus zum Schutzpatron der Leprakranken avanciert war. So wurde 1120 mit dem Bau eines neuen Heiligtums begonnen. Bereits 1130 konnte Papst Innozenz II. die Kirche weihen, und im Jahre 1147 erfolgte dann die feierliche Übergabe der Reliquien. Um 1170 wurde für diese ein zweigeschossiges, außerordentlich prächtiges Grabmal errichtet, das jedoch dem barokken Umbau des Chors im 18. Jh. - wie so vieles mehr - zum Opfer fiel. Gegen Ende des Jh. wurde die Pilgerkirche dann sogar zur Kathedrale erhoben, so daß es bis zur Zerstörung v. Saint-Nazaire im 18. Jh. 2 gleichberechtigte Kathedralen nebeneinander gab, eine für den Sommer, die andere für den Winter. Da der Bauherr v. Saint-Lazare, Bischof Etienne de Bagé, mit dem Abt v. Cluny eng befreundet war, nimmt die Ähnlichkeit des ursprünglichen Baus mit Cluny, die in unserer Zeit freilich nur noch im Inneren zum Ausdruck kommt, nicht wunder.

Außenbau: Er wurde vielfach verändert, so daß heute nur noch wenige Teile original erhalten sind (etwa das Seitenportal, das allerdings seiner schönen Skulpturen beraubt wurde, oder die 1178 für die Leprosen angefügte Vorhalle, in der auch die Kleriker und Stifter bestattet sind). V.a. das 15. Jh. brachte großangelegte Umgestaltungen unter Kardinal Rolin (einem Sohn des aus Autun gebürtigen Kanzlers v. Burgund), der anläßlich der Neuaufführung des 1469 durch Blitzschlag stark beschädigten Vierungsturms auch die beiden Seitenschiffe durch spätgotische Kapellen erweitern ließ. Ebenfalls sehr starke Eingriffe nahm man im 19. Jh. unter der Leitung des berühmten Architekten Viollet-le-Duc* vor, der sich bemühte, das ursprüngliche Erscheinungsbild wiederherzustellen. Er ließ die Vorhalle mit einer Freitreppe und mit neuromanischen Türmen nach dem Vorbild v. Paray-le-Monial ausstatten, den mittleren Torpfeiler im W-Portal einsetzen und auch im Inneren allerlei Änderungen vornehmen. 1939 schließlich erhielt der Chor seine frühere Gestalt wieder, außen durch Abtragung des Chorturms, innen durch Entfernung der barokken Marmorverkleidung. Zur Berühmtheit verholfen aber hat Saint-Lazare ohnehin weniger seine architektonische Gestalt als sein Skulpturenschmuck.

V. a. das *Hauptportal* mit seinem herrlichen *Tympanon* ist weltberühmt, wenn das auch nicht immer so war. Während man heute geradezu eine Apotheose der ganzen Menschheit darin sieht, erschien es den Domherren im 18. Jh. so abscheulich, daß sie es zugipsen ließen. Zum Glück, wie es heute scheint, haben sie es dadurch doch vor der Zerstörungswut der Französischen Revolution bewahrt. Als es 1837 wiederentdeckt wurde, fehlte lediglich der Kopf der Christusfigur, der aus dem Gips herausgeragt hatte und deshalb kurzerhand abgehauen worden war. 1948 jedoch konnte auch er wieder eingefügt werden, und so haben wir heute das originale Werk eines der größten roman. Künstler vor uns: »Gislebertus hoc fecit« (»Gislebertus* hat das gemacht«) – mit diesen Worten hat sich der Schöpfer der Skulpturen im Tympanon selbstbewußt zu Füßen der Christusfigur verewigt.

Thema der Darstellung ist, wie an W-Portalen vielfach, trennen sie doch den weltlichen vom sakralen Bereich, das Jüngste Gericht. In der Mitte thront, überdimensional und alles beherrschend, Christus in der Mandorla, die v. 4 Engeln gehalten wird, 2 stehenden und 2 mit dem Kopf nach unten fliegenden. Er übertrifft – seiner Bedeutung entsprechend – alle anderen Figuren um ein Vielfaches an Größe. Gelassen sitzt er als ruhender Pol inmitten dramatischer Szenen und erklärt auf dem Rand der Mandorla: »OMNIA DISPONA SOLUS MERITOS (QUE) CORONO QUOS SCELUS EXERCET ME JUDICE POENA COERCET« (»ich allein ordne alles, ich allein kröne das Verdienst; die das Verbrechen ergriff, die richte und strafe ich«). Unten auf dem Türsturz entsteigen diejenigen, die er richten wird, gerade den Gräbern. Zu seiner Linken (auf der Darstellung r) werden die Seelen gewogen und entweder v. Teufeln in die Hölle geworfen, deren Pforten am Rande zu erkennen sind, oder auf der anderen Seite gegenüber v. Petrus mit dem Schlüssel ins Paradies eingelassen. Die durch Konsolen abgesetzten beiden obersten Felder sind dem Paradies vorbehalten, das so einen viel größeren Raum einnimmt als die im wahrsten Sinne des Wortes an den Rand gedrängte Hölle, wie ja auch die Pforten zum Himmel viel ausführlicher dargestellt sind als der Eingang zur Verdammnis.

Schauen wir uns nun die Figuren im einzelnen an. Die Mitte des *Türsturzes* nimmt ein Engel ein, der mit dem Schwert die Guten v. den Bösen scheidet. Auf der linken Seite sind, wie das Schriftband darüber bemerkt, die Auserwählten abgebildet: »QUISQUE RESURGET ITA QUEM NON TRAHIT IMPIA VITA ET LUCEBIT EI SINE FINE LUCERNA DIEI« (»So wird jeder auferstehen, den nicht ein unfrommes Leben verführt. Und für ihn wird auch ewig das Licht des Tages leuchten.«) Hier finden wir 2 Bischöfe (mit Krummstab), einen Mönch, 2 Pilger (v. denen der mit dem Kreuz v. Jerusalem kommt, der mit der Muschel v. Santiago de Compostela), einen Engel, an den sich 3 Kinder klammern und ein Ehepaar mit einem Kind, das sich noch nicht ganz v. seiner Totenbinde befreit hat. Ein Teil ist bekleidet, alle aber sind v. Freude und Dankbarkeit erfüllt. Ganz anders die Figuren auf der rechten Seite, über denen zu lesen steht: »TERREAT HIC TERRORO QUOS TERREUS ALLIGAT ERROR NAM FORE SIC VERUM NOTAT HIC HORROR SPECIERUM« (»Daß hier der Schrecken jene schrecke, die der irdische Irrtum fesselt, denn der Schrecken dieser Bilder bedeutet, daß dies ihr Schicksal sein wird«.) Nackt und bloß, verbergen sie das Gesicht in Händen. Unter den Verdammten sind zu erkennen: ein Geizhals mit einem Geldsack um den Hals, um dessen

Leib sich eine gräßliche Schlange windet, eine Unzüchtige, der Schlangen in die Brust beißen, ein nicht näher spezifizierter Sünder in den Krallen des Teufels, ein Mann mit einem runden Gegenstand und einem Messer, der v. den einen als Säufer, v. den anderen als Jude gedeutet wird (die Juden wurden im MA nicht selten des Ritualmords bezichtigt). Darüber auf dem *Bogenfeld* wohnt der Betrachter im unteren Teil der Seelenwägung bei. Unter den Klängen der Trompeten des Jüngsten Gerichts (das Mittelfeld ist auf beiden Seiten v. trompetenblasenden Engeln eingerahmt) wiegen der Erzengel Michael und ein fratzenhafter Teufel die Seelen auf einer Waage, die v. einer Hand aus den Wolken gehalten wird. Beide bemühen sich, die Waagschale auf ihrer Seite herunterzuziehen. Der Erzengel drückt mit der Hand nach, und sein Gegenpart hat gar noch einen kleinen Teufel draufgesetzt. Offensichtlich aber siegt in diesem Fall das Gute. Die Seele steigt zum Himmel auf. Andere Seelen klammern sich an die Beine des Erzengels und versuchen, sich unter seinem Gewand zu verstecken, während sich um die Beine des Teufels eine dreiköpfige Schlange schlingt. Beide Seiten werden durch ihresgleichen unterstützt: Michael durch den hl. Johannes (mit Buch), der Teufel durch einen noch größeren Dämon. Außerdem schaut hinten aus dem Höllentor der Kopf des Leviathan und noch ein Teufel heraus, der 3 am Hals aneinandergekettete Seelen gepackt hält und mit einer Feuergabel eine Frau aufspießt, die dazu noch v. einer Schlange in die Brust gebissen wird (wahrscheinlich eine Ehebrecherin). Über diesen schrecklichen Szenen ist ein kochender Ölkessel mit herausragenden Beinen zu erkennen, in den 2 andere Verdammte v. einem teuflischen Ungeheuer gestoßen werden. Die weit geöffneten Münder der Dämonen und der Gepeinigten deuten auf ein ohrenbetäubendes Geschrei, einen wahrhaften Höllenlärm hin. Dagegen scheint zur Rechten des Herrn eine wohltuende Stille zu herrschen. Die um seinen Thron gescharten Apostel sind ganz in bewundernde Anbetung versunken, während der Engel den flehenden Seelen voller Erbarmen zu der v. Petrus aufgeschlossenen Himmelspforte emporhilft. Bereits im Paradies oben sehen wir l die Mutter des Heilands und Erlösers und r vermutlich Henoch und Elija, die lebendigen Leibs v. einem Engel in den Himmel getragen wurden.

Die beiden Medaillons zu Häupten der Christusfigur, Sonne und Mond, leiten zur äußeren *Archivolte* über (die innere war

Autun, Saint-Lazare, Nordportal, Witwe von Nain und armer Lazarus und die Reichen

Autun, Saint-Lazare, Kapitell: Liegender ersticht Greif

ehedem mit den Köpfen der 24 Ältesten der Apokalypse verziert, die jedoch 1766 zerstört wurden). Die Medaillons des äußeren Stirnbogens sind den Tierkreiszeichen und Monatsbildern gewidmet. Die beiden ersten und die beiden letzten stellen Blüten dar. Ab Medaillon 3 folgen v. l nach r: Frühling und Herbst; Winter und Sommer; Januar (der sich die Füße wärmt und Brot schneidet); Wassermann; Februar (der sich Füße und Hände wärmt); Fische; März (der Reben schneidet); Widder; April (der die Tiere auf die Weide treibt); Stier; Mai (der in den Krieg zieht); Zwillinge; das Jahr; Krebs; Juni (der Obst erntet und kostet); Löwe; Juli (der die Sense dengelt); Jungfrau; August (der das Korn drischt); Waage; September (der die Trauben keltert und ißt); Skorpion; Oktober (der die Schweine zur Eichelmast treibt); Schütze; November (der Holz zusammenliest); Steinbock; Dezember (der ein Schwein schlachtet).

Die *Kapitelle* des Portals dagegen stehen in keinem Zusammenhang mit dem Weltgericht des Tympanons. Sie bringen – vielleicht ein Tribut an die röm.(-griech.) Vergangenheit der Stadt – auch antikes Sagengut mit ins Spiel. So gleich beim 1., das die Wolf/Kranich-Fabel v. Äsop illustriert. Daran schließen sich der Reihe nach an: die Verstoßung Hagars und Ismaels durch Abraham; 6 Älteste aus der Apokalypse; Ethiop (?); 2 Atlanten; Bileam auf seinem Esel; Reinigung der Jungfrau und Darstellung Jesu im Tempel; Eustachius bei seiner Bekehrung durch einen Hirsch; der hl. Hieronymus, der einem Löwen einen Dorn aus der Tatze zieht.

Das *N-Portal,* das Saint-Lazare ehedem mit Saint-Nazaire verband, mißfiel denselben Domherren wie das W-Portal, nur daß es leider nicht zugegipst, sondern als Baumaterial verkauft wurde. So sind wir, da nur wenige Teile wieder aufgetaucht sind (die heute im Musée Rolin aufbewahrt werden), was Thematik und Komposition angeht, auf Vermutungen angewiesen. Aus den Überresten und aus der Lage glaubt man schließen zu dürfen, daß auf dem Türsturz der Sündenfall und auf dem Tympanon wohl die Auferweckung des Lazarus dargestellt waren. Erhalten blieben die Kapitelle, die v. l nach r den Reichen und den Teufel, Lazarus und Abraham; den verlorenen Sohn; die Witwe v. Nain; sowie den armen Lazarus und den Reichen zeigen.

Inneres: Es wirkt v.a. durch seine Geschlossenheit. Der Grundriß dagegen erstaunt eher durch seine Einfachheit: Die sonst bei Wallfahrtskirchen so beliebten Einrichtungen wie Chorumgang und Krypta fehlen. Das 23 m hohe, 7jochige Schiff setzt sich zu einem 83 m langen Innenraum geradewegs in die halbrunde Apsis fort, wie auch die beiden wesentlich niedrigeren Seitenschiffe in gleicher Breite in ebenfalls halbrunden Apsidiolen auslaufen. Das 2jochige Querschiff springt nur wenig vor. Über der Vierung erhebt sich auf Trompen der im 16. Jh. erneuerte Turm. Der Wandaufriß ist unverkennbar v. Cluny inspiriert: Über einer hohen, spitzbogigen Arkadenzone folgt ein Blendtriforium aus 3 Bogenstellungen (die Öffnung der mittleren dient der Durchlüftung des

Autun, Saint-Lazare, Hauptschiff >

Dachstuhls über den Seitenschiffen). Daran schließt sich ein Obergadengeschoß an – allerdings mit nur 1 Fenster pro Joch, weil man durch den Teileinsturz der Gewölbe in Cluny (3 Obergadenfenster) 1125 vorsichtig geworden war. Trotzdem aber drückte der Schub, v. den allzu niedrigen Seitenschiffen nicht genügend aufgefangen, so gefährlich auf die Mauern, daß man sich im 13. Jh. gezwungen sah, sie durch Strebebogen v. außen zu stützen. Durch diese Beschränkung auf 1 Fenster pro Joch herrscht in dem Raum ein eher gedämpftes Licht. Durch seine klare Gliederung, seine prägnanten Formen, die Dominanz rechteckiger Bauglieder strömt er eine gewisse Kühle aus. Dazu kommt durch Rosettenfries und Zahnschnitt, durch Gesimskonsolen und Blattkapitelle, v. a. aber durch die Kannelierung der Pfeilervorlagen ein Hauch v. Vornehmheit und Distanz. Nimmt man nun noch seine schmale Höhe dazu, betont durch die hohen, spitzbogigen Arkaden und die ebenfalls spitzbogigen Gurtbögen, fühlt man sich bei aller Cluniazenser Romanik doch gleichzeitig auch ein bißchen an Gotik und Klassizismus erinnert. Am stärksten aber beeindruckt doch das Zusammenspiel v. Raumtiefe bzw. einem tiefen Raumkontinuum und v. vertikaler, den Blick in die Höhe ziehender Gliederung. Erzeugt wird diese Wirkung durch 2 Elemente: durch die durchgehende, zugespitzte Tonne und die durchlaufenden, selbst die Querschiffe mit einbeziehenden horizontalen Gesimsbänder und Wandzonen, die die einzelnen Joche über die Vierung hinaus zusammenschließen, einerseits und die vom Säulenfuß über die Pilastervorlagen und die Gurtbogen durchgehend bis zum Scheitelpunkt des Tonnengewölbes hinauflaufenden Vertikalen andererseits.

V. a. aber wird sich der Besucher den berühmten *Kapitellen* zuwenden, die zu einem großen Teil ebenfalls dem großen Meister Gislebertus* zugeschrieben werden. Tief beeindruckt und geformt v. dem Skulpturenschmuck in Cluny und Vézelay, schufen er und seine Werkstatt zwischen 1125 und 1145 Werke v. einer Eleganz und Würde, die nicht nur in Burgund zahlreiche Nachahmer fanden (Saulieu, Beaune etc.), sondern darüber hinaus auch Weltgeltung erlangten. Das Bildprogramm greift die am W-Portal angeschlagene Thematik wieder auf: Auf der linken Seite (in Entsprechung zur Darstellung der Auserwählten auf dem Tympanon) Erlösungsmotive, auf der rechten (in Entsprechung zur Darstellung der Ver-

Autun, Saint-Lazare, Kapitell: Nebukadnezars Traum

dammten) der Kampf des Menschen mit den Dämonen.

1 Liegender ersticht Greif. – Der Leichnam des hl. Vinzenz wird v. 2 Adlern bewacht.

2 Nebukadnezars Traum (?; Dan, Kap. 4 über Hochmut und Fall). – Sturz des Magiers Simon (eines Zeitgenossen des hl. Petrus, dessen Wundergabe er zu kaufen suchte) unter dem boshaften Gelächter eines Dämons.

3 Mit Flügeln an Armen und Beinen versucht der Magier Simon zu fliegen. – Der 4. Ton des Gregorianischen Gesangs (dargestellt durch das v. einem Kapitell in Cluny her bekannte Tintinnabulum, ein glockenspielähnliches Instrument, das immer gespielt wurde, um den Tod eines Mönchs anzuzeigen).

4 Fußwaschung (dieses nicht so klar aufgebaute Kapitell wird nicht Gislebertus zugeschrieben). – Samson und der Löwe (im MA ein beliebtes Symbol für den Sieg des Guten über das Böse). – Im Seitenschiff: Mose und das Goldene Kalb.

5 Steinigung des hl. Stephanus, der in aller Ruhe betet. – Samson stürzt, wegen seiner Blindheit v. einem Kind geführt, die Säulen des Palastes v. Gaza.

6 Arche Noah auf dem Berg Ararat. – *Tugenden und Laster (die Barmherzigkeit [mit Kelch] zermalmt einen Geizigen; die Hoffnung tritt die Verzweiflung, die sich selbst mit einem Schwert durchbohrt, mit Füßen).

7 *Gott befragt Kain.

8 *Judas erhängt sich.

9 *Kampf mit den Basilisken.

10 *Dreiköpfiger Vogel. – *Kampf zwischen Mann und Vogel. – Konstantin, hoch zu Roß, einen Heiden zermalmend.

11 Faun und Sirene.

12 1. Versuchung Jesu.

13 Die 4 Paradiesflüsse. – Gang nach Emmaus.

14 Luxuria (die Unzucht, symbolisiert durch eine Frau, die zusieht, wie ein Mann v. einem Teufel bei den Haaren gebeutelt wird). – *Flucht nach Ägypten.

15 *Anbetung der Könige (das Jesuskind ist neugierig auf die Geschenke).

16 *Traum der Könige (sie haben ihren Leitstern aus den Augen verloren und sich niedergelegt; ein Engel weckt den ersten und zeigt ihm den Stern in Form einer Blume).

17 *Schenkung der Kirche.

18 *Der blinde Lamech tötet Kain mit Hilfe seines Sohnes Tubalkain (rabbinische Legende).

19 Ballspieler. – Christus erscheint Maria Magdalena.

Autun, Saint-Lazare, Kapitell: Fußwaschung

20 Daniel in der Löwengrube (Habakuk, v. einem Engel an den Haaren festgehalten, versorgt den Gefangenen mit Essen). – 2. Versuchung Jesu.
21 Hahnenkampf.
22 Bekehrung und Taufe des Paulus. – Engel befreit Petrus aus dem Gefängnis.
23 Jünglinge im Feuerofen, v. einem Engel behütet. – Löwen. – Verkündigung an Anna.
24 Geburt Jesu (das Kind wird v. einer Hebamme gewaschen).
25 Isaaks Opferung.
26 Teufel und Schlange.
27 Jakobs Kampf mit dem Engel.
28 Teufel mit Feuergabel.
29 Kopf eines Ungeheuers.
30 Junger Mann bändigt einen Affen.
31 Krieger.
32 David und Goliat.
33 David mit der Schleuder.

*Bei diesen Kapitellen handelt es sich um Kopien aus dem 19. Jh. Die Originale wurden anläßlich der dringend erforderlichen Verstärkung der den Vierungsturm tragenden Säulen entfernt und im Kapitelsaal, einem sehr schönen, im 16. Jh. erbauten Saal (Eingang an der N-Wand des rechten Querschiffs) aufbewahrt. Die Arbeiten wurden unter der Leitung v. Viollet-le-Duc durchgeführt. – Zur besseren Besichtigung können die Kapitelle durch den Einwurf einer Münze in die Zeitlichtschaltung am Säulenschaft beleuchtet werden.

Innenausstattung: Das bedeutendste Werk, das *Grab des hl. Lazarus,* ein ca. 6 m hohes, 2geschossiges Mausoleum hinter dem Hauptaltar in der Mitte des Chors, gewissermaßen ein Tempel im Tempel, ist leider beim barocken Umbau im 18. Jh. zerstört worden. 3 der 5 um den Sarkophag aufgestellten halblebensgroßen Figuren (Christus, Petrus, Andreas zu Füßén der Grabplatte, Maria Magdalena und Martha zu Häupten) sowie der gekreuzigte Christus v. der Stirnseite sind im Musée Rolin zu besichtigen, der Kopf des Petrus wird im Louvre in Paris aufbewahrt. Als Schöpfer des Grabmals nennt die erhaltene Inschrift Martinus monachus, den Mönch Martin*, der zu den bedeutendsten Bildhauern der Spätromanik zählt. Das Ganze stand unter dem neben Christus eingemeißelten Ruf zur Auferstehung: »Lazarus, komm heraus!«

Martyrium des hl. Symphorion (3. Kapelle l): Auf diesem Gemälde (1836) schildert der klassizistische Maler Jean-Auguste-Dominique Ingres* (1780–1867) die Legende des Diakons Symphorius, der sich um die Christianisierung v. Autun verdient machte. Zum Tode verurteilt, weil er sich

Autun, Saint-Lazare, Kapitell: Luxuria

einer Kybele zu Ehren veranstalteten Prozession in den Weg gestellt hatte, wurde er in der Nähe des Portals Saint-André hingerichtet, v. dem herab ihm seine Mutter zurief, den Märtyrertod mutig auf sich zu nehmen.

Flügelaltar (1. Kapelle l) aus dem 16.Jh.: Christus erscheint Maria Magdalena; Maria mit dem Kind (15.Jh.).

Wallfahrt des hl. Gregor nach Rom (letzte Kapelle vor dem Querschiff r): Fresko aus dem 15.Jh.

Grabmal des Pierre Jeannin und seiner Gemahlin Anne Gueniot (nach dem Querschiff r): Der in der Kapelle daneben beigesetzte, 1540 in Autun als Sohn eines Gerbers geborene Präsident des burgund. Parlaments, Botschafter und Berater Heinrichs IV., späterer Generalkontrolleur der Finanzen und bedeutender Vermittler bei den Verhandlungen zwischen den Niederlanden und Spanien, hielt die Stadt aus dem Massaker der Bartholomäusnacht heraus.

Kreuzabnahme v. Le Guerchin* (17.Jh.). (O-Seite der rechten Querschiffwand).

Madonna mit dem Kind (linke Apsidiole): Marmorstatue aus dem 15.Jh. v. Jean de la Huerta*.

Treppe zum Glockenturm (linkes Querschiff): 15.Jh. Vom Turm schöne Aussicht.

Wurzel Jesse (4. Kapelle l): Das einzige erhaltene alte Glasfenster (1515). Die Fenster im Chor stammen aus dem 19.Jh. (oberer Teil) und aus dem 20.Jh. (unterer Teil).

Kathedralplatz: Die Place Saint-Louis und die beiden anderen an die Kathedrale anstoßenden Plätze haben ihr Gesicht seit dem MA gründlich verändert. Wo heute freier Raum dem Betrachter die Möglichkeit bietet, den Bau zu betrachten, waren die beiden Kathedralen einst v. Kirchen und Kapellen hart bedrängt. Ringsum ragten Kirchtürme und Turmhelme auf. Dazwischen hatten Händler und Handwerker ihre Buden und Läden aufgeschlagen. Und überall wimmelte es v. Pilgern, die v. weither herbeigeströmt kamen. Heute sind Ausgrabungsarbeiten im Gang (Kreuzgang des Domkapitels), die letztendlich auf die Einrichtung eines archäologischen Museums abzielen.

Chapelle Saint-Aubin (Cour de la Maîtrise): Sie ist der einzige Überrest der Kathedrale Saint-Nazaire. Im übrigen waren an dieser Stelle im Laufe der Jh. 3 Kathedralen errichtet worden: die 1. im 5. oder 6.Jh., die letzte im 13.Jh. Um 1470 aufgegeben, wurde diese 1783 abgebrochen.

Domkapitel: Weinkeller aus dem 14.Jh.; Kapelle Notre-Dame-des-Bonnes-Œuvres

Autun, Saint-Lazare, Kapitell: Engel befreit Petrus aus dem Gefängnis

(das ehem. Refektorium) mit Fenstern aus dem 13. Jh. und schönen Kapitellen aus der 2. Hälfte des 12. Jh.

Fontaine Saint-Lazare: Der 1543 geschaffene Brunnen vor der Kathedrale ist das einzige in Autun erhaltene Renaissancewerk. Der Pelikan (Symbol der Selbstverleugnung), der sich die Flanke aufreißt, um seine 3 hungrigen Jungen am Leben zu erhalten, stammt aus dem 15. Jh. Die Umschriften lauten in der Übersetzung: »CHRISTUS, DEM BORN DES LEBENS, UND LAZARUS, DEM AUFERWECKTEN, SEINEM FREUND UND GAST GEWIDMET, 1543« und: »DU, DER DU DÜRSTEST, TRINKE, UND DU WIRST NIE WIEDER DÜRSTEN.« (Das Original wird im Musée Rolin aufbewahrt.)

Gefängnis (I): Der 1855/56 errichtete Bau war einer der ersten, in denen die Gemeinschaftssäle durch Zellen ersetzt wurden. Aus Gründen einer rationelleren Überwachung legte man einen sog. panoptischen Plan zugrunde, d.h., ordnete die Zellen kreisförmig an.

Weitere Kirchen

Notre-Dame (Place du Champ-de-Mars): Die ehem. Kapelle des Jesuitenkollegs, 1757 in dem im 17. Jh. v. den Jesuiten in Italien entwickelten Stil begonnen, befand sich mitten im Bau, als der Orden der Societas Jesu 1763 aus Autun vertrieben wurde. Im Inneren: Altar und Baldachin aus dem 18. Jh. (aus der alten Priorei Saint-Symphorien); die hl. Anna und die Hl. Jungfrau (aus Stein) aus dem 15. Jh.; der hl. Crépin und der hl. Crépinien (bemalte Holzfiguren) aus dem 16. Jh.

Saint-Jean-le-Grand (Rue Saint-Jean): In ihrer heutigen Gestalt geht die Pfarrkirche im wesentlichen auf das 19. Jh. zurück. Das Portal stammt allerdings noch aus dem 18. Jh. und diente ursprünglich der benachbarten, im 18. Jh. restaurierten Abtei Saint-Jean, v. der nur noch ein Teil erhalten ist. Gegr. wurde dieses bedeutende Frauenkloster Ende des 6. Jh. v. der Königin Brunehaut v. Austrasien, einer Freundin des Bischofs Syagrius, auf die außerdem das Männerkloster Saint-Martin und das Hospiz Saint-Andoche zurückgehen. (613 wurde die Königin, die die Ermordung ihrer Schwester Galswintha durch deren Ehemann Chilperich I. rächen wollte, v. dessen Sohn Chlotar II. besiegt, an den Schwanz eines Pferdes gebunden und zu Tode geschleift.) – *Innenausstattung:* Die 1769 für den Chor v. Saint-Lazaire angefertigten Marmordekorationen und vergoldeten Holzskulpturen (überführt 1939);

Autun, Römerstadt, Porte d'Arroux

eine stillende Mutter Gottes v. Ende des 15. Jh.; ein Tafelbild der flämischen Schule aus dem 16. Jh.

Römerstadt

Im Gegensatz zu den meisten anderen römischen Städten auf gallischem Boden, die erst anläßlich der Barbareneinfälle im 3./4. Jh. umwallt wurden, erhielt das antike Augustodunum bereits bei seiner Gründung eine *Stadtmauer,* gewissermaßen als Wahrzeichen seiner Vorzugsstellung. Von dieser 6 km langen, 2,50 m starken, mit über 50 Türmen und vermutlich einem Zinnenkranz bewehrten Mauer v. einer Gesamthöhe v. nahezu 11 m sind zwei Drittel recht gut erhalten. Ursprünglich war sie allerdings noch mit Sandsteinbruchsteinen verkleidet.

Straßenführung. Sie folgte, wie bei allen Römerstädten, v. einigen Anpassungen an die geographischen Gegebenheiten abgesehen, im wesentlichen einem v. N nach S und von W nach O verlaufenden Achsensystem: dem *cardo maximus,* der sich der *Via Agrippa* v. Lyon nach Boulogne-sur-Mer einfügte, und dem *decumanus.* Von der N-S-Achse, dem *cardo,* einer 1570 m langen, 8 m breiten, v. 4 m breiten Fußgängerwegen gesäumten Prachtstraße, die zu Beginn des 4. Jh. mit großen unbehauenen Granitblöcken gepflastert wurde, sind vor der Residenz des Cardo heute noch Reste erhalten, die die eingefahrenen Wagenspuren erkennen lassen. *Decumanus* wie *cardo* führten an beiden Enden zu ebenso mächtigen wie prächtigen *Stadttoren,* 2geschossigen Bauwerken, die nach demselben Bauprinzip errichtet waren: 2 großen Toren für Fahrzeuge in der Mitte, 2 kleineren Rundbogendurchlässen für Fußgänger an der Seite, darüber eine Galerie mit Arkaden, und das Ganze flankiert v. 2 Wachtürmen. Verschlossen wurden die Tore durch Fallgatter. Die Rillen, in denen sie heruntergelassen werden konnten, sind heute noch in den Wangen der großen Rundbogen zu sehen. Von diesen 4 Toren sind 2 sehr gut erhalten:

Porte Saint-André (ehedem die Porta Lingonensis [an der Straße nach Arnay-le-Duc]): Das gewaltige, 20 m breite, knapp 15 m hohe Bauwerk wird gekrönt v. 10 schmalen Arkaden, deren äußerste auf beiden Seiten als Eckpfeiler vorspringen. Allerdings dürfte die Galerie aus jüngerer Zeit stammen (das Tor wurde mehrfach restauriert; so im 4. Jh. und dann v.a. im 19. Jh. v. Viollet-le-Duc). Erfreulicherweise steht auch noch einer der seitlichen Wachtürme, der im MA in die Kirche Saint-André mit einbezogen wurde. Die ehedem

Autun, Römerstadt, Stein von Couhard

ebenfalls dazugehörige Kapelle dient heute als protestantisches Gotteshaus. Das Fresko im Inneren, das die für die verschiedenen Monate typischen Arbeiten darstellt, datiert vom Ende des 12., Anfang des 13. Jh.

Noch besser erhalten ist die nach N, nach Sens und Paris führende ehem. Porta Senonica, die etwas kleinere *Porte d'Arroux*, wie sie heute genannt wird (19 m breit, 17 m hoch), die sich, da sie seit ihrer Erbauung nicht restauriert wurde, noch in unserer Zeit als homogener Bau in ihrem urspr. Kalksteinkleid präsentiert. Ihre der Wand vorgelegten kannelierten Pilaster dürften für das Blendtriforium der Kathedrale Saint-Lazare als Vorbild gedient haben.

Stein v. Couhard: Er wird v. den franz. Reiseführern wie die Porte d'Arroux mit 2 Sternchen bedacht und verursachte den Archäologen anfangs großes Kopfzerbrechen. Heute glaubt man das Rätsel der gut 27 m hohen, etwas schiefen Pyramide an der Via Agrippa aus dem 1. Jh. gelöst zu haben. Obwohl man im Inneren des früher mit weißen Kalkplatten abgedeckten Monuments keine Grabkammern gefunden hat, dürfte es sich doch um ein Grabmal bzw. um ein Kenotaph, also ein Grabmal ohne Leichnam, handeln. Dafür spricht, daß sich auf den Wiesen der Umgebung zahlreiche gallische und frühchristliche Urnengräber fanden, daß alle 4 Friedhöfe der Stadt außerhalb der Stadtmauer an den Ausfallstraßen lagen, v.a. aber auch das neuerdings am Fuß der Pyramide entdeckte Beschwörungstäfelchen mit griech. und lat. Verwünschungen, wie man sie nur aus dem direkten Umfeld des Todes kennt.

Janus-Tempel: Die ebenfalls geheimnisumwitterte Ruine wird heute als Mittelstück eines größeren Heiligtums gedeutet. Wie Luftaufnahmen ergaben, dürften sich nicht nur weitere Tempel, sondern auch ein Theater/Amphitheater und noch andere große Gebäudekomplexe (vielleicht Thermen) angeschlossen haben. So hat man den »Tempel im Ginsterfeld«, wie die gewaltige Ruine bis zum 16. Jh. bezeichnet wurde, als »Übersetzung eines gallischen Holztempels in Stein« interpretiert. Im übrigen dürfte der quadratische, 16,5 × 16,5 m große und 24 m hohe Bau, den Löchern in den Steinen nach zu schließen, einmal eine umlaufende Galerie getragen haben. Mit Sicherheit war er urspr. nur durch die 3 schmalen Fenster im Obergeschoß erleuchtet. Die großen Öffnungen unten gehen auf das Konto des MA, das den Bau, wie so viele andere Denkmäler aus dem Altertum, bedenkenlos als Stein-

Autun, Römerstadt, Janustempel

Autun, Römerstadt, Römisches Theater

bruch mißbrauchte. Zerstört wurde er vermutlich beim Bataverüberfall unter Tetricus im Jahr 269.

Röm. Theater: Das bedeutendste Bauwerk zur Römerzeit aber war wohl das Theater, das leider stark verfallen ist. Im MA als Steinbruch für große Quadersteine betrachtet, war es ohnehin bis auf das rohe Mauerwerk abgetragen worden. Mit einem Durchmesser v. 148 m und einem Fassungsvermögen v. 12000–15000 Zuschauern war der in der 2. Hälfte des 1. Jh. n. Chr. errichtete Bau einmal das größte Theater der röm. Provinz. Die *cavea,* der Zuschauerraum, umfaßte, v. 2 Gürtelgängen voneinander abgesetzt, 3 Etagen v. Sitzreihen, die binnen weniger Minuten gefüllt bzw. geleert werden konnten (2 Etagen sind inzwischen wieder restauriert und dienen für Freilichtaufführungen). Den oberen Abschluß bildete, wie allgemein üblich, eine Säulenhalle. Bei den gewölbten Öffnungen, auf die man im Zuschauerraum immer wieder stößt, handelte es sich nicht um unterirdische Gänge, sondern lediglich um Stützbogen.
Wie die 1820 begonnenen Ausgrabungsarbeiten erbrachten, stieß im NW ein im 18. Jh. dem Erdboden gleichgemachtes *Amphitheater* an, eine elliptische Anlage für Gladiatorenkämpfe und Jagdspiele, die mit 154 m × 130 m (bzw. einer Arena v. 79 × 49 m) den Anlagen v. Arles und Nîmes entsprochen haben dürfte.
Ebenfalls erwähnenswert aus röm. Zeit ist der sog. *Apollon-Tempel,* ein 13 m hohes Mauerstück an der Place de Charmasse, dessen Identität allerdings nicht nachweisbar ist. Dieser Tempel ist uns lediglich aus Abhandlungen der lokalen Professoren Anfang des 4. Jh. bekannt. Damals offensichtlich der Stolz der Stadt, soll er eine heiße Quelle besessen haben, die nur Meineidige verbrühte.

Oberstadt
Um die Kathedrale herum hatte sich eine nahezu selbständige Stadt, die Bischofs- oder Oberstadt, entwickelt, in der vom 4. bis zum 16. Jh. das Herz v. Autun schlug. Auch heute ist dieses Viertel mit seiner ma Atmosphäre, seinen got. Fassaden, seinen alten, gewundenen Straßen und Gassen und einigen wenigen eingesprengten klassizistischen Gebäuden die Hauptattraktion für Touristen.
Bischofspalast: In seiner heutigen Gestalt geht der Bau im großen und ganzen auf das 17. und 18. Jh. zurück, so auch das Hauptportal (1750). Von der alten, im 12. Jh. errichteten bischöflichen Residenz

stammt noch das ma Portal (Impasse de l'Evêché) sowie die *Tour de Saint-Léger,* die ehedem als Donjon diente. Der s Turm wird auf das Ende des 15. Jahrhunderts datiert.

Rue Chaffaut: So benannt nach einer hölzernen Befestigungsanlage, die ehedem an der früher hier verlaufenden Stadtumwallung angebracht war. Karmeliterinnenkloster.

Rue Dufraigne: Nr. 2, 4 und 6 Fachwerkhäuser aus dem 16. Jh.; Nr. 22–26 ehem. Ursulinenkonvent (1617), v. dem aber nur das Portal erhalten ist; Nr. 34 Haus aus dem 15. Jh. – An der Einmündung in die Rue du Faubourg-Saint-Blaise befand sich einst das Stadttor Matheron; dahinter schlossen sich niedrige Häuser an, darunter alte Mühlen und Walkmühlen.

Place d'Hallencourt: *Markthallen* aus dem 17. Jh. (heute städtische Ausstellungsräume).

Impasse du Jeu-de-Paume: Nr. 1 schönes Haus aus dem 16. Jh.; Nr. 2 Haus aus dem 15. Jh. mit einer im 17. Jh. restaurierten (auf den Hof hinausgehenden) Fassade; Nr. 5 sehr prächtiges Stadtpalais aus dem 18. Jh.

Rue aux Maréchaux (an der Stelle des ma Stadtgrabens): Nr. 2 Wartturm; Nr. 8 Haus aus dem 16. Jh. mit skulptierten Schwellen (Rachen v. Ungeheuern).

Autun, Ursulinenturm in der Oberstadt

Rue Notre-Dame: Nr. 12 (Hôtel de Millery), 1680/81 unter Einbeziehung älterer Teile erbaut.

Rue Piolin: Nr. 2, 4 Haus aus dem 15. Jahrhundert.

Rue Rivault: Ausgrabungsarbeiten in der Hotelgarage: Turm der augusteischen Stadtmauer.

Place Sainte-Barbe: Nr. 3 mit antikem Stelenfragment (Männerkopf), Fenster mit Säulchen und Kapitellen aus dem 12. Jh.; Fenster en accolade aus dem 15. Jh.

Rue Sainte-Barbe: Sitz des 1376 in Autun geborenen Kardinals Rolin; *poterne de Breuil:* sehr alte, vielleicht bis in die Merowingerzeit zurückgehende Stadtpforte.

Rue Saint-Quentin: Häuser aus dem 15. Jh.

Ursulinenturm (Boulevard Mac-Mahon): Dieser achteckige Turm, seit 1647 im Besitz eines Nonnenklosters, seit 1862 v. einer Marienstatue gekrönt, diente urspr. als Gefängnis. Er ist der einzige Überrest des im 12. Jh. auf dem röm. Stadtwall errichteten Château de Rivoult, des Amtssitzes des herzoglichen Vogts (Bailli).

Unterstadt (Quartier Marchaux)

Urspr. der Macht des Herzogs v. B. unterstellt und v. der Oberstadt, dem Machtbereich des Bischofs getrennt, beherbergt sie ebenfalls eine Reihe v. Sehenswürdigkeiten.

Rue de la Bondue: Nr. 10 *Tour de la Bondue,* wie die benachbarte Tour de Marchaux, ein ma Geschlechterturm. Der quadrat., dreigeschossige, urspr. v. Zinnen gekrönte Donjon aus dem 12. Jh. diente zur Zeit der Revolution als Salpeterlager, zu Beginn des 19. Jh. zeitweise als Irrenanstalt.

Grande Rue Marchaux: Alte Handwerkerstraße mit Werkstätten in den Hinterhöfen. Typisch: Nr. 23 und Nr. 27 (beide 16. Jh.) mit dem Laden im Erdgeschoß, Türen und Fenstern mit Eselsrückenbogen und vorspringendem Fachwerkgeschoß. Nr. 36 mit Zwillingsfenstern aus dem 13. Jh. und Mauer mit Steinen vom röm. Stadtwall oder Theater.

Petite Rue Marchaux: Nr. 27 Fachwerkhaus aus dem 16. Jh.; Nr. 30 Reste eines alten Stadtpalais. Der schöne Turm, vor 1412 erbaut, dient seit 1793 als Uhrturm; Nr. 34 ist eines der ältesten Häuser des Viertels (13. Jh.) mit Drillingsfenster.

Klassizistische Stadt

Vom 17. Jh. an entwickelte sich zwischen den beiden ma Städten ein Verwaltungs- und Justizzentrum mit prächtigen Magistratsgebäuden und Beamtenpalais, das der alten Ober- und Unterstadt mehr und mehr das Wasser abgrub.

Place du Champ-de-Mars: Im MA diente dieser unregelmäßige Platz, der Mittelpunkt der kleinen Stadt, sowohl für Theateraufführungen (der Lazaruslegende) als auch für Hinrichtungen. Unter Ludwig XIV. wurde dann ein regelrechter Bebauungsplan dafür aufgestellt.

Lycée Bonaparte: Das ehem. Jesuitenkolleg, das nach der Vertreibung der Jesuiten aus Autun (1763) auch Napoleon und seine Brüder besuchten, wurde in den Jahren 1709–12 und 1727–31 erbaut. Bes. schön das schmiedeeiserne Gitter v. 1772.

Promenade des Marbres: Anlage aus dem 18. Jh.

Grand Séminaire, unter Bischof Gabriel de Roquette nach Plänen des Architekten Daniel Gittard* erbaut. Heute v. Militär genutzt.

Rue de l'Arquebuse: Mehrere interessante Stadtpalais aus dem 18. und 19. Jh.

Rue Chauchien: Fassaden aus dem 18. Jh. mit schmiedeeisernen Balkongittern im Louis-quinze- und Louis-seize-Stil. Ab der 2. Hälfte des 18. Jh. wurden aus Platzmangel mehrstöckige Wohnhäuser mit hölzernen Außentreppen im Hof (Nr. 4) erbaut.

Rue de-Lattre-de-Tassigny: Zahlreiche Häuser aus dem 18. Jh.; Krankenhaus um 1700.

Rue du Général-Demetz: Nr. 13, 14 und 15 beherbergten v. 1717 bis 1835 das Rathaus v. Autun. Nr. 12 schöne Ladenpassage aus den Jahren 1848–50 (an der Stelle einer Halle für auswärtige Händler aus dem 18. Jh.).

Rue Jeannin: Mit seinen großen Portalen (Kutschenausfahrten) und seiner großzügigen weiträumigen Bebauung (große Gärten bzw. kleine Privatparks) typisch für das Autun unter dem Ancien régime. – *Rathaus:* Erdgeschoß (1832–35) neoklassizistisch, Obergeschoß v. 1900–02. Schöne Schnitzereien im Ratssaal aus der Abtei Saint-Martin (18. Jh.). Bibliothek (→Museen). – *Theater,* um 1884.

Rue Saint-Saulge: Nr. 24 *Hôtel de Morey,* schönes Stadtpalais aus dem 17. Jh., typisch für die Straße, die ehedem überwiegend v. Magistratsbeamten bewohnt war.

MUSEEN

Muséum d'Histoire naturelle (Rue Saint-Antoine 14): Die in dem Stadtpalais aus dem 18. Jh. untergebrachte großartige naturhistorische Sammlung enthält bedeutende mineralogische, paläontologische und paläobotanische Funde aus der Region, umfangreiche Herbarien und eine schöne ornithologische Sammlung, darunter die Versteinerung einer ausgestorbenen Pinguinart.

Musée de la salle capitulaire (Kapitelsaal der Kathedrale Saint-Lazare): Hier werden die Kapitelle aufbewahrt, die bei der Verstärkung der Vierungspfeiler abgenommen werden mußten. Darunter befindet sich der sehr schöne »Traum der Hll. Drei Könige«, der den Meister Gislebertus* als einen bei aller Abstraktion der Ausdrucksmittel äußerst behutsamen Menschen v. großer Tiefe der Empfindung enthüllt, dessen Gestalten in ihren Gesten ebenso

Autun, Musée de la salle capitulaire, Kapitell: Barmherzigkeit

klar und leicht faßlich wie zurückhaltend, ja schüchtern sind. Wie leicht berührt doch der Engel die Hand des schlafenden Königs, um ihm den Stern zu zeigen.

Musée lapidaire (Grande Rue Marchaux 10): Ein Annex zum Musée Rolin und wie dieses sehr stilvoll in einem historischen Gebäude, einer im 12. Jh. für das benachbarte Hospital erbauten Kapelle, eingerichtet. (Der Christus in der Apsiskalotte datiert vom Ende des 12. Jh.) Gezeigt werden: Funde aus dem galloröm. Altertum (Kapelle und NO-Flügel des Säulengangs) sowie ma und moderne Exponate (S-Flügel). Die antike Abteilung enthält eine Fülle an Grabstelen sowie eine Reihe architektonischer Fragmente, z. B. Säulen (am Eingang der Kapelle), die eine anschauliche Vorstellung v. der Monumentalität der röm. Bauwerke im alten Augustodunum vermitteln. Durch die Einbeziehung des Gartens in den Ausstellungsbereich wird eine äußerst harmonische Atmosphäre erzielt, in der, um mit André Malraux zu sprechen, »antike Stelen und mittelalterliche Skulpturen zwischen Artischocken wachsen«.

Musée Rolin (Rue des Bancs): So genannt nach Nicolas Rolin, einem der berühmtesten Söhne der Stadt, der 1376 in diesem Haus geboren wurde und unter Philipp dem Guten zum Kanzler v. Burgund aufstieg. Einer der größten Wohltäter der Stadt, aber auch einer der gewieftesten Politiker des Herzogtums, soll er durch geschicktes Taktieren nicht nur sich selbst bereichert, sondern auch den Hundertjährigen Krieg beendet haben, indem er Burgund aus dem ebenfalls v. ihm selbst geschlossenen Bündnis mit England löste, um es in ein Bündnis mit Frankreich zu führen. Eine nicht unbedeutende Rolle scheint er auch bei den Verhandlungen gespielt zu haben, die zur Gefangennahme der Jungfrau v. Orléans führten. Auch die Geschichte des Gebäudes verdient kurz Erwähnung. Von Rolin, der u.a. den Wachtturm des 1740 zerstörten Stadttors Porte des Bancs dazuerwarb, zu einem prächtigen Stadtpalais ausgebaut, wurde es unter den weniger bemittelten Erben im 17. Jh. zum Teil vermietet. Als im 19. Jh. im Zuge der Straßenbegradigung eine vollständige Vernichtung der Fassade drohte, kaufte die 1836 gegr. Société éduenne das urspr. Hôtel Rolin für ihre Sammlungen auf. 1954 der Stadt gestiftet, wurde es wieder, wie zu Rolins Zeiten, mit dem Hôtel Lacomme vereint. Die Rue des Bancs wurde übrigens nicht etwa nach Banken benannt, sondern nach den im MA hier aufgeschlagenen Metzgerständen.

Gezeigt werden die Sammlungen der Société éduenne, die sich um die Bewahrung historischer Denkmäler v. Autun sehr verdient gemacht hat, sowie die Gemäldesammlungen, die ehedem in dem 1839 im Rathaus eingerichteten Museum ausgestellt waren. Die Exponate sind im wesentlichen in 4 Abteilungen zusammengefaßt: einer archäologischen (galloröm. Funde: Saal 1-7), einer für ma Kunst, einer für europ. Gemälde des 17.-20. Jh., einer für lokale Geschichte.

Saal 1: Totenkult: Grabstelen aus den Nekropolen v. Autun; Sarkophag aus Marmor (3. Jh.), aus Blei (4. Jh.). Urnen und Grabbeigaben.

Saal 2: Der galloröm. Alltag: Wohnweise (Ausstattung, Fliesen, Wandgemälde, Mosaiken, Fußbodenheizung etc.)

Saal 3: Der galloröm. Alltag: Mobiliar und Geschirr.

Autun, Musée de la salle capitulaire, Kapitell: Hoffnung

Saal 4: Der galloröm. Alltag: Schmuck und Hygiene (Schminktöpfchen, medizinische Instrumente). Ackerbau und Handel (Werkzeuge etc.). Freizeit (Würfel, Musikinstrumente). Militär (schöner vergoldeter Bronzehelm).
Saal 5: Religion (kelt., röm., orientalische Gottheiten, Kultobjekte).
Saal 6: Kultur und Künste (zahlreiche Marmorkopien klassischer und hellenistisch-griech. Skulpturen, Mosaiken).
Saal 7: Spätantike und Frühmittelalter: Gegenstände des täglichen Lebens (Keramiken, Waffen etc.). Beachtung verdienen hier v.a. die Überreste des Grabmals v. Königin Brunehaut (534-613) und die *Inschrift des Pectorius,* ein Epitaph in griech. Sprache, das älteste christl. Dokument Galliens überhaupt, das die Anwesenheit christl. Griechen im 2. oder 3. Jh. in Autun bezeugt. (Die Übersetzung lautet: »Als Gotteskind des himmlishcen Fisches empfange, o Sterblicher, mit einem Herzen voller Ehrfurcht die Gabe der Unsterblichkeit. Verjünge deine Seele, mein Freund, im göttlichen Wasser, in der unversieglichen Quelle der Weisheit. Empfange auch die honigsüße Nahrung, die der Heiland der Heiligen reicht, iß und trink, du hältst den Ichthys [Fisch] in Händen. - Ichthys, Herr und Meister, schenke mir die Gnade, die ich sehnlichst begehre, daß meine Mutter in Frieden ruhe. Darum flehe ich dich an, du Licht der Toten. Und du, Aschandios, mein Vater, den ich mit meiner süßen Mutter und all meinen Verwandten zärtlich liebe, erinnere dich im Frieden des Ichthys an deinen Sohn Pectorios.«)
Saal 8 und 9: Romanische Kunst: Verschiedene Werke des Gislebertus* aus der Kathedrale Saint-Lazare, so die 24 Ältesten der Apokalypse v. der inneren Archivolte des W-Portals sowie Fragmente des Tympanons vom N-Portal, darunter die hochberühmte *Eva* aus dem Türsturz, eine der vollendetsten (und gewagtesten) Frauengestalten des MA, und die Himmelfahrt Mariens. Ein Christuskopf aus Saint-Odon (vom Ende des 11., Anfang des 12. Jahrhunderts). Fragmente des großartigen *Lazarusgrabs* aus Saint-Lazare, einem Werk des Mönchs Martin* (die ergreifenden Figuren des heiligen Andreas, der heiligen Martha, die sich das Tuch an die Nase hält [»Herr, er riecht schon!«] und der Maria Magdalena).
Saal 10: Die Jungfrau mit dem Kind, die sog. »Jungfrau Bulliots« oder »Jungfrau v. Autun«, ein Meisterwerk aus dem 2. Drittel

Autun, Musée de la salle capitulaire, Kapitell: Reiter auf Vogel

Autun, Musée de la salle capitulaire, Kapitell: Flucht nach Ägypten

des 15. Jh. Noch berühmter: *Die Geburt Christi mit Stifter Kardinalerzbischof Jean Rolin* (um 1480–83) v. Jean Hey*, dem Meister v. Moulins. – Alabasterfigur der hl. Katharina v. Jean de la Huerta* (um 1450).
Saal 11: Malerei des auslaufenden MA: Abendmahlstriptychon v. Peter Cook d'Alost*, wohl das eindrucksvollste Werk der burgund. Schule zu Beginn der Renaissance (1515).
Saal 12: Got. Skulpturen: *Hl. Martha* (1462, Jean de la Huerta* zugeschrieben); *Auferweckung des Lazarus* (Antoine Le Moiturier*, 1425–95, zugeschrieben).
Saal 13 und 14: Geschichte von Autun. (Ausgrabungsfunde aus dem kelt. Oppidum Bibracte).
Saal 15: Mobiliar und Kunstgegenstände.
Saal 16: Gemälde vom Ende des 16. und Anfang des 17. Jh., Möbel.
Saal 17: Franz. Gemälde vom 18. und Anfang des 19. Jh.
Saal 18 und 19: Die wichtigsten Strömungen der franz. Malerei zwischen 1820 und 1880. Möbel aus dem Empire und dem Directoire.
Saal 20: Impressionistische, postimpressionistische, symbolistische und kubistische Gemälde vom Ende des 19. und Anfang des 20. Jh.

Musée Verger-Tarin (Rue des Sous-Chantres 7): Altes Bürgerhaus mit Einrichtung aus dem 18. und der 1. Hälfte des 19. Jahrhunderts.

Stadtbibliothek (Rathaus): Eindrucksvolle Sammlung schöner alter Manuskripte, illuminierter Kopien aus dem Skriptorium der v. Königin Brunehaut gegr. Abtei Saint Martin, Inkunabeln.

Veranstaltungen: Juli, August, September: *son et lumière:* »Autun, die Stadt mit den 100 Gesichtern«. – Letzte Augustwoche: *Möbelmesse.* – 1. März, 1. September: *Saint-Ladre-Messen:* – 2. Julihälfte: *Musikfestival.* – Den ganzen Sommer über *historische Aufführungen* im röm. Theater. – Oktober: *Filmfestival.*

Umgebung

Auxy (8,5 km ö): In dem an der Via Agrippa v. Lyon nach Autun gelegenen Dorf hat man gallische Gräber und Überreste einer galloröm. Siedlung gefunden. – Schöne *Kirche* aus dem 12. Jh. mit Kapellen aus dem 15. Jh. und einem Glockenturm aus dem 19. Jh.
Bibracte (32 km sw): Die in Cäsars »De

Autun, Musée Rolin

bello gallico« mehrfach erwähnte, auf dem Mont Beuvray, einem steil abfallenden Hochplateau (750–820 m) im Bergland des Morvan gelegene Hauptstadt der Äduer, wurde im 2. Jh. v. Chr. erbaut. Der v. einem Senat regierte kelt. Stamm mit seiner Dreiklassengesellschaft (der sehr mächtigen Druiden- oder Priesterkaste, dem militärisch und politisch maßgeblichen Adel und dem politisch rechtlosen Volk) nahm durch seinen Sitz im heutigen Südburgund und Nivernais eine Schlüsselposition ein. Seine Macht gründete sich nicht so sehr auf eine militärische Überlegenheit als auf eine Kultur der Oppida. 58 v. Chr. mußte der Stamm die Römer gegen die Helvetier und Germanen zu Hilfe rufen und lieferte Cäsar damit den besten Vorwand zur Eroberung Galliens. Vercingetorix, in Bibracte zum obersten Heerführer der vereinten gallischen Streitkräfte erhoben, wurde geschlagen, dem verfallenden Oppidum durch die Gründung der Römerstadt Augustodunum unter Augustus endgültig das Wasser abgegraben. Bald war die ehedem blühende, 135 ha große, v. einer ca. 5 km langen Mauer umwallte alte Stadt verlassen und vergessen. Nur die Volkssagen wußten noch, daß das Schließen ihrer mächtigen Tore einst bis nach Nevers zu hören war. Gestützt auf diese Kunde, machte sich der Archäologe Bulliot im 19. Jh. an die Ausgrabung, die nach langen Unterbrechungen heute noch fortgesetzt werden. (Führungen am Ausgrabungsort sind möglich.)

Couhard (1 km s): Kleine *Kirche* mit roman. Resten. Der hl. Léger (aus Stein) an der Fassade geht auf das 15. Jh., die Holzstatuen im Inneren auf das 15. (Andreas und Benedikt), das 17. (der hl. Léger) und das 18. Jahrhundert (Jungfrau mit Kind) zurück.

Saint-Pantaléon (1 km nö): Hier lag einst die große Abtei Saint-Martin, v. der jedoch nur noch die Ruinen der *Kapelle Saint-Symphorien* und die *Kirchen Saint-Pierre l'Estrier* und *Saint-Étienne* erhalten sind. Die Figur Johannes' d. T. (Stein) stammt aus dem 15. Jh., das Triptychon (Holz) datiert v. 1520, das Armreliquiar (Holz) aus dem 17. Jh.

Saint-Pierre (1,5 km nö): Die *Kirche* des kleinen Weilers geht bis auf das 4. Jh. zurück. Heute sind v. dem mehrfach restaurierten Gebäude, das als Grablege der 1. Bischöfe v. Autun diente, nur noch die 4 Wände des Schiffs erhalten. – Ausgrabungen haben zahlreiche *Gräber* aus heidnischer und christlicher Zeit sowie eine galloröm. *Villa* und ein altes *Mausoleum* zutage gefördert.

Autun, Musée Rolin: Eva vom Tympanon des Nordportals von Saint-Lazare

Auxerre, Stadtansicht

Auxerre 89 Yonne		
Einw.: 41 200	Höhe: 102 m	S. 320 □ C2

Die Hauptstadt des Départements gehört mit ihren majestätischen Sakralbauten und der stimmungsvollen Altstadt zu den historisch bedeutendsten Städten Frankreichs. (Im Ortsnamen wird das x wie ss ausgesprochen.) Die keltische Senonensiedlung *Autricum* im Südosten des heutigen Auxerre am Flußübergang einer Straße nach Agedincum (Sens), dem Hauptort der Senonen, wurde 52 v. Chr. von den Römern eingenommen. Fortan unter dem Namen *Autessiodurum* wurde die Siedlung wichtiger Knotenpunkt und Brückenort des von Agrippa in Gallien strategisch ausgebauten Fernstraßennetzes, das den Mittelmeerraum mit dem Norden verband, und entwickelte sich (wie viele Orte in derartig vorteilhafter Verkehrslage) auch zu einem wohlhabenden Handelsplatz. Das von einer Mauer mit 10 Türmen umfriedete römische Kastell bildete den Kern der mittelalterlichen Stadt; einige bestehende Türme gehen noch auf diese Anlage zurück. Nennenswerte Architekturzeugnisse aus galloromischer Zeit sind jedoch verloren, denn nach den Eroberungszügen der Hunnen und Franken fügten die Einfälle der Sarazenen im 8. Jh. und der Normannen im 9. bzw. 10. Jh. dem Ort schwere Schäden zu.

Seit dem 11. Jh. im Besitz der Grafen von Nevers, wurde Auxerre im 12. Jh. durch eine außergewöhnlich ausgreifende Befestigungsmauer gesichert (erst Ende 18. Jh. war das so umgrenzte Gebiet geschlossen besiedelt), deren halbkreisförmigen Verlauf bis heute der breite Boulevardring über den im 19. Jh. zugeschütteten Gräben um die Altstadt nachzeichnet. Die besonders durch den Weinhandel blühende Stadt (Stadtrecht von 1223) wurde im Hundertjährigen Krieg 1358 von den Engländern besetzt und entging nur knapp der

Auxerre, Tour de l'Horloge >

PARFUME
la botte d'or
SEIKO

Auxerre, Standbild der Marie Noël (l), Kathedrale Saint-Étienne, Westfassade (r)

Plünderung. Die 1371 durch Kauf an die französische Krone gelangte Grafschaft mußte 1424 auf Betreiben des englischen Königs Heinrich VI. dem burgundischen Herzog Philipp dem Guten abgetreten werden. Aber nach dem vorläufigen Ende (1482) der Kämpfe um das burgundische Erbe, die der Tod Herzog Karls des Kühnen 1477 zwischen der französischen Krone und Habsburg ausgelöst hatte, wurde sie (wie die gesamte Bourgogne) endgültig dem Königreich einverleibt. Dieser Periode politischer Wirren folgten wirtschaftlicher Aufschwung durch Weinhandel und Schiffsverkehr sowie eine Epoche kulturellen Reichtums, wovon noch immer das besonders vom Stil der Gotik und Renaissance geprägte historische Stadtbild mit seinen Kirchen, öffentlichen Gebäuden, Stadtpalais und Bürgerhäusern zeugt. Schmuck und Ausstattung der Sakralbauten wurden jedoch 1567/68 während des Religionskriegs durch die Hugenotten und abermals in der Revolution zerstört oder vernichtet. Die Stadt wurde 1944 schwer bombardiert. – Im Zuge der industriellen Dezentralisierung nach dem 2. Weltkrieg wurde die traditionelle Handelsstadt auch Standort einer Mischindustrie; moderne Wohnviertel entstanden bes. im Nordwesten und Süden von Auxerre.

Zahlreiche bedeutende Persönlichkeiten wurden in Auxerre geboren oder wirkten hier längere Zeit: u.a. der hl. Germanus (um 378–448), Bischof v. Auxerre und Stadtpatron; Jacques Amyot (1513–93), Humanist und Bischof von Auxerre, dessen Übersetzungen antiken Schrifttums großen Einfluß auf die Entwicklung der französischen Literatursprache hatten; der Historiker und Archäologe Jean Lebeuf (1687–1760); der Schriftsteller Restif de la Bretonne (1734–1806), dessen Romane aus dem ländlichen Milieu sowohl wegen ihrer teils drastisch erotischen Szenen als auch des sozialreformatorischen Ideengehalts sehr umstritten waren (→auch Vermenton, Umgebung: Sacy); der Mathematiker und Physiker Jean Baptiste Joseph Fourier

Auxerre, Kathedrale Saint-Étienne, Nordportal: Arche Noah

(1768–1830); der Physiologe und Politiker Paul Bert (1833–86); der Organist und Komponist Paul Berthier (1884–1953); die Dichterin Marie Rouget, genannt Marie Noël (1883–1967).

SAKRALBAUTEN

Kathedrale Saint-Étienne (Place Saint-Étienne): A. wurde bereits im 4. Jh. Bischofssitz. Die 1215 begonnene Bischofskirche – im Zusammenwirken v. Baukörper, plastischem Dekor und Glasmalerei ein Meisterwerk *got.* Kunstschaffens – folgte 4 verschiedenen, seit dem 5. Jh. nachweisbaren (zumeist durch Brände vernichteten) Vorgängerbauten. Bischof Guillaume de Seignelay ließ die Mitte des 11. Jh. geweihte roman. Kathedrale unmittelbar zuvor und noch während der Bauarbeiten niederlegen, um sie durch eine prächtige Neuschöpfung im Stil seiner Epoche wiedererstehen zu lassen. Die dreischiffige *roman. Krypta* – statisch gesehen bereits die Substruktion des Vorgängerbaus, um die auf dem Felsen des zum Flußufer abfallenden Domhügels aufsitzende Kirche abzustützen – wurde jedoch beibehalten. Die gemäß einer im Kirchenbau verbindlichen Tradition im O (d. h. im Chorbereich) beginnenden Arbeiten schritten zügig voran: 1234 Vollendung des Chors und der Vierung samt Querschiffansätzen. Zur selben Zeit waren die Längenabmessungen (äußere Gesamtlänge 110 m) durch das Sockelgeschoß des S-Turms und (gegen Ende des Jh.) die äußere Breite (50 m) durch das Untergeschoß des N-Turms umrissen. Wirtschaftliche Schwierigkeiten sowie der Hundertjährige Krieg erzwangen mehrere Unterbrechungen. Um 1350 war das s Querschiff fertiggestellt, während die Arbeiten am Langhaus mit der Einwölbung (in knapp 30 m Höhe) erst im 15. Jh. abgeschlossen waren. In jenem Jh. wurden auch das n Querschiff errichtet und die W-Fassade weitergeführt. Den S-Turm erhöhte man nur in jenem Abschnitt,

Kathedrale Saint-Étienne, Hauptschiff

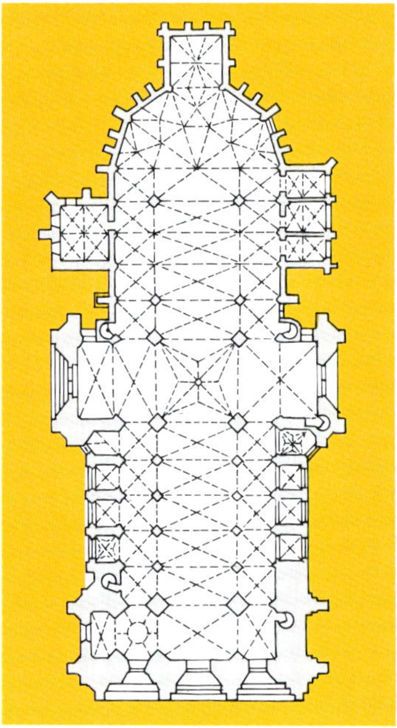

Auxerre, Kathedrale Saint-Étienne

den die Bekrönung des Mittelteils durch den Giebel mit eingeschriebener Rosette erforderte; den N-Turm stockte man um 1530 auf 68 m auf, ohne die urspr. geplante Doppelturmfassade zu vollenden.

Der reiche Figurenschmuck an allen Portalen mit ihrem für die got. Kathedralen charakteristischen Bildprogramm wurde deutlich sichtbar beschädigt. W-Fassade, *S-Portal:* Der mehrzonige Tympanon und die Archivolten dieses ältesten (Tauf-) Portals (um 1260) zeigen in ausdrucksvoller Erzählung Szenen aus dem Leben Jesu und Johannes' d.T. In den Nischen der oberen Sockelzone mehrere Episoden der Geschichte v. David und Batseba. Darüber die Darstellung der Philosophie und der 7 Freien Künste, jeweils durch die Attribute ihrer Personifikationen gekennzeichnet. Am s Strebepfeiler (r neben dem Portal) das Urteil Salomos. – Die Zyklen des *Hauptportals* (Weltgericht) entstanden im letzten Viertel des 13.Jh. bis frühen 14.Jh. Im Tympanon Christus als Weltenrichter zwischen Maria und Johannes. Die Nischen des Gewändes bargen entsprechend dem ikonographischen Zusammenhang die Figuren der Apostel als Beisitzer. Darunter 2 durchgehende Reliefzonen. An den Türpfosten l die klugen, r die törichten Jungfrauen. Die Darstellung der Josefsgeschichte (linkes Gewände) bzw. der Erzählung vom verlorenen Sohn (gegenüber), beide hervorragende Zeugnisse der künstlerischen Gestaltungskraft got. Steinmetze, stehen für Tugend und Errettung (Josef wird nach leidvollen Erlebnissen – ähnlich Jesus – dennoch der Retter seines Volks) bzw. Sünde des Menschen, dem nach der Heimkehr sein Vater (wie Gott den Menschen) dennoch verzeiht. Außerdem christl. interpretierte Motive aus der antiken Mythologie. *N-Portal:* Die Archivolten dieses Marienportals zeigen Szenen aus dem Leben der Gottesmutter, am Sturz (der mit dem Tympanon traditionsgemäß der Hauptaussage des Bildprogramms vor-

Auxerre, Kathedrale Saint-Étienne, Tympanon des rechten Portals >

Auxerre, Kathedrale Saint-Étienne: Segnender Christus im Chorgewölbe der Krypta

behalten war) ihre Krönung durch Christus. Wie an der gesamten Fassade ist der Schmuck der Gewändesockel bes. aufwendig: Der in 16 Felder aufgeteilte Genesiszyklus gehört zu den schönsten Folgen dieses Themas in der franz. Portalplastik des 13. Jh. Die l neben dem Portal beginnenden Reliefs stellen einzelne Themen der Schöpfungsgeschichte dar, dazu Sündenfall und Vertreibung aus dem Paradies, Kain und Abel, die Sintflut. – Die großen *Querhausportale* sind dem Titelheiligen der Kirche bzw. dem Stadtpatron gewidmet; ihr Dekor schildert Ereignisse aus der jeweiligen Lebensgeschichte: s Stephansportal (2. Hälfte 14. Jh.; Zugang durch die Rue de Caylus), n Germanusportal (frühes 15. Jh.).

Grandios ist die Wirkung des *Innenraums:* Das Verhältnis zwischen Breite (ca. 12 m) und Höhe (ca. 30 m) im Mittelschiff (die innere Gesamtbreite entspricht etwa seiner Höhe) sowie der für die klassische Gotik kennzeichnende, durchgehende Wandaufbau in 3 hier bes. elegant ausgebildete Zonen schaffen den Eindruck majestätischer Ruhe und großzügiger Weiträumigkeit, doch ohne die überwältigende Monumentalität hoch- und spätgot. Bauten.

Beginnt man die Besichtigung vom Chor aus (d. h. in der zeitlichen Folge der Erbauung), läßt sich die trotz der relativ langen Bauzeit gewahrte stilistische Harmonie des Ganzen deutlich erkennen, während die stilgeschichtliche Entwicklung im einzelnen abzulesen ist: z. B. an der Triforiengalerie oder durch den Vergleich der Kapitelle in Chor und Langhaus. – Die roman. *Krypta* (1023–35) erlangt durch die Dekkenbilder besondere Bedeutung: In genialer Komposition (um 1100) teilt ein Kreuz die Längstonne in einzelne Felder: Im Zentrum des Kreuzes der reitende Christus (ein in Frankreich sonst einzigartiger Bildtypus). Da die Engel in den Feldern zwischen den Kreuzarmen ebenfalls stets nach r reiten, entsteht eine Kreisbewegung, die

Kathedrale Saint-Étienne: Reitender Christus im Tonnengewölbe der Krypta >

Kathedrale Saint-Étienne, Krypta, Halskrausenkapitell (l), Glasfensterdetail: David (r)

das Umfassen der Welt um die zentrale Christusfigur symbolisiert. Das (nicht mehr vollständige) Gemälde in der Apsis (13. Jh.) zeigt den segnenden Christus zwischen den Evangelistensymbolen und 2 das Alte Testament versinnbildlichenden siebenarmigen Leuchtern.

Ausstattung: Die nach mehrfacher Beschädigung bes. in den unteren Zonen teils rekonstruierten, teils frei ergänzten *Bildfenster* sind in ihrer Komposition und Farbgestaltung zu den prachtvollsten Glasmalereien franz. Kathedralen zu rechnen. Die Chorfenster datieren aus dem 3. Viertel des 13. Jh. Die Fenster des s Querschiffs und des Mittelschiffs entstammen großenteils der Bauzeit Mitte des 14. Jh. bzw. um 1400. Diejenigen im n Querschiff sind weitgehend erneuert. Die großen Fensterflächen der W-Front und der Stirnseiten der Querschiffe folgten im 16. Jh. (z. T. wiederhergestellt). – Chorgestühl (16. Jh.). – 4 bes. bemerkenswerte Altarblätter des 18. Jh.: »Mariä Himmelfahrt« und »Die Zerstörung der Götzenbilder durch den hl. Pélerin« v. Jean Restout*; »Sturz der Engel« und »Taufe Jesu« v. Louis Jean François Lagrenée*. – Beim Installieren der Orgel (1985) wurden Reste ma Wandmalereien sichtbar. – Der *Kirchenschatz* (Trésor; s Chorumgang) enthält u. a. Emailarbeiten (13. Jh.), Elfenbeinschnitzereien (14.–17. Jh.), ma Handschriften und Stundenbücher sowie ein legendäres Leinengewand des hl. Germanus.

Ehem. *Bischofspalast* → Stadtbild: Préfecture.

Saint-Eusèbe (Place Saint-Eusèbe): Die im 7. Jh. dem hl. Eusebius (im 4. Jh. Bischof v. Vercelli und vehementer Anhänger des Athanasius im Dogmenstreit mit den Arianern) geweihte urspr. Klosterkirche wurde im 12. Jh. erneuert: Der imposante Glockenturm (Helm: 15. Jh.), einst auch Wacht- und Uhrturm, und die Pfeilerarkaden im Inneren sind einzig erhaltene Teile jenes

Auxerre, Kathedrale Saint-Étienne, Josef: König >

Auxerre, Kathedrale Saint-Étienne, Glasfensterdetail: Jesse

roman. Baus, der im frühen 13. Jh. durch einen Brand zerstört wurde. Die unmittelbar folgende Wiederherstellung – nunmehr in frühgot. Formen – bezeugen die Triforien und Rippengewölbe, während der 1523 eingestürzte Chor ab 1530 abermals erneuert wurde: Diese schöne Komposition mit durchweg noch spätgot. Struktur sollte nach dem geplanten Abriß v. Turm und Langhaus die vollkommene Erneuerung der Kirche einleiten, wozu es aber nicht mehr kam. – Der *Chor* mit fünfseitiger Apsis und kapellenbekränztem Umgang ist ein sehr beeindruckendes Beispiel wirkungsvoll kalkulierter Raumgestaltung; die reich strukturierten Gewölbe folgen einer außergewöhnlich komplexen Linienführung.

Die *Glasgemälde* (16./17. Jh.) zeigen Szenen aus dem Leben Josefs, Abschaloms, Joachims, Laurentius' und aus der

Auxerre, Kathedrale Saint-Étienne,
< Marienfenster

Auxerre, Kathedrale Saint-Étienne, Glasfensterdetail: Jesus und Petrus

Auxerre, Saint-Germain und Rundturm

Passion Jesu. Die Fenster des Langhauses wurden im 2. Weltkrieg großenteils zerstört. - Die Kirche bewahrt ein kostbares, wohl byzantinisches Seidentuch (4. Kapelle im s Seitenschiff), das Karl der Kahle, König des Westfränkischen Reichs, für die Überführung der Reliquien des hl. Germanus im Jahre 859 in die ihm geweihte Kirche (→Saint-Germain) gestiftet haben soll.

Wenige Arkaden lassen auf der S-Seite die Reste des 1847 abgebrochenen Kreuzgangs erkennen; das Stift war in der Revolution aufgelöst worden.

Auf dem Kirchplatz fand bis ins 18. Jh. der Kornmarkt statt; anstelle der stiftseigenen Speicher wurde 1760 das komfortable Stadtpalais Deschamps-de-Charmelieu errichtet.

Ehem. Abteikirche Saint-Germain (Place Saint-Germain): Der um 378 in A. geborene Germanus war zunächst hoher Staatsbeamter, zog sich dann aus dem bürgerlichen Leben zurück und wurde 418 der 5. Bischof v. A. Zielstrebig um die Christianisierung Galliens und Britanniens bemüht, wurde er zu einer der großen Persönlichkeiten der Kirchengeschichte. Er starb 448 in Ravenna.

Von architekturgeschichtlich erstrangiger Bedeutung für den franz. Kirchenbau ist die *Krypta* dieses nach partiellem Abriß 1811 auf die bestehenden Teile reduzierten ehem. Gotteshauses. Seine komplexe Baugeschichte setzte 841 mit dem Beginn einer monumentalen karolingischen Anlage ein, die man anstelle einer über der kleinen Grabkirche des Germanus v. der Frankenkönigin Chlothilde im 6. Jh. gestifteten Basilika errichtete. (Nach dem Stand der Forschung wies sie die früheste w Doppelturmfassade auf franz. Boden auf.) *Roman.* Erneuerungen ersetzten nach Brandzerstörung dann im 12. Jh. das Langhaus und die W-Partie (abermals mit Doppeltürmen). Der unter Beibehaltung der *karolingischen Krypta* (9. Jh.) 1277 im O be-

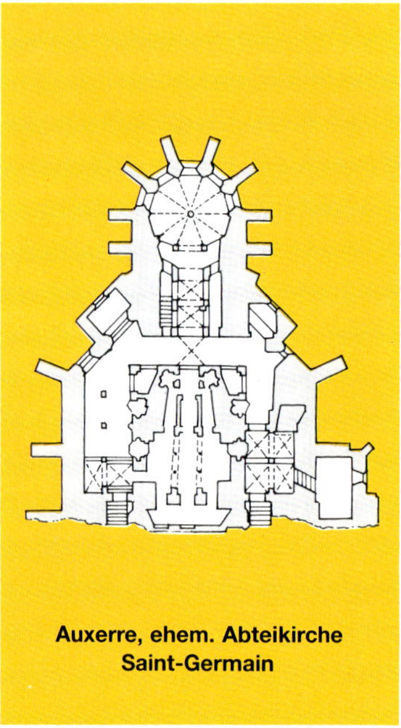

Auxerre, Saint-Germain, Krypta, »Falscher Sarkophag«

gonnene *got.* Neubau wurde nach mehreren Verzögerungen zunächst in der 2. Hälfte des 14. Jh. ins Langhaus weitergeführt und 1398 schließlich eingestellt: Der roman. Teil des Langhauses und das Westwerk blieben also erhalten, bis sie 1811 mit Ausnahme des seither vom Baukörper isolierten *roman.* SW-Turms *Saint-Jean* niedergelegt wurden. Der 51 m hohe Glokkenturm (12. Jh.) gehört (mit jenen in Chartres und Vendôme; →auch Vermenton) zu den bedeutendsten derartigen Bauleistungen in Frankreich.

Anders als die neugot. W-Fassade (1817), die den erhaltenen Langhausteil schließt, ist die fassadenartig aufgebaute Stirnseite des s Querschiffs (mit einer 3 m hohen Germanus-Figur im Giebel) v. imposanter Wirkung. Im Tympanon des n Querschiff-Portals Szenen aus dem Leben des Kirchenpatrons. Der 1277 begonnene Chor, dessen Abmessungen die Krypta vorgegeben hatte, wurde im 1. Viertel 14. Jh. vollendet. Dem folgten unmittelbar die Vierung und das Querhaus. Die erhaltene Langhauspartie entstammt der 2. Jahrhunderthälfte. Die Verstümmelung der Kirche zerstörte zwar die urspr. *Raumwirkung* – die Verkürzung (nicht die Breite des Schiffs) führt zu einer nunmehr extrem steilen Raumgestalt –, davon unberührt bleiben jedoch die Eleganz des Chors und die harmonische Zonengliederung der Schiffswände.

Krypta/Les Saintes-Grottes: Herzstück dieser Anlage ist die dreischiffige confessio, d. h. die Grabstätte, worüber stets der Hochaltar der mit dem Bestatteten (z. B. als Patron oder Stifter) verbundenen Kirche errichtet wurde; v. diesem Altar schaute man durch ein Fensterchen hinab auf das Grab. In ihrer Apsis befand sich seit 859 der Sarkophag mit den Gebeinen des Heiligen, der bereits im späten 9. Jh. aus Furcht vor Zerstörung oder Diebstahl zeitweilig durch einen leeren Sarg ersetzt wurde und seit dem späten 11. Jh. verschollen ist. Östlich davon stand der Altar.

Auxerre, Saint-Germain,
Karolingische Wandmalerei: Stephanus vor dem Hohen Rat

Diese im Grundriß rechtwinklige Komposition umzog ein Umgang mit Treppenverbindungen zur Oberkirche. In die Ende des 9. Jh. außen abgeschrägte Wand wurde eine urspr. vermutlich als Altarschmuck verwendete Platte mit dem Christusmonogramm (um 600) eingelassen. Die ö Fortsetzung der Längsachse führte urspr. in eine Kapelle, die zur stabileren Abstützung des got. Chorneubaus im 13. Jh. durch wuchtige, im Zehneck angeordnete Substruktionen ersetzt wurde. Seit dem 9. Jh. war die Krypta bischöfliche Grablege, in die auch Sarkophage aus anderen Grabstätten gebracht wurden.
Die 1927 unter Übermalungen des 12. Jh. freigelegten *karolingischen Wandmalereien* sind die künstlerisch bedeutendsten und am besten erhaltenen ihrer Art in Frankreich. Stephanskapelle (N-Seite): Ornamentale Motive wechseln mit den figürlichen Darstellungen des Stephansmartyriums (858): Komposition und dramatische Ausdruckskraft der in rötlichem bzw. gelblichem Ocker, Weiß und Grau gehaltenen Bilder zeugen v. höchster künstlerischer Meisterschaft. In der teils zerstörten s Lorenzkapelle bleiben nur die Reste einer »Anbetung der Könige« kenntlich. Die Darstellungen der 4 Bischöfe an den Abschrägungen des Umgangs sind Ende des 9. Jh. zu datieren.
Das aus der im 6. Jh. eingesetzten Mönchsgemeinschaft hervorgegangene ehem. Benediktinerkloster entwickelte sich im MA zu einem führenden Zentrum theologischer und klassischer Studien. Die *Konventsbauten* n der Kirche – im Religionskrieg 1567 z. T. zerstört und, wie der zweigeschossige Kreuzgang, ab Mitte 17. Jh. erneuert – wurden nach Aufhebung der Abtei in der Revolution unterschiedlich genutzt. Die Einrichtung des im Aufbau befindlichen *Musée d'Art et d'Histoire* (→Museen) soll bis 1992 vollendet sein.

Saint-Pierre-en-Vallée (Place Saint-Pierre): Das äußere Erscheinungsbild der Kirche, die strukturelle und stilistische Elemente der Gotik und der Renaissance in sich vereint, prägt der mächtige Glockenturm. Der 45 m hohe Bau – ein deutlicher Akzent auch im historischen Stadtensemble – wurde auf Betreiben der im wohlhabenden Gerberviertel lebenden Pfarrgemeinde 1536–57 errichtet. Dem Vorbild des N-Turms der Kathedrale folgend, ist er darüber hinaus mit reichem spätgot. Flamboyantdekor überzogen. Auf Gemeindeinitiative geht auch der Kirchenneubau mit dem Mönchschor der die Pfarrei betreuenden Augustinerchorherren zurück. Die 1557 begonnenen Arbeiten mußten im Religionskrieg zunächst eingestellt werden und waren erst 1657 beendet. Die W-Fassade im noch ma Giebelschema zeichnet deutlich die dreischiffige Basilikagliederung des Baukörpers nach. Ihr üppiger Schmuck – nunmehr ganz im Geist der Renaissance – zeigt eine Fülle an stiltypischen antikisierenden Motiven (z.B. giebelbekrönte Nischen und Rechteckfelder, Girlanden und Widderschädel, Voluten und Pilaster). Die Vertikalbewegung des überlängten Mittelteils betonen die übereinander gestuften Wandöffnungen (Portalbogen, 2 Fenster, Kreis), die paarweise angeordneten Säulen (den Kreis jeweils nur 1 Pilaster) flankieren in (v. unten) ionischer, korinthischer und kompositer Ordnung. Schön gearbeitete Türflügel (auch im s Seitenportal).

Den großzügig dimensionierten Innenraum (58 m lang) schließt ein achtseitiger Chor; im Mittelschiff schönes Sterngewölbe. Die Innenausstattung wurde in der Revolution zerstört, die Kirche diente zeitweilig als Salpeterlager. Chorgestühl aus der an der Stelle des *Justizpalastes* (1865; Place du Palais-de-Justice) abgerissenen Kirche eines im 7.Jh. gegr. Klosters. Die Farbverglasung wurde während der Bombardierung 1944 vernichtet. Das *Portal* des ehem. Augustinerstifts (Rue Joubert) entstammt der Bauzeit des Glockenturms. – Benachbart die moderne Stadtbibliothek *(Bibliothèque municipale)*. Geringe Reste der Klosterbauten an der N-Seite der Kirche.

Außerdem sehenswerte Kirchen

Saint-Pèlerin (Rue Saint-Pèlerin): Unter der im frühen 16.Jh. erbauten Kirche kam die älteste christl. Andachtsstätte und wohl 1. Bischofskirche v. A. aus dem 4.Jh. zutage (neben einer Quelle mit heilkräftigem Wasser). Der Bau wurde nach Einzug v. Wänden und eines Zwischenbodens in der Revolution zweckentfremdet genutzt. Seit 1880 dient der Chor als reformierte Kirche. – Ehem. **Kapelle der Visitantinnen** (Rue de Paris; jetzt Teil des Musée d'Art et d'Histoire): homogener, in Raumkomposition und Dekor stilistisch in sich geschlossener Bau (um 1720) über dem Grundriß eines gleicharmigen (griech.) Kreuzes; den Mittelpunkt überwölbt eine elegante Ovalkuppel.

Stadtbild

Profanbauten, Stadtpaläste, Bürgerhäuser und öffentliche Gebäude bes. des 16. bis zum ausgehenden 19.Jh. fügen sich innerhalb des Boulevardrings (auf dem Gelände der zugeschütteten Stadtgräben) zu einem lebendigen und baugeschichtlich sehr interessanten Ensemble. Zu den reizvollsten Vierteln gehört der historische Siedlungskern im Umkreis der **Plätze:** Place Charles-Surugue (moderne Brunnenplastik des Stadtoriginals Cadet Roussel) und Place Maréchal-Leclerc; Place des Cordeliers war der einstige Marktplatz; Place Saint-Nicolas im angestammten Viertel der Flußschiffer (ihr Schutzpatron ist der hl. Nikolaus) mit dem stimmungsvollen Ensemble der historischen Bebauung. Die Rue des Boucheries verläuft entlang der galloröm. Befestigungsmauer.

Maison de l'Arquebuse (Place de l'Arquebuse): Das sog. Büchsenhaus (1735) im SO des heutigen Marktplatzes ist ein bes. schönes Beispiel des z.Z. Ludwigs XIII. bevorzugten Baustils. – **Hôtel de Crôle** (Rue de Paris, Nr.67): eines der schönsten und am besten erhaltenen Wohngebäude der Renaissance in A. (16.Jh.). – **Hôtel du Cerf-Volant** (Place Robillard, Nr.5): ältestes erhaltenes Wohnhaus v. A. (spätgot., 14. bzw. 15.Jh.). – **Hôtel de Ville/Rathaus** (Place de l'Hôtel de Ville): Fassade v. 1733 mit Porträtmedaillons berühmter Persönlichkeiten v. A. (in chronologischer Reihenfolge oben beginnend). Angrenzend (an der Place Maréchal-Leclerc) der erhaltene Teil des um 1620 erbauten ehem. *Gerichtsgebäudes* (jetzt städtische Behörde). – **Pont Paul-Bert:** An der Stelle der zuletzt um 1860 erneuerten Brücke überquerte bereits in galloröm. Zeit die Via Agrippa den Fluß. *Paul-Bert-Denkmal* (1889) v. Émile Peynot*. Von hier aus sehr schöner Blick auf die Uferzone und über die bes. v. den got. Sakralbauten beherrschte Altstadt. – **Préfecture** (nur z.T. zugänglich): Der **ehem. Bischofspalast** (nö der Kathedrale Saint-Étienne) besteht aus einem Komplex stilistisch heterogener Gebäude: Ältester erhaltener Teil ist ein roman. ehem. Wandelgang (1. Hälfte 12. Jh.) mit zusammenhängender Arkadenfolge. Quergelagert über einem vielleicht zur gleichen Zeit entstandenen Keller ein got. Versammlungsraum (um 1270). Erneuerungs- bzw. Ergänzungsbauten des 19. Jh.: im N 1824 durch François Leblanc* im klassizistischen Stil der Zeit; S-Teil aus der 2. Jahrhunderthälfte durch Eugène Emmanuel Viollet-le-Duc* im Stil nachempfundener Spätgotik. – Die **Türme** gehen zumeist noch auf die Anlage der galloröm. Stadtumfriedung des 3. Jh. zurück, wurden aber im Zuge der erweiterten Befestigung im 13.–15. Jh. größtenteils erneuert bzw. umgebaut. Ehem. Ecktürme waren u.a. die *Tour des Archives* (Rue de la Marine) und die *Tour Saint-Alban* (bei der Rue Lacurne-Sainte-Pallaye). Am bekanntesten ist die *Tour de l'Horloge* (Rue de l'Horloge): Der ma ehem. Gefängnisturm auf den Fundamenten eines galloröm. Stadttors wurde durch ein der Stadt zugebilligtes Privileg 1483 zum Uhrturm umgebaut (1983 restauriert).

Museen

Musée d'Art et d'Histoire (Konventsgebäude der ehem. Benediktinerabtei Saint-Germain): Die Einrichtung der reichhaltigen Sammlungen des Museums soll bis 1992 abgeschlossen sein. 1988 wurde im ehem. Dormitorium zuerst die hervorragend aufgebaute *galloröm. Abteilung* des Archäologischen Museums (O-Flügel) eröffnet. Erdgeschoß und 2. Obergeschoß werden die vor- und frühgeschichtliche bzw. ma Abteilung aufnehmen. Im N-Flügel mit dem ehem. Refektorium werden das Musée des Beaux-Arts (Werke des 16.–20. Jh.) und das Musée d'Eckmühl untergebracht werden. Für den Hauptzugang und die Artothek sieht der Plan die im 18. Jh. umgebaute Abtswohnung (w abschließender Quertrakt) vor.

Auxerre, Tour de l'Horloge

Chapelle des Visitandines (Rue de Paris): Plastiken v. François Brochet.*

Musée du Coche-d'Eau (Place du Coche-d'Eau): Das Gebäude aus dem 16. Jh. dient Wechselausstellungen aus den Beständen des Musée d'Art et d'Histoire. Für die Zukunft ist ein volkskundliches und regionalgeschichtliches Museum geplant (z.B. Handel, Flußverkehr, Alltagsleben, Kunstgewerbe).

Musée Leblanc-Duvernoy (Rue d'Égleny): Schwerpunkt der sehr passend in dem repräsentativen Stadtpalais (18. Jh.) ausgestellten Sammlungen sind das regionale bzw. franz. Kunstschaffen und Kunstgewerbe: u.a. 4 Wandteppiche (Anfang 18. Jh.) eines urspr. 9 Einzelstücke umfassenden Zyklus (»Der Kaiser v. China«) aus der berühmten Manufaktur in Beauvais; Gemälde des 17.–18. Jh.; Fayencen (17. bis 19. Jh.). Außerdem archäologische Sammlungen (bes. griech. bzw. etruskische Keramik).

Umgebung

Die reizvollen Winzerdörfer wurden zumeist im MA gegr.: Schon im 12. Jh. sollen die Rot- und Weißweine v. A. zu den bekanntesten des Landes gehört haben. Seit die großen Schäden durch die um 1860 eingeschleppte Reblaus die Weinbauern teils zur Anlage v. Obstkulturen gezwungen hatten, wurde die Region auch für ihre Kirschen berühmt.

Appoigny (10 km nw): Vom 5. Jh. bis zur Revolution war das Dorf im Besitz der Bischöfe v. A., die es ab dem 11. Jh. zunehmend befestigten; ihre seit dem 13. Jh. bestehende Residenz (Régennes) wurde in der Revolutionszeit niedergerissen. – *Saint-Pierre-et-Saint-Paul,* ehem. Stiftskirche aus dem 13. Jh. Der verhältnismäßig geringe (z. T. beschädigte) plastische Außenschmuck des auffallend breiten Baukörpers ist sorgfältig ausgeführt; Weinlaub und Trauben beziehen sich auf das regionale Umfeld. Der Innenraum wirkt wegen des horizontal betonten Wandaufbaus gedrungen. Hervorragendstes Ausstattungsstück ist der in der Art eines antiken Triumphbogens konzipierte *Lettner* (um 1610) mit reichem Renaissancedekor: Relieffelder schildern u.a. die Verkündigung und Szenen aus der Passionsgeschichte; das linke Relief bezieht sich – wie übrigens auch der Schlußstein des Vierungsgewölbes – auf den Kirchenpatron Petrus; außerdem Apostelfiguren; in den Bogenzwickeln (d. h. anstelle der Siegesgenien im offiziellen Bildprogramm röm. Triumphtore) die Darstellung der Tugenden.

Chitry-le-Fort (15 km sö): *Saint-Valérien,* eine schlichte Kirche aus dem 13. Jh. (Chor mit Umgang 14.–15. Jh.), wurde in der 2. Hälfte des 14. Jh. während des Hundertjährigen Kriegs durch 3 weitere Türme zur Wehrkirche ausgebaut: massiger Rundturm nach Art eines Festungsturms im O, quadratischer Turm im S, im N noch der Sockel eines halbrunden Turms. Diese nach allen 4 Seiten ausgerichtete Anlage ermöglichte den Verteidigern, unbemerkt und rasch durch das Kircheninnere ihren Standort zu wechseln.

Escolives-Sainte-Camille (13 km s): Wegen seiner 1955 begonnenen archäologischen Ausgrabungen berühmtes Dorf, dessen kontinuierliche Besiedlung seit der Jungsteinzeit (ca. 4000 v. Chr.) durch Funde belegt ist. – *Saint-Pierre-et-Saint-Paul:* Die roman. Kirche wurde im 12. Jh. über 2 Krypten frühroman. Vorgängerbauten errichtet. In der unteren soll im frühen 6. Jh. die hl. Camilla, die die Überführung der Gebeine des hl. Germanus aus Ravenna nach A. begleitet habe, beigesetzt worden sein. Die bemerkenswerte Vorhalle umschließen auf unterschiedlich gestalteten Säulen ruhende Arkaden. – *Ausgrabungsstätte* (Rue des Fouilles): Die nahe der Yonne und einer Quelle gelegene Siedlung wurde in galloröm. Zeit noch durch die Fernstraße v. Lyon nach Boulogne-sur-Mer begünstigt, deren Verlauf auch das ma Verkehrsnetz bestimmte. Einerseits traten Funde aus der Jungsteinzeit und Bronzezeit zutage, andererseits in einer für die archäologische Forschung bedeutsamen Schichtung mehrerer Horizonte eine Fülle v. Zeugnissen aus galloröm. bis frühmittelalterlicher Zeit: In den Überresten eines v. Arkaden umzogenen Gebäudes (1.–2. Jh.) aufgefundene Plastiken belegen die gleichzeitige Verehrung röm. und gallischer Gottheiten; dieser Monumentalbau wurde während der ersten Germaneneinfälle Mitte 3. Jh. zerstört. Seine Steine verwendete man z. T. wieder beim Bau einer Thermenanlage nach röm. Vorbild, deren außergewöhnliche Größe (ca. 1000 qm) auch auf die Benutzung durch Reisende schließen läßt. In der Merowingerzeit (6.–8. Jh.) diente die Anlage teils als Begräbnisplatz. – Die reich bestückte *Ausstellung* enthält Architekturfragmente, Plastiken, Gebrauchsgegenstände aller Art und Grabbeigaben aus den verschiedenen Epochen.

Gy-l'Évêque (11 km s): Der Ortsname erklärt sich aus der Schenkung der Gemarkung durch Karl den Kahlen, König des Westfränkischen Reichs, im 9. Jh. an den Bischof v. A. Die kleine Kapelle (s Ortsausgang) birgt ein sehr beeindruckendes Kruzifix aus dem 13. Jh., berühmtes Meisterwerk der Holzbildnerei. Es entstammt der 1924 eingestürzten ehem. Pfarrkirche *Saint-Phal* aus der 1. Hälfte des 13. Jh.: An dieser interessanten Ruine mit wuchtigem W-Turm lassen sich exemplarisch die wesentlichen Stilmerkmale frühgot. Sakralarchitektur erkennen. – Im Dorf altes *Waschhaus* in Form eines Kreuzgangs.

Irancy (13 km sö): Bes. charakteristisches Winzerdorf des Auxerrois, dessen Gründung vielleicht bis auf galloröm. Zeit zurückgeht (1. Beurkundung 861). Geburtsort des franz. Architekten Jacques Germain Soufflot* (1713-80), Erbauer u.a. des Panthéons in Paris. – *Saint-Germain:* In der baugeschichtlich interessanten Kirche vereinen sich Gebäudeteile aus verschiedenen Stilepochen: roman. Schiff (12.Jh.); der Chor wurde um 1788 in wesentlich größeren Dimensionen erneuert; got. Glockenturm (15.Jh.); W-Portal im 16.Jh. verändert; dieser Zeit entstammt auch der reiche Renaissancedekor der s Stützpfeiler.

Laduz (17 km nw): **Musée rural des Arts populaires:** Das sehr sehenswerte Museum (gegr. 1986) beschreibt anhand einer Fülle v. Exponaten (Volkskunst, Gegenstände des täglichen Bedarfs, Arbeitsgeräte, Spielzeug) das ländliche Leben früherer Zeiten und nicht mehr ausgeübte Berufe.

Saint-Bris-le-Vineux (9 km sö): Das hübsche Winzerdorf bewahrt in seiner ma Anlage stattliche Häuser bes. aus der Renaissance; historische Substanz wurde häufig auch für jüngere Bauten wiederverwendet. Der Ortsname leitet sich zum einen aus der Legende her, wonach der hl. Germanus hier die Reliquien des Märtyrers Prixus gefunden und eine Andachtsstätte gegr. habe, und wurde zum andern im Zusammenhang mit der Gebietsneuordnung in der Revolution aufgrund seiner langen Weinbautradition um den Zusatz erweitert. – *Saint-Prix-et-Saint-Cot:* Die auch wegen ihrer reichen Ausstattung sehr sehenswerte Kirche vereint in ihrem Äußeren mit schlichtem, aber im einzelnen sorgfältig ausgeführten Dekor Stilelemente der Gotik und der Renaissance: got. Langhaus und Turm aus dem 13.Jh.; got. s Chorschiff (14.Jh.); Chor, Apsis und n Chorschiff wurden während der Renaissance 1520 erneuert. Die Wirkung des Innenraums prägt trotz der späteren Veränderungen der gotische Charakter. Die bedeutenden *Bildfenster* (15.–16.Jh.) zeigen in der Apsis r Szenen aus dem Leben der hll. Prixus und Cottus, in der Mitte Szenen aus dem Leben Jesu, l Darstellungen aus dem Alten Testament. Im Chor stellt ein auch zeitgeschichtlich interessantes *Wandgemälde* (1500) die Wurzel Jesse dar; am Sockel des s Turms das »Jüngste Gericht«. Got. Altaraufsatz (15.Jh.). Spätgot. Kanzel (um 1490). – Im ehem. *Schloß* (Mitte 17.Jh.) jetzt Schule und Bürgermeisteramt; in einem ehem. *Templerhaus* (12.Jh.) die Post.

Seignelay (13 km n): Der 874 erstmals erwähnte Ort ist eng mit dem Namen des

Escolives-Sainte-Camille (Auxerre), Saint-Pierre-et-Saint-Paul, Vorhalle

franz. Staatsmannes Jean Baptiste Colbert verbunden, der die damalige Freiherrschaft 1657 kaufte und 1668 durch Ludwig XIV. zum Markgrafen v. Seignelay ernannt wurde. Von dem in seinem Auftrag durch den Hofarchitekten Louis Le Vau* umgebauten *Schloß* blieben nach der Zerstörung in der Revolution außer einem Teil der Befestigung ein Turm, ein Eckpavillon und der Park erhalten. - Eine Allee führt zur *Place Colbert,* die ihren Charakter des 17. Jh. bewahrt. Die als Amtshaus und Sitz des Schloßhauptmanns errichteten Gebäude (jetzt Bürgermeisteramt und Finanzbehörde) bilden einen ansehnlichen Komplex. *La Halle* ist eine geräumige offene Gewerbehalle, deren mächtiges Dach 32 Säulen stützen. - *Saint-Martial:* Im 15. bzw. 16. Jh. unter Verwendung eines roman. Vorgängerbaus erneuerte Kirche. Im n Seitenschiff und im Chor Reste der Farbverglasung des 16. Jh.; verschiedene Bildwerke und Ausstattungsstücke des 17. Jh.

Auxonne

21 Côte-d'Or

Einw.: 7800 Höhe: 184 m S. 324 □ F3

Die einstige Garnisonstadt, deren Zentrum trotz der Zerstörungen im Laufe einer bewegten Geschichte stattliche Häuser besonders des 16.-18. Jh. aufweist, entwickelte sich aus einem Fischerdorf an der Saône, das die Grafen von Burgund wegen seiner strategisch wichtigen Lage an der Straße zwischen Dijon und Dôle (Hauptstadt der Freigrafschaft Burgund [Franche-Comté]) im MA zum befestigten Brückenkopf ausbauten; ihm kam auch im Hundertjährigen Krieg besondere militärische Bedeutung zu. Der häufige Wechsel des Grenzverlaufs zwischen dem Herzogtum und der Freigrafschaft erforderte noch im 16.-17. Jh. die Verstärkung der Festungsbauten. Nach dem Frieden von Nimwegen, der 1678 den Krieg gegen Holland beendete, wurde Auxonne Garnisonstadt: Die Anlage der zwischen Schloß (im Süden) und Kasernenkomplex (im Norden) eingespannten Altstadt kennzeichnen die hauptsächlich rechtwinkelig geführten Straßenzüge innerhalb der einstigen Ummauerung, die am heutigen Boulevard Pasteur zusätzlich mehrere Bastionen sicherten.

Notre-Dame (Place d'Armes): Die Bauarbeiten an der wohl um 1260 unter Verwendung der ö Partien eines roman. Vorgängerbaus begonnenen got. Kirche dauerten im Langhaus bis um 1300 an, während die jeweils 6 Kapellen der Seitenschiffe erst im 15. Jh. vollendet waren (Umgestaltung bei der Restaurierung im 19. Jh.); die w Vorhalle mit auffallend reichem plastischem Schmuck wurde 1516 angebaut. - Hervorragendstes Stück der Ausstattung ist die nahezu lebensgroße, herrliche Figur einer *Madonna mit Weintraube* (um 1445), die man dem Umkreis des auch an den Herzogsgräbern in Dijon (→Musée des Beaux-Arts) tätigen Jean de la Huerta* zuweist. Hl. Antonius (Ende 15. Jh.); dem 16. Jh. entstammen eine Pieta, das Chorgestühl und das Adlerpult; Orgel aus dem 17. Jh. Vor dem sö benachbarten *Rathaus/Hôtel de Ville* (Place d'Armes) - Ende 15. Jh. für die Aufenthalte des Königs erbaut, später z. T. verändert, im 19. Jh. restauriert - erinnert eine *Statue* (1857) an die Stationierung des damaligen Unterleutnans Napoléon Bonaparte in 2 Zeitabschnitten zwischen 1788 und 1791.

Château (Rue du Château): Bald nachdem die franz. Krone das Herzogtum erkämpft hatte, wurde die frühere Festung am Flußufer 1479 auf Veranlassung Ludwigs XI. nach den Bedürfnissen der modernen Kriegstechnik ausgebaut bzw. erneuert. Weitere bauliche Veränderungen der weitläufigen Anlage folgten im 17. und 19. Jh. - Das im wuchtigen nö Notre-Dame-Turm untergebrachte *Museum (Musée Bonaparte)* enthält u.a. regionale Fundstücke aus vor- und frühgeschichtlicher sowie gallo-röm. Zeit, vielfältiges Material zur politischen und kulturellen Geschichte der Stadt und einen Napoléon gewidmeten Saal.

Musée de la Tour-de-Belvoir: Das in einem Eckturm der ma Stadtmauer eingerichtete Museum dokumentiert in einer historisch und baugeschichtlich interessanten Sammlung v. Plänen und zeitgenössischen Ansichten die Entwicklung der städtischen Festungsbauten vom 16. bis 19. Jh.

Außerdem sehenswert:
L'Arsenal (Rue Vauban): 1689 durch den Festungsbaumeister Sébastien le Prestre de Vauban* für den Kanonenbau errichtet (jetzt teils Markthalle). – **Ehem. Befestigungen:** *Porte de Comté* (Boulevard Pasteur): das Tor (1503) der älteren Befestigung wurde in die verstärkte Festungsanlage des 17. Jh. integriert. *Porte Royale* (Rue du 8e Chasseurs) aus dem 17. Jh. Die ö benachbarte *Tour du Signe* wurde im frühen 16. Jh. verstärkt; im O das Wappentier (Salamander) König Franz' I.

Umgebung

Talmay (21 km n): Das *Schloß* wurde um 1765 nach Plänen von Louis Davellier und Jean-Antoine Caristie errichtet, die den trutzigen Hauptturm eines ma Vorgängerbaus integrierten (Bedachung aus dem 18. Jh.). Zur Eleganz des Äußeren tragen wesentlich die Öffnung der Wandflächen durch hohe Fenster bei (die vertikalen Fensterachsen beziehen auch den Sockel ein) sowie die abgeschrägten Ecken der kurzen Seitenflügel. – Die in mehreren Abschnitten bis ca. 1830 geschaffene schöne Innenausstattung des Wohngebäudes folgt dem frühklassizistischen Zeitgeschmack, während die vom 16. bis frühen 18. Jh. ausgestalteten Turmgeschosse die Stilelemente der Renaissance und der Zeit Ludwigs XIV. bewahren.

Avallon

89 Yonne

Einw.: 9100	Höhe: 254 m	S. 320 □ C3

Reizvolles Städtchen auf einem steil abfallenden Bergsporn über dem Cousin mit sehr sehenswerter Altstadt innerhalb des z. T. gut erhaltenen Mauerrings aus dem 15.–16. Jh. Das gallische *Aballo* wurde wichtiger Etappenpunkt an der römischen Fernstraße von Lyon nach Boulogne-sur-Mer. Die mit der geographischen Lage verbundene strategische Position – man kontrollierte von hier aus mehrere Täler – setzte den traditionellen Handelsplatz zugleich auch den zerstörerischen Folgen zahlreicher Überfälle und Kriege aus: Nach den Einfällen der Sarazenen und Normannen (8. bzw. 9. Jh.) blieb Avallon im Mittelalter zwischen den burgundischen Herzögen und französischen Königen heftig umkämpft, spielte 1569 im Religionskrieg eine wichtige Rolle sowie 1590 in Heinrichs IV. Kampf gegen die Liga und fiel 1594 endgültig an das Königreich. Nachdem die Befestigungsanlagen an die Stadt verkauft worden waren, verwandelte man die Steilhänge im frühen 18. Jh. z. T. in terrassierte Anlagen.

Saint-Lazare (Rue Bocquillot): Die ehem. Stiftskirche wurde anstelle verschiedener Vorgängerbauten (Spuren einer Kirche des 10. Jh. vermutet man in der z. T. erhaltenen Krypta, während der Apsisbereich in geringen Teilen auf das frühe 12. Jh. zurückgeht) als wesentlich vergrößerte Wallfahrtskirche um 1145–70 erneuert: Denn nachdem der Graf v. Burgund dem Kapitel v. Avallon Ende des 11. Jh. die Kopfreliquie des hl. Lazarus geschenkt hatte, wuchs der Zustrom der Pilger rasch an. Beim Einsturz des Turms im 17. Jh., der bald darauf erneuert wurde, und in der Revolutionszeit erlitt die roman. W-Fassade schwere Schäden. – Die schönen *Portale* (das N-Portal ging beim Einsturz verloren) zeugen trotz ihrer Verluste v. herausragender

Avallon, Saint-Lazare

Avallon, Saint-Lazare, Rechtes Portal

Avallon, Saint-Lazare, Hauptportal

künstlerischer Invention und handwerklicher Virtuosität: Außer der szenischen Bildkomposition im Tympanon des ehem. S-Portals und der Einzelfigur des Apostels am rechten Gewände des urspr. Mittelportals ist die reiche Fülle der delikaten Ornamente zu bewundern. – Der nach O geneigte Innenraum ist homogen proportioniert (Länge 53,5 m; Breite 18 m; Höhe 17,6 m) und auch im plastischen Dekor v. ruhiger Eleganz. Im Spitzbogen deutet sich die Hinwendung zum Lineament der einsetzenden Gotik an. Orgel in neugot. Gehäuse (1850–53). Im s Seitenschiff, dem man im 16. Jh. die Sacré-Cœur-Kapelle auf quadratischem Grundriß (mit Grisaillemalereien des 18. Jh.) anfügte, bemerkenswerte Schnitzfiguren aus dem 17. Jh.

Eine Tür (12. Jh.) führt aus diesem Schiff in die s angebaute ehem. *Pfarrkirche Saint-Pierre* (frühes 13. Jh.), die jetzt Ausstellungszwecken dient. In ihrer S-Wand Reste (mit schönen Kapitellen) eines im 15. Jh. errichteten und im 19. Jh. wieder abgebrochenen Schiffs.

Saint-Martin (Rue de Lyon): Die urspr. Kapelle (um 1700) gehörte zum angrenzenden Kloster der Visitantinnen und wurde 1847 nach S und W zur Pfarrkirche erweitert. Innenausstattung des 18. Jh. (Hochaltar und mehrere Gemälde) bzw. des 19. Jh. – Gegenüber (Ecke Rue du Maréchal-Foch) *ehem. Kapelle* des Kapuzinerklosters v. 1653 (jetzt Kino- und Theatersaal mit entsprechend veränderter Fassade); anstelle der in der Revolution zerstörten Klostergebäude wurde die Promenade des Capucins angelegt.

Befestigungsanlagen: Ein Rundgang entlang der mit 6 Türmen bewehrten Stadtmauer aus dem 15. Jh., die im 16. Jh. durch Bollwerke verstärkt wurde, könnte am NW-Tor (*Porte Auxerroise*, 1590) beginnen; der Rue de la Fontaine Neuve folgend, gelangt man zur *Bastei Éperon-Gally* und dann zur Rue du Fort-Mahon; weiter, vorbei an der *Tour du Chapitre*, zur Promenade de la Petite Porte (schönes Panorama) mit dem *Gaujard-Turm*. An der *Bastion de la Petite Porte* wendet sich die

Avallon, Befestigungsanlage >

Mauer über dem Steilufer nach N (Ruelle des Remparts) mit der *Tour de l'Escharguet* und knickt an der *Tour Beurdelaine* (ältester Turm v. 1401, im 16. Jh. z.T. erneuert) nach NW ab. Der n Mauerzug wurde bei der Anlage der Promenade des Terreaux im 18. Jh. abgebrochen; am O-Rand dieses ehem. Waffenplatzes das *Monument Vauban* v. Frédéric-Auguste Bartholdi* für den in Saint-Léger-Vauban geb. Festungsbaumeister Sébastien le Prestre de Vauban*.

Musée de l'Avallonnais (Rue du Collège): Im ehem. Kollegiengebäude (1659 erneuert) zeigen einzelne Abteilungen interessante Funde aus der Mittleren und Jüngeren Altsteinzeit (z.B. aus den Höhlen v. Arcy-sur-Cure), aus frühgeschichtlichen Hügelgräbern der Umgebung und aus gallorömischer Zeit (von besonderem Interesse mehrere Tempelfiguren und das Bodenmosaik des späten 2. Jh. n. Chr. aus einer Villa in Saint-Germain-des-Champs; Münzen). Sakrale Bildwerke (bes. 14.–18. Jh.). Graphiken und Gemälde, u.a.: 2 Zyklen v. Jacques Callot* (1. Hälfte 17. Jh.); die »Miserere«-Folge v. Georges Rouault*; Werke v. Henri de Toulouse-Lautrec*. Sammlung zeitgenössischer Goldschmiedearbeiten v. Jean Després*.

Außerdem sehenswert: *Hôtel de Ville* (Place Général-de-Gaulle), Rathaus v. 1770. – *Rue Bocquillot: Tour de l'Horloge*, der 50 m hohe ehem. Wacht- und Uhrturm, wurde 1456 auf den Fundamenten des Zugangs in die ma Grafenburg erbaut (die Burgumfriedung folgte der Mauer des Kastells aus galloröm. Zeit). An der N-Seite beidseitig anschließend ö das ehem. *Ursulinenkloster* v. 1629 (jetzt Schule; Fassade im 19. Jh. verändert), w das *Kollegiengebäude* v. 1659 (Stadtbibliothek und Musée de l'Avallonnais). *Hôtel des Sires de Domecy* (Ecke Rue Saint-Lazare): aus dem 15. Jh. mit charakteristischem burgund. Treppenturm. *Tribunal* (gegenüber Saint-Lazare): Kern des im 16.–19. Jh. mehrfach veränderten Gerichtsgebäudes sind Teile der Grafenburg des 12./13. Jh. *Grenier de Sel:* ehem. Salzspeicher (15. Jh.) des Kapitels v. Saint-Lazare. – *Maison du Prévôt* (Rue du Collège): Vogtshaus aus dem 12. Jh. –
Saalbau (Place Général-de-Gaulle/Rue Mathe): Veranstaltungshalle (um 1910) über ovalem Grundriß.

Umgebung

Chastellux-sur-Cure (15 km s): Das imposante *Schloß* (innen nicht zu besichtigen),

Avallon, Tour de l'Horloge

Chastellux-sur-Cure (Avallon), Schloß

im 12. Jh. als *Castrum Lucium* erstmals erwähnt, beherrscht das Flußtal und den kleinen Ort. Die ältesten Teile (auch der isolierte W-Turm) gehen auf eine Burg des 11. Jh. zurück, die bes. im 15. Jh. zum bestehenden Grafenschloß (bis heute in Familienbesitz) ausgebaut wurde; n Eckturm v. 1592. Der ma Charakter des mächtigen äußeren Erscheinungsbilds wurde bei einer – allerdings etwas freien – Restaurierung ab 1825 durch Zutaten und Korrekturen (z. B. an den Zinnen, Wehrgängen, Schießscharten) wesentlich akzentuiert. Wirtschaftsgebäude aus dem 18. Jh.

Pontaubert (4 km w): Der Name des Dorfs leitet sich v. der 1. Brücke her, die Graf Ansbert v. A. um 840 über den Cousin schlagen ließ. Ende des 12. Jh. errichteten die Hospitaliter an dieser Pilgerstraße nach Vézelay die *Kirche Nativité de Notre-Dame:* Sie ist ein sehr schönes Beispiel der burgund. Romanik (die 2 obersten Geschosse des Turms und das W-Portal im got. Stil des 13. Jh.; Vorhalle v. 1500). Im Tympanon des W-Portals Szenen aus dem Marienleben. Die Gestaltung des harmonisch proportionierten Innenraums läßt an das Vorbild v. Vézelay denken. Von den Plastiken des 14.–16. Jh. sind bes. zu beachten: Madonna, hl. Barbara, hl. Syrus; Kreuzigungsgruppe. – *Ehem. Pilgerkrankenhaus* der Hospitaliter aus dem 13. Jh.

Sainte-Magnance (14 km sö): In der noch got. *Kirche Sainte-Magnance* (Anfang 16. Jh.) das kunstvolle Grabmal der Heiligen aus dem 12. Jh.: Auf den Seitenwänden des Sarkophags vorzügliche (an die Steinmetzarbeiten in Vézelay erinnernde) Darstellungen v. Szenen aus dem Leben der in dem später nach ihr benannten Ort Verstorbenen; sie nahm an der Prozession teil, die Anfang des 6. Jh. die Überführung der Gebeine des hl. Germanus aus Ravenna nach A. begleitete.

Sauvigny-le-Bois (4 km nö): In reizvoller Landschaft beeindruckende Ruinen des im 13. Jh. erbauten *Klosters Saint-Jean-les-Bonhommes.* Die in der Revolution säkularisierte Anlage des Ordens v. Grandmont wurde 1846 durch einen Brand stark zerstört, dann trug man ihr Mauerwerk zum Bau umliegender Gebäude z. T. ab. Einzig erhaltener Teil ist die *Kapelle* mit nur geringem, aber sehr qualitätvoll ausgeführtem Bauschmuck. Die sonst üblichen Strebepfeiler am Chor wurden durch Säulen ersetzt. Im Inneren eine Sammlung v. Architekturfragmenten und Steinbildwerken (z. T. auch aus der Umgebung). Im ehem. Klostergeviert lassen sich noch am besten Kreuzgang, Kapitelsaal und Refektorium erkennen.

Sermizelles (11 km nw): Die Legende führt den Namen des um 1200 als *Sermisoliae* erwähnten Orts auf eine sarmatische Söldnerkolonie in galloröm. Zeit zurück. – Östlich außerhalb *Malakoff-Turm* (1898) in Erinnerung an den unter franz. Beteiligung 1853–56 gegen Rußland geführten Krimkrieg. – *Kapelle Notre-Dame-d'Orient* (1958) mit Skulpturen v. Marc Hénard*.

Vault-de-Lugny (5 km w): Die spätgot. *Kirche Saint-Germain d'Auxerre* (um 1500) schmückte man Mitte des 16. Jh. mit einem bemerkenswerten Freskenzyklus aus, der in 13 Bildern die Passionsgeschichte erzählt. – Das große *Schloß* (ö außerhalb; nicht zugänglich) wurde im 15. Jh. unter Verwendung einzelner Teile des ma Vorgängerbaus errichtet und war in der Epoche der Religionskriege ein wichtiger Treffpunkt der Hugenotten. Der Wohnbau wurde im 19. Jh. erneuert.

B

Bard-le-Régulier

21 Côte-d'Or

Einw.: 150	Höhe: 450 m	S. 323 □ D3

Die Zusammensetzung des Ortsnamens erklärt sich aus dem einstigen Priorat von Augustinerchorherren, die gemäß der das Gemeinschaftsleben »regulierenden« Weise lebten, wie sie sich im Hochmittelalter nach der Kirchenreform im 11.Jh. rasch ausgebreitet hatte. Von der im frühen 12.Jh. gegründeten Anlage ist die Kirche Saint-Jean-l'Évangéliste erhalten.

Saint-Jean-l'Évangéliste (2. Hälfte 12.Jh.): Das sonst karge Äußere beleben 2 sorgfältig gestaltete Säulen im Gewände des Portals und der achteckige Vierungsturm (wohl Anfang 13.Jh.). Das ebenso nüchterne Innere birgt einige Ausstattungsstücke v. hoher künstlerischer Qualität: Zu den schönsten in Burgund gehört das für die vorzüglichen Schnitzereien berühmte *Chorgestühl* (um 1350) mit Darstellungen v. Szenen aus dem Leben Mariens bzw. Johannes'. Zu beachten sind auch die im MA beliebten grotesken Figuren bzw. Grimassen an den Armlehnen der Sitze. (Ein anderes ausgezeichnetes Chorgestühl befindet sich in →Montréal.) – Figur Johannes' d. Evang. (um 1465), der dem ihm gereichten Getränk das Gift entzieht: Ausdruckskraft und Eleganz lassen diese Darstellung des Kirchenpatrons dem Umkreis des auch an den Herzogsgräbern in Dijon (→Musée des Beaux-Arts) beteiligten Jean de la Huerta* annähern. – Grabmal mit Liegefigur eines Ritters (frühes 14.Jh.).

Umgebung

Manlay (3 km sö): 1941 war das Dorf durch dt. Bombardierung fast völlig zerstört worden. Die Wiederherstellung der got. *Kirche* aus dem 13.Jh. (auf dem Gelände einer z.T. in den Baukörper integrierten frühmittelalterlichen Burg) war 1962 vollendet. Das Ziborium stiftete der damalige Bundeskanzler Konrad Adenauer, die Glocken Marie-France und Marie-Germaine der Kölner Erzbischof. Mehrere sehr bemerkenswerte Bildwerke des 15. bis 16.Jh.

Beaumont-la-Ferrière

58 Nièvre

Einw.: 189 | Höhe: 223 m | S. 322 □ B3

Im ausgedehnten Waldgebiet zwischen Charité-sur-Loire und der Nièvre, in dessen Zentrum das ehemalige *Bellus Mons* liegt, wurde bereits in der Antike, in gallorömischer Zeit, Eisenerz abgebaut. Zahlreiche, inzwischen vom Wald überwachsene Schmelzschlackehaufen bezeugen die Existenz gallischer Schmieden. Etwa im 14.Jh. lebte der Erzabbau wieder

Bard-le-Régulier, Saint-Jean-l'Évangeliste, Chorgestühl

auf und hatte seinen Höhepunkt im 16. und 17. Jh.; im Laufe des 19. Jh. wurden die Hochöfen, Schmieden, Gießereien und Hammerwerke allmählich aufgegeben.
In Beaumont befand sich eine der ersten 2 Eisenblechmanufakturen Frankreichs, 1664 gegründet von dem berühmten Barockarchitekten Louis Le Vau*.

Saint-Léger: Spätgot. Kirche vom Ende des 15. Jh. mit flachem Chorschluß; schönes Fenstermaßwerk im Flamboyantstil. Das geschnitzte Chorgestühl und das schöne schmiedeeiserne Gitter, Arbeiten des 17. Jh., stammen aus der Kartause v. Bellary.

Château de Beaumont (unweit des Dorfes gelegen): Neben dem modernen Corps de Logis sind 2 der ma Burgtürme und Baureste aus dem 15. Jh. erhalten.

Umgebung

Château de Sauvage (1 km s): Schönes Renaissanceschloß des frühen 17. Jh. 2 quadratische Türme flankieren das Corps de Logis, dessen Haupteingang durch dorische Säulen betont wird. - Unterhalb des Schlosses, am Ufer eines Nièvre-Seitenarms, sind die Gebäude einiger *Eisenschmieden*, ein *Hammerwerk*, eine *Erz-* und eine *Getreidemühle* erhalten.
Dompierre-sur-Nièvre (6,5 km nö): *Château de Dompierre* aus dem 16. Jh., umgestaltet im 16. Jh. - *Kirche* des 18. Jh. - Einige hübsche *alte Häuser; Mühle* am Fluß.

Beaune

21 Côte-d'Or

Einw.: 21300 Höhe: 219 m S. 324 □ E3

Die reizvolle Stadt mit ihrem außerordentlich sehenswerten historischen Zentrum innerhalb der gut erhaltenen Ummauerung (13.-16. Jh.) leitet Ursprung und Namen v. einem Quellheiligtum der gallischen Gottheit Belenos her, an deren Stelle in römischer Zeit Apollo trat. Die Christianisierung dieser Region wird auf Martin von Tours (4. Jh.) zurückgeführt. - Der schon aus gallorömischer Zeit bezeugte Weinbau und Weinhandel bescherte dem im Laufe seiner bewegten Geschichte häufig umkämpften Ort durch die Jahrhunderte soliden Wohlstand, der u. a. in der bestehenden Bausubstanz bis heute kenntlich bleibt. Stadtrecht v. 1203. Da sich die traditionsreiche Residenzstadt der Herzöge nach

Bard-le-Régulier, Saint-Jean-l'Évangeliste, Chorgestühl, Detail (l), Beaune, Notre-Dame (r)

Beaune, Notre-Dame, Blick zum Chor

dem Tod Karls des Kühnen 1477 im Kampf um das Erbe zugunsten Burgunds entschieden hatte, verlor sie 1480 auf Anordnung des siegreichen französischen Königs Ludwig XI. das Privileg des »Parlement« (Oberster Gerichtshof) an Dijon, blieb aber nach wie vor wichtiger Handelsplatz und Zentrum der Weinbauregion Beaunois.
In Beaune geboren wurden u.a. Étienne Jules Marey (1830-1904), Erfinder des Photochronographen; Gaspard Monge (1746-1818), Begründer der darstellenden Geometrie und bes. für die Entwicklung des Ingenieurwesens tätiger Politiker; der für seine koloristisch effektvollen Bilder berühmte Maler Félix Ziem* (1821-1911).

Notre-Dame (Place Notre-Dame): Die sehr sehenswerte ehem. Stiftskirche folgt dem bes. im Inneren zu erkennenden Vorbild des cluniazensischen Kirchenbaus. 1120 begonnen, wurde sie in mehreren Bauphasen nach W fortschreitend um 1210 vollendet. Dreischiffige Vorhalle 1. Hälfte des 14. Jh.; Kapellen der Seitenschiffe Ende 14. Jh.-15. Jh. (in der W-Partie des s Seitenschiffs 1. Hälfte des 16. Jh.); Bedachung des Vierungsturms 1585. Im O zeigt sich am besten die imposante architektonische Staffelung des Baukörpers: die 3 halbrunden Kapellen, Chorumgang, Hochchor, Querhaus, Vierungsturm mit hoher Laterne. Die Doppeltürme der W-Fassade blieben unvollendet. Die Portale mit dem charakteristischen zeitgenössischen Bildprogramm (am Mittelportal Weltgericht, an den Seitenportalen Szenen aus dem Marienleben [der Gottesmutter ist die Kirche geweiht] und der Passionsgeschichte) wurden in der Revolutionszeit stark beschädigt; Türflügel (15. Jh.) mit reichem spätgot. Schnitzwerk.
Beim Betreten der insgesamt 80 m langen Kirche (Höhe des Mittelschiffs: ca. 20 m), der die harmonisch proportionierte Raumgestaltung und die vorzügliche bauplastische Ausführung eine sehr beeindruckende Wirkung verleihen, wird der Blick in die Apsis gelenkt. Ihre got. Fenster wurden um 1320 wesentlich vergrößert. (An hohen kirchlichen Festtagen werden 5 sonst im ehem. Kapitelsaal aufbewahrte Bildteppiche in den Apsisbogen aufgehängt.) Im Chor sog. Schwarze Madonna aus dem 12. Jh. - Der Einfluß der Architektur v. Cluny zeigt sich im plastisch stark durchgegliederten dreizonigen Wandaufbau, im Spitzbogen-Tonnengewölbe, dessen rhythmisierende Gurtbogen auf (hier vierfach gestuften) Wandpfeilern ruhen, und im Kreuzgewölbe der Seitenschiffe. Beachtenswerte figürliche Kapitelle (Mitte 13. Jh.) im s Seitenschiff (u.a. Martyrium des Stephanus, Arche Noah, Wurzel Jesse, musizierende Tiere). Von den *Kapellen* dieses Schiffs sind bes. zu nennen: Die 1. Kapelle (Stiftung des Kanonikers Jean-Baptiste de Bouton), ein elegantes Werk der Renaissance mit einigen spätgot. Elementen. Am Altar der Petruskapelle (2.) Relief mit Szenen aus dem Leben des Heiligen (2. Hälfte 16. Jh.). Etwa gleichzeitig die Darstellung v. Christi Geburt und Passion (3.). Nördliches Seitenschiff: 1. Kapelle (15. Jh.) mit Bildfenstern nach der Passionsgeschichte. In der 2. (v. Kardinal Jean Rolin um 1470 gestifteten) Kapelle teils erhaltene Wandmalereien (u.a. Auferweckung des Lazarus). In den 3

Beaune, Notre-Dame,
Bildteppich: Vermählung der Jungfrau

Beaune, Notre-Dame,
Bildteppich: Besuch bei Elisabeth

folgenden Kapellen (spätes 14.Jh.) Werke des 16.-17.Jh.

Der *Kreuzgang* (Zugang aus dem s Querhaus; Außenseite des Portals 12.Jh.) ist nur in geringen Teilen erhalten. Im ehem. Kapitelsaal (13.Jh.) werden die 5 kostbaren *Bildteppiche* aufbewahrt: Die im letzten Viertel des 15.Jh. wohl in Tournai vermutlich nach Entwürfen des burgund. Malers Pierre Spicre* geschaffenen Arbeiten erzählen unter dem Einfluß der zeitgenössischen niederländischen Malerei in 19 detailliert beschreibenden Einzelbildern Leben und Krönung Mariens.

Hôtel-Dieu (Rue de l'Hôtel-Dieu): Das außergewöhnlich gut erhaltene Krankenhaus, eine der meistbesuchten Sehenswürdigkeiten Frankreichs, erfüllte in sonst seltener Kontinuität seine Aufgabe seit der Gründung 1443 bis ins 20.Jh. (Ein großes ma Krankenhaus - erhalten ist nur der Bau des Krankensaals mit Kapelle - befand sich auch in →Tonnerre.) Gestiftet v. Nicolas Rolin (Ratgeber Herzog Johanns ohne Furcht und Kanzler Burgunds unter Philipp dem Guten) und seiner Gemahlin Guigone de Salins war der urspr. dreiflügelige Komplex bereits 1451 vollendet; als Baumeister ist an Jehan Rateau* oder (durch das flämisch geprägte Erscheinungsbild nahegelegt) den Niederländer Wiscrere* zu denken. Den Unterhalt der Anlage sicherten außer mehreren Privilegien (u.a. Befreiung v. Steuern und Abgaben, Unabhängigkeit v. der bischöflichen Gerichtsbarkeit) große Ländereien (bes. Weinberge), deren Erträge ihr noch heute zugehen. Hier findet auch die große öffentliche Versteigerung der Vins des Hospices de B. (1805 wurden Hôtel-Dieu und das 1665 als Waisenhaus gegr. Hospice de la Charité [Rue Rousseau-Deslandes] vereint) am 3. Novembersonntag im Rahmen des Fests »Les Trois Glorieuses« (→Umgebung: Meursault; →Nuits-Saint-Georges) statt. Ab 1971 wurden das Krankenhaus und die beiden Altersheime der Institution in Neubauten im Stadtgebiet verlegt, während das historische Ensemble nun musealen, Ausstellungs- und Veranstaltungszwecken dient.

Einen Flügel nehmen der Saal für die Pflege der Armen mit der Kapelle ein sowie die zwischen Hauptportal und Wageneinfahrt folgenden Schwesternzimmer und Vorratsräume. In den beiden anderen, insgesamt niedrigeren, aber in 2 Geschosse und Dachgeschoß aufgeteilten Flügeln waren die Zimmer für die wohlhabenderen Kranken eingerichtet. Seit 1659 umschließt anstelle eines Speichers und der Küferei

Beaune, Notre-Dame, Bildteppich: Flucht nach Ägypten

der 4. Flügel (Salle Saint-Louis) den Binnenhof. Anschließend einige Erweiterungen des 18.–19. Jh. auf dem Gelände des urspr. Friedhofs und mehrerer Gärten; die Figuren der Stifter v. Henry Bouchard* (1914 bzw. 1923). – Das Bild des malerischen *Hofs* prägen die umlaufenden Galerien, das Fachwerk und das (1905 nach originalen Vorlagen neu gedeckte) mächtige Dach mit mehrfarbigem geometrischem Ornament aus glasierten Tonziegeln. Giebel und Firste der Dachluken sind verziert. – Der unter dem Gebäude und Hof fließende Bach nahm die Abwässer auf.

Den mit der zugehörigen Antoniuskapelle 72 m langen *Krankensaal* deckt ein 20 m hohes hölzernes, v. verzierten Querbalken gestütztes Tonnengewölbe. Außer den Herzogs- und Stifterwappen und Monogrammen die Devise »Seulle« (im Fußboden), die wohl als eheliches Treuebekenntnis des Stifters zu werten ist. Der Darstellung des »Christus im Elend« zur Tröstung der Sterbenden entsprach die Komposition des Hoffnung auf Erlösung verheißenden »Weltgerichts« auf dem urspr. in der Kapelle an der gegenüberliegenden Stirnseite aufgestellten Flügelaltars (→Museum). Die Kranken konnten v. ihren Betten aus am Gottesdienst teilnehmen. – Seit Mitte des 17. Jh. waren die Frauen in der *Salle-Saint-Nicolas* untergebracht. – In der *Apotheke* Gefäße aus der Fayencemanufaktur in Nevers, Zinnwaren u. a. Gerätschaften. – Zur Ausstattung der großen *Küche* mit Doppelkamin gehörte auch ein mechanisch betriebener Bratspieß (1698).

Museum: Weltberühmtes Herzstück des reich ausgestatteten Museums in den einzelnen Räumen des Gebäudekomplexes ist der *Flügelaltar v. Rogier van der Weyden**: im Gesamtaufbau wie in der Einzelausführung der zahllosen Motive eine der großartigsten Kunstschöpfungen des späten MA. Um 1448 geschaffen, zeigt das neunteilige Ensemble im geschlossenen Zustand die Stifter, die hll. Sebastian (Patron der Kranken) und Antonius (Helfer gegen Seuchen) und die Verkündigung. Der geöffnete Altar (2,15 m hoch, 5,60 m breit) ist eine um die vertikale Mittelachse des richtenden Christus und des zu seinen Füßen die Seelen wägenden Erzengels Michael komponierte Darstellung des Jüngsten Gerichts: Der Erlöser thront auf einem alles umfassenden Regenbogen im goldenen Himmel. Die Fürbitter Maria und Johannes flankieren beidseitig je 6 Apostel als Beisitzer des Weltgerichts (wie im Bildprogramm der got. Kirchenportale), hinter denen geistliche und weltliche Würdenträ-

Beaune, Notre-Dame, Bildteppich: Kindermord

Beaune, Hôtel-Dieu, Innenhof

Beaune, Hôtel-Dieu, Christus im Elend >

ger (wohl mit porträthaften Zügen) die Menschheit symbolisieren. Den Erzengel umgeben die Engel, die am Jüngsten Tag durch Posaunenklänge die Toten erwekken. Die Gerichteten werden in der untersten Zone zur Linken ins Paradies (die himmlische Burg) geführt, zur Rechten ins Feuer der Hölle verstoßen. Die oberen Bildtafeln zeigen die Leidenswerkzeuge Christi. – Aus der Fülle kostbarer *Wandteppiche* des 15.–18.Jh., die z.T. nach Vorlagen bekannter Maler geschaffen wurden, sind z.B. zu nennen: Die beiden Teppiche des hl. Eligius (um 1510); eine Gruppe (aus noch 30 erhaltenen Stücken) der »Tapisseries Roses«, die an hohen Feiertagen den Krankensaal schmückten, während die Antonius-Teppiche für die Kapelle bestimmt waren (beide Folgen jeweils 15.Jh.); eine Gruppe aus der Manufaktur in Tournai erzählt die Geschichte des verlorenen Sohnes (frühes 16.Jh.); ein Brüsseler Zyklus zeigt Szenen aus dem Leben des hl. Jakobus (Ende 16.Jh.); den Ateliers in Aubusson entstammen Darstellungen im 18.Jh. bevorzugter mythologischer bzw. galanter Themen. Außerdem u.a. prächtiges Mobiliar, Kleinkunst und Kunstgewerbe verschiedener Stilepochen.

Hôtel des Ducs-de-Bourgogne (Rue Paradis): Der im 15.–16.Jh. errichtete Komplex mit seinen 5 um einen Hof gruppierten Flügeln weist Ähnlichkeiten mit dem Hôtel-Dieu auf (zweigeschossige Anlage, burgund. Treppenturm, Fachwerk, hölzerne Galerie, steile Dächer), ist aber insgesamt v. bescheidenerem Zuschnitt. Diese ehem. Residenz der Herzöge v. Burgund ist Sitz des 1946 gegr. *Weinmuseums (Musée du Vin de Bourgogne;* Eingang Rue d'Enfer): Gerätschaften aller Art, Flaschen und Etiketten, volkskundliche und kunstgewerbliche Exponate, historische und literarische Quellen zeichnen sehr anschaulich und abwechslungsreich die Kulturgeschichte des Weins nach.

Befestigungsanlagen und Stadtbild: Obwohl König Heinrich IV. Ende des 16.Jh.

den Abbruch der Stadtbefestigung verfügt hatte, blieb die turmbewehrte ma Ummauerung (13.-14. Jh.) gut erhalten. Nach der Verlegung des Parlaments nach Dijon war sie bis Anfang des 16. Jh. durch Bastionen unter Einbeziehung der ma Burg (Bastion Saint-Jean; Rue du Château) festungsmäßig verstärkt worden. Die Porte Saint-Nicolas im N erneuerte man um 1765 im klassizistischen Zeitstil. Wie häufig wurde auch in B. auf den später zugeschütteten Wallgräben vor den Mauern ein Boulevardring angelegt.

Das historische Zentrum bewahrt seine ma Anlage und Straßenführung; Rue Maizières - Rue Paradis folgen noch der Umfriedung der galloröm. Siedlung. *Rue de Lorraine:* Spätgot. bzw. Renaissancefassaden. *Rue Rousseau-Deslandes:* Zu den ältesten Wohnbauten in B. gehört eine Hausfront des 13. Jh. mit achtteiliger Bogenfolge. - Von den Einzelbauten sind u. a. zu nennen: Place Fleury: *Hôtel de Saulx* (15. Jh.); Rue Maufoux, Nr. 2: *Maison du Colombier* (15. Jh.), Nr. 33: *Hôtel Thiroux-de-Saint-Félix* (Mitte 16. Jh.). Place Monge: *Hôtel de la Rochepot* (frühes 16. Jh.); der im 15. Jh. zum *Wachtturm* (Beffroi) umgebaute Glockenturm einer ehem. Klosterkirche; *Denkmal Gaspard Monge* v. François Rude* (1849).

Musée des Beaux-Arts (Place Morimont): Das Museum in einem Flügel des Rathauses (Hôtel de Ville), eines im 19. Jh. umgebauten Ursulinenklosters aus dem 17. Jh., enthält eine galloröm. und frühmittelalterliche Abteilung mit reichem Fundmaterial aus B. und Umgebung; Gemälde und Skulpturen aus verschiedenen Epochen: u. a. niederländische Malerei des 16. bis 17. Jh. und bes. eine bemerkenswerte Sammlung sehr stimmungsvoller Landschafts- und Städtebilder (bes. aus Venedig) des dem Impressionismus nahestehenden Félix Ziem*. - Ebenfalls hier das **Musée Étienne Jules Marey:** Der Physiologe entwickelte mehrere medizinische Meßinstrumente und schuf 1890 mit dem Photochronographen ein wesentliches Element zur Entwicklung der Kinematographie.

Außerdem sehenswert: *Bibliothèque Municipale* (Rue Marey): Sitz der Stadtbibliothek ist ein Gebäude des 1677 gegr. und in der Revolutionszeit säkularisierten Minimenklosters. - *Saint-Nicolas* (Faubourg Saint-Nicolas): Got. Kirche aus dem 13. Jh., v. deren roman. Vorgängerbau noch Teile der W-Partie und die verhältnismäßig breite Anlage des Chors zeugen. Im roman. Tympanon Darstellung des Kirchenpatrons,

Beaune, Hôtel-Dieu, Krankensaal

Beaune, Hôtel des Ducs-de-Bourgogne

der 3 Mädchen vor dem Verkauf rettet. – Zahlreiche Unternehmen laden zur Besichtigung ihrer *Weinkeller* ein, die zum Teil in den ehemaligen Bastionen der Stadtbefestigung oder in Gebäuden während der Revolution aufgelöster Klöster eingerichtet wurden.

Umgebung

Archéodrome (7 km s): Der sehr interessante Archäologiepark veranschaulicht in eindrucksvoller Präsentation die Geschichte Burgunds v. der Altsteinzeit über Bronze- und Eisenzeit bis zur galloröm. Epoche: Die Freilichtanlage umfaßt Rekonstruktionen v. Behausungen und Wohnbauten, die mit Gerätschaften des täglichen Lebens ausgerüstet sind (durchweg keine Originale), v. Werkstätten, Tempeln und Hügelgräbern sowie eines Abschnitts des röm. Befestigungsgürtels für die Belagerung Alesias (→Alise-Sainte-Reine). In einem übersichtlich aufgebauten Dokumentationszentrum u.a. Schautafeln, Karten, Beschreibungen einzelner Ausgrabungen.

Zu den für ihre Rot- und Weißweine berühmten Anbaugebieten »Côte de B.« und »Hautes Côtes de B.« gehören zumeist ausgesprochen malerische Winzerorte mit vorherrschend historischer Bausubstanz, u.a.:

Baubigny (14 km sw): Abseits des Orts, auf der Flur »Dracy«, Reste eines ma, 1285 erstmals urkundlich erwähnten Winzerdorfs, das nach einer Pestepidemie und der Brandschatzung durch marodierende Söldnertruppen im frühen 15. Jh. endgültig aufgegeben wurde. Die Ergebnisse der 1965 begonnenen Ausgrabungen ermöglichen ein interessantes Bild vom Alltagsleben der Bauern im MA.

Bligny-sur-Ouche (19 km nw): Stattliche burgund. Wohnhäuser zumeist aus der Renaissance (bes. Rue de l'Église). Der urspr. keltische Siedlungsplatz gelangte Anfang des 9. Jh. durch Schenkung Karls d. Gr. an das Kapitel v. Autun. – Got. *Kirche* aus dem frühen 13. Jh. (ehem. Kapelle der zerstörten ma Burg) mit beachtlichem roman. Turm, dessen Sockel lombardische Blendarkaden umziehen; Gewölbe 15./16. Jh.; der Baukörper wurde im 19. Jh. tiefgreifend restauriert. – *Kornspeicher* und *Wirtschaftsgebäude* des Kapitels.

Chassagne-Montrachet (14 km sw): Der seit 861 historisch faßbare Ort war um 1480 durch die Truppen Ludwigs XI. verwüstet worden: Die charakteristischen Winzerhäuser gehen z. T. auf die Epoche des Wiederaufbaus im 16. Jh. zurück.

Hôtel des Ducs-de-Bourgogne, Musée du Vin de Bourgogne, Weinpresse (l), Wachtturm (r)

Meursault (8 km sw): Das Ortsbild mit schönen Häusern bes. des 15.-16. Jh. beherrscht der 53 m hohe Glockenturm der got. *Kirche* aus dem 15. Jh. (Langhaus im 19. Jh. erneuert). Sie birgt eine roman. Marienfigur des 12. Jh. - Einzig erhaltener Teil (1. Hälfte des 14. Jh.) der urspr. Burg ist ein mächtiger Turm (jetzt Mairie/Bürgermeisteramt); Bedachung mit glasierten Ziegeln v. 1870. Die ma Anlage war 1632 auf Befehl Richelieus nach der Hinrichtung ihres Besitzers, des zum Majestätsverbrecher erklärten Herzogs von Montmorency, zerstört worden. - *Château de Meursault:* Sehr gut restauriertes Schloß aus dem 17. Jh. - *La »Paulée de Meursault«:* Am Montag nach dem 3. Wochenende im November beschließen ein Festbankett und die Verleihung eines Literaturpreises alljährlich die Veranstaltungsreihe des dreitägigen Weinfestes »Les Trois Glorieuses«, das auf Schloß Vougeot (→Nuits-Saint-Georges, Umgebung) beginnt und in B. fortgesetzt wird.

Nolay (20 km sw): Reizendes Städtchen mit historischem Charakter. Geburtsort v. Lazare Carnot (1753-1823), Mathematiker, Staatsmann und Organisator der franz. Revolutionsheere. - *Saint-Martin:* Beim Neubau (datiert 1643) wurde der Turm des got. Vorgängerbaus (14.-15. Jh.) bewahrt. In der Marienkapelle ausdrucksvolle Madonna, ein vergoldetes Schnitzwerk des 13. Jh.; unter anderen qualitätvollen Bildwerken hl. Jakob als Pilger (15. Jh.), hl. Regina v. Alesia (17. Jh.); im Chorumgang (19. Jh.) mehrere Heiligenfiguren aus der burgund. Schule des 15. Jh. und die »Erziehung Mariens« (17. Jh.). - *Kapelle Saint-Pierre* (Rue Saint-Pierre), datiert 1517. - *Les Halles:* Schöne Markthalle aus dem frühen 15. Jh. mit Steinplattendach, umgeben v. stattlichen Häusern des 15.-17. Jh. - Über die Heimatkunde informiert gut das *Musée des Amis du Vieux-Nolay* (Rue du Dr-Lavirotte).

Rochepot, La (15 km sw): *Sainte-Vierge:* Interessante roman. *Kirche* (12. Jh.; Turm 15. Jh.) eines ehem. Benediktinerpriorats. Bes. beachtenswert sind die skulptierten Kapitelle, die denjenigen v. Autun nahestehen; u. a.: Bileam und die Eselin, Verkündigung, Kampf zwischen Ritter und Adler. Der Schloßkapelle entstammen das Gemälde der hl. Katharina v. Alexandria (1. Hälfte 16. Jh.), das Marco d'Oggiono* aus dem weiteren Umkreis Leonardos da Vinci zugeschrieben wird, und der Flügelaltar mit einer Darstellung der Grablegung, wohl v. Philippe Quantin (Anfang 17. Jh.).

Schloß (kann besichtigt werden): Beherr-

Beaune, Archéodrome, Neolithische Hütte

schend überragt die burgartige Anlage mit ihren Türmen und den mit farbig glasierten Ziegeln gedeckten Wohngebäuden das Tal. Der im 12. Jh. erbaute und im 15. Jh. erweiterte Komplex wechselte im Laufe seiner bewegten Geschichte mehrfach den Besitzer, wurde in der Revolutionszeit geplündert und verfiel. Die 1894 v. der Familie des franz. Präsidenten Sadi Carnot erworbene Ruine wurde nach Plänen des Architekten Charles Suisse* und des Bildhauers Xavier Schanovski* im Bemühen um Originaltreue, aber mit interpretierenden Ergänzungen noch im Sinne der in der 2. Hälfte des 19. Jh. vorherrschenden romantisierenden Vorstellung des MA bis 1926 wieder aufgebaut und mit neugotischen nachempfundener Innenausstattung versehen.

Saint-Aubin (18 km sw): Roman. *Kirche* aus dem 12. Jh.; die Gestalt des Vorchors ist auf einen sonst verlorenen karolingischen Vorgängerbau (Ende des 9. Jh.) zurückzuführen.

Im Inneren venezianisches Gemälde (1543), das den Empfang des franz. Botschafters, eines Mitglieds der seinerzeit auf Schloß Rochepot ansässigen Familie, durch den Dogen zeigt. Von den Skulpturen des 15.–17. Jh. ist eine Pieta (17. Jh.) bes. beachtenswert.

Saint-Romain (12 km w): Die beiden Teile des hübschen Winzerdorfs liegen sehr reizvoll auf dem Berg (Saint-Romain-le-Haut) bzw. im Talkessel (Saint-Romain-le-Bas). Die gut beschilderte Anlage »Le Vieux Château« der im 16. Jh. zerstörten Burg (12. Jh.) auf dem Felsen ist an den ausgegrabenen Grundmauern kenntlich. – Eine interessante *Ausstellung* (Mairie/Bürgermeisteramt) veranschaulicht die Entwicklung des seit vorgeschichtlicher Zeit besiedelten Platzes anhand zahlreicher Fundstücke sowie Modelle und Graphiken v. Wohnbauten und Befestigungen aus verschiedenen Epochen.

Santenay (17 km sw): Sowohl wegen seines Weins als auch der lithiumhaltigen Heilquellen bekanntes Städtchen in sehr schöner Lage. – *Saint-Jean* (nw Ortsteil Narosse) ist einer der frühesten got. Sakralbauten dieses Raums und weist noch einige roman. Stilmerkmale auf; spätgot. Chor mit schönem Gewölbe (15. Jh.); Turm 17. Jh. Von der künstlerischen Ausstattung sind bes. zu nennen: 3 bemalte Holzplastiken aus dem 15. Jh.; hl. Michael (2. Hälfte 16. Jh.); »Madonna mit dem Drachen« (1660) des einheimischen Bildhauers Jean Bésullier*. – Das *Schloß* (17. Jh.) bewahrt den Bergfried eines Vorgängerbaus aus dem 14. Jh. –

Auf dem Berg Mont de Sène (521 m; schöne Fernsicht) Reste eines röm. Merkurtempels.

Savigny-lès-Beaune (6 km n): In der sehenswerten *Kirche Saint-Cassien* (roman. Querhaus des 12. Jh.; spätgot. Chor des 15. Jh.; im 18. Jh. erneuertes Schiff) Wandmalereien aus dem 15. h. (Engel mit den Leidenswerkzeugen Christi) und barocke Tafelbilder (17.–18. Jh.). Der roman. Glokkenturm (12. Jh.) war Vorbild für ähnliche Bauten im weiteren Umkreis v. B. – Die Wohngebäude des *Schlosses* aus dem 14. Jh. wurden im 17. Jh. erneuert; Innenausstattung zumeist aus dem 18. bzw. 19. Jh. Sitz des *Musée de la Moto/Motorrad-Museum* mit über 200 Exponaten aus den Baujahren 1903–60. – Benachbart das sog. »Kleine Schloß« *(Le Petit Château)* aus dem 17. Jh.

Weitere für ihre Weinlagen international bekannte Ortschaften, deren Kirchen zumeist auf roman. Bauten zurückgehen und deren altburgund. Winzerhäuser dem cha-

Beaune, La Rochepot (Beaune), Schloß

Berzé-la-Ville, Klosterkirche

rakteristischen Typus folgen (im Erdgeschoß die Kelter, häufig auch die Gärkeller; darüber die Wohnräume), sind z.B.: **Aloxe-Corton** (7 km n), **Auxey-Duresses, Monthelie** (8 km sw), **Combertault** (7 km sö), **Pommard** (3 km w), **Pernand-Vergelesses** (8 km n), **Puligny-Montrachet** (11 km sw), **Volnay** (5 km sw).

Berzé-la-Ville

71 Saône-et-Loire

Einw.: 371 Höhe: 333 m S.324 □ E5

Klosterkirche: 1887 wurden in der Klosterkirche des kleinen Dorfes, das sich der hl. Hugo (v. 1049 bis 1109 Abt v. Cluny) Anfang des 12. Jh. zur Sommerresidenz erwählt hatte, unter der Tünche der Oberkapelle die herrlichsten Wandmalereien entdeckt. Da der Bau im Auftrag des Cluniazenserabtes errichtet worden war, werden die Fresken v. den Kunsthistorikern in direkten Zusammenhang mit dem Mutterkloster gebracht, dessen malerische Ausstattung bekanntlich der Säkularisierung durch die Franz. Revolution zum Opfer fiel. So gilt der ohnehin als eines der ungewöhnlichsten Werke roman. Kunst in Frankreich bekannte Freskenzyklus von Berzé-la-Ville heute - was noch wesentlich zu seinem Ruhm beiträgt - als einziges noch existentes Zeugnis der zu ihrer Zeit vielgepriesenen cluniazensischen Malerei.

Urspr. waren vermutlich Ober- und Unterkapelle des zweigeschossigen Baus ausgemalt, doch blieben die Malereien des unteren Raums, der mutmaßlich als Krypta gedient haben dürfte und später als Weinkeller oder Ablage zweckentfremdet wurde, nicht erhalten.

Im Mittelpunkt des *Freskenzyklus* steht ein typisch cluniazensisches Thema: die Gründung der Kirche. Der in der Apsiskalotte in einer firmamentähnlichen, sternenbesetzten, blaugrundigen Mandorla thronende Christus überreicht, eingerahmt v. den 12 Aposteln, dem hl. Petrus ein Spruchband zum Zeichen der Übertragung der

Gesetze auf die Kirche. (Diese *traditio legis* war in den Kirchen Roms ein beliebtes Motiv als Ausdruck der Unterordnung unter den Papst.) Zeugen der Szene sind l die hll. Vincentius (Schutzpatron v. Mâcon) und Blasius sowie r 2 Äbte aus Cluny. In den Zwickeln sind 6 hl. Frauen dargestellt; in den Blendbogenfeldern neben den Apsidenfenstern röm. Märtyrer (l die Einkerkerung und Enthauptung des hl. Blasisus, r das Martyrium des hl. Vinzenz v. Valencia); am Gewände des Triumphbogens 2 Benediktineräbte mit dem Skapulier und in der unteren Sockelzone, durch Lisenen getrennt, wiederum Heilige, die z.T. der Ostkirche angehören.

Untersucht man diese Darstellungen nun auf stilistische Einflüsse, so weist manches in Richtung Byzanz (Stilisierung der Gewänder, Komposition), manches aber auch zurück zur ottonischen, ja sogar zur karolingischen Kunst. Schließlich war die Entwicklung der Malerei nie im selben Maße abgerissen wie bei der Plastik, war die Miniaturmalerei nach der karolingischen Renaissance doch v. den Klöstern weiter gepflegt worden.

Außerdem sehenswert: Das ehem. Priorat aus dem 18.Jh., das sog. *Château des Moines* (»Schloß der Mönche«), das heute als Farm genutzt wird. – *Grotte des Furtins:* Funde aus dem Paläolithikum.

Berzé-le-Châtel

71 Saône-et-Loire

Einw.: 81 Höhe: 349 m S.324 □ E5

Das alte Dörflein, seit 954 Sitz der ersten und ältesten Baronie des Mâconnais, gehörte lange Zeit zu den Gegnern der Mönche von Cluny. Heute zählt es mit seiner gewaltigen, gut erhaltenen *Burg* aus dem 12., 13. und 15.Jh. und ihrem dreifachen Befestigungsring mit 2 trutzigen quadratischen Donjons, dem mit Maschikulis versehenen Torturm, den zahlreichen massiven Rundtürmen und der schönen Burgkapelle zu den Sehenswürdigkeiten aus der Feudalzeit.

Veranstaltungen: Am letzten Sonntag im Juni: *Fête du Moulin.*

Berzé-la-Ville, Klosterkirche, Fresken-Zyklus: Petrus und 5 Jünger zur Linken von Christus

Bois-Sainte-Marie

71 Saône-et-Loire

Einw.: 276 Höhe: 415 m S.323 □ D5

Heute ein kleines Dorf, war der 998 erstmals erwähnte Ort im Mittelalter eine bedeutende befestigte Stadt der Vicomtes von Mâcon mit eigener Münze, einem Salzspeicher und Sitz einer königlichen Vogtei über 32 Dörfer der Umgebung. Wie viele Orte Burgunds hatte er unter den Religionskriegen und später, vor allem die kirchlichen Bauten, unter der Französischen Revolution stark zu leiden.

Notre-Dame: Eine schöne dreischiffige, vierjochige roman. Kirche aus dem 12.Jh. mit nicht vorspringendem Querhaus, einem zweigeschossigen Vierungsturm über Trompen und Chorumgang ohne Kapellen. Besondere Aufmerksamkeit verdienen die Fassade und das im 19.Jh. restaurierte

Tympanon (Flucht nach Ägypten) der Seitenpforte sowie im Inneren der roman. *Hauptaltar* aus dem 11. Jh., v.a. aber die noch sehr archaisch wirkenden (vielleicht vom Vorgängerbau übernommenen) *Figurenkapitelle*, die Kämpfende oder grauenhafte Teufel zeigen, wie sie einem Lügner die Zunge herausreißen.

Musée de la Grenett: Folklore.

Außerdem sehenswert: Gallisch-röm. Überreste. – Befestigtes *Stadttor*. – *Münze* aus dem 15./16. Jh.

Bonnay

71 Saône-et-Loire

Einw.: 253	Höhe: 350 m	S. 323 □ E4

Das alte *Belnadum*, 981 von Narduin dem Abt von Tournus vermacht, ist heute Gemeindesitz für mehrere Weiler. Vor allem 2 Ortsteile verdienen Erwähnung: Besanceuil und Saint-Hippolyte.

Besanceuil: Der Weiler besitzt eine frühroman. *Kirche* aus dem 11. Jh. in der für die frühe Zeit typischen Bauweise (fischgrätenartiges Backsteinmauerwerk mit Lisenenverzierung). Die Vorhalle stammt allerdings, wie vielfach in der Region, erst aus dem 16. Jh., das die Kirche im Zuge der religiösen Unruhen zum umkämpften Ort machte. Die Graffiti im Chor zeugen noch v. der Plünderung des Gotteshauses Ende dieses Jh. durch protestantische Truppen. Das v. quadratischen Türmen flankierte *Schloß* (13.–19. Jh.) zeichnet sich v.a. durch einen schönen Treppenturm an der Fassade mit steinernen Fensterkreuzen aus dem 16. Jh. aus.
Weitere Sehenswürdigkeiten: Für das Mâconnais typische *Häuser* mit Galerien auf Steinstützen oder -säulen, Dächern aus Ergußgestein; *Taubenhäuser*.

Saint-Hippolyte (ehedem eine bedeutende Priorat v. Cluny): Die *Kirche* verdankt ihre Entstehung dem hl. Hugo, dem baulustigen Abt des Mutterklosters Cluny. Nach Clunys Vorbild in großem Maßstab geplant, wurde der Bau Ende des 11. Jh. mit 3 mächtigen Schiffen angelegt. Aber die Gewölbe stürzten ein, und im 13. Jh., einer gerade für den S Frankreichs unruhigen Zeit (Albigenserkriege, Waldenserkreuzzüge), wurde das Gotteshaus durch Hochziehen des Querschiffs um den Glokkenturm in einen regelrechten Donjon umgewandelt (renoviert). Im Inneren des

Bois-Sainte-Marie (l), Bois-Sainte-Marie, Notre Dame, Figurenkapitell (r)

Chors, dessen schöne Haube weithin sichtbar ist, finden sich Überreste alter Fresken. Südlich der auf den Hof der Priorat hinausgehenden Vorhalle sind noch Säulen vom ehem. Schiff zu sehen. Die W-Seite des Hofs wird durch einen Speicher aus dem 13. Jh. abgeschlossen.

Umgebung

Salornay-sur-Guye (3 km sw): Alte Siedlung aus der Römerzeit *(Solmeriacus ad Guyam)*. - Bis ins 12. Jh. zurückreichende *Kirche* (Chor und Glockenturm). - *Schloß* (13. Jh., auf Geheiß des Königs geschleift, im 15. Jh. wiederaufgebaut, im 19./20. Jh. restauriert). - *Häuser* aus dem 15. Jh. - *Alte Mühlen*. - Funde röm. und ma Medaillen.

Bourbon-Lancy

71 Saône-et-Loire

Einw.: 6000 Höhe: 240 m S. 323 □ C4

Der malerische Thermalkurort bekam seinen ersten Namen von dem gallischen Gott der Quellen, Borvo. Schon in galloromischer Zeit wurden die heilkräftigen Wasser genutzt. Prominentester Kurgast war im 15. Jh. Katharina von Medici, Gemahlin des französischen Königs Heinrich II. aus dem Hause Valois. Später badete hier u.a. auch der mächtige Kardinal und Staatsmann Richelieu. Der zweite Namensteil geht auf den adligen Lehnsmann Anceau (Ancelli) zurück, der 1030 die Kirche dem Kloster Cluny stiftete.

Ehem. Prioratskirche Saint-Nazaire: Die Cluniazenser errichteten hier ein Priorat und begannen bald nach 1030 mit dem Neubau des Klosters, v. dem nur die Kirche erhalten ist. Sie entstand im späten 11. Jh. (Chor) und im 12. Jh. (Langhaus) anstelle eines älteren Baus aus dem 10. Jh. Die 5 Joche des dreischiffigen Langhauses sind flach gedeckt. Über den Pfeilerarkaden erheben sich die urspr. vielleicht freskierten Mauerflächen des Mittelschiffs, in die weit oben die Obergadenfenster eingeschnitten sind. An das ebenfalls flachgedeckte Querschiff schließt sich ein breiter Staffelchor an: außen einfache Apsiden, daneben Seitenapsiden mit jeweils einem tonnengewölbten Chorjoch, die die Breite der Langhausseitenschiffe haben, und in der Mitte schließlich die noch längere, durchfensterte Hauptapsis mit 2 tonnengewölbten Chorjochen v. der Breite des Mittelschiffs. Alle Apsiden sind halbrund und mit Halbkuppeln gewölbt.
Einfache Bauornamentik: in Vierung und Chor Halbsäulenvorlagen mit schlichten Blattkapitellen und Arkaden auf ornamentierten Kämpfern.
In der Kirche befindet sich heute das *Stadtmuseum* mit galloröm. Funden, merowingischen Sarkophagen, Grabfigur des 13. Jh., Sèvres-Porzellan, Skizzen v. Puvis de Chavannes* usw.

Sacre-Cœur: Die neugot. Kirche in der Innenstadt birgt ein Gemälde v. Puvis de Chavannes*, »Christus erscheint Paulus« (1856).

Tour de l'Horloge: Der aus dem 15. Jh. stammende Beffroi bildete den Eingang in die alte Stadt und war mit dem got. Mauerring, v. dem Reste erhalten sind, verbunden.

Renaissance-Fachwerkhaus (Rue de l'Horloge): Der sehr schöne Bau weist Fensterbogen in Eselsrückenform, Schnitzereien und Fayencemedaillons auf. Eine irrige Legende besagt, daß Madame de Sévigné hier einst Quartier machte.

Außerdem sehenswert: Schöne *Patrizierhäuser* des 16.-18. Jh. in der Altstadt. - *Kurviertel* mit Bauten vorwiegend des 19. Jh.

Umgebung

Saint-Aubin-sur-Loire (7 km sw): Der Ort entstand an einer Römerstraße, auf der schon Cäsars Legionen nach Alesia marschierten. - Alte *Bürgerhäuser* umgeben das ehem. *Schloß* mit seinen 4 Türmen. Es gehörte den Crest de Saint-Aubin, Eltern der Madame de Genlis, die hier ihre Sommerfrischen verbrachten. - *Kirche* mit roman. Chor und bemerkenswerten Fresken des 15. und 16. Jh. - Im O des Dorfes lag ein im 15. Jh. für die Toulonjon erbautes *Schloß;* die jetzige Anlage wurde im Louis-seize-Stil errichtet und besitzt eine sehenswerte Innenausstattung und einen hübschen Park.

Signal de Mont (6 km nö): Das kleine Dorf Mont geht auf eine alte Ansiedlung *Mons* zurück. Nahebei erhebt sich der 469 m hohe Berg, v. dessen Kuppe aus man einen schönen Blick über das Loiretal und die Gegend v. Bourbon-Lancy genießen kann. Am Fuß des Berges ein v. den Deutschen im 2. Weltkrieg errichtetes Blockhaus.

Brancion

71 Saône-et-Loire

Höhe: 400 m S. 324 ☐ E4

Dank seiner strategisch günstigen Lage auf dem steil abfallenden Bergrücken zwischen Saône- und Grosne-Tal war der Marktflecken seit der burgundischen Epoche die wichtigste Grundherrschaft der Region. Im 10. Jh. urkundlich erstmals erwähnt, galt er bis ins 13. Jh. als uneinnehmbare Festung derer von Brancion-Gros, die jedoch mehr und mehr auf die Stufe von Raubrittern herabsanken. 1259 mußte der überschuldete Besitz an den Herzog von Burgund verkauft werden, dessen Nachfolger ihn sogar zeitweilig als Residenz nutzten und weiter ausbauten, bis er 1477 nach der Vereinigung Burgunds mit Frankreich an die französische Krone kam.

Kirche Saint-Pierre: In der 2. Hälfte des 12. Jh. am Rand des Steilabhangs erbaut, schaut der spätroman. Bau weit ins Land hinaus. Sein *Äußeres* beeindruckt durch seine kompakte Gestalt (Querhaus, Chorhaupt, Apsis und Nebenapsiden drängen sich, wie in der Region üblich, um einen mächtigen Glockenturm), aber auch durch seine klare Gliederung und nicht zuletzt durch das warme Ockergelb des Bruchsteins, der selbst noch Dach und Turmhelm deckt. Durch ein erstaunlich kleines Tor in der N-Wand betritt man das *Innere* der fünfjochigen, dreischiffigen Kirche, wo einen kühles Halbdunkel empfängt. Wie in den roman. Kirchen Burgunds nicht selten, fehlen die Obergadenfenster, da die Seitenschiffe fast bis zur Höhe des Mittelschiffs hinaufgezogen sind. Massige Pfeiler tragen eine spitzbogige Längstonne, die das »nef obscur«, das »dunkle Schiff«, für einen roman. Bau hoch erscheinen lassen. Die Ausstattung ist – hier wird der Einfluß der Zisterzienser spürbar – äußerst schlicht gehalten. Der ganze Schmuck besteht in den zwischen 1325 und 1330 entstandenen schönen *Fresken* in Apsis, Nebenchören

Brancion

und an der N-Wand (darunter eine sehr lebendige Auferstehung der Toten). Recht bemerkenswert sind auch verschiedene alte *Grabmäler,* v.a. das des letzten Herrn (Gisant de Jocerand) v. B., der auf dem Kreuzzug 1250 im Hl. Land fiel.

Burg und Schloß: Von der alten, hinter 3 Umwallungen verschanzten *Feudalburg* sind heute noch bedeutende Überreste erhalten, so v.a. der wieder restaurierte quadratische *Donjon,* v. dessen Terrasse man eine herrliche Aussicht über das Grosne-Tal bis zu den Hügeln des Charollais und Morvan genießt.
Das *Schloß* innerhalb der innersten Umwallung, die sog. *Maison de Beaufort,* ein weniger strenger, wenn auch noch v. 2 Türmen flankierter Bau, wurde nach der Übernahme des Besitzes v. den Herzögen v. Burgund errichtet und im Lauf der Jh. weiter ausgebaut.

Museum (im Turm v. Beaufort): Erdgeschoß: Rüstungen und Waffen etc.; 2. Stock: ehem. Gerichtssaal mit Fotoausstellung über das Leben im MA.

Außerdem sehenswert: *Markthalle* aus dem 15. Jh.; *Gasthaus* und zahlreiche weitere Häuser aus dem 15. Jh.

Veranstaltungen: *Weinweihe* in der Mitternachtsmesse an Weihnachten. – *Johannisfeuer* auf dem kleinen Plateau vor der Kirche (24. 6.).

Umgebung

Chapelle-sous-Brancion, La (ca. 2 km nw): Beispiel für die Kirchengründungen der Grundherren im 12. Jh.: *Kirchlein* am Fuß der Festung. – *Menhir.*

Bussy-le-Grand
21 Côte-d'Or

Einw.: 350	Höhe: 428 m	S. 321 □ E2

Im Dorfgelände wurden Spuren eines römischen Lagers aus der Zeit der Belagerung der südwestlich gelegenen Keltensiedlung Alesia (→Alise-Sainte-Reine) gefunden. – Bussy-le-Grand ist der Geburtsort des französischen Generals Jean Andoche Junot und späteren Herzogs von Abrantes (1771–1813).

Kirche: Bedeutender roman. Bau aus dem späten 12. Jh. (angebaute Kapellen 15. bis 17. Jh.). Anstelle der urspr. Apsis im 19. Jh.

Brancion, Kirche Saint-Pierre

umgebauter Chor; Vierungsturm mit den in Burgund häufigen lombardischen Blendarkaden. Im Inneren verstärken seit dem 16. Jh. hölzerne Querbalken das Spitzbogen-Tonnengewölbe. Figürliche Kapitelle in eher grober Ausführung. Chorgestühl und Holztäfelung aus dem 18. Jh.

Schloß Bussy-Rabutin (im S des Orts): Nachdem die ma Burg v. B. (13. Jh.) im 15. Jh. zu einer v. Wassergräben umzogenen Festung ausgebaut worden war, begann 1520 mit dem Neubau der Seitenflügel die Gestaltung des bestehenden Schlosses: Dieser Plan einer regelmäßigen Anlage um einen vierseitigen Hof entspricht dem v. ital. Einfluß geprägten Typus des franz. Schloßbaus der Renaissance. Wegen der durch Religions- und Bürgerkrieg ausgelösten Wirren in den letzten Jahrzehnten des 16. Jh., die die Entwicklung der Künste stark beeinträchtigten, wurde der Hauptflügel mit den Wohnräumen erst 1602–49 im Auftrag der Familie Rabutin erstellt. In jener abschließenden Bauphase erneuerte man auch die Wassergräben und bedachte die im 16. Jh. neu ummauerten Ecktürme, die noch der einstigen Festung entstammen. Seine endgültige, reiche Ausgestaltung erfuhr der auch in seinem Äußeren sehr repräsentative Bau 1643–49 auf Initiative Rogers de Rabutin (1618–93): Der Graf v. B. – Vetter der Madame de Sévigné und einer der geschicktesten Heerführer seiner Zeit – hatte als geistreiche und schillernde Persönlichkeit großen Einfluß am Hof Ludwigs XIV. Doch nachdem seine Geschichtensammlung über das Hofleben 1665 (und vielleicht gegen seinen Willen) in Holland unter dem Titel »Histoire amoureuse des Gaules« (»Liebeschronik der Gallier«) veröffentlicht worden war, kam er zunächst in die Bastille und wurde dann bis 1682 auf sein Schloß verbannt. Dieses Werk, durch dessen respektlosen, teils libertinistischen Charakter sich König und Hof kompromittiert sahen, bleibt eine wichtige kulturgeschichtliche Quelle und enthält glänzende literarische Porträts einzelner Zeitgenossen.

Innenausstattung: Wie eine Illustration dieser Geschichten wirkt die Fülle v. Bildnissen, die – im Stil der Zeit – z. T. mit deutlichen Kommentaren zu Charakter und Lebenswandel der Dargestellten versehen sind. In der *Salle des Devises* (Speisezimmer) u. a. interessante Ansichten (später teils zerstörter) königlicher Schlösser. In der *Chambre du Maître-de-Maison* (Schlafgemach des Schloßherrn) u. a. die dreiteilige Komposition der Damen Madame de

Bussy-le-Grand, Schloß Bussy-Rabutin

Sévigné, ihrer Tochter Madame de Grignan und der Gräfin v. B. durch Pierre Mignard*. Im reich ausgestalteten runden Salon des NW-Turms *(Tour dóree)* über Darstellungen mythologischer Szenen mit porträthaften Zügen die Bildnisse zahlreicher Damen und wichtiger Personen (u. a. Ludwig XIII., Kardinal Richelieu, Ludwig XIV.); das Porträt des Grafen in der mittleren Zone gegenüber der Tür. – Die *Kapelle* (SW-Turm) birgt bemerkenswerte Gemälde des 16.–17. Jh.; Altaraufsatz mit der »Auferweckung des Lazarus« eines ital. Meisters aus der Renaissance.

Die Anlage des terrassierten *Gartens* (N-Seite) wird dem Gartenarchitekten André Le Nôtre* zugeschrieben. Dem v. ihm geschaffenen franz. Gartenstil entsprechen auch die (zumeist allegorischen oder mythologischen) Figuren, deren Typus zunehmend eine wichtige Aufgabe der zeitgenössischen franz. Plastik wurde.

C

Chablis
89 Yonne

Einw.: 2400 Höhe: 140 m S. 320 □ C2

Das für seinen Weißwein berühmte Winzerstädtchen bewahrt trotz Brandschatzung im Religionskrieg (1568) und Bombardierung (1940) interessante Baudenkmäler und stattliche Häuser z. T. aus dem 15. bis 16. Jh. 867 durch Schenkung Karls des Kahlen an die Abtei Saint-Martin in Tours gelangt, barg der Ort zeitweilig die Reliquien des hl. Martin, die man auf der Flucht vor einem Normanneneinfall 872 nach Auxerre rettete. Das zweizonige Wappen – rechts die Figur des Heiligen, links die Königslilien – erklärt sich aus der Zugehörigkeit zu dieser Abtei (bis zur Revolution), die sich die Gerichtsbarkeit mit dem König teilte.

Am 4. Wochenende im November traditionelles Weinfest.

Saint-Martin: Die auf eine karolingische Andachtsstätte (9. Jh.) zurückgehende Kirche wurde um 1212 begonnen und erst um 1290 vollendet: Daher läßt sie im Inneren gut die *Reifung got. Stilelemente* erkennen (gemäß dem üblichen Fortgang der Bauarbeiten v. O her). S-Portal (um 1225) mit erhaltenen Türbeschlägen; die Hufeisen stifteten Pilger dem Kirchenpatron als Beschützer der Reisenden. Dachreiter und ein Teil des äußeren Strebewerks entstammen einer Restaurierung im 19. Jh. – Der stilistisch in sich geschlossene *Innenraum* ist ruhig gegliedert; die Seitenschiffe gehen unmittelbar in den Chorumgang über. Einwirkungen der Kathedrale Saint-Étienne in Sens schlagen sich in der Gestaltung des charakteristischen dreizonigen Wandaufbaus nieder: z. B. das Triforium mit v. Blendbogen überfangenen Doppelarkaden und die Fenster noch ohne Maßwerk. Bes. deutliche Kennzeichen der Stilentwicklung sind die Wanddienste, die im Chorbereich zunächst noch auf den Kapitellen aufsitzen, während sie in den jüngeren Langhausjochen zur Betonung der Vertikalbewegung am Boden ansetzen; ebenso die v. der frühgot. Knospe zum eleganteren Blatt ausgeformten Kapitelle. – Im 19. Jh. restaurierte Taufkapelle aus dem 14. Jh. – Im s Seitenschiff 2 bemerkenswerte Figuren (aus Saint-Pierre): hl. Petrus (2. Hälfte des 13. Jh.), Papst (um 1300).

Mehrere barocke Tafelbilder des 17. Jahrhunderts.

Saint-Pierre: Die ehem. Pfarrkirche im einstigen Ortszentrum, das sich jedoch seit dem 15. Jh. nach Saint-Martin verlagert hatte, verlor in der Revolutionszeit Chor und Querhaus. Obwohl in der 2. Hälfte des 12. Jh. errichtet, ist sie noch ein typisches Beispiel des Übergangsstils zwischen bur-

Chabis, Porte Noël

gund. Romanik und früher Gotik: Das zeigt bes. die fortgeschrittene Entwicklung der Kapitelle sowie des Gewölbes im Hauptschiff.

Obédiencerie (Rue de l'Église): Im 14. Jh. erbauter Amtssitz des Gutsverwalters der Abtei v. Tours mit Fassade aus dem 15. Jh.; Kelter aus dem 13. Jh.

Porte Noël: 1778 anstelle eines Tors der Stadtmauer aus dem frühen 15. Jh. erbaut, die das Viertel um Saint-Martin umschloß (ihr Verlauf ist in der ringartigen Straßenführung zu verfolgen).

Außerdem sehenswert: In der *Rue Abbé-Duchâtel* zeugen 4 in eine moderne Mauer eingelassene Renaissancepfeiler vom Wohnhaus des Pierre le Rouge, der 1478 hier eine der frühesten Buchdruckereien Frankreichs eingerichtet hatte.
Rue Jeanne-d'Arc: Reste eines ursprünglichen Klostergebäudes aus dem 12. Jahrhundert.

Umgebung

Nachdem sich seit dem Hochmittelalter außer den Mönchen v. Tours und später auch Pontigny in dieser Region noch weitere Teile der Bevölkerung dem Weinbau zuwenden konnten, gehören zum betreffenden Gebiet ca. 20 hübsche Winzerdörfer im Umkreis v. C., z. B.:
Ligny-le-Châtel (11 km n): In der baugeschichtlich interessanten *Kirche Saint-Pierre-et-Saint-Paul* schließt sich dem roman. Langhaus mit Querschiff und Vierung (1. Hälfte des 12. Jh.) ein großer Renaissancechor (2. Hälfte des 16. Jh.) an, der einen geplanten Neubau einleiten sollte; trotz seines zeitgenössischen Bauschmucks folgt er noch ma Konstruktionsprinzipien. Von der Ausstattung des nüchtern wirkenden Inneren sind bes. eine Madonna mit Weintraube (16. Jh.) und das Altarbild »Anbetung durch die Hirten« (17. Jh.) zu beachten.
Poilly-sur-Serein (11 km sö): *Saint-Aignan:*

Die schöne Kirche (1465–1537) weist außen wie im Inneren mit auffallend steilem Mittelschiff (knapp 14 m hoch) durchweg sehr sorgfältig ausgeführten plastischen Dekor auf. Zur künstlerischen Ausstattung gehören u.a.: spätgot. Schutzmantelmadonna (2. Hälfte 15. Jh.), mehrere Heiligenfiguren (16. Jh.), gemalte Szenen aus der Passionsgeschichte (1. Hälfte 17. Jh.).

Châlon-sur-Saône

71 Saône-et-Loire

Einw.: 70000 Höhe: 175 m S. 324 □ E4

Obwohl die Stadt eines der wichtigsten Handels- und Industriezentren von Burgund ist, bietet sie doch eine Reihe von besuchenswerten Sehenswürdigkeiten und dank der Fußgängerzone eine schöne Altstadt rund um die Kathedrale.

Geschichte: Schon in prähistorischen Zeiten war der Ort besiedelt, aus der Bronzezeit sind die archäologischen Funde besonders dicht. Die Gallier legten einen Hafen an, und der auf der Saône-Schifffahrt basierende Handel ließ die Siedlung aufblühen und zum wichtigsten Hafen des Äduer-Stammes werden. In der gallorömischen Epoche war *Cabilonnum* Garnisonslager und Versorgungsstützpunkt, u.a. für Cäsars Legionen. Der hl. Marcellus brachte im 2. Jh. das Christentum in die Stadt und erlitt hier 177 den Märtyrertod. Der Mauergürtel, mit dem sich das Gemeinwesen seit Mitte des 3. Jh. gegen die Barbareneinfälle schützte, ist noch gut erkennbar.
Durch den Merowingerkönig Guntram wurde Châlon im 6. Jh. zur Hauptstadt des Teilkönigreichs Burgund erhoben; die anderen 2 Teile des merowingischen Frankenreiches waren Austrien mit der Hauptstadt Reims und Neustrien mit der Hauptstadt Paris.
731 überfielen Sarazenen die Stadt, 834 wurde sie von den Truppen Lothars, des Sohnes und Mitkaisers von Ludwig dem Frommen, eingenommen, ca. 888 von den Normannen, 937 von den Ungarn – jedesmal litten Bevölkerung und Bauwerke. Doch die strategisch und wirtschaftlich günstige Lage an Fluß und bedeutenden West-Ost-Routen, die der Grund für diese Heimsuchungen war, trug auch immer wieder zu neuerlichem Aufblühen bei. Es entstand sogar eine selbständige Grafschaft Châlon; durch ein Tauschgeschäft zwischen dem Grafen Jean de Châlon und Hugo IV., Herzog von Burgund, gelangte die Stadt jedoch 1237 zum Herzogtum Burgund und fiel nach dem Tod Karls des Kühnen (1477) an den französischen König.
Die Erbauung des Canal-du-Centre 1784 bis 92, der die Wasseradern Rhône, Saône und Loire verbindet, die Industrialisierung seit dem frühen 19. Jh. und die Eisenbahnlinie nach Paris 1849 führten zu einem starken wirtschaftlichen Aufschwung, der durch den Zuzug neuer Industrien v.a. in den Jahren 1925–30 und seit den fünfziger Jahren fortgesetzt wurde.

Ehem. Kathedrale Saint-Vincent: Vom 5. Jh. bis 1790 war C. Bischofssitz. Von der ersten, merowingischen Kathedrale, die äußerst prächtig gewesen sein soll, blieb nichts erhalten.
Grundriß und Maßverhältnisse des heutigen, großenteils got. Bauwerks gehen noch auf die im späten 11./frühen 12. Jh. errichtete roman. Kirche zurück. Im 19. Jh. purifizierten die Restaurateure das Aussehen der Kirche nach dem zeitgenössischen Geschmack.
Äußeres: Die Zweiturmfassade ist zwar wenig schön, jedoch v. historischem Interesse: Es handelt sich um eine der frühesten neugot. Fassaden Frankreichs, 1827–44 errichtet durch den Lyoner Architekten Antoine Chevanard* anstelle der urspr., während der Franz. Revolution abgerissenen Türme. Geschnitzte Portale des 18. Jh. sind dem Neubau eingefügt. Am Langhaus sieht man die Maßwerkfenster der spätgot. Kapellen und das Strebebogen- und Strebepfeilersystem, das das Hochschiff statisch sichert. Reste des roman. Mauerwerks zeigt die n Chorflanke.
Inneres: Die unteren Partien des siebenjochigen Langhauses mit seinen Pfeilerarkaden und den gratgewölbten Seitenschiffen sind noch roman., dagegen wurden Triforium und Obergaden im frühen 14. Jh. got. erneuert, das Rippengewölbe des Mittelschiffs im späten 14. Jh. konstruiert. Im 15.

Châlon-sur-Saône, Saint-Vincent

und 16. Jh. baute man die spätgot. Seitenkapellen an.
Querhaus, Chorseitenschiffe und Nebenapsiden bewahren ihre roman. Gestalt; der obere Chorbereich und die polygonale Hauptapsis sowie die Kreuzrippenwölbung der Vierung stammen aus der Gotik (1230/40).
Ausstattung: Zu den ältesten Teilen zählen die beachtenswerten roman. Langhaus- und Chorkapitelle (im 19. Jh. restauriert), die z. T. stilisiertes Blatt- und Rankenwerk, Rosetten, Bäume und Früchte tragen, z. T. Szenen aus dem Alten und Neuen Testament und symbolische Darstellungen aufweisen, wobei letztere nicht immer klar zu deuten sind.
Bes. hervorzuheben im Langhaus: N-Seite, w Außenwand: Greifen tragen Alexander d. Gr. zum Himmel empor, aber Ketten fesseln ihn an die Erde (= Symbol der Überheblichkeit des Herrschers, der sich selbst zum Gott erhoben hatte). – O-Seite: Opfer v. Kain und Abel, stilistisch den Kapitellen von Autun verwandt. – S-Seite: Lebensbaum, Sirenen (Schlangenwesen mit weiblichen Köpfen), gekrönte Köpfe mit Raubvögeln, Adler zerreißen einen Hasen und tragen einen erbeuteten Vogel für ihre Jungen herbei. – Vierung: Sündenfall. – Chor: Christus erscheint Maria Magdalena, Mahl in Emmaus.
Sonstige Ausstattung: Barockkanzel mit Schnitzereien (1716). Gegenüber überlebensgroße Holzfigur Christi (17. Jh.). – Die spätgot. Kapellenanbauten der S-Seite werden durch sehr schöne Steinschranken geschlossen; farbig gefaßte Steinbildwerke des 15. und 16. Jh.; verblaßte Wandfresken des späten 15. Jh. mit Darstellung der Grablegung und Himmelfahrt Mariens. – Nördliche Seitenkapellen mit reichem Flamboyantdekor der spätesten Gotik verziert. – Querschiff: Kapelle Notre-Dame-de-Pitié mit dem einst v. Wallfahrern hochverehrten Andachtsbild einer steinernen Pieta (Ende des 15. Jh.); durch die Hugenotten beschädigt, im 16. Jh. schlecht restauriert. – Chorbereich: neugot. Hochaltar mit Triptychon v. 1608, das die Kreuzigung Christi, die hll. Lupus und Anatol und auf der Rückseite eine Pieta in Grisaillemalerei zeigt. Sakramentsteppich aus der Renaissance mit Darstellung des Abendmahls und seiner alttestamentlichen Antitypen (= Vorbilder), nämlich Abraham und Melchisedek, Passahmahl, Mannalese; im Zentrum der Stifter des Teppichs mit seiner Familie. Spätgot. Baldachin v. einem Wandgrab, schöne Steinmetzarbeit. An der S-Wand ein Reliquienkasten mit Elfenbeinkreuz des 11./12. Jh., das dem hl. Lupus gehört haben soll (nicht immer ausgestellt). – In der n Nebenapsis Reste eines jüngst freigelegten got. Gemäldes: Majestas Domini, d. h. Christus in der Himmelsglorie mit den Symbolen der 4 Evangelisten. – An die s Nebenapsis ist eine spätgot. Kapelle angebaut: schönes, in Grisaillemalerei gestaltetes Fenster mit dem Apokalyptischen Weib (diese Gestalt wurde in der Theologie mit Maria identifiziert). Der ebenfalls dargestellte Erzengel Michael bekämpft den Drachen, Symbol des Teufels. – Anschließend die Sakristei, ein spitzbogengewölbter Saal mit Mittelsäule, darüber der Kapitelsaal.
Got. *Kreuzgang* mit hübschen Kapitellen, teils als Blattkelche ausgebildet, teils mit grotesken Figuren geschmückt. 4 barocke

Holzstatuen v. Jacques Bezullier* (17.Jh.) aus dem ehem. Franziskanerkonvent, der sich auf der Insel Saint-Laurent befand.

Ehem. Benediktinerklosterkirche Saint-Pierre: Ein erstes Kloster bestand auf der n Anhöhe über der Stadt, doch nachdem es die Hugenotten 1562 geplündert hatten, zogen sich die Mönche hierher zurück. Die neue Kirche wurde 1684–1713 durch den Benediktinerarchitekten Dom Vincent Duchesne* und den Mailänder Baumeister Vercelli* errichtet; Einflüsse des oberital. und des Pariser Barock sind sichtbar. Eine Restaurierung um 1900 führte u.a. zur Erneuerung der mit Säulen und einem Giebel geschmückten Fassade.
Kreuzförmige Basilika mit halbrunder Apsis. Monumentale korinthische Pilaster gliedern den strengen Raum und tragen ein hohes Gebälk mit Kranzgesims. Breite Quergurte rhythmisieren die Abfolge der Kreuzgratgewölbe über dem Mittelschiff. Der Chor trägt eine Tonne mit Stichkappen. Die Vierung öffnet sich in eine oktogonale Tambourkuppel über Pendentifs.
Schönes Chorgestühl des 17.Jh. – Mehrere beachtenswerte Barockskulpturen, u.a. Maria als apokalyptisches Weib v. Jacques Bezullier*, die hll. Petrus und Benedikt v. Jean Dubois* (alle diese Arbeiten stammen aus anderen Kirchen). Hübsche Orgel im eleganten Stil der Régence-Zeit (frühes 18.Jh.).

Hospital: Der auf der kleinen Insel Saint-Laurent gelegene Bau geht auf das 16.Jh. zurück und enthält noch Teile der urspr. Ausstattung. *Kapelle:* Renaissance-Glasgemälde mit Szenen aus dem Leben v. Moses, Josef und Christus; farbig gefaßte Steinpieta des späten 15.Jh.
An der SW-Spitze der Insel die **Tour du Doyenne:** eleganter polygonaler Turm des 15.Jh.

Musée Denon (Place de l'Hôtel de Ville): *Erdgeschoß* mit archäologischer Abteilung: prähistorische Funde v. der Steinzeit bis zur Eisenzeit, z.B. die berühmten sog. Lorbeerblattspitzen aus dem Solutréen (→Solutré); reiche Funde aus dem galloröm. Cabilonnum und Umgebung, u.a. Metallstatuetten gallischer und röm. Gottheiten, Fragmente eines Mosaiks mit Zirkusszene, Gläser und Keramiken. Merowingische und karolingische Sarkophage und Grabbeigaben aus der Nekropole v. Curtil-sous-Burnand. Bauornamentik des MA und Barock.
Obergeschoß: Burgund. Gemälde, Skulpturen und Kunsthandwerk des 12.–16.Jh. Ital., niederländische und franz. Kunst des 17.–19.Jh.; hervorzuheben sind v.a.: »Tod des Seneca« und »Tod des Cato« v. Luca Giordano*, »Taufe« v. Francesco Solimena*, »Stilleben« v. David de Heem*, »Blumenstilleben« v. Hans Bollongier*, »Porträt eines Negers« v. Géricault*. Weitere Säle mit Gegenständen zu Geschichte, Brauchtum und Volkskunst im Châlonnais.
Das Museum bewahrt auch eine Reihe v. Erinnerungsstücken an Denon und seine Zeit. Der Künstler, Diplomat und Altertumskundler Dominique Vivant Denon (*1747 im nahen Givry, †1825 in Paris) war Freund des Malers Boucher, des berühmten Gelehrten Comte de Caylus, kannte Voltaire und den Revolutionsmaler David, reiste nach St. Petersburg, Italien und in die Schweiz: einer der typischen allseits gebildeten Geister der Aufklärung. Nachdem er Napoleon auf dem Ägyptenfeldzug begleitet hatte, wurde er Generaldirektor der franz. Museen; ihm unterstand der Louvre, und er hatte bei der Auswahl der Kunstschätze mitzureden, die als Beute aus den besiegten Ländern nach Paris verschleppt wurden – ein Museumsmann »der ersten Stunde«.

Musée Nicéphore Niepce (Place de Port Villiers): Reiche Exponate zur Geschichte der Fotografie im 19. und 20.Jh., zu deren Erfindern Joseph Nicéphore Niepce zählt (*1765 in C.-sur-S., †1833 in Gras), der seit 1829 mit Daguerre zusammenarbeitete.

Außerdem sehenswert: *Altstadt* im Kathedralviertel mit alten *Fachwerkhäusern,* dem polygonalen *Beffroi* des alten Rathauses (15.Jh.), noblen *Wohnbauten* aus dem 17. und 18.Jh.; *Neptunsbrunnen* auf der Place de Beaune; einige schöne Bauwerke des 17.–19.Jh. auch im Viertel rund um Saint-Pierre und das Rathaus.

Veranstaltungen: *Mittwochs-* und *Sonntagsmarkt* vor der ehem. Kathedrale. – *Foires* *des Sauvagines* (Fell- und Ledermärkte) am 27.2. und 25.6. vor Saint-Pierre. – *Karneval:* Maskentreiben am Faschingssonntag und Umzug am Faschingsdienstag.

Chapaize

71 Saône-et-Loire

Einw.: 134 Höhe: 200 m S.324 □ E4

Klosterkirche Saint-Martin: Das im n Mâconnais gelegene kleine Dorf, ehedem Sitz eines St. Peter v. Châlon unterstellten Benediktinerpriorats, kann sich einer der schönsten im 11. Jh. erbauten frühroman. Kirchen der Region rühmen, an denen in dem Bergland zwischen Saône und Grosne gewiß kein Mangel herrscht.

Außenbau: Für das für den kleinen Ort unverhältnismäßig große Bauwerk haben Saint-Philibert in Tournus und Cluny II Pate gestanden. Bes. eindrucksvoll v. a. der weithin sichtbare dreigeschossige Glockenturm mit langen, lombardischen Lisenenfeldern im Unterbau und immer weiter geöffneten Arkaden in den beiden Obergeschossen – mit seinen 35 m für die damalige Zeit eine geradezu gewagte Konstruktion. Dementsprechend beeindruckend auch der Anblick der Kirche v. O her, wo sich die Baumassen vom gemütlichen Rund der niedrigen Apsiden (vermutlich 12. Jh.) über das hochgezogene Chorhaupt bis zum geradezu überwältigenden Vierungsturm auftürmen. Trotz dieser eindeutigen Dominanz der Vertikalen aber – das Querschiff springt kaum vor – ist der Gesamteindruck äußerst harmonisch und ausgewogen, wozu im übrigen auch die Schönheit des Steins das Ihre beiträgt.

Der *Innenraum* der dreischiffigen, fünfjochigen Kirche besticht durch eine gewisse nüchterne Ursprünglichkeit (obwohl das eingestürzte Rundtonnengewölbe im 12. Jh. durch ein spitzbogiges ersetzt wurde): Gewaltige aufgemauerte Rundpfeiler mit ausgefallenen kantigen Dreieckskapitellen tragen behäbige Rundbogen; die Hochwände und Gewölbe wirken schwer und massig; die Vierung ist, wie bei frühroman. Gebäuden vielfach, durch Vierungsbögen auf Vierungspfeilern »ausgeschieden«, d. h. gegen Langhaus, Querschiffsarme und Chorhaus abgegrenzt. Unterstrichen wird diese Strenge noch durch das eher düstere Licht, das den Raum beherrscht, seit die Dächer über den Seitenschiffen über die früher der Beleuchtung des Schiffs dienenden Fenster hinaufgezogen wurden. Der *Altar* aus dem 18. Jh. stammt aus der Abteikirche v. Cluny.

Chapaize, Saint-Martin

Lancharre (Chapaize), Romanische Kirche

Vom Chor aus gelangt man zum *Pfarrhaus* mit einem hübschen Türmchen. Sehr stimmungsvoll auch der Kirchplatz mit seinen Gräbern und den alten, baufälligen Bauernhäusern.

Außerdem sehenswert: Alte *Ziegelei* aus dem 18. Jh. - Schmucke *Häuser* mit umlaufenden Galerien.

Umgebung

Chissey-lès-Mâcon (4 km s): Befestigter Platz zur Zeit der Kelten und in galloröm. Ära (Überreste einer galloröm. Villa); später Jagdsitz der franz. Könige. - Schöne roman. *Kirche* aus dem 12. Jh. mit ungewöhnlich ornamentierten Kapitellen. Besonders eindrucksvoll, wie vielfach in der Region, der hohe Glockenturm, der, als Besitz des Grundherren, wie stets bes. sorgfältig ausgeführt ist. - Mit seinen Galerien und Taubenhäusern, seinen Dächern aus Flachziegeln und Ergußgestein ein typisches Dorf des Clunisois. - Im benachbarten Wald Ruinen der *Tour des Quatre-Bœufs*.

Lancharre (2 km ö): Im 11. Jh. v. den Adligen der Umgebung gegr. Erzpriorat. Heute ein kleiner Weiler mit einer *Kirche* aus dem 11. Jh. (Erweiterungen im 12. und 14. Jh.). Im Inneren eindrucksvolle Grabsteinsammlung vom 13.-16. Jh.

Lys (3 km s): *Kirche* aus dem 12. Jh. (Änderungen an Schiff und Glockenturm im 17. Jh.). - Schöne *Häuser* mit Galerien, *Taubenhaus* (urspr. ein Vorrecht des Grundherrn) aus dem 15. Jh.

Charité-sur-Loire, La

58 Nièvre

Einw.: 6426 Höhe: 199 m S. 322 □ B3

Heute ein gedeihliches Landstädtchen, war La Charité-sur-Loire, das alte *Seyr,* schon im 7. Jh. Sitz eines Klosters, das sich der Regel des hl. Blasius unterstellt hatte. 756 zerstört, ging es an die Benediktiner über, um nach erneuter Zerstörung schließlich ganz aufgegeben und vergessen zu werden. 1059 erinnerte sich Wilhelm II., Graf von Nevers, seiner wieder und schenkte es der damals bereits mächtig aufblühenden Abtei Cluny. Damit waren die Weichen für die Entwicklung des Klosters in den nächsten Jahrhunderten gestellt. Als eine der »fünf ältesten Töchter« Clunys erlangte es durch eigene Tochtergründungen binnen kurzem in der ganzen Christenheit große Bedeutung. In diese Zeit fällt auch der Namenswechsel der Stadt, die sich, an der Pilgerstraße nach Santiago de Compostela gelegen, in Charité umbenannte und durch den Bau von Befestigungsanlagen Sorge für die Sicherheit der Wallfahrer trug. 1429 leistete sie der Jungfrau von Orléans erfolgreich Widerstand. 1559 aber fiel die Prioratskirche weitgehend einem Brand zum Opfer. Den Rest besorgten dann bald darauf die Religionskriege. Von beiden Parteien umkämpft, wurde La Charité im Frieden von Saint-Germain 1570 zu einem der 4 festen Plätze der Protestanten erklärt, womit das Schicksal des Priorats besiegelt war, auch wenn es sich als Kommende, d. h. als dem König anvertrauter Besitz, bis zur Französischen Revolution halten konnte.

Prioratskirche Sainte-Croix-Notre-Dame: Die nach dem Vorbild v. Cluny II mit Querhaus und Staffelchor ausgestattete,

La Charité-sur-Loire, Sainte-Croix-Notre-Dame, Vierungsturm

1107 v. Papst Pascal II. geweihte Kirche wurde in den Jahrzehnten nach 1125 nach dem Modell v. Cluny III erweitert und umgebaut. Wie dort entstand eine fünfschiffige Basilika mit einem zehnjochigen Langhaus, Querhaus, achteckigem Vierungsturm, Chorumgang in Fortführung der Seitenschiffe und Kapellenkranz. Heute sind v. diesem gewaltigen Bau (innere Länge 122 m) nur noch das Querhaus und der lange Chor samt den 5 Radialkapellen sowie ein Teil der W-Fassade erhalten. Die Überreste der n Seitenschiffe sind in Wohnungen (Nr. 7, 9 und 11) an der Place Sainte-Croix umgewandelt, die man durch das alte Portal aus dem 16. Jh. betritt.

Außenbau: Den 5 Schiffen entsprechend, wies die W-Fassade urspr. 5 Portale auf, ein großes Stufenportal mit Trumeaupfeiler und Tympanon in der Mitte, eingerahmt v. 2 kleineren, im Bogenfeld ebenfalls reichverzierten auf der N- und S-Seite. Über den Seitenportalen befand sich im 2. Geschoß jeweils ein Rundbogenfenster, über dem in dieser Zone hinaufreichenden Mittelportal eine Zwerchgalerie. Darüber stieg in gleicher Breite die Giebelfront auf, eingefaßt v. 2 mächtigen, durch Blendarkatur und anderen Baudekor reich gegliederten Türmen. Nicht minder eindrucksvoll ist die v. den Radialkapellen über Chorumgang und -hochwand stufenweise zum mächtigen Vierungsturm emporstrebende Chorpartie. Auch hier fällt – wie an der W-Fassade und im Inneren – die kräftige strukturelle Gliederung nach cluniazensischem Vorbild auf. So wurde hier durch eine Blendarkatur in Gewölbehöhe noch ein 4. Geschoß vorgelegt.

La Charité-sur-Loire, Sainte-Croix-Notre-Dame, Blick zum Chor

Innenraum: Auch das Innere ist unbestreitbar v. dem großen Vorbild Cluny geprägt. Es finden sich dieselben schlanken Proportionen, die durch Gurtbogen unterstrichenen Jochteilungen, die Aufgliederung des Wandsystems in Arkadenzone, Blendtriforium und Obergadenfenster, das Tonnengewölbe, die enge Säulenstellung des eleganten Chorumgangs, die antikisch kannelierten Pilaster sowie überhaupt ein reicher Baudekor und schön skulptierte Kapitelle. Trotz der Vernichtung des größten Teils der Kirche durch den Brand v. 1559 kann man sich der Wirkung des Raums, der wohl zu den großartigsten roman. Schöpfungen in Burgund zählt, nicht entziehen. Auffallend übrigens der immer wiederkehrende Vielpaßbogen und die für die Spätphase eines Stils charakteristische Fülle der Dekoration (Perlbänder, Rosetten, Schuppen, etc.), die fast schon orientalische Pracht der Ausschmückung, die wieder auf Clunys Beziehungen zu Spanien hinweisen.

Portale: Von den 5 Portalen sind heute leider nur noch die beiden Portale des N-Turms Sainte-Croix erhalten. Das n findet sich noch an seinem alten Platz, das Tympanon des s dagegen wurde, obwohl beide ikonographisch zusammengehören, an die Innenwand des s Querhausarms versetzt. Sie erzählen auf dem *Türsturz* (und zwar v. außen, also auf dem n beginnend und dann weiter auf dem an die Querhausinnenwand versetzten s) Jesu Jugend v. der Verkündigung (Engel und Maria) über die Heimsuchung (Maria und Elisabeth), über die Geburt, die Verkündigung an die Hirten und die Anbetung der Hll. Drei Könige bis zu seiner Darbringung im Tempel.

Weniger leicht zu deuten sind die auf den *Tympana* (um 1140) dargestellten Szenen, vornehmlich die auf dem äußeren, die Jesus schräg sitzend, Maria zugewandt, in der Mandorla zeigt. Sie wurde als Krönung bzw. Aufnahme Mariens in den Himmel interpretiert, aber auch als Segnung des Klosters. Das Innere stellt wohl Jesu Verklärung mit Mose und Elija auf der einen und Petrus, Jakobus und Johannes auf der anderen Seite dar. Auffallend an beiden Portalen ist die für die spätere burgund. Romanik eigtl. uncharakteristische statuarische Strenge, die schon an die frühgot. Skulpturen v. Chartres erinnert.

Klosteranlage: Von dem ehedem großen Gebäudekomplex sind nur wenige, aber durchaus sehenswerte Bauten erhalten: ein Giebelhaus aus dem 13.Jh.; das Haus des Priors aus dem 16.Jh. mit polygonalem Treppenturm und schmiedeeisernem Geländer (18.Jh.); der Eingang zum Priorat; der alte Kapitelsaal aus dem 14.Jh.; das ehem. Refektorium des Mönche und das frühere Speisezimmer des Priors sowie Dormitorium, Keller und Stallungen (8 Cours du Château). Bemerkenswert auch das später als Salzspeicher und noch später als Krankenhaus verwendete Haus des Almosenpflegers.

Außerdem sehenswert: *Château de Gerigny* (15./17.Jh.). – *Château de la Pointe* (17.Jh.). – *Brücke* über die Loire (16.Jh.). – Überreste der alten *Befestigungsanlagen* aus dem 14.Jh., Tour de Cuffy (12.Jh.). – Überhaupt empfiehlt sich ein Gang durch die malerischen Gassen der *Altstadt* mit ihren schönen, vielfach bis auf das 15./17.Jh. zurückgehenden Häusern.

Charlieu
42 Loire

Einw.: 5000 Höhe: 265 m S. 323 □ D5

Schon in gallorömischer Zeit ein wichtiger Markt zwischen Saône und Loire, spielt das alte *carus locus* (»lieber, teurer Ort«) auch heute noch durch Seidenfabrikation, Strumpfwirkerei und einen bedeutenden Viehmarkt eine wichtige Rolle für das Beaujolais. Weit über die Grenzen seiner Umgebung hinaus aber ist das Städtchen durch seine romanischen Skulpturen bekannt geworden.

Abtei Saint-Fortunat: Das 872 v. Abt Gausmar gegr. und dem Papst unterstellte Benediktinerkloster schloß sich bereits 927 der Kongregation v. Cluny an, dessen Äbte die Kirche nach dem Vorbild v. Cluny II erneuern ließen. (Die 1. Kirche hatte das

La Charité-sur-Loire, Sainte-Croix-Notre-Dame, Tympanon

Kloster 879 vom provenzalischen König Boso erhalten.) 1050 wurde die Abtei in den Stand eines Priorats zurückversetzt und 1094 der Neubau v. Urban II. geweiht. Im 13.Jh. ließ König Philipp II. August das Kloster dann aufgrund seiner strategischen Lage zwischen Rhônetal und Loire befestigen und unterstellte es seinem persönlichen Schutz. 1787 aber wurde es wegen Unbotmäßigkeit auf Geheiß Ludwigs XVI. geschlossen und anschließend während der Revolution verwüstet und als Steinbruch mißbraucht. 1926 schließlich begann man mit den Ausgrabungen und der Rekonstruktion der Baugeschichte und -pläne. Dabei zeigte sich übrigens auch, daß die 1. Kirche aus dem 9. Jh. (wie die Kirchen vor Cluny I wohl in der Regel) mit einem rechteckigen Altarraum abschloß. Dank der durch die Ausgrabungen gewonnenen Erkenntnisse gelang es in der Tat, anhand der erhaltenen Elemente (W-Teil und Narthex) unter Zuhilfenahme v. Vergleichen mit Anzy-le-Duc Grund- und Aufriß der 2. Kirche weitgehend zu sichern. Bei dem nach Anweisungen aus Cluny zwischen 1030 und 1080 errichteten Bau handelte es sich eindeutig um eine dreischiffige, vierjochige Basilika mit Querhaus und Staffelchor. Gegenüber älteren Bauwerken zeichnete sie sich offensichtlich bereits durch einen durch Rundbogenfenster im Gewölbe erhellten Raum aus – Voraussetzung für die Ausdehnung des plastischen Schmucks von den Portalen auf das Kircheninnere, d. h. die Kapitelle.

W-Portal: Das älteste erhaltene Säulenportal mit durchweg reliefverzierten Baugliedern gilt als schönes Beispiel frühroman. Portalkunst. Als Thema des Tympanons taucht in dieser Entwicklungsphase Christus in der Mandorla auf, und zwar stets streng frontal, während die symmetrisch um den Heiligenschein angeordneten, dem Rund des Bogenfelds eingepaßten Engel v. der Seite gesehen sind. Betont wird im Fall v. Christus die ruhige Ausgewogenheit der Komposition noch durch die auf dem Türsturz dargestellten 12 Apostel, die in einer Arkadenreihe sitzen, was dem Ganzen eine statuarische Würde verleiht.

Narthexportale: Von dem der W-Fassade später (um 1130) vorgelegten zweigeschossigen Narthex sind beide Portale erhalten. Sie sind bereits der Blüte-, wenn nicht schon der Spätzeit der roman. Skulptur zuzuordnen, wie die reichere Ornamentik, die stärkere Dramatisierung, die heftigere Bewegung und der Verzicht auf die strikte Frontalstellung sowie die szenischen Schilderungen auf dem Türsturz und die ge-

Charlieu, Abtei Saint-Fortunat

längten, individueller wirkenden Figuren zeigen. Der reiche, äußerst fein gearbeitete, geometrische und pflanzliche Dekor der Archivolten und Gewändesäulen und-pfeiler sowie die die Gestalten z. T. fast verzerrende Bewegung weisen jedenfalls schon beinahe »barocke« Züge auf.

Tympanon des großen Narthexportals (Mitte 12.Jh.): Es zeigt im Bogenfeld noch immer den thronenden Christus, der jedoch alles Statuarische verloren hat. Die nach wie vor symmetrisch um die Mandorla gruppierten Engel sind durch gleichfalls bewegte Evangelistensymbole ergänzt, so daß nun der ganze Raum des Tympanons ausgefüllt ist, und zwar mit Bewegung. Auch die auf dem Türsturz dargestellten, um Maria und 2 Engel vermehrten 12 Jünger sind in Bewegung geraten und z. T. aufgestanden. Selbst die Gewändefiguren wie die kokett posierende Luxuria oder Wollust, um deren Leib sich eine Schlange windet, oder die Figuren der Stifter und Kirchenpatrone seitlich an den Pfeilerkapitellen (König Boso und David l, Bischof Rathbertus und Johannes d.T. r) haben alle Steifheit verloren. (Übrigens zog man bei der Rekonstruktion des Aufrisses die Modelle zu Rate, die sie in der Hand halten.)

Im Scheitel der äußeren Archivolte steht das apokalyptische Lamm, am Fuß 2 Musikanten, 2 der im übrigen durch die zweimal 12 Kreuzblumenrosetten symbolisierten 24 Ältesten aus der Apokalypse.

Nebenportal: Es stellt im Tympanon, wie an den Weinfässern kenntlich, die v. den Kirchenvätern als Vorwegnahme des Abendmahls gedeutete Hochzeit zu Kana, im Türsturz eine Opferszene und auf der Archivolte Christi Verklärung auf dem Berg Tabor dar. (Man beachte hier die Anordnung der Figuren: die Apostel Jakobus und Petrus stehend, darüber Johannes und Elija schräggestellt und Christus mit Mose querliegend. Eine ähnliche Anordnung findet sich in Anzy-le-Duc.)

Weitere Bauplastiken und Skulpturen (Verkündigungsrelief, Kapitell mit Daniel in der Löwengrube, spätantiker Sarkophag, Sarkophag aus der Karolingerzeit) finden sich im Kreuzgang bzw. im Narthex und in dem einst im Obergeschoß untergebrachten alten Kapitelsaal, dem heutigen Archivsaal.

Von der *Klosteranlage,* wie sie unter Clunys Regie geschaffen wurde, steht heute nur noch ein seitlich mit Arkaden geöffneter, überdachter Gang, ein sog. *claire-voie.*

Von den unter Philipp II. August errichte-

Charlieu, Abtei Saint-Fortunat, Tympanon des Narthexportals

ten Befestigungsanlagen ist noch ein *Wehrturm* erhalten. *Kreuzgang* und *Kapitelsaal* stammen aus der Zeit der Gotik, die pittoresken Klostergebäude mit dem *Haus des Priors* vom frühen 16. Jh.

Couvent des Cordeliers: Von dem Ende des 13. Jh. gegr., heute stark zerstörten Franziskanerkloster an der D4 blieben Kirche und got. Kreuzgang (14./15. Jh.) bewahrt. Letzterer sollte 1952 (!) abgetragen und in den USA um den Tennisplatz eines reichen Amerikaners wieder aufgebaut werden, was jedoch in letzter Minute durch Einschaltung des Denkmalschutzes verhindert wurde.

Pfarrkirche Saint-Philibert: Kirche aus dem 13. Jh. mit Kapellen aus dem 15. und 16. Jh. Besondere Beachtung verdienen: ein Tympanon mit thronender Madonna aus dem 13. Jh. (linkes Seitenschiff); die schwarze Madonna vom Ende des 15. Jh.; die aus einem einzigen Block gehauene Kanzel; das bemalte Chorgestühl aus dem 15. und 16. Jh.

Rathaus: Ein ehem. Adelspalast aus dem 18. Jh. mit sehr schönen Aubusson-Tapisserien im Ratsherrensaal.

Museum (im Archivsaal, dem ehem. Kapitelsaal im Obergeschoß des Narthex): Hier sind einige bedeutende Zeugnisse burgund. Skulptur ausgestellt.

Außerdem sehenswert: Alter *Salzspeicher*. – *Häuser* aus dem 13.–16. Jh. (Rue A.-Farinet, Nr. 22, 27; Rue Ch.-de-Gaulle, Nr. 9, Maison des Armagnacs; Rue Grenelle; Rue J.-Morel, Nr. 32, Maison Dison; Rue des Moulins).

Charolles

71 Saône-et-Loire

Einw.: 4500 Höhe: 282 m S. 323 □ D5

Die am Zusammenfluß von Arconce und Semence gelegene Hauptstadt des Charollais, 929 durch den Sieg König Raouls über die Ungarn in die Geschichte eingegangen, blickt, wie schon ihr Name, das keltische *Kadrigel* (»Wasserfestung«) andeutet, noch auf eine weit längere Vergangenheit zurück. 1237 kam das Charollais dann durch Kauf an Burgund, 1477 wurde es von Ludwig XI. erobert, der, bestrebt, die Macht der Vasallen zu brechen, das ganze Herzogtum unterwarf und zum Zeichen

Charlieu, Couvent des Cordeliers, Grabmal

Charlieu, Couvent des Cordeliers, Tiergesicht in Kutte

seiner Herschaft in Charolles einen Vogt einsetzte. 1493 kam Burgund an Österreich (Karl VIII. gab das Lehen an den Sohn Marias v. Burgund, den Erzherzog Philipp von Österreich, zurück, ohne indessen den Vogt abzuberufen, so daß sich die Befugnisse der Habsburger im Grunde auf das Einstreichen der Einkünfte beschränkten). So saß die Stadt 2 Jh. lang (bis 1684) zwischen zwei Stühlen und erlebte in dieser Zeit sechsmal mit, daß der französische König sein Lehen wieder einzog. Im 19. Jh. bescherten ihr Industrie und Handel (Hüttenwerke und Fayencemanufakturen; Wein-, Holz- und Viehhandel) Wohlhabenheit, ja Reichtum. 1945 wurde Charolles für seine Rolle in der *Résistance* mit dem *Croix de Guerre* ausgezeichnet.

Kirche: Anstelle der got. Stiftskirche aus dem 15. Jh. wurde 1868 ein neuroman. Bau aufgeführt.

Chapelle du Gros-Bon-Dieu (Rue du Calvaire): Kleine Kapelle aus dem 18. Jh. am Ende einer sehr alten Steintreppe, die der Lokaltradition zufolge Ehebrecherinnen mit einem Stein um den Hals hinaufsteigen mußten.

Chapelle Saint-Roch (Rue du Calvaire): Der Bau selbst stammt vom Anfang des 17. Jh., der Glockenturm aus dem Empire.

Ehem. Klarissenkloster (Rue Baudinot 24): Schöner Gebäudekomplex aus dem 16. Jh. um einen Innenhof mit umlaufender Holzgalerie, auf die ehedem die Zellen der Nonnen hinausgingen. Heute für Ausstellungen und als Museum *(Musée Jean Laronze)* genutzt. Im 17. Jh. lebte hier die später heiliggesprochene Marguerite-Marie Alacoque.

Prieuré de la Madeleine (Rue du Prieuré): Von König Raoul anläßlich seines Sieges über die Hunnen 929 gegr. und in den Dienst der Kranken gestellt. Von der alten Anlage ist lediglich ein Bau mit achteckigem Turm aus dem 15. Jh. erhalten.

Ehem. Schloß: Von dem hoch über der Stadt gelegenen, in den Religionskriegen zerstörten alten Château stehen heute nur noch 2 Türme und ein befestigtes Tor aus dem 14. Jh. In den später errichteten Gebäuden wurde das *Rathaus* untergebracht. Sehenswert die Fliesenwand, die den Einzug des Herzogs v. Burgund in C. schildert.

Ehem. Vogtei (Rue Baudinot 36): Schönes klassizistisches Gebäude aus dem 18. Jahrhundert.

Ehem. Fayencemanufaktur (faiencerie) Molin (Rue du Prieuré): Schöne Fassade aus dem 15. Jh. mit einer Inschrift, in der all die schrecklichen Ereignisse und Schicksalsschläge von 1471 bis 1481 aufgezählt werden (Erscheinen eines Kometen, Blutregen, Auftreten v. 3 Sonnen, Hungersnot und Krieg).

Museen: *Musée René Davoine* (Werke dieses Bildhauers). – *Musée Jean Laronze* (archäologische Funde, Fayencen, alte Möbel und Stiche, Gemälde des einheimischen Malers Jean Laronze*).

Veranstaltungen: Jeden Mittwoch auf dem Kirchplatz und in der Rue Baudinot bunte *Viehmärkte* (Kälber, Geflügel, Schafe, Schweine), jeden 2. und 4. Mittwoch *Großviehmarkt* in der Rue des Provins. – Am

Charlieu, Abtei Saint-Fortunat, Kapitell: Daniel in der Löwengrube

Charolles, Ehemaliges Schloß

1. Augustsonntag in ungeraden Jahren: *internationale Folklorebiennale.*

Umgebung

Im Bereich v. C. existieren altsteinzeitliche Fundstätten.
Champlecy (4 km nw): Kleine, im 19. Jh. restaurierte roman. *Kirche* v. 12. Jh. – In den Religionskriegen weitgehend zerstörtes, zu Beginn des 17. Jh. wieder aufgebautes *Schloß.*
Saint-Vincent-Bragny (das alte *Sanctus Vincentus ad Braniacum;* 17 km nw): Aus 2 Ortschaften zusammengeschlossene Gemeinde, Sitz mehrerer *Schlösser* (Champeaux, Eterne, les Angles, la Chassagne; Ende 17. Jh.); alte *Mühlen.* – *Bragny-en-Charollais,* eine im 10. Jh. v. König Raoul gegr. Benediktinerpriorat: Im 15. Jh. abgebrannte, im 19. Jh. stark restaurierte *Kirche* aus dem 12. Jh. mit teilweise erhaltenem Kreuzrippengewölbe; befestigtes *Priorat* aus dem 15. Jh. – *Saint-Vincent: Kirche* aus dem 19. Jh.; Chor und Glockenturm gehen auf das 15. Jh. zurück.

Château-Chinon

58 Nièvre

Einw.: 2979 Höhe: 534 m S. 323 □ C3

In ein enges Tal zwischen den waldigen Hängen des Morvan schmiegt sich die Stadt, deren schiefergedeckte Häuser überragt werden von einem Gipfel mit 3 Kreuzen, dem sogenannten Kalvarienberg (Calvaire).

Geschichte: Daß sich die ersten Bewohner bald nach 100 v. Chr. oben auf dem Berg ansiedelten, ist unmittelbar einleuchtend: Bis Feinde hier oben ankamen, wird ihre Angriffslust ziemlich gedämpft gewesen sein; der Ort war gut zu verteidigen. – Das gallische Oppidum wurde später zu einem gallisch-römischen Kastell, dem *Castrum Caninum,* ausgebaut, das vom 1. bis zum 2. Jh. n. Chr. bestand und in dessen Mauern gallische Handwerker und Händler neben römischen Soldaten lebten. Nach dem Rückzug der Römer übernahmen lokale Feudalherren die Festung, die 1193 als *Castro Canino* erwähnt wird. Im Schutz der Burg ließen sich auch Siedler im Tal nieder, und es entstand ein »village de chaumières«, ein Strohhüttendorf, das bald von der günstigen Lage an der Handelsstraße zwischen Nevers und Autun profitierte.
Im 13. Jh. war die Grafschaft Château-Chinon Kronlehen, von niemandem abhängig außer dem König von Frankreich, und beherrschte das ganze Hochmorvan und die Baronie Lormes. Aber es folgten kriegerische Zeiten, Verwüstungen durch die Soldaten König Ludwigs XI. und des Herzogs von Burgund, Zerstörung der Burg während der Religionskämpfe, Belagerung und Plünderung der Stadt durch den Grafen von Nevers und Marshall d'Aumont, bis Château-Chinon schließlich in den Besitz fremder Herrscherhäuser gelangte. Seit dem 17. Jh. begann es wieder zu wachsen und kam zu Reichtum als Marktstadt und als Zentrum der nun aufblühenden Holzflößerei. Hier wurden wie in einer modernen »Börse« jeden Novem-

Charolles, Mahnmal des französischen Widerstandes am Mt. des Carges

ber die Preise ausgehandelt, die die Pariser für das so begehrte Holz aus dem Morvan bezahlen mußten, das ihre Wohnungen und Paläste heizte.
Da die Stadt jedoch fern von überregional bedeutenden Fernhandelsstraßen lag, wurde sie im 19. Jh. nicht an die großen Eisenbahnlinien angebunden und erlitt einen schweren wirtschaftlichen Niedergang. Ein eigenartiges und vieldiskutiertes Phänomen führte zum Wiederaufstieg: die Attraktivität der Region, seit François Mitterand 1981 zum französischen Staatspräsidenten gewählt wurde, der 22 Jahre lang Bürgermeister von Château-Chinon gewesen war. Heute ist die Stadt ökonomisches und kulturelles Zentrum des Morvan.

Alte Stadtbefestigung: Von der Befestigung, die Ludwig XI. Ende des 15. Jh. nach seinem Sieg über den Herzog von Burgund anlegte, ist nur ein einziges, von 2 Türmen flankiertes Tor erhalten: die *Porte Notre-Dame*. – Bergaufwärts im Herzen der Altstadt befindet sich die neugot. Kirche *Saint-Christophe* (19. Jahrhundert).

Museen: Bereits außerhalb der ehem. Mauern liegen noch weiter n das *Musée du Costume, des Arts et Traditions* (Rue du Château), in dem Volkskundliches zum Leben im alten Morvan und archäologische Funde ausgestellt sind, und das *Musée départemental du Septennat,* in dem die nationalen und internationalen Geschenke an den Staatspräsidenten François Mitterand der Öffentlichkeit zugänglich gemacht wurden.

Calvaire: Hat C.-C. auch keine Baudenkmäler erster Klasse zu bieten, so ist es doch besuchenswert wegen des großartigen Panoramas, das der Blick v. dem 609 m hohen *Kalvarienberg* über das Morvan einerseits und bis hinüber zum Loiretal andererseits gewährt. Indem man den Blick genießt, weiß man, daß vor etwa 2000 Jahren Gallier hier ebenso in die Ferne schauten, und nach ihnen röm. Legionäre, ma franz. Ritter und Feudalherren, Krieger aus der Zeit der Glaubenskriege, reiche Holzhändler des Barock und Rokoko, während die uralte Festung mehr und mehr verfiel.

Umgebung

Arleuf (9 km ö): Reizvolles Dorf mit roman. *Kirche* und dem *Château de la Tournelle* aus dem 18. Jh. Schon in vorröm. Zeit kreuzten sich hier wichtige Straßen.

Bardiaux, Les (9 km ö): Nahe bei Arleuf sind Reste eines ländlichen *Theaters* aus galloröm. Zeit (spätes 2. Jh. n. Chr.) erhalten. 45 m lang und 40 m breit, bot es Platz für etwa 700 Zuschauer aus der Umgegend, die sich hier nicht nur zu Schauspielen und gemeinsamen Riten, sondern wohl auch zu politischen Beratungen versammelten.

Corancy (7,5 km n): Hübsches Dorf am waldigen Berghang über der Yonne, seit keltischer Zeit besiedelt. – Got. *Kirche* aus dem 15. Jh., im 19. Jh. restauriert.

Fâchin (12,5 km sö): Eines der typischen, an den Hang gebauten Morvandörfer.

Glux-en-Glenne (18 km sö): Bereits 1287 erwähnt, gehörte der Ort zu der einst bedeutenden Vogtei v. Glenne, die bis hinein ins heutige Dép. Saône-et-Loire reichte. Im Gebiet w des Dorfes entspringt die Yonne. Das waldige Bergland bietet zahlreiche herrliche Weitblicke.

Lavault-de-Frétoy (13 km nö): Inmitten eines ausgedehnten, bewaldeten, früher schwer zugänglichen Bergmassivs gelegen, in dem sich 1942–44 viele Schlupfwinkel der Résistance befanden. – Wenige Kilometer entfernt, vom Weiler Frétoy aus zu erreichen, liegt der *Fou de Verdun:* eine schon in prähistorischer Zeit besiedelte Anhöhe (550 m) zwischen den eine Art natürliche Burggräben bildenden Schluchten der Flüßchen Montagne und Rainache. Zum weiteren Schutz schütteten schon die Menschen im Neolithikum einen V-förmigen Wall auf, dessen Anlage in gallischer Zeit vergrößert wurde. Bis zur Christianisierung der Gegend befand sich hier auch eine Kultstätte rund um eine hl. Buche, worauf der Name verweist (gallisch *fou* = »Buche«). – Etwas weiter n die *Chapelle Notre-Dame de Faubouloin*, die vom 16. bis ins frühe 20. Jh. ein vielbesuchtes Wallfahrtsziel war.

Mont Préneley (15 km sö): Mit 855 m höchster Berg des Dép. Nièvre; schöner Fernblick.

Saint-Léger-de-Fougeret (10 km sw): Das *Château de Saint-Léger* des 16. Jh. wurde im Barock umgestaltet. Schöne Anlage des 17. und 18. Jh. mit weitem Park.

Villapourçon (25 km s): 966 wurde das hübsche Morvandorf zum ersten Mal als *Villa Porcorum* erwähnt. Der Name deutet darauf hin, daß in den umliegenden Wäldern der Besitzung Schweine gezüchtet und gemästet wurden – noch heute sind die Schinken aus dem Morvan berühmt.

Château de Digoine

71 Saône-et-Loire

S. 323 □ D4

Stammsitz derer v. Digoine, die hier bereits im 10. Jh. eine mächtige Festung errichteten und über die Provinz hinaus im ganzen Königreich eine tonangebende Rolle spielten. Anfang des 18. Jh. wurde die alte Burg mit Ausnahme v. 2 Rundtürmen, die in die N-Fassade einbezogen wurden, geschleift und an ihrer Stelle ein durch seine herbe Strenge bestechendes Schloß erbaut. Die hinter dem schönen schmiedeeisernen Gitter aus dem 19. Jh. sichtbare schlichte S-Fassade wird v. 2 wenig vorspringenden Flügeln eingerahmt. Grundgeschoß und 1. Stock des Mittelrisalits sind durch säuleneingefaßte Rundbogenöffnungen, das 2. Obergeschoß durch rechteckige, v. Pilastern eingerahmte Buchten gegliedert. Das Ganze wird, wie seit der Renaissance üblich, v. Trophäen gekrönt. Man beachte auch die Maskenverzierung der hohen Fenster der einrahmenden Gebäudeteile. Das kleine *Theater* im Park geht auf das 17. Jh. zurück.

Umgebung

Im Bereich v. C. de D. befinden sich verschiedene *Schlösser* **(Château de Beauregard, Château du Montet)** und ein runder *Donjon*.

Palinges (4 km n): Schöne roman. *Kirche*

aus dem 11./12. Jh. (Apsis mit Nebenapsiden, Querschiff und achteckiger Glockenturm). - *Haus* aus dem 16. Jh.

Châteauneuf-en-Auxois

21 Côte-d'Or

Einw.: 300 Höhe: 475 m S. 324 □ E3

Das stimmungsvolle Dorf bewahrt in seinem malerischen mittelalterlichen Erscheinungsbild auch stattliche Wohnhäuser aus der späten Gotik und Renaissance (z.T. mit den typischen burgundischen Treppentürmen und Galerien), die wohlhabende Bürger aus Beaune und Dijon im 15.-17. Jh. errichten ließen.

Saint-Jacques-et-Saint-Philippe: Die einfache got. Kirche aus dem 15. Jh. mit wehrhaftem Turm birgt mehrere bemerkenswerte Skulpturen: eine dem Umkreis v. Claus Sluter*, der für die Herzöge in Dijon tätig war, zugeordnete Johannesfigur (Anfang 15. Jh.); got. Madonna (Ende 14. Jh.); die Figuren der Kirchenpatrone und Maria (jeweils frühes 16. Jh.). Die Reliefdarstellung der Propheten an der Kanzel nähern sich dem Renaissance-Stil an (Anfang 16. Jh.).

Schloß: Der sehr sehenswerte Komplex geht auf eine ma Burganlage des 13. Jh. zurück, die im 14.-15. Jh. v. einer trutzigen, durch wuchtige Türme und einen Graben gesicherten Mauer umschlossen wurde. Nachdem Philipp der Gute sie 1457 dem Seneschall Philippe Pot, Herrn der Burg La Rochepot (→Beaune, Umgebung) übergeben hatte, ließ dieser dem Ensemble 2 Wohntrakte mit reichem spätgot. Flamboyantdekor einfügen (der O-Bau ist großenteils zerstört). Die gut restaurierten Räume geben eine anschauliche Vorstellung vom Leben in jener Zeit. - *Kapelle* mit spätgot. Wandmalereien (Christus und die Apostel).

Umgebung

Bussière-sur-Ouche, La (7 km ö): Schöne, teils noch erhaltene Anlage einer ehem. Zisterzienserabtei (1130-1791): Die 1172 geweihte *Kirche Notre-Dame* folgt den für den Orden typischen Baunormen: z.B. bewußte Schlichtheit im Gesamtentwurf wie im Detail (wobei trotzdem Wert auf ausgesprochen qualitätvolle Steinmetzarbeit gelegt wurde), bevorzugt rechteckiger Chor-Abschluß, kein Glockenturm (außer einem Dachreiter). Das Innere ist v. entsprechend strenger, aber in seinem klaren Lineament dennoch eleganter Wirkung; in Mittel- und Querschiff (d.h. den Grundelementen des kreuzförmigen Grundrisses) Spitzbogen-Tonnengewölbe, in den Seitenschiffen Kreuzgewölbe. Zahlreiche vorzügliche Werke der burgund. Skulptur (15.-16. Jh.), u.a. im Chor die Figuren der hll. Barbara (l) und Sebastian (r) über Tafelbildern um 1676; Abt mit dem Modell (Chor und Querhaus) der Kirche. Die Grabmäler aus dem 12.-17. Jh. lassen die Entwicklung v. Auffassung und Aussage der Grabplastik erkennen; bes. zu beachten die got. Liegefiguren (13.-14. Jh.). - Die erhaltenen Teile der stark verfallenen Klosteranlage aus dem 13. Jh. wurden im 19. Jh. (v. Charles Suisse* und Xavier Schanovsky*) bzw. 20. Jh. sorgfältig und sinngemäß restauriert.

Commarin (5 km n): Die *Kirche* (19. Jh.) birgt mehrere beachtliche Schnitzfiguren aus dem 16.-17. Jh. - Das seit dem 14. Jh. in Familienbesitz befindliche *Wasserschloß* (im Inneren mit Führung zu besichtigen) mit weitläufigem Park gehört zu den schönsten Schlössern Burgunds. Die Wassergräben und beiden Rundtürme wurden v. der ma Burg übernommen, die seit der 1. Hälfte des 17. Jh. in eine zeitgemäße Anlage umgebaut wurde: Dem 1. Bauabschnitt gehört der linke Seitenflügel an, der den Ehrenhof abschließende Haupttrakt wurde 1702-11 errichtet; ihm folgte der rechte Flügel. Die im Lauf der Jh. geschaffene *Innenausstattung* veranschaulicht sehr gut den zunehmenden Wohnkomfort und Repräsentationswillen. Kostbarste Stücke der reichen Einrichtung sind 4 Wandteppiche (16. Jh.) mit Wappen und allegorischen Motiven. In der got. *Kapelle,* deren Schnitzfiguren (15.-16. Jh.) teils der Kirche in C. entstammen, ist eine ausdrucksvolle Darstellung der »Grablegung Christi« (16. Jh.) bes. zu beachten.

Échannay (8 km n): Hübsches Dörfchen mit stattlichen Bauernhäusern (bes. 18. bis

19. Jh.). Die urspr. roman. *Kirche Saint-Rémi* – im 15. Jh. (Chorbereich) und 19. Jh. (Schiff mit Vorhalle) größtenteils erneuert – bewahrt im Chor die Pfeiler und skulptierten Kapitelle aus dem 12. Jh. Hervorragendstes Stück der künstlerischen Ausstattung mit qualitätvollen Plastiken bes. des 16. Jh. ist der Hochaltar: Die Szenen aus der Passionsgeschichte sind in der für jene Zeit charakteristischen breiten Erzählweise ausgeführt.

Sainte-Sabine (4 km s): Das Dorf wurde im 12. Jh. umbenannt wegen einer hierher gelangten Kopfreliquie der als Märtyrerin bereits seit dem 3. Jh. verehrten legendären Heiligen: Diese birgt in einem Schrein (14. Jh.) die got. *Kirche* aus dem 13. Jh. (das Schiff wurde im 14. Jh. erhöht, das Gewölbe im 19. Jh. restauriert); außerdem verschiedene beachtliche Heiligenfiguren des 15.–18. Jh.

Châteauneuf-en-Brionnais
71 Saône-et-Loire

Einw.: 162 Höhe: 293 m S. 323 □ D5

Über dem Flußlauf des Sornin lag einst eine bedeutende Festung des 10. Jh., von der Reste erhalten sind. Im 11. Jh. kam der Ort an die Grafen von Mâcon und wurde dann Vogtei der französischen Krone.

Innerhalb der Burgmauern errichtete man Mitte des 12. Jh. die Kirche **Saint-Paul,** die im 15. und 19. Jh. restauriert wurde. Am Außenbau sind der hohe Vierungsturm beachtenswert sowie das S-Portal mit seinen sehr archaisch wirkenden Nischenfiguren der 12 Apostel, wohl noch aus dem 11. Jh. und hier als Türsturz wiederverwendet.

Inneres: Schon die gestreckten Proportionen des Außenbaus lassen die Steilheit des Langhauses ahnen. Auf den hohen, durchfensterten Mittelschiffwänden ruht ein schweres Tonnengewölbe – ein enormes statisches Risiko! Aufgefangen wird die Last durch die Gewölbegurte der hohen, sehr schmalen Seitenschiffe und die Pfeiler und Arkaden, die im 15. Jh. verstärkt werden mußten, um weiterhin dem Schub standhalten zu können. – Die im 15. Jh. erneuerten Kapitelle des N-Schiffs zeigen die Ornamentik der Spätgotik. – Die längliche Vierung wird durch Ecktrompen in ein Oktogon überführt, auf dem eine durchfensterte Tambourkuppel lagert. Nebenapsiden, die die Seitenschiffe über das eingebundene Querschiff hinaus fortsetzen, flankieren die halbrunde, v. 3 Fenstern durchbrochene Hauptapsis.

Châteauneuf-en-Brionnais (unten) *Romanische Kirche am Friedhof >*

Châteauneuf-en-Brionnais, Saint-Paul

Châtel-Censoir 89 Yonne		
Einw.: 800	Höhe: 137 m	S. 320 □ C2

Bronzezeitliche Funde und Fundamente aus gallorömischer Zeit bezeugen eine lange Siedlungstradition des nach Censurius, Bischof von Auxerre im 5. Jh., benannten Orts. Seit dem 16. Jh. wichtige Flößstation für den Holztransport aus den Wäldern des Morvan.

Saint-Potentien: Die roman. ehem. Stiftskirche – wegen der Reliquien des Heiligen und einer als wundertätig gepriesenen Quelle bis zur Revolution bedeutendes Wallfahrtsziel – wurde im 11. Jh. innerhalb des Burgbereichs errichtet; Langhaus mit reich dekoriertem Portal und Turm wurden in der Renaissance (16. Jh.) erneuert. Von besonderem Interesse ist der roman. *Chor* wegen der mit pflanzlichen Motiven und Fabelwesen in mehrzonigem Aufbau verzierten Kapitelle. In der n Chorseite Skulpturengruppe »Maria und Anna« (16. Jh.); im n Seitenschiff Reliefdarstellung des Abendmahls (16. Jh.). – Kapitelsaal (Zugang aus der s Chorseite) aus dem 12. Jh. mit z. T. erhaltenem Bodenbelag (13. Jh.).

Burg (11. Jh.): Von der ma Anlage, die im Religionskrieg zerstört wurde, sind Teile der Befestigungsmauer und 1 Turm erhalten.

Umgebung

Sehr reizvolles Tal der stark mäandrierenden Yonne mit teils steil abfallenden Felsen (z. B. **Rochers du Saussois,** 4 km n). **Mailly-le-Château** (10 km n): Eines der malerischsten Dörfer des Yonne-Tals, das sich bis zum Fluß hinunter zieht (Bourg-du-Bas): Dessen Arme überquert eine lange *Brücke* (Ende 15. Jh.) mit einer dem hl. Nikolaus als Patron der Schiffer geweihten Kapelle. – Mauerreste und ein

Châtillon-sur-Seine, Saint-Vorles, Fresko der Evangelistensymbole

Rechteckturm der ma Burg der Grafen v. Auxerre. – *Saint-Adrien:* Got. Kirche (1. Hälfte des 13. Jh.) mit auffallend stark gegliederter Fassade. Im schlichten, aber gut proportionierten Inneren got. Figur des hl. Sebastian (14. Jh.); Chorgestühl (17. Jh.).

Châtillon-sur-Seine

21 Côte-d'Or

Einw.: 8000 Höhe: 225 m S. 321 □ E2

Wegen des weltberühmten *Schatzfundes von Vix* und seiner Sakralbauten außerordentlich sehenswertes Städtchen und trotz mehrfacher schwerer Zerstörung (zuletzt 1940) reizvolles Ensemble mit historischem Charakter.

Auf dem 6 km nördlich gelegenen Mont Lassois (306 m) befand sich ein keltischer Fürstensitz, wo man im 6. Jh. v. Chr. den Warenverkehr auf der Seine kontrollierte (der Fluß bildete ein Teilstück des sogenannten Zinnwegs von Norditalien nach Britannien). Die damit verbundene, durch zahlreiche Funde nachgewiesene Siedlung wurde um die Zeitenwende aufgegeben zugunsten einer südlich gelegenen Wohnstätte, aus der sich seit dem Frühmittelalter 2 Ortschaften beiderseits der Seine entwikkelten. Die wegen der politischen Verhältnisse lange miteinander verfeindeten Seiten (das linke Ufer im Besitz des Grafen v. Lassois, d. h. dem Herzogtum Burgund zugehörig, das rechte Ufer im Besitz des Bischofs von Langres) wurden erst im 17. Jh. zum heutigen Châtillon vereint. – Anfang des 12. Jh. war Bernhard von Clairvaux (*1091 in Fontaines bei Dijon) Schüler eines bedeutenden Kanonikerstifts bei der Kirche Saint-Vorles. Der politische Kongreß, der 1814 hier tagte, legte infolge des siegreichen Befreiungskriegs gegen Napoleon (in der Völkerschlacht bei Leipzig 1813) Frankreich in seinen Grenzen von 1792 fest. 1914 wurde Châtillon Sitz des französischen Hauptquartiers, von dem aus General Joffre die Marneschlacht leitete.

Kirchweihfest von Saint-Vorles am 3. Sonntag im Juni.

Saint-Nicolas (Rue Saint-Nicolas): Der anstelle der Kirche eines verschwundenen Pilgerhospitals im späten 12. Jh. errichtete Neubau folgt im roman. Langhaus den Prinzipien des zisterziensischen Sakralbaus, die auch auf dem Orden nicht zugehörige Kirchen in ganz Europa prägenden Einfluß hatten. Querhaus und Chor mit kunstvollen Sterngewölben und schönem Maßwerk in den Fenstern wurden im 16. Jh. spätgot. erneuert (mit Anbauten am s Seitenschiff). 2 aus jener Bauphase erhaltene Bildfenster zeigen Wundertaten des hl. Jakob an Pilgern und die Wurzel Jesse. - Gegenüber →*Musée Archéologique*.

Saint-Vorles: Architekturgeschichtlich sehr interessanter frühroman. Bau des 10. Jh., der bis ins 17. Jh. verändert und erweitert wurde. Der Blick auf die gestaffelte Komposition beeindruckt aus jeder Richtung. Ältester Teil ist die *Krypta* unter dem n Querschiffarm (die urspr. auf eine Andachtsstätte des 5. Jh. zurückgeht), wo der junge Bernhard eine Marienerscheinung gehabt haben soll. (Ihre Nische barg bis zur Revolution eine bes. verehrte Marienfigur.) Dem ö Querhaus mit im 12. Jh. aufgestocktem Vierungsturm tritt im Äußeren die wuchtige W-Partie entgegen, die urspr. 2 über die Seitenschiffhöhe aufgeführte Türme flankierten; Vorhalle aus dem 17. Jh. Kapellen und Sakristeien mit den charakteristischen Stilmerkmalen der jeweiligen Bauzeit bes. in den Gewölben und Fenstern. - Die Wirkung des Inneren bestimmen die massigen Wandstrukturen und Rundpfeiler sowie der auffallende Mangel an plastischem Dekor. Querhaus und Chor sind v. Tonnen überwölbt; in den Seitenschiffen Kreuzgewölbe. Das urspr. v. einem offenen Dachstuhl gedeckte Mittelschiff wurde im 17. Jh. eingewölbt. Ein Flügelaltar (16. Jh.) und eine Folge schlichter Gemälde (17. Jh.) erzählen Szenen aus dem Leben des hl. Vorelus. (Der Sarkophag des Kirchenpatrons befindet sich in Marcenay [→Molesmes: Umgebung].) Bewegende Renaissancekomposition der »Grablegung Christi« mit lebensgroßen Figuren (um 1525).
In der Umgebung Reste der ma *Befestigung*, die Herzogsburg und Stiftskomplex gesichert hatte; u.a. der mächtige Eckturm Tour de Gissey mit dem später als Friedhofsmauer verwendeten Mauerzug.

Châtillon-sur-Seine, Saint-Vorles

Stadtbild: Nach den schweren Schäden des letzten Kriegs sorgfältig wiederhergestellt, bewahrt die Stadt außer bemerkenswerten Einzelbauten noch die Anlage ihres historischen Kerns mit schönen Straßenzügen: u.a. *Rue des Avocats* mit stattlichen Bürgerhäusern (17.-18. Jh.) und (Nr. 9) einem Ende des 16. Jh. errichteten urspr. Verwaltungs- und Versammlungsgebäude mit originellen Wasserspeiern (jetzt Stadtbibliothek); in der *Rue du Bourg* die Maison Philandrier (Nr. 17), ein hervorragender Renaissancebau (jetzt →Musée Archéologique), und Wohnhäuser des 17. Jh.; *Rue du Bourg-à-Mont* mit dem ältesten erhaltenen Wohngebäude der Stadt (13. Jh.) und dem 1631 gegr. ehem. Karmeliterkloster (jetzt Justizgebäude); die malerische *Rue du Recept*.

Musée Archéologique (Rue du Bourg): Das herrschaftliche Haus *(Maison Philandrier)* aus dem 16. Jh. ist mit seinem reichen plastischen Dekor aus stiltypischen, hauptsächlich antikisierenden Motiven ein ausgezeichnetes Beispiel des burgund.

Wohnbaus in der Renaissance (vergleichbar mit zeitgenössischen Gebäuden z. B. in Dijon). Seit 1950 Sitz des Archäologischen Museums mit reichhaltigen Sammlungen: Kostbarste Exponate sind die *Fundstücke v. Vix* (→Umgebung) aus einem der reichsten keltischen Fürstengräber; ihre Herkunft dürfte im Zusammenhang mit Handelsverbindungen bzw. der griech. Kolonie Marsilia/Marseille stehen. Dieses ausnahmsweise vollständig erhaltene Grab wohl aus der Zeit um 500 v. Chr. am Fuß des Mont Lassois, dessen Entdeckung 1953 in der internationalen Fachwelt großes Aufsehen erregte, barg das Skelett einer ca. 30jährigen Prinzessin mit außergewöhnlichem Beigabenschatz. Daneben fanden sich griech. bzw. etruskische Metall- und Tongefäße und ein riesiger Kratér wohl griech. Herkunft, das größte bislang ausgegrabene Bronzegefäß der Antike (Höhe 1,64 m; Gewicht 208 kg; Fassungsvermögen 1100 l): Den Hals dieses hervorragend erhaltenen, ausnehmend eleganten Mischgefäßes – es diente statt der urspr. Funktion des Mischens v. Wein mit Wasser sicherlich dekorativen Zwecken – aus 1-1,5 mm dünnem getriebenem Blech verziert ein Reliefband mit dem achtmal wiederkehrenden Motiv eines v. einem Fußsoldaten gefolgten Wagenkämpfers. Auf der Gefäßschulter sitzen 2 Volutenhenkel auf, die in der Darstellung der dämonischen, v. Löwen umgebenen Gorgo enden mit ihrem den religiösen Vorstellungen der archaischen Zeit entsprechend fratzenhaften Gesicht. In der Eintiefung des Deckels eine weibliche Statuette mit dem (auch für die Steinskulpturen jener Epoche kennzeichnenden) Ausdruck des »archaischen« Lächelns. – Außerdem u. a. sehr interessante Stücke aus den bekannten frühgeschichtlichen Fundorten der Umgebung (Mont Lassois; Wagengrab v. Sainte-Colombe), steinerne Votivplastiken aus dem Apollo-Tempel in Essarois (21 km sö) und Gebrauchsgegenstände aller Art aus der galloröm. Siedlung Vertillum (→Molesmes, Umgebung: Vertault); ma Skulpturen.

Außerdem sehenswert: *Brücken:* Pont du Perthuis-au-Loup (14. Jh.); Pont des Boulangers (16. Jh.). – Der ehem. *Couvent des Cordeliers* (Franziskanerkloster; Avenue Édouard Herriot) v. 1630 war 1914 Sitz des Hauptquartiers. – *Hôtel du Congrès* (Rue du Congrès), wo 1814 die Verhandlungen zwischen den Vertretern der Siegermächte und Napoleons stattfanden. – *Kirchen: Saint-Jean* (Rue Saint-Jean), ein um die Mitte des 16. Jh. errichteter Bau mit in der

Châtillon-sur-Seine, Musée Archéologique

1. Hälfte des 18. Jh. erneuertem Chor (Turm v. 1820), birgt mehrere beachtliche Ausstattungsstücke: u.a. got. Gruppe der lesenden Maria und Anna (2. Hälfte des 14. Jh.); Bildfenster mit der Darstellung der Wurzel Jesse, Plastik »Christus im Elend«; Gemälde »Maria mit Jesus und Johannes« (jeweils 16. Jh.); Hochaltar und Chorgestühl aus der 1. Hälfte des 18. Jh. *Saint-Pierre* (Rue de la Libération): Das Querschiff des zisterziensisch geprägten Baus aus dem späten 12. Jh. wurde Anfang des 18. Jh. in ein Krankenhaus umgewandelt. Kunstvoll geschmiedete Türbeschläge des W-Portals (13. Jh.). - Ein *Kreuz* (Rue Saint-Jean) erinnert an den Besuch Papst Pauls VII. v. 1805. - *Monument Joffre* (Place Joffre): Denkmal des Marschalls mit dem Tagesbefehl vom 6.9. 1914. - *Source de la Douix* (Rue de la Douix), eine romantische Quelle, deren Wasser (durchschnittlich 600 l/Sek.) der Seine zufließt.

Umgebung

Ampilly-le-Sec (7 km s): Die klassizistische *Kirche* (um 1830) zeugt vom Wohlstand, den die traditionsreiche Verhüttung und Eisenverarbeitung dem Dorf gebracht hatten. Bereits seit vorgeschichtlicher Zeit sind in N-Burgund Anlagen zur *Metallgewinnung* aus dem anstehenden Gestein nachweisbar, begünstigt durch die natürlichen Energiequellen Wasser und Holzkohle. Ein neues Verfahren der Verhüttung leitete im 15. Jh. einen großen Aufschwung ein, bis die Verwendung v. Koks in der Epoche der industriellen Revolution (2. Hälfte des 19. Jh.) eine tiefgreifende Umstrukturierung der Branche auslöste. Der *Hochofen/Haut-Fourneau* v. 1829 (restauriert 1984) ist ein interessantes Denkmal der Industriearchäologie. - *Schloß* aus dem 18. Jh.

Laignes (17 km w): Chor und Querschiff der roman. *Kirche Saint-Didier* aus dem beginnenden 13. Jh. wurden im 16. Jh. noch got. erneuert. Hieraus ergibt sich im Inneren ein sonderbares Raumerlebnis, denn architektonische Struktur, plastischer Dekor und Lichtwirkung der einzelnen Gebäudeteile kontrastieren aufs lebhafteste: Im Langhaus schweres Mauerwerk, massige Pfeiler und karge plastische Gestaltung v. Wandzonen und Kapitellen (einige scheinen aus einem früheren Bau übernommen); nur geringes Licht gelangt durch die Fenster der Seitenschiffe ins Hauptschiff. In den erneuerten Partien dagegen schaffen Breite und Höhe den Eindruck v. Weiträumigkeit, den das durch große Flamboyantfenster einfließende Licht noch steigert.

Montigny-sur-Aube (22 km nö): Von dem um 1550 erbauten *Renaissanceschloß* blieben nach der Revolution der N-Flügel und der (jetzt isolierte) quadratische Turm mit der Kapelle bestehen, während der sw Rundturm dem ma Vorgängerbau entstammt. Die Gliederung der Fassade, die Erker und die bes. im Vergleich zum streng gehaltenen Wohntrakt mit überraschend reichem plastischen Schmuck ausgestaltete *Kapelle* lassen den deutlichen Einfluß der ital. Architektur erkennen. - Im Dorf ein schönes Beispiel der in dieser wasserreichen Landschaft vielerorts anzutreffenden öffentlichen *Waschhäuser*.

Val-des-Choues (20 km sö): Im großen Waldgebiet v. C. liegt einsam inmitten des im MA urbar gemachten Geländes der durch hohe Mauern gesicherte Komplex einer im 12. Jh. gegr. *Zisterzienserabtei* (kann auch innen besichtigt werden). Die ma Anlage wurde im 17.-18. Jh. teils erneuert bzw. durch weitere Gebäude vergrößert.

Vix (6 km n; das x im Ortsnamen wird nicht ausgesprochen): Fundort des berühmten keltischen Fürstengrabs am Fuß des Mont Lassois (→C., Archäologisches Museum). Auf dem Berg roman. *Kirche Saint-Marcel* (12. Jh.); Turm aus dem 16. Jh. Got. Madonnenfigur (14. Jh.); Wandbild (16. Jh.). - In der Umgebung verstreute Reste einer ma Befestigungsanlage.

Chaumard

58 Nièvre

Einw.: 304 Höhe: 375 m S. 323 □ C3

Der Ortsname leitet sich entweder vom fränkischen Stamm der Chamaver her oder vom sehr milden Klima der Gegend. Das Dorf, in dem eine hübsche romanische *Kirche* zu besichtigen ist, liegt am fischreichen *Lac de Pannesière,* dem mit 520 ha Fläche und 82 Millionen Kubikmetern Wasser größten der Stauseen im Morvan. Er wird gespeist von Yonne und Houssière mit all ihren Nebenflüssen und wurde 1949 angelegt. Gewaltige Staumauern schließen den landschaftlich schönen See 7 km nordwestlich von Chaumard (Barrage de Pannesière).

Umgebung

Ouroux-en-Morvan (9 km nö): Das alte *Oratorium* lag an der Römerstraße v. Autun über Entrains-sur-Nohain nach Orléans. In der im 19. Jh. wieder aufgebauten *Kirche* sind ein Relief der Muttergottes mit Jesuskind, Statuen der Madonna und des hl. Johannes und der Taufstein sehenswert (15. Jh.). - Ouroux war 1944 Präfektur des Dép. Nièvre während seiner Befreiung. Übrigens litt das Morvan besonders schwer unter der dt. Besatzung, weil dieses waldreiche, teils schwer zugängliche Gebiet zugleich Unterschlupf und Operationszentrum der franz. Widerstandskämpfer war.
Settons, Les (20 km nö): Sommerfrische am Lac des Settons. Dieser älteste der Stauseen im Morvan nimmt die Wasser der Cure auf und war 1858 vollendet: 360 ha Fläche, 23 Millionen Kubikmeter Wasser - damals eine technische Meisterleistung. Er diente der Wasserregulierung im Interesse der Flößerei (durch Aufstauen und kontrolliertes Ablassen des Wassers wurde ein für die Flößerei dienlicher Wasserpegel im Unterlauf des Flusses gewährleistet), obwohl dieser früher bedeutendste Wirtschaftszweig des Morvan, dessen Holzvorkommen Paris jahrhundertelang mit Brenn- und Baumaterial versorgte, im 19. Jh. bereits im Niedergang begriffen war. Seit der Nachkriegszeit ist der Lac des Settons beliebtes Ferienziel.

Ciry-le-Noble

71 Saône-et-Loire

Einw.: 2994 Höhe: 270 m S. 323 □ D4

An dem für die Erschließung Südfrankreichs äußerst wichtigen Canal du Centre gelegen, ist Ciry-le-Noble heute, genau wie das benachbarte Perrecy, ein Industriedorf (Metallverarbeitung, Maschinenbau). Der 840 von Graf Eccard der Äbtissin von Saint-Andoche in Autun gestiftete Ort war im 15. Jh. Sitz einer Burgvogtei und im 19. Jh. dank der Erdölfunde in der Umgebung ein lokales Industriezentrum. Wichtig vor allem waren seine Ziegeleien, an die heute noch die tiefbraunen Dachziegel und die aufgelassene Fabrik am Westufer des Kanals erinnern, die einen interessanten Einblick in Anlage und Aufbau eines Betriebs vom Beginn unseres Jahrhunderts bietet. Die dazugehörige Arbeitersiedlung in Roselay stammt aus jüngerer Zeit (um 1930).

Kirche: Von dem roman. Bau aus dem 12. Jh. ist lediglich der Chor erhalten.

Château du Sauvement (eine der 5 Burgvogteien des Charollais): Von dem alten, auf Anordnung Ludwigs XI. im 15. Jh. geschleiften Schloß steht nur noch der Donjon aus dem 13. Jh. Die Wohngebäude, ein schöner, v. Türmen flankierter Komplex, wurden im 16. Jh. erneuert.

Außerdem sehenswert: *Château de Limand.* - *Galloröm. Villa.*

Umgebung

Limand (4 km s): *Befestigtes Haus* mit Turm aus dem 13. Jh. und *Wohngebäude* aus dem 16. Jh.

Clamecy

58 Nièvre

Einw.: 6145 Höhe: 160 m S. 319 □ C3

Das Städtchen an der Mündung des Beuvron in die Yonne geht vermutlich auf gallorömische Zeiten zurück. Nach mehreren Brandschatzungen während des Hundertjährigen Krieges im 14. Jh. und der Religionskämpfe im 16. Jh. blühte es bis zum 19. Jh. als wichtiger Flößereihafen für die Holzlieferungen aus dem Morvan nach Paris und lebt heute u. a. von der holzverarbeitenden chemischen Industrie. 1866 wur-

Clamecy, Kollegiatskirche Saint-Martin

de hier der Dichter Romain Rolland geboren, der 1916 den Literaturnobelpreis erhielt (†1944).

Kollegiatskirche Saint-Martin: Der dreischiffige, querschifflose Bau mit rechteckigem Chorumgang aus dem 13.Jh. wurde im spätgot. Flamboyantstil des 16.Jh. erweitert und umgestaltet und im 19.Jh. durch den berühmten Architekten und Bauhistoriker Viollet-le-Duc* restauriert. Besonders reiche Bauornamentik überzieht den Turm und die Fassade mit dem großen Fenster. In Stein gehauene Szenen aus dem Leben des hl. Martin, Figuren v. Aposteln, Sibyllen usw. rahmen und überfangen das Doppelportal. Auch die Kapellen im Inneren enthalten üppiges Flamboyantdekor.
In der Turmkapelle sind die spätgotischen Fenster sehenswert, deren Glasmalereien das Leben Kaiser Konstantins d. Gr. darstellen, und die Reliefs »Abendmahl« und »Grablegung Christi« (16.Jh.), die v. den früheren Emporen stammen.

Notre-Dame-de-Bethléem: Die am rechten Yonne-Ufer gelegene, moderne Kirche wurde 1927 nahe bei der alten got., in der Revolution profanierten Bischofskirche errichtet und erinnert daran, daß C. über Jh. hinweg Sitz des Bistums v. Betlehem war! Wie kam es dazu? Im frühen 12.Jh. gründete einer der Grafen v. Nevers nicht weit v. dieser Stelle ein Hospital, genannt »de Pantenor«. Bald darauf, 1168, erkrankte Graf Guillaume IV. v. Nevers während eines Kreuzzuges an der Pest. Unter der Bedingung, daß man ihn in der hl. Erde nahe der Geburtsstätte Christi begrabe, vermachte er das Hospital dem Bistum Betlehem. Schließlich mußte im frühen 13.Jh. Rainer, der 9. Bischof v. Betlehem, dem wachsenden Druck der Moslems weichen und zog sich ins Exil nach C. zurück. 50 Bischöfe residierten hier bis zur Franz. Revolution, aber weder v. ihrem Palast noch vom Hospital sind Reste erhalten. Nur 3 spitzbogig überwölbte Joche, die zur alten Bischofskirche gehörten, befinden sich heute integriert in das Restaurant des Hôtel de la Boule-d'Or.

Hôtel de Bellegarde (16.Jh.): Es beherbergt das *Stadtmuseum*. Neben Gemälden v. Rubens*, Bruegel d. J.* und Carracci* sind u. a. Fayencen aus Nevers, Rouen und Delft zu sehen sowie Sammlungen zur Volkskunde und zur Geschichte der Flößerei.

Außerdem sehenswert: *Maison du Tisserand* (15.Jh.) und zahlreiche andere schöne Bauten und Fachwerkhäuser des 15. und 16.Jh. im malerischen Stadtkern. – *Hôtel More de Tannerre* mit dem *Musée Romain Rolland.*

Clayette, La
71 Saône-et-Loire

Einw.: 2965 Höhe: 385 m S. 323 □ D5

Das landschaftlich schön an einem großen See gelegene, 1258 erstmals erwähnte Städtchen, heute ein reges landwirtschaftliches Zentrum, wurde offensichtlich schon damals als Schlüssel zu den 3 hier zusam-

La Clayette, Schloß >

La Clayette, Schloß

menstoßenden Provinzen (Beaujolais, Mâconnais und Charollais) empfunden.
Daher jedenfalls sein Name *(clette, cle* = »Schlüssel«).

Schloß: Der im 18. Jh. erneuerte und im 19. Jh. v. Viollet-le-Duc* mit einer Renaissancefassade versehene Bau entwickelte sich aus einem befestigten Haus des 14. Jh. zur vielleicht eindrucksvollsten Wasserburg im Brionnais. Hinter den noch im 18. Jh. vergrößerten Wassergräben ragen ein querstehender Gebäudekomplex und 2 parallel laufende, v. einem runden Donjon und einem viereckigen Turm flankierte Flügel mit Scharwachtürmen auf. Das Eingangstor stammt noch aus dem 14. Jh., die Ausfallpforte aus dem 15. Jh.
Auf das 15. Jahrhundert gehen auch die schöne Schloßkapelle und ihre Fresken zurück.

Außerdem sehenswert: *Kapelle Saint-Avoie* aus dem 15. Jh. *Rathaus* in einem ehem. Konvent aus dem 17. Jh. – Geschnitzter *Holzaltar* aus dem 18. Jahrhundert in der alten *Kapelle Saint-Roch*. – *Automobilmuseum*.

Cluny
71 Saône-et-Loire

Einw.: 4734	Höhe: 248 m	S. 323 □ E5

Geschichte: Heute ein kleines, verschlafenes, in die sanft geschwungenen Hügel des auslaufenden Mâconnais eingebettetes Nest im Grosne-Tal, war Cluny einst das größte Kloster aller Zeiten. 910 von Wilhelm dem Frommen, Herzog von Aquitanien, gegründet, erlangte die Benediktinerabtei rasch große Bedeutung. Sichtbares Zeichen dafür war der Schlag auf Schlag erfolgende Ausbau: An die Stelle der 915–917 unter Abt. Berno (Bernon) errichteten 1. Klosterkirche Cluny I trat bereits 981 Cluny II, und schon ca. 100 Jahre später, 1088, wurde mit dem Bau von Cluny III begonnen. Gefördert wurde

Cluny, Panorama

dieser steile Aufstieg durch 3 Dinge: durch die »Libertas«, d.h. die Befreiung des Klosters bei seiner Gründung von sämtlichen Abgaben (auch an den Stifter und dessen Erben); durch die »Exemption«, d.h. die Unabhängigkeit der einzig dem Schutz des Papstes unterstellten Abtei von der bischöflich-geistlichen Jurisdiktion und durch das in den Zeiten politisch-wirtschaftlichen Niedergangs nach der Auflösung des Karolingerreichs herrschende starke Bedürfnis nach Ordnung, Führung und Schutz. Von außen, von Süden, Osten und Norden, von den einfallenden Arabern, Ungarn und Normannen bedroht, im Inneren einem in sich zerfallenen, fehdelüsternen Adel ausgeliefert, der Bauern, Eigenkirchen und Klöster nach Lust und Laune ausbeutete, sehnte sich das Volk, aber auch der niedere Klerus nach einer Ordnungsmacht, denn das Reich war weit. (Nach dem alten germanischen Eigenkirchenrecht waren dem Grundherrn nämlich auch die auf seinem Boden errichteten Kirchen und Klöster unterstellt.) Dazu kamen die geistige bzw. geistliche Führungslosigkeit und die Forderung nach einer Erneuerung des Glaubens, befanden sich doch unter den von den weltlichen Herrn eingesetzten Klerikern oft auch Laienäbte, die mit Kind und Kegel, Frauen und Mätressen, ins Kloster einzogen.

Cluny dagegen, durch seine Privilegien berechtigt, seine Äbte selbst zu bestimmen, konnte charakterstarke, vertraueneinflößende Persönlichkeiten wählen, die sich durch persönliche Heiligkeit ebenso auszeichneten wie durch Organisationstalent. Von Fürsten, Kaisern und Päpsten als Ratgeber geschätzt, wurden ihre Dienste auch in den unterschiedlichsten weltlichen Angelegenheiten in Anspruch genommen. Vor allem aber wurden sie von allem Anfang an mit der Leitung weiterer Klöster betraut, so bereits Berno (seinerseits als Gründer von Cluny schon Abt von Baume und Gigny) mit der Führung der aquitanischen Klöster Déols und Massay. 931 wurde der Abtei dann vom Papst offiziell die Reform der römischen Klöster übertragen, und später vertrauten auch König Sánchez d. Gr., Ferdinand I. und Alfons VI. der burgundischen Abtei die Reformierung der kirchlichen Institutionen v. Navarra, Kastilien und León an. So stieg Cluny zum führenden Konvent auf – eine Stellung, die Odo (Odon; 926–942) und seine Nachfolger, Aymard (942–963), Majolus (Mayeul; 964–994), Odilo (Odilon; 994–1049) und Hugo (Hugues; 1049–1109) nach Kräften ausbauten.

War Odo, ein namhafter Schriftsteller und Musiker, dem vor allem die *vita contemplativa* und die wirtschaftliche Sicherung des Klosters am Herzen lagen, eher intern tätig geworden, so propagierte Majolus auf seinen zahllosen Reisen die Reformidee nicht nur in Frankreich, sondern auch in Italien und Deutschland. Dabei trat er u. a. als Vermittler zwischen der Kaiserin Adelheid und ihrem Sohn, Otto II., auf, von dem er übrigens sogar als Papst vorgeschlagen wurde (eine Ehre, die er jedoch ablehnte).

Majolus' Nachfolger Odilo, der *rex cluniacensis* (»König der Cluniazenser«, wie Bischof Adalbero von Laon den kühnen, entschlußfreudigen Mann in seiner Satire gleichzeitig spöttisch und respektvoll betitelte), ein wahres Organisationsgenie, soll sein Wirken ebenfalls segensreich über den rein klösterlichen Aufgabenkreis hinaus ausgedehnt haben. Auf ihn soll die Einführung des Gottesfriedens zurückgehen, eines Fehdeverbots an den »gebundenen Tagen«, wobei der Donnerstag als Tag der Himmelfahrt, der Freitag als der Todestag Christi, der Samstag als der Tag der Grablegung des Herrn und der Sonntag als der Tag seiner Auferstehung als »gebunden« galten. Gleichzeitig aber war Odilo auch derjenige, der die Reconquista, die Rückeroberung Spaniens von den Mauren, einleitete, die von seinem Nachfolger Hugo von Semur tatkräftig fortgeführt wurde. Unter diesem äußerst baufreudigen Abt (Cluny III, Paray-le-Monial, Berzé-la-Ville) erreichte das »empire monastique« seinen Höhepunkt: Von England, Schottland, Flandern im Norden bis nach Polen und Ungarn über Deutschland im Osten, bis nach Spanien und Italien im Süden unterstellten sich Hunderte von Klöstern der Leitung von Cluny. Außerdem übernahm der berühmte Mann auch immer wieder die Rolle des Vermittlers zwischen weltlicher und geistlicher Macht, so 1077 in Canossa zwischen seinem Patenkind Kaiser Heinrich IV. und Gregor VII.

Eine unrühmliche Ausnahme in dieser glorreichen Abtsreihe bildete einzig Hugos Nachfolger Pontius von Melgueuil (Ponce de Melgueuil; 1109–22), der, obwohl abgesetzt und mit dem Kirchenbann belegt, nach seiner »Bußfahrt« nach Jerusalem das Kloster mit Gewalt nahm und schließlich in römischer Gefangenschaft starb.

Unter Pontius' Nachfolger, dem als gelehrtester Mann des Abendlandes verehrten Petrus Venerabilis (Pierre le Vénérable; 1122–56), gewann Cluny dank der persönlichen Integrität und Besonnenheit dieses Mannes noch einmal einen kurzen Augenblick lang seine alte Strahlkraft zurück. Trotz der Gegnerschaft Bernhards von Clairvaux konnte es sich Petrus sogar leisten, dem aufgrund seiner Position im Universalienstreit geächteten Abaelard gegen Lebensende Asyl zu gewähren. Und ebensowenig zögerte er, gegen die gesammelte Ignoranz der Christenheit hinsichtlich anderer Religionen Front zu machen und eine Gruppe von Muslimen, Rabbinern und Mönchen zu einem gemeinsamen Studium der hebräischen Bibel zu veranlassen und eine Übersetzung des Korans ins Lateinische zu initiieren. Die Waffen des Geistes erschienen ihm wichtiger als Schwert und Muskelkraft.

Nach dem Tod dieses Abtes aber war der Niedergang der Abtei nicht mehr aufzuhalten. Mit der sich lockernden Disziplin ihrer Mönche entglitt ihr auch mehr und mehr die geistliche Führung, die nun auf die Zisterzienser und ab dem 13. Jh. auch auf die Bettelorden überging. 1258 verlor das Kloster die Libertas und wurde zur Kommende des französischen Königs, d. h. zu dem ihm anvertrauten Besitz, den dieser einem seiner Höflinge als Abtspfründe übertragen konnte. 1790 erfolgte dann im Zuge der Französischen Revolution die Aufhebung des Klosters, dessen Gebäude an einen Bausteinunternehmer verkauft und von 1798 bis 1823 als Materiallager genutzt wurden. So sind von der stolzesten Abtei aller Zeiten heute nur noch klägliche Reste erhalten, die kaum eine schwache Vorstellung von ihrem einstigen Glanz vermitteln.

Unvergessen dagegen ist bis heute die *Cluniazensische Reform* mit ihren 2 Hauptanliegen, einem inneren und einem äußeren: der Einführung des »ewigen« Gottesdienstes mit dem Ausbau der Liturgie zum nichtabreißenden *Chorgebet* und der Pflege des *opus divinum* sowie der Straffung der Klosterzucht; der Befreiung der Monasterien von allen fremden Besitz- und Einspruchsrechten, Kaiser und Papst nicht ausgenommen. Das letztgenannte Ziel wurde dann auch von den vielfach ja aus Cluny selbst hervorgegangenen oder doch stark von seinem Geist geprägten Päpsten übernommen und ging als sogenannte »Gregorianische Reform« in die Geschichte ein. Mit der Abschaffung der Laieninvestitur und der Simonie wurde das frühere Verhältnis zwischen geistlicher und weltlicher Macht umgekehrt und der Weg zu einer päpstlichen Theokratie eingeschlagen. 1. Etappe auf diesem Weg war die Kreuzzugsbewegung, die ihrerseits auf Cluny zurückgeführt werden kann, hatte doch Cluny, ausgehend von der Organisation der Wallfahrtsstraße nach Santiago de Compostela, zur Wiedereroberung und Rechristianisierung Spaniens von den Mauren aufgerufen und selbst über 30 Kriegszüge unternommen.

All das läßt ahnen, welch ungeheure Rolle das Kloster auf dem Höhepunkt seiner größten Machtfülle im 12. Jh. spielte. Mit seinen rund 1500 bis 2000 angegliederten Abteien, Prioraten und Einsiedeleien in ganz Europa und schätzungsweise über 10000 Mönchen bildete es als *monarchia monachorum* eine auch für Kaiser und Papst ernstzunehmende Macht. Nicht zuletzt, weil es eine moralische Autorität in Anspruch nehmen konnte, die Kaiser und anfangs auch die in Verfolgung ihrer Ziele genauso skrupellosen und vor abscheulichen Verbrechen ebensowenig zurückschreckenden Päpste nicht genossen.

Kein Wunder, daß dem Reformkloster aus aller Welt Spenden zuflossen, aus Spanien von König Alfons I. von Kastilien ebenso wie aus England von König Heinrich I. Kein Wunder auch, daß seine Altäre von den obersten Häuptern der Christenheit geweiht wurden: der Hauptaltar von Cluny III von Papst Urban II. persönlich, die Nebenaltäre von den Erzbischöfen von Lyon und Pisa sowie von den Bischöfen von Segni und Santiago de Compostela. Und kein Wunder schließlich, daß seine »Kanzlei«, eine der berühmtesten Verwaltungseinrichtungen der Zeit, durch Stellung versierter Verwaltungsbeamter bei der Einrichtung weltlicher Ämter, v.a. aber auch bei der Schaffung der Apostolischen

Cluny, Kirchenmodell

Cluny, Kirchenmodell, Hauptportal

Kammer, der wichtigsten kurialen Behörde des Mittelalters, als Vorbild diente.

Klosterkirchen v. Cluny I, II und III: Sich angesichts der kläglichen Überreste ein Bild v. der einst größten (erst durch den Petersdom in Rom in ihrem Anspruch abgelösten) Kirche der Welt zu machen, ist nahezu unmöglich. Dank der Ausgrabungen und Rekonstruktionszeichnungen und -modelle K.J. Conants jedoch verfügen wir über ein bis ins Detail gehendes, eindrucksvolles Anschauungsmaterial.

Die 915–917 erbaute einschiffige bescheidene Dorfkirche *Cluny I* wurde schon 40 Jahre später durch die 981 geweihte Basilika von *Cluny II* ersetzt: ein einseitig nach O gerichtetes lat. Kreuz mit Staffelchor (bestehend aus den jenseits des Querschiffs fortgesetzten, in Apsiden endenden 3 Schiffen und den beiden seitlich anstoßenden »Cryptae«) mit Chorumgang und Kapellenkranz und einer großen Vorhalle im W, Doppelturmfassade und Vierungsturm. Dieses hier festgelegte Bauschema gab als sog. »benediktinischer Grundriß« das Vorbild für Benediktinerkirchen in ganz Europa: beispielsweise für Ainay, Anzy-le-Duc, Hirsau oder das bei Rom gelegene Kloster Farva.

Nur gut 100 Jahre später, 1088, wurde der Grundstein für *Cluny III* gelegt: eine fünfschiffige Basilika mit einem dreischiffigen Narthex (einer Vorhalle, die Besuchern und Pilgern als Aufenthaltsort diente) und 2 großen Querschiffen, Chorumgang und Kapellenkranz, mit einer Gesamtlänge v. 187 m bei einer Höhe v. knapp 30 m und einer Breite v. fast 12 m zehnmal so groß wie Cluny II. Seiner Größe entsprechend war Cluny III die turmreichste Kirche

Cluny III um 1150 (nach K.J. Conant)
Die Ziffern beziehen sich auf erhaltene Bauteile v. Cluny II, die Buchstaben auf Neubauten v. Cluny III **1** Alte Kirche **2** Alte Galilaea **3** Kapitelsaal **4** Sprechraum **5** Mönchsaal **6** darüber Dormitorium **7** Latrinen **9** Wärmehaus **12** Brunnenhaus **13** Küche der Mönche **14** Küche der Laien **15** Vorratsraum **16** Raum des Armenpflegers **20** Friedhof **33** Bäckerei **37** Gästehaus für Frauen **38** Gästehaus für Männer **42** Stallgebäude und Haus der Konversen **43** Latrinen **A** Klosterkirche **B** Marienkapelle **C** Krankenhaus **D** Refektorium **E** Anrichte **F** Portalpalast **G** Herbergen und Ställe **H** Herbergen und Ställe **I** Herbergen und Ställe **K** Noviziat **L** Friedhofskapelle **M** Anbau an Dormitorium **N** Abtskapelle

Cluny, Südliches Querschiff

Cluny, Weihwasserturm und Uhrturm

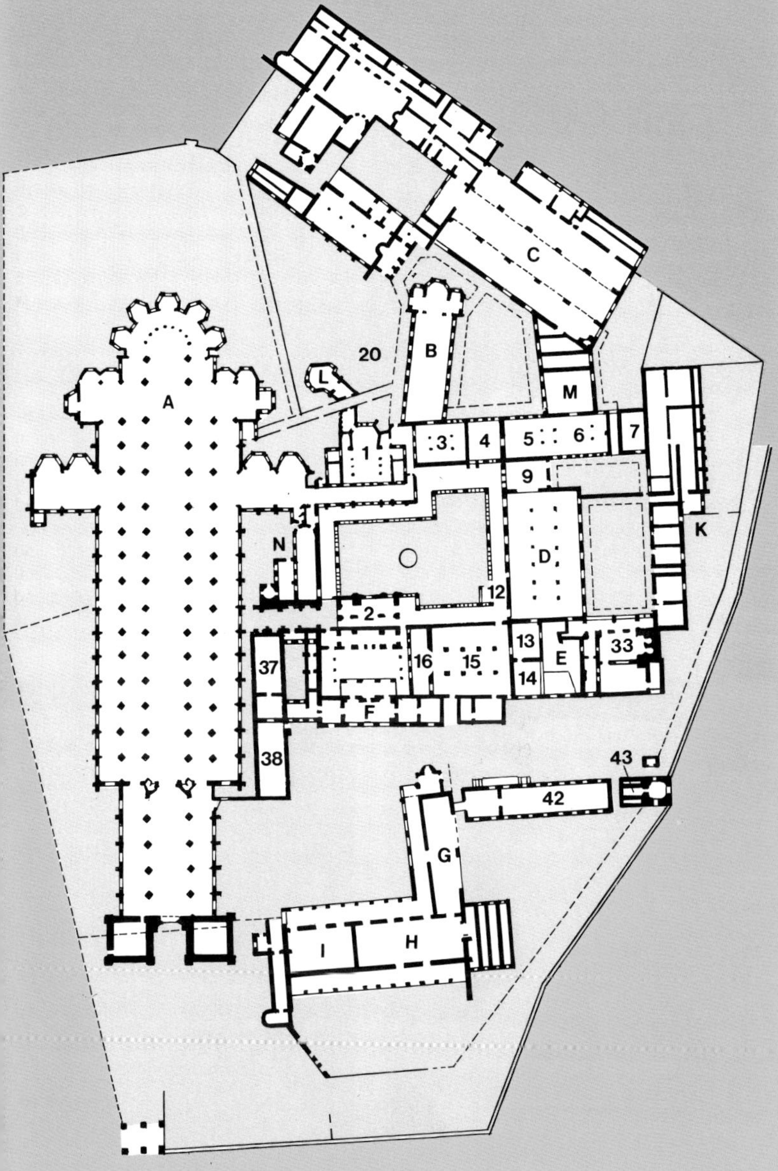

C
20
B
L
A
M
3
4
5
6
7
1
9
K
N
D
12
2
13
33
37
16
15
E
14
F
38
43
42
G
I
H

ganz Frankreichs mit 2 Fassaden-, 2 Vierungs- und 2 weiteren Querschifftürmen, v. den Treppentürmen ganz zu schweigen. Von O bot es, v. dem kleinen, behaglichen Halbrund der Apsiden über Chorumgang und Chor zum 1. kleineren und gleich dahinter zum 2. mächtigen Vierungsturm ansteigend, ein Inbild v. Schutz und geballter Kraft.

Im fünfschiffigen *Inneren* überraschte eine in Anbetracht der Breite unerwartete Höhe (ca. 1:3), bzw. Steilheit, die durch die Raum- und Wandgliederung noch unterstrichen wurde. Die in 3 Geschosse, Spitzbogenarkaden, Triforien und Obergaden unterteilte Wand mündete in ein Spitztonnengewölbe, wodurch der Blick unwillkürlich noch in die Höhe gezogen wurde. Andererseits wurde die Tiefe des Raums durch eine v. den Querschiffen in ihrer Abfolge nicht unterbrochene Folge von 16 Pfeilern betont, die in der Chorapsis im Halbrund v. 8 schlanken Säulen auslief, so daß der Raum auf den Betrachter gleichzeitig einen Sog in die Tiefe und in die Höhe ausgeübt haben muß.

Dem von Gunzo, einem ehem. Abt des Klosters Baume, und dem Mathematiker Hezilo v. Lüttich ausgearbeiteten *Bauplan* sollen v. antiken Philosophen übernommene, mehr oder weniger esoterische Spekulationen über den Zusammenhang zwischen Mathematik, Baukunst und Musik zugrunde liegen. Genaueres jedoch ist unbekannt. Mit Sicherheit dagegen läßt sich der Einfluß der v. den Cluniazensern ja so stark betonten Liturgie erkennen, die zur Entwicklung des sog. (gegen die Seitenräume geöffneten) Benediktinerchors und der Ausstattung der Querschiffarme mit Apsiden und Kapellen führte, um einen ununterbrochenen Chordienst und die tägliche Verrichtung des Meßopfers durch möglichst viele Priestermönche zu ermöglichen. So ist es wohl nicht weiter erstaunlich, daß dieses oder ein ähnliches Bauschema auch von vielen anderen Benediktinerklöstern übernommen wurde, die sich Cluny unterstellten, beispielsweise dem dt. Kloster Hirsau im Schwarzwald.

Heute noch erhalten v. diesem gewaltigen Zeugnis roman.-burgund. Baukunst sind: der s Arm des großen Querschiffs (auf den Conant seine Rekonstruktionen aufbaute) mit dem 62 m hohen Clocher de l'Eau-Bénite (Weihwasserturm), der eine über Trompen aufsteigende 32 m hohe Kuppel beherbergt; die Seitenkapellen Saint-Martial und Saint-Étienne sowie ein kleiner Treppenturm und der 1470 entstandene quadratische Uhrturm mit seinem barocken Dachaufsatz; Überreste des

Kapitell »Die Vorsicht«, im Kornspeicher

Kapitell, korinthische Akanthusblätter

1125/30 begonnenen, der fertigen W-Fassade vorgesetzten, dreischiffigen Narthex; und die Sockel der beiden, im 14.Jh. vollendeten Narthextürme, der sog. »Barabans«, sowie Überreste des kleinen s Querschiffs und die Kapelle des Jean III de Bourbon mit 15 massiven Konsolbüsten, die die Propheten des Alten Testaments darstellen (in dem anstoßenden kleinen Raum mit Kamin und Öffnung zum Altar konnte der Stifter im Warmen sitzend der Messe beiwohnen).

Skulpturen: Ebenfalls nur betrüblich wenige Fragmente sind v. der Innenausstattung und dem Skulpturenschmuck der Kirche erhalten, der z.T. schulbildenden Charakter hatte. So das Stufenportal der W-Fassade (1110/15) mit dem thronenden Christus in der Mandorla im *Tympanon* und den Auferstehungsszenen auf dem Türsturz (zu besichtigen, soweit noch vorhanden, im →Musée Ochier) und die teilweise leider gleichfalls stark beschädigten, außerordentlich fein gearbeiteten, meisterlich skulptierten *Kapitelle* des Chorumgangs, wegweisende Arbeiten für die burgund. Romanik, die heute in dem im »Kornspeicher« nachgebildeten Chor zusammen mit dem 1095 v. Urban II. geweihten Altartisch aufgestellt sind. Die Themen dieser um 1095 oder um 1115 entstandenen Kapitelle sind: 1. der Sündenfall, 2. Athleten als Symbol für das asketische Ringen der Mönche, 3. klassisch-korinthische Akanthusblätter, 4. ein Bienenzüchter oder Symbol einer der 4 Winde, 5. die 4 Tugenden, 6. die 4 Jahreszeiten, 7. die 4 Paradiesesflüsse als Symbol der Allgemeingültigkeit des christl. Glaubens, 8. Ton 1-4, 9. Ton 5-8 des Gregorianischen Gesangs, 10. Abrahams Opfer.

Völlig untergegangen ist betrüblicherweise die ehedem gleichfalls hochberühmte *malerische Ausstattung,* die man sich wohl nach Art des Freskenzyklus in der kleinen Kapelle des Priorat Berzé-la-Ville, dem Lieblingssommersitz des hl. Hugo, vorstellen muß.

Klosteranlage: Von dem bereits um 1040 recht stattlichen, unter Hugo v. Semur um 1075 um ein Krankenhaus, ein neues Refektorium und die Kirche Notre-Dame für die Kranken erweiterten Komplex sind heute noch verschiedene Baulichkeiten erhalten: so das große doppeltorige, v. Säulen flankierte Eingangstor (um 1100), das *Ehrentor,* das direkt zum Hauptportal der Basilika führte; der Mauer folgend s vom Eingang die wuchtige *Tour des Fromages (Käseturm)* aus dem 12.Jh., deren Sockel noch v. den ersten Wehranlagen der Abtei aus der Zeit Odilos (994-1049)

Musée Ochier: Verrat des Judas

Rundturm

stammt; etwas weiter s der ebenfalls rechteckige *Mühlenturm* des auslaufenden 12. Jh. mit einem Kranz durchlöcherter Kragsteine, durch die im Falle einer Belagerung Balken geschoben wurden.
Auf diese Weise konnte man eine vorkragende Hurde schaffen, die ähnliche Zwecke erfüllte wie die späteren Pechnasen; im NW der *Rundturm* aus dem 12. Jahrhundert; im N der viel jüngere und elegantere *Turm des Abtes Fabry* (1347–51) mit Pechnasen.
Neben den Wehranlagen sind der Zerstörungswut während der Französischen Revolution auch verschiedene Wohn- und Wirtschaftsgebäude entgangen, so der gleichzeitig mit Cluny III erbaute *Palast des Papstes Gelasius* (so genannt, weil er dem Papst 1119 Zuflucht vor den Unruhen in Rom bot), der nach 1300 eine gotische Fassade erhielt; das *Haus der Äbte Jacques und Geoffroy d'Amboise* v. der Wende v. 15. zum 16. Jahrhundert, ein schönes Beispiel des Style flamboyant, der letzten Phase der franz. Gotik, das heute als Rathaus dient; das fast schon schloßähnliche *Konventsgebäude*, das um 1750 anstelle der mittelalterlichen Klostergebäude errichtet wurde; der *Klosterhof* mit dem ebenfalls um 1750 anstelle seines roman. Vorläufers erbauten *Kreuzgang;* die *Stallungen des hl. Hugo* mit dem gewaltigen Löwen im Giebelfeld, in deren Obergeschoß die Pilger untergebracht wurden; das heute als Museum benutzte *Haus des Jean III de Bourbon* sowie der ebenfalls als Museum eingerichtete ehem. *Kornspeicher.*

Museen

Musée Ochier: Es befindet sich in dem um 1460 v. Jean III de Bourbon erbauten, allerdings nur teilweise erhaltenen Abtspalais und beherbergt Grabungsfunde aus der Abtei sowie die Überreste der einst so berühmten Bibliothek v. C. Sehenswert v. a. die Fragmente vom Hauptportal (1110/15).

Musée Lapidaire: Es ist in dem im Klostergarten gelegenen früheren Kornspeicher untergebracht, einem reizvollen got. Bau, in dessen zweischiffigem Untergeschoß mit seinem prächtigen got. Kreuzrippengewölbe ehedem der Wein gelagert und für den Verkauf veredelt wurde. In dem darüber gelegenen alten Kornspeicher mit dem ungewöhnlich schönen ma Holzgewölbe hat man durch Aufstellung der Kapitelle in ihrer urspr. Reihenfolge den Chorraum v. Cluny III zu rekonstruieren versucht und auf diese Weise für die dem »Vandalismus« (Napoleon) entronnenen Fragmente

Musée Ochier (unten), Haus der Äbte Jacques und Geoffroy d'Amboise, Gotisches Portal >

Cluny, Musée Lapidaire, Kornspeicher, Untergeschoß

zumindest einen würdigen Rahmen geschaffen.

Ort Cluny

Notre-Dame (Place de Notre-Dame): Die über den Überresten einer abgebrannten roman. Kirche im 13. Jh. errichtete got. Pfarrkirche bietet aufgrund der Zerstörung des Narthex und der Gewändestatuen sowie des skulptierten Tympanons (1785) heute das Bild einer vielleicht etwas unharmonischen, allzu strengen Fassade, die jedoch dank der wuchtigen Strebepfeiler etwas Imponierendes an sich hat. Schön im Inneren das Kreuzrippengewölbe und der Skulpturenschmuck.

Saint-Marcel (Place Saint-Marcel): Von der 1159 erbauten Kirche ist original nur noch die v. Strebepfeilern gestützte einfache Apsis erhalten. Der eindrucksvolle, dreigeschossige, achteckige Glockenturm mit seiner 42 m hohen Spitze, der als einer der sehenswertesten in der ganzen Umgebung gilt, wurde zur Zeit der Gotik vollendet, der heutige einschiffige Kirchenbau stammt aus dem 17. Jh. Sehenswert v. a. das *Weihwasserbecken*, ein mit Masken und Blattwerk verzierter Taufstein aus dem 13. Jh.

Befestigungsanlagen (12. Jh.): Zu sehen sind Überreste der nach verschiedenen Überfällen errichteten Anlagen, so die nach dem Abt Odilo (994–1049) benannte *Porte Saint-Odile*.

Romanische und gotische Häuser: *Rue de la République:* Haus aus dem 12. Jh., ehedem mit einem Laden im Erdgeschoß und einem Wohnraum im 1. Stock (beachtenswert die von Säulen mit verzierten Kapitellen eingerahmte rundbogige Fenstergalerie auf vorspringendem Gesims); *Rue d'Avril*, u. a. die *Münzstätte* des Klosters aus dem 13. Jh.

Veranstaltungen: Während des Sommers *Konzerte* in der Abtei und der Kirche Notre-Dame.

Cluny, Romanisches Haus mit Brunnen

Umgebung

Azé (13 km ö): Das 915 erwähnte alte *Aziacum*, heute ein Dorf mit 553 Einw., besitzt eine renovierte roman. *Kirche* sowie einige teils verfallene, teils renovierte alte *Schlösser* in der Umgebung *(Château d'Aine, Château de Montchanin, Château de Vaux)*. Wichtig v.a. aber das *Archäologische Museum* mit seinen v. der Prähistorie bis zum MA reichenden Sammlungen und die vorgeschichtlichen *Höhlen v. Rizerolles* mit Ritzzeichnungen, Hallstattkeramik und behauenen Feuersteinen.

Blanot (11 km nö:) Der winzige, im Bois de la Roche gelegene Ort mit nicht einmal 140 Einw. kann auf eine lange Geschichte zurückblicken: Aus der Bronzezeit wurden Keramiken gefunden, aus der galloröm. Epoche Überreste einer *Villa* mit fußbodengeheizten Bädern und aus der Merowingerzeit *Gräber* mit reichen Beigaben. 927 wurde das Dorf Sitz eines C. unterstellten Priorats, und im Jahre 1000 spielte es ebenso wie 1789 eine zentrale Rolle beim Bauernaufstand. - Sehenswert: die roman. *Kirche* aus dem 12.Jh. mit einem mit Maschikulis (Gußlöchern für heißes Pech etc.) versehenen Wehrturm aus dem 11.Jh.; die Gebäude des alten *Priorats* (15.Jh.) mit dem polygonalen Türmchen sowie für das Mâconnais typische pittoreske alte *Häuser*, aber auch die *Höhle v. Cailleverdière*.

Donzy-le-National (11 km w): Früher *Donziacus Regalis* (Donzy-le-Royal), ein Dörflein mit 178 Einw.: *Hügelgräber* mit bronzezeitlichen Beigaben; *Kirche* aus dem 12.Jh. (Schiff aus dem 17. und 19.Jh.).

Donzy-le-Pertuis (6 km nö): Schönes altes Dorf mit pittoresken *Häusern* und einer sehenswerten *Kirche* aus dem 11.Jh. - *Hügelgräber* aus der Bronzezeit.

Lournand (4 km n): Noch immer weithin sichtbar ragen die Ruinen des 888 erstmals erwähnten *Château de Lourdon* auf, das C. das ganze MA hindurch als befestigter Platz diente und dessen Schicksal mit dem des Klosters eng verbunden war. 1166 v. Grafen v. Chalon geplündert und besetzt, mußte es auch zwischen dem 12. und 15. Jh. verschiedene Besatzungen (so vom Bailli v. Mâcon, Ludwig XI., dem Herzog v. Burgund) erdulden, hatte unter den Religionskriegen schwer zu leiden und wurde schließlich 1632 auf Geheiß Ludwigs XIII. mit der Einwilligung des damaligen Abtes v. C., Kardinal Richelieu, geschleift. – Von der 1., 3 km langen, ca. 30 ha einschließenden *Umwallung* ist v.a. die Ruine der *Sankt-Hubertus-Kapelle (Chapelle Saint-Hubert;* 16. Jh.) sehenswert, v. der 2. Umwallung das sog. *Ballhaus,* die Überreste eines gewaltigen Baus (80 m) und die Plattform für die Artillerie. – Vor der Einmündung der Straße in die D 981 sonderbares, rundes *Taubenhaus.* – An der D 981 *Steinbrüche,* aus denen die Steine für den Bau v. C. gebrochen wurden.

Corbigny

58 Nièvre

Einw.: 2529	Höhe: 183 m	S. 322 □ C3

Am lieblichen Westrand des Morvan im Anguison-Tal gelegen, ist das ruhige Städtchen Zentrum des Nordost-Nièvre und mehrmals im Jahr Schauplatz bedeutender Bauernmärkte. 864 gründete der hl. Egile im alten *Corbiniacum,* das mindestens seit dem 7. Jh. existierte, die Benediktinerabtei Saint-Léonard als Tochtercella des Klosters Flavigny an der Côte d'Or. Rund um die Abtei wuchs der Ort, der Ende des 12. Jh. Befestigungen erhielt und 1563 an die Hugenotten fiel. Von den Wirren der Französischen Revolution blieb Corbigny weitgehend verschont, so daß sein Stadtkern ein sehenswertes Ensemble von Bauten meist aus dem 15. Jh. mit schönen Innenhöfen des 17.–18. Jh. bildet.

Cluny, Saint-Marcel

Ehem. Abtei Saint-Léonard: Frühere Anlagen des im 9. Jh. gegr. Klosters wurden durch Brand 1180, Kriegswirren zwischen den Armagnac und den Bourguignon 1423 und durch die Protestanten 1563 zerstört. Die heute sichtbaren Baulichkeiten, die ein Gymnasium beherbergen, zeigen den klassizierenden franz. Barock des 17. und 18. Jh.; schöne SO-Fassade über dem Flußufer.

Kirche Saint-Seine: An der Stelle älterer Vorgängerkirchen erhebt sich der dreischiffige Bau mit rechteckig geschlossenem Chor im spätgot. Flamboyantstil des 16. Jh. Der Hochaltar aus weißem Marmor stammt aus der Abteikapelle. Beachtenswert sind ferner die ihn einfassenden Chorschranken und die Taufsteine aus dem 18. Jh., der Weihwasserkessel (eine Metallgußarbeit des 16. Jh.) sowie eine Statue der Jeanne d'Arc v. Henri Chapu* (1870).

Umgebung

Cervon (6 km sö): Die ehem. Kollegiatsstiftskirche *Saint-Barthélemy* aus dem 11. und 12. Jh. mit flachem Chorschluß besitzt über dem Portal ein schönes Tympanonrelief (12. Jh.) mit der Darstellung der Majestas Domini: Christus in der Mandorla, umgeben v. den Symbolen der 4 Evangelisten. – In der Nähe des Dorfes erhebt sich das *Château de Pontet* mit seinen 2 großen Wehrtürmen (15. Jh., im 18. Jh. und 19. Jh. umgestaltet).

Château de Villemolin (6 km nö): Große Dreiflügelanlage des 16. und 17. Jh. Im Inneren imposanter Kamin des 15. Jh., schöne Barocktreppe und Ausstattung im

Louis-seize-Stil. Aus dem 19. Jh. die neugot. Schloßkapelle wie auch der 3. Rundturm am Ende des S-Flügels.

Chitry-les-Mines (3,5 km w): Im 15. und 16. Jh. war das Dorf Zentrum des lokalen Silberbergbaus. In dieser Blütezeit wurde auch die Kirche errichtet und ausgestattet; spätgot. Glasmalereien. – Das *Schloß*, eine Dreiflügelanlage mit 2 Rundtürmen, enthält außer einer interessanten Renaissancekapelle reiches Mobiliar des 16. bis 18. Jh., Tapisserien und Gemälde ital., flämischer und holländischer Meister sowie die barock ausgestaltete »Galerie des Sybilles« (Besichtigung im Sommer auf Anfrage). – Chitry war Heimat des in Paris wirkenden Dichters Jules Renard (1864–1910).

Lantilly (6 km sö): Das *Château de Lantilly* erhebt sich einsam im Wald über dem Anguison-Tal. Die Festung des 14. Jh. wurde barock umgestaltet und ist heute Ort v. Ausstellungen und Sommerkonzerten.

Monceaux-le-Comte (9 km n): Das 1126 erwähnte Moncellis war Vogtei der Grafen v. Nevers, v. deren Schloß Reste erhalten sind. – In der *Pfarrkirche Saint-Georges* (12./14. Jh.) ein got. Tympanon mit Darstellung des hl. Georg zu Pferde im Kampf mit dem Drachen und 2 schöne Marienstatuen aus Marmor (15. Jh.) bzw. aus farbig gefaßtem Stein im Typus der Schutzmantelmadonnen.

Cormatin

71 Saône-et-Loire

Einw.: 575 Höhe: 218 m S. 324 □ E4

Der kleine Ort entwickelte sich erst spät rund um das Schloß, das wegen seiner reichen Einrichtung berühmt ist.

Château: Der Bau wurde Anfang des 17. Jh. für den Aristokraten Antoine du Bled d'Uxelles errichtet und zeigt Spätrenaissancestil. Ursprünglich lagen 3 Flügel U-förmig um den quadratischen Ehrenhof, jedoch wurde einer davon im 19. Jh. abgerissen. Kleinere Pavillons mit eigenen Walmdächern nehmen die Ecken ein. Das Sockelgeschoß gibt sich wehrbereit mit seiner aus dem Festungsbau übernommenen Buckelquaderung, aber diese Trutzigkeit ist nicht ernst gemeint, wie die großen Fenster der Hauptgeschosse beweisen. Sprenggiebel bekrönen die von dorischen bzw. ionischen Säulen gerahmten Portale zum Ehrenhof. Die nach Westen blickende Gartenfassade trägt über ihrem Mittelrisalit einen doppelten Tempelgiebel.

Im Inneren führt eine monumentale Treppe unter Tonnengewölbe (datiert 1605) zu den sog. *Goldenen Sälen*, die unter dem Sohn des Antoine du Bled d'Uxelles im Louis-treize- und Louis-quatorze-Stil, d. h. etwa Mitte bis 2. Hälfte des 17. Jh., ausgestaltet wurden. Große Kamine, ornamentierte Vertäfelungen, reiche Plafonds mit Balkendecken oder schnitzereiverzierten, bemalten und vergoldeten Kassetten, prunkvolle Möbelstücke, Tapisserien und nicht zuletzt eine große Sammlung v. Gemälden, hauptsächlich Porträts, an denen die Stilentwicklung vom Barock zum Rokoko deutlich wird: Werke der berühmten Maler Nicolas Poussin*, Diego Velázquez*, Eustache Le Sueur*, Hyacinthe Rigaud*, Jean-Marc Nattier* usw. Die Claude Lorrain* zugeschriebenen Bilder sind wohl als »in seiner Art gemalt« anzusprechen (Fegers).

Alle diese Kunstwerke ließ der jüngere d'Uxelles aus Paris hierherbringen. Er war ein bedeutender franz. Marschall und Diplomat unter Ludwig XIV. und Kardinal Richelieu sowie noch während der Régence, als Philipp v. Orléans die Staatsgeschäfte für den unmündigen Ludwig XV. führte. D'Uxelles starb 1730. Danach ging das Schloß durch verschiedene Hände. Im 19. Jh. war der romantische Dichter Alphonse de Lamartine (→Mâcon) hier ein häufiger Gast, und auch zur Zeit der Belle Epoque verkehrten hier viele Berühmtheiten, so z. B. Caruso und Massenet.

Cosne-sur-Loire

58 Nièvre

Einw.: 12641 Höhe: 148 m S. 319 □ A3

Am Zusammenfluß von Loire und Nohain gelegen und Kreuzung wichtiger Handelsstraßen, war das gallische *Condate* schon in römischer Zeit von Bedeutung. Bis ins hohe Mittelalter war Cosne als Grenzstadt zwischen den Herzogtümern Burgund und

Aquitanien immer wieder Schauplatz kämpferischer Auseinandersetzungen, und auch während des Hundertjährigen Krieges im 14./15. Jh. blieb es nicht verschont. Aber verschiedene Handwerkszweige, die die Wasserkraft des Nohain nutzten, wie Mühlen, Schmieden, Gießereien und Gerbereien, und die Loire-Schiffahrt brachten Wohlstand. Berühmt waren die Waffenschmieden, die bis ins 19. Jh. Kanonen, Musketen und Schiffsanker produzierten.

Ehem. Cluniazenserabteikirche Saint-Agnan (s des Nohain): Vom roman. Bau des 11. Jh. sind die schöne Apsis mit ihren beiden Nebenapsiden und ein reichverziertes Rundbogenportal erhalten. Spätgot. Portal im Flamboyantstil des 15. Jh. Glokkenturm und Langhaus wurden im 18. Jh. nach verheerendem Brand wieder aufgebaut. Im Inneren sind die ornamental gestalteten alten Kapitelle im roman. Chor sowie eine Reihe barocker Altargemälde des 17. und 18. Jh. bemerkenswert.

Saint-Jacques: Über spurlos verschwundenem roman. Vorgängerbau erhebt sich die got. Basilika. Ältester Teil ist der Turm aus dem 13./14. Jh.; das übrige entstammt der Spätgotik des 15. Jh., eine Kapelle der S-Seite datiert aus dem frühen 16. Jh. Im Inneren: interessante Konsolen mit groteskem Figurenschmuck; schmiedeeisernes Chorgitter und schöner Hochaltar (beide 18. Jh.), letzterer wurde aus der Kartause von Bellary hierher gebracht; hübsche, bemalte Gewölbeschlußsteine (15. Jh.). In der Krypta befindet sich ein spätgot. Fresko mit Darstellung der Majestas Domini: Christus zwischen den Symbolen der 4 Evangelisten thronend.

Außerdem sehenswert: *Ancien Palais Episcopal:* Der ehem. Palast der Bischöfe v. Auxerre (Anfang 13. Jh.) bezeugt, daß C.-sur-L. zu diesem Bistum gehörte und gern besuchter Erholungsort der geistlichen Herrscher war. – *Château Comtal:* Von der Burg der weltlichen Gebietsherren, der Grafen v. Nevers, sind nur Reste erhalten, v. a. der quadratische Donjon aus dem 13. Jh., erreichbar über eine Treppe v. der Rue Duguet aus. – Das *Musée de la Loire* (Palais de la Justice, Place Bad-Ems) bewahrt eine Sammlung zur Geschichte der Loireschiffahrt und zum Alltagsleben der Schiffer. – In der hübschen *Maison des Chapelains* (Rue Duguet/Rue des Chapelains) aus dem 16. Jh. ist die *Exposition archéologique* untergebracht mit prähistorischen Funden und Objekten aus galloröm.

Cosne-sur-Loire, Saint-Jacques, Konsole

Zeiten und dem MA: Münzen, Schmuck, Keramik, Mosaiken, Statuen usw.

Umgebung

Saint-Père-lès-Cosne (2 km ö): Zentrum des 50 ha umfassenden kleinen Weinbaugebietes im Cosnois. Kultiviert werden Trauben der Sorten Gamay und Pinot Noir für Rot- und Roséweine und Sauvignon für Weißweine in den Gemeinden Alligny-Cosne, Cours-lès-Cosne, Neuvy, Pougny, Saint-Loup und Saint-Père. - *Kirche Saint-Pierre:* Frühes 16. Jh., kreuzförmige Anlage mit dreijochigem Langhaus und fünfeckig geschlossener Apsis. Reiche Bauornamentik, im spätgot. Flamboyantstil verzierte Fassade und Strebepfeiler. Schöne spätgot. Glasmalereien und Grabplatten.
Villemoison (4 km ö): Ehem. Komturei des Tempelritterordens, zu deren Besitz auch Saint-Père gehörte, später des Johanniter-Ritterordens. - Roman. *Kapelle* des 12. Jh. mit einem Apsisfresko der Majestas Domini: Christus thronend zwischen den Symbolen der 4 Evangelisten. - *Haus des Priors der Johanniter* (später Malteser genannt) aus dem 16. Jh.

Couches

71 Saône-et-Loire

Einw.: 1532 Höhe: 300 m S. 323 □ E4

Der hübsche Ort, der heute ein Bild ruhiger Einheitlichkeit bietet, mußte während Jahrhunderten erst aus verschiedenen Teilen zusammenwachsen.
Im Mittelalter gab es nämlich einerseits das rund um das Priorat Saint-Georges gelegene Couches-en-Royauté, das von einem königlichen Schultheiß verwaltet wurde, und andererseits das sich an die Mauern der Burg schmiegende Couches-en-Duché, das den Herzögen von Burgund unterstand. Derartig komplizierte Besitzverhältnisse auf engstem Raum waren damals nicht ungewöhnlich. Im 15. Jh. zerriß der Streit zwischen Protestanten und Katholiken die Stadt von neuem. Nachdem die Jesuiten im 17. Jh. das Priorat übernommen hatten, begannen wieder heftige Rivalitäten, diesmal zwischen der Societas Jesu und den Priestern der Stadtpfarrei Saint-Martin, bis der angefeindete Orden der Jesuiten in der Französischen Revolution aufgelöst wurde.
Die weitere Geschichte ist wiederum an den wechselnden Namen der Stadt ablesbar: Seit dem 19. Jh. hieß sie Couches-les Mines, denn die Ausbeutung von Erzminen in der Umgebung von 1840 bis 1950 machte sie zu einem Zentrum des Bergbaus. Danach bekam sie den Namen Couches-les-Vignes aufgrund des Weinbaus in der Gegend.

Château de Marguerite de Bourgogne: Die Herren v. C. ließen diese gewaltige, bedeutende Burg im 11. und 12. Jh. errichten. Durch Heirat einer Erbin kam sie zuerst in den Besitz der de la Roche-Nolay, dann der Montaigu. Diese gehörten dem Geschlecht der Capetinger an, das seit dem 10. Jh. die franz. Könige stellte, und waren den Herzögen v. Burgund nahe verwandt. Am Vorabend des Hundertjährigen Krieges (1339-1453), der bald nach dem Tod des letzten, ohne Erben gebliebenen Capetingerkönigs (1328) ausbrach, soll die rätselumwobene franz. Königin Margarete v. Burgund bei ihren Verwandten in der Burg C. Zuflucht gesucht haben und hier 1333 an Schwindsucht gestorben sein.
Auch der letzte Montaigu kämpfte noch für ein unabhängiges Burgund, nämlich für Herzog Karl den Kühnen, gegen den franz. König Ludwig XI. aus dem Hause Valois und fiel 1471.
Sein Cousin Claude de Baizy erbte die Burg -, er war ein Anhänger des Königs und nahm dessen Partei gegen Maria v. Burgund, die Tochter und Erbin Herzog Karls des Kühnen, die 1477 den Habsburger Maximilian v. Österreich (später Kaiser Maximilian I.) heiratete und damit den Grundstein legte für die jahrhundertelange Feindschaft zwischen den franz. Königen und den Habsburgerkaisern, denn ein Großteil ihrer Besitzungen fiel, obwohl vom franz. König beansprucht, als Erbe an Habsburg (Freigrafschaft Burgund, Luxemburg, Niederlande und Artois). So hatte die Burg indirekt teil an politischen Ereignissen v. europ. Tragweite.
Der quadratische Donjon und die Substruktionen v. Kapelle und Wohntrakt stammen noch aus dem 11. und 12. Jh.,

während die mächtigen runden Flankentürme ebenso wie die Schutzwälle im 13. Jh. errichtet wurden. Wohntrakt, Kapelle und der polygonale Treppenturm am Donjon entstanden im 15. Jh. unter dem letzten Montaigu. Die Kapelle wurde 1465 geweiht und zeigt den Flamboyantstil der Spätgotik. Von der reichen skulpturalen Ausstattung sind eine farbig gefaßte Madonna, die hll. Rufus und Sabina und ein Altarretabel des 16. Jh. hervorzuheben.

Maison des Templiers: Schöne Fassade mit 2 quadratischen Flankentürmen (15. Jh.). Dieses Haus diente einst den Protestanten, die man auch »Tempelgeher« nannte, als Versammlungsort – daher der Name, der also nichts mit dem Orden der Tempelritter zu tun hat.
Der Ort zu Füßen der Burg mit seinen malerischen alten Häusern lohnt den Besuch. – Von dem in der Revolution zerstörten *Priorat Saint-Georges* sind nur noch Reste erhalten, und zwar ein got. Hof neben dem *Hôtel de la Grange*, das im 18. Jh. im Klostergarten erbaut wurde.

Umgebung

Dezize-lès-Maranges (12,5 km nö): Hübsches Dorf mit zahlreichen alten Wohnhäusern. – Roman. *Kirche*, im 18. Jh. erneuert; Tafelgemälde mit Darstellung des Verkündigungsengels Gabriel (16. Jh.).
Dracy-lès-Couches (2 km n): *Burg* aus der Mitte des 16. Jh., im späten 19. Jh. restauriert; v. 2 got. Türmen (13./15. Jh.) eingefaßt, ein sehr interessanter Weinkeller v. 1728 mit schönem Gewölbe und alten Weinfässern.
Epoigny (1 km w): Gruppe v. 3 *Menhiren* aus dem Neolithikum, deren größter 7,35 m hoch ist.

Creusot, Le

71 Saône-et-Loire

Einw.: 32309 Höhe: 347 m S. 323 □ D4

Im Gegensatz zu vielen anderen Städten Burgunds ist Le Creusot erst seit dem späten 18. Jh. von Bedeutung. Zwar gab es schon 1253 ein »le Crozot«, und man baute die nahen Steinkohlevorkommen seit dem 16. Jh. ab aber erst als 1784 die Kristallmanufaktur von Sèvres hierher verlagert wurde (Manufacture des cristaux de la Reine Marie Antoinette), begann der wirtschaftliche Aufschwung.
1836 übernahmen die Brüder Schneider die Fabrik und entwickelten Le Creusot in der Folge zu einem der größten metallurgischen Zentren Europas: riesige Schmelzöfen, Stahlwerke, Walzanlagen, Waffenschmieden usw. Das war auch der Grund für die heftigen Bombenangriffe der Alliierten 1942/43, die die von den Deutschen besetzte Stadt in Schutt und Asche legten. Nach 1945 wurde sie unter der Familie Schneider, die eine den Krupp in Essen vergleichbare Industriellendynastie sind, wieder aufgebaut und ist heute ein Industrieballungsgebiet.

Château de la Verrerie/Écomusée de la Communauté Le Creusot-Montceau-les-Mines: Das »Château« wurde 1786–87 errichtet, war jedoch kein echtes Schloß, sondern eine Glashütte: eines der ältesten Beispiele der frühen Industriearchitektur. Der Architekt orientierte sich dabei an den fürstlichen Schloßbauten – damit wurde natürlich auch ein Anspruch symbolisiert. Die beiden konischen Türme zu seiten des Eingangs verweisen noch auf die urspr. Funktion; sie waren Brenn- und Schmelzöfen.
Im 19. Jh. machte die Familie Schneider das Gebäude zu ihrem Wohnsitz. Es wurde residenzartig erweitert und umgestaltet. In den linken Turm z. B. wurde 1905 ihr Privattheater eingebaut, in dem u. a. Sarah Bernhardt Vorstellungen gab. Die sehr reizvolle Ausstattung dieser Miniatur-Mailänder-Scala ist erhalten.
1969 übereignete die Witwe v. Charles Schneider die ganze Anlage samt Park der Stadt; heute sind hier Écomusée, Forschungszentrum, öffentliche Bibliothek usw. untergebracht.
Schwerpunkt der Forschungen, Sammlungen und Ausstellungen ist die Geschichte v. Le C. und Umgegend vom MA bis zur industriellen Revolution unter sozialen, wirtschaftlichen und technischen Aspekten. Arbeits- und Lebensbedingungen der Bevölkerung finden dabei besondere Aufmerksamkeit.

Umgebung

Montceau-les-Mines (18 km sw): Ebenfalls im späten 18.Jh. entstand diese Bergbau- und Industriestadt, die »Schwester und Rivalin« v. Le C. Während dort die Familie Schneider herrschte, war es hier die Dynastie der Chagot. – *Musée-école* (Rue Jean-Jaurès 37): Das interessante Schulmuseum zeigt anschaulich anhand v. eingerichteten Klassenzimmern die Entwicklung des Schulunterrichts während der vergangenen 100 Jahre.
Montcenis (3 km w): Das Städtchen zu Füßen des ehem. Burgberges besitzt eine Reihe schöner alter Häuser des 15.–18.Jh., darunter bes. hervorzuheben: *Hôtel de Ville*, das ehem. Bezirksgericht, 1671 erbaut (im 19.Jh. restauriert), und *Hôtel-des-Carignan* (1578). – *Kirche* des späten 17.Jh.: got. Statuen (15.–16.Jh.) und sehr sehenswerte, reiche Ausstattung im Stil der franz. Klassik, 18.Jh. – Weites Panorama über das Autunois vom 471 m hohen ehem. *Burgberg*.

Dijon, Notre-Dame, Fassade

D

Decize
58 Nièvre

Einw.: 7437 Höhe: 197 m S.322 □ B4

Zwei Flüsse, Loire und Aron, und zwei Kanäle, Canal du Nivernais und Canal latéral de la Loire, treffen sich in Decize, das schon in römischer Zeit besiedelt war. Cäsar erwähnt das *Oppidum Decetia* im Gebiet der gallischen Äduer in seinen »Commentarii«. Da der Ort wie eine Insel zwischen den Flüssen liegt, noch dazu auf einer Anhöhe, war er gut zu verteidigen.
Decize war Heimat des bedeutenden französischen Rechtsgelehrten Guy Coquille (1523–1603), der eine Geschichte des Nivernais und Kommentare zum Gewohnheitsrecht dieser Landschaft verfaßte. Berühmtester Sohn der Stadt ist jedoch Saint-Just (1767–94), einer der Dogmatiker der Französischen Revolution und enger Freund Robespierres.

Saint-Aré: Ältester Bauteil der Kirche ist die merowingische *Krypta*, in der sich das Grab des Patronatsheiligen befindet: Saint-Aré, Bischof v. Nevers (†558). Bemerkenswert auch die sog. »Notre-Dame de sous Terre«, eine Madonna aus dem 16.Jh. Während das Mittelschiff der Kirche eine Rekonstruktion des 19.Jh. ist, stammen die Seitenkapellen und das Portal aus dem 16.Jh.; der Chor ist Überrest des roman. Baus (11.Jh.).

Saint-Pierre (beim ehem. Franziskanerkloster): Roman. Chor des 11. Jh., Krypta und Querschiff aus derselben Zeit, das Langhaus und die hübschen Klostergebäude sind barock (17. Jh.).

Außerdem sehenswert: Vom mächtigen *Schloß* der Grafen v. Nevers (12./13., 15. und 16. Jh.) blieben nur Ruinen, und auch die *Stadtbefestigung* (12./15. Jh.) ist nur noch in Resten vorhanden. Jedoch bilden die alten, schiefergedeckten Häuser mit ihren Lukarnen ein reizvolles Ensemble. – Die schöne, fast 1 km lange *Promenade des Halles* wird v. 3 Baumreihen begleitet: Platanen und Linden (die ältesten wurden 1771 gepflanzt!).

Dijon

21 Côte-d'Or

Einw.: 145600 Höhe: 245 m S. 321 □ F3

Übersicht

Die Hauptstadt des Départements ist sowohl wegen ihrer hervorragenden Baudenkmäler im wohlgepflegten historischen Zentrum als auch wegen der Kunstschätze ihrer Museen eine der interessantesten Kulturstädte Frankreichs.

GESCHICHTE

Bei dem seit frühgeschichtlicher Zeit kontinuierlich besiedelten Platz an der Kreuzung wichtiger Verkehrswege wurde in gallorömischer Zeit ein stark befestigtes castrum angelegt, womit sich – wie meist – eine rasch wachsende Zivilsiedlung entwickelte. Dem im Geschichtswerk Gregors von Tours (2. Hälfte 6. Jh.) erstmals als *Divio* (vielleicht aus keltisch »2 Flüsse« hergeleitet) beschriebenen Ort wird eine besondere christliche Tradition zugewiesen, die hauptsächlich auf den um 200 hier als Märtyrer umgekommenen, späteren Heiligen und Stadtpatron Benignus zurückgehe.

Als die fränkische Grafschaft, ursprünglich Lehen des Bischofs von Langres (Département Haute-Marne) mit ihrem Hauptort Dijon 1061 Burgund zufiel, das die Herzöge aus verschiedenen Seitenlinien des französischen Königsgeschlechts der Kapetinger vom 11. Jh. bis zu deren Aussterben 1361 regierten, wurde Dijon zugleich Hauptstadt des Herzogtums: Der weitere Ausbau der wohlhabenden Stadt zum Regierungs- und Wirtschaftszentrum leitete eine Blütezeit ein. 1302 konstituierte sich die 1. Ständeversammlung. Politisch wie kulturell bedeutsamste Epoche war dann die Regierungszeit der 4 Herzöge aus dem Hause Valois (1361–1477), die Burgund durch Eroberungen, Erbschaft, Heirat und Kauf zu einem Machtfaktor von europäischer Bedeutung ausbauten. Nach dem Tod Karls des Kühnen 1477 erstritt Ludwig XI. in aufreibenden Kämpfen gegen den Anspruch des späteren deutschen Kaisers Maximilian I. von Habsburg (Schwiegersohn Karls) das Herzogtum als Königliche Provinz für die französische Krone. Hierbei wurde 1480 das »Parlement« (Oberster Gerichtshof) aus dem weiterhin für die Unabhängigkeit vom Königreich eintretenden Beaune nach Dijon verlegt. Trotz wiederholt ausbrechender Kriege um das burgundische Erbe erlebte die Stadt besonders im 18. Jh. auch mit der Einrichtung eines juristischen Instituts (1722), der Literaturgesellschaft (1752), der Kunstschule (1766) sowie des Bischofssitzes (1731) abermals einen erheblichen kulturellen und wirtschaftlichen Aufschwung.

Die bestehende Gesamtanlage des Zentrums prägte die tiefgreifende städtebauliche Erneuerung nach einem Großbrand 1137. Schwere Schäden fügten besonders den Sakralbauten die Wirren des Religionskriegs (2. Hälfte 16. Jh.) und die Zerstörungen in der Revolution zu. Die einzigartig reiche Bausubstanz der Stadtpalais (sogenannte Hôtels) entstand großenteils im 16.–18. Jh. Erst im 19. Jh. dehnte sich

Dijon auch jenseits der mittelalterlichen Ummauerung (12.-14. Jh.) aus, die man im späten 15. bis frühen 16. Jh. festungsmäßig verstärkt hatte.
In Dijon geboren wurden u. a.: der Theologe und berühmte Kanzelredner Jacques Bénigne Bossuet (1627-1704); die 1767 heiliggesprochene Jeanne Françoise de Chantal (1572-1641), Großmutter der Madame de Sévigné und mit dem hl. François de Sales Begründerin des Ordens der Visitantinnen (auch Salesianerinnen genannt); der Musiker Jean-Philippe Rameau (1683 bis 1764); der Ingenieur Alexandre Gustave Eiffel (1832-1923); der Dramatiker Crébillon (eigentlich Prosper Jolyot, Sieur de Crais-Billon; 1674-1762), dessen melodramatische Tragödien seinerzeit sehr beliebt waren; der Jurist und Chemiker Louis Bernard Guyton de Morveau (1737 bis 1816), der die 1. französische Sodafabrik einrichtete; der Bildhauer François Rude* (1784-1855), dessen Werke die französische Plastik des 19. Jh. nachhaltig beeinflußten.

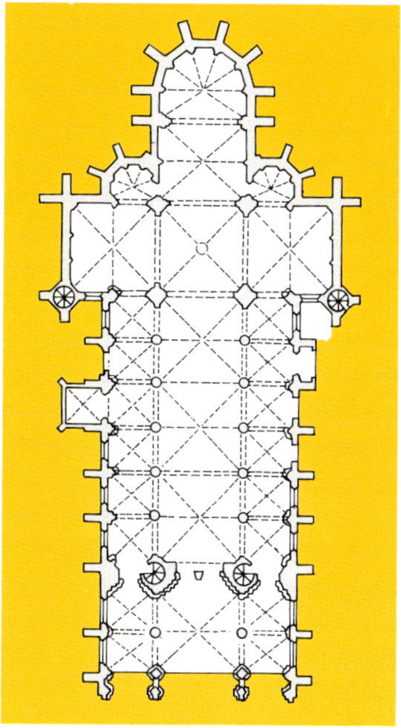
Dijon, Pfarrkirche Notre-Dame

SAKRALBAUTEN

Pfarrkirche Notre-Dame (Place Notre-Dame): Dieses Meisterwerk got. Kirchenbaus wurde auf Veranlassung des Stadtrats - ein Zeugnis also auch des erheblich gewachsenen Selbstbewußtseins der Bürgerschaft - um 1225 begonnen und war bereits 1250 vollendet. Die Veränderungen des 19. Jh. (Aufstockung und überlängte Bedachung des Vierungsturms sowie die zu Türmchen erhöhten Strebepfeiler an den Ecken des Querhauses) beeinträchtigen die schönen Proportionen des Äußeren.
Die Front der in ihrem Entwurf einzigartigen *Vorhalle* bildet statt einer eigentl. Fassade die dominierende Schauseite: Sie verbindet die Konzeption des roman. Westwerks mit der offenen burgund. Vorhalle (z. B. in den Marienkirchen v. Beaune und Semur-en-Auxois). Die Portalanordnung entspricht der dreischiffigen Gliederung des Langhauses der Kirche, überragt v. einer mächtigen (nur durch die Fenster der inneren W-Empore geöffneten) Wand, der 2 hohe Arkadengeschosse aus jeweils einer Folge enger, außerordentlich schlanker Säulen vorgeblendet sind. Den dreizonigen Wandaufbau akzentuieren 3 Rankenfriese; ihnen entwachsen rechtwinklig zu den durch die Säulen betonten Vertikalachsen verschiedenartige sog. falsche Wasserspeier (1881 originalen Vorlagen nachempfunden). Von hervorragender ma Steinmetzarbeit zeugt auch der plastische Dekor in der Vorhalle. Auf dem s Turm die berühmte *Uhr*, die Philipp der Kühne nach der Niederschlagung eines Aufstands der Flamen in Kortrijk 1382 den Bürgern seiner Residenzstadt geschenkt hatte; dem Glockenschläger »Jacquemart« wurden Frau (1610), Sohn (1714) und Tochter (1881) hinzugefügt. - Die *Kirchenportale* verloren in der Revolution ihren plastischen Schmuck. (Interessant für die Entwicklung des Bildprogramms got. Portale: Nachdem hier die Darstellung der Passionsgeschichte erstmals am Tympanon eines Seitenportals erschienen war, wurde sie dann 1275 am Straßburger Münster sogar in das Tympanon des w Hauptportals gerückt.)

Die majestätische Wirkung des *Innenraums* erklärt sich aus den ausgewogenen Abmessungen und der feinen Gliederung der Wände und Gewölbe. Der für den got. Sakralbau exemplarische Grundriß zeigt: Die Seitenschiffe haben die halbe Breite des Mittelschiffs. Das Langhaus ist (mit der in die Struktur einbezogenen Vorhalle und Empore) 8 Joche tief, die an den Mittelschiffswänden zu jeweils 4 quadratischen Doppeljochen zusammengefaßt sind: Diese bestimmen die Seitenlängen der auch an der Gewölbegliederung kenntlichen Raumquadrate. Das gleiche Quadrat umschließen die Vierung (ihr Gewölbe wurde im 19. Jh. erhöht), die beiden Querschiffarme und der Chor. 2 gerundete Kapellen im Gelenk zwischen Chor und Querhaus lassen an die Seitenschiffe abschließende Nebenapsiden denken. – Im 17. Jh. schnitt man Rundfenster in die Rückwand der Triforiengalerie ein, was die urspr., für die got. Baukunst charakteristische Lichtführung (ein dunkles »Band« zwischen den lichten Zonen hoher Fenster) veränderte. Großartig wurden die statischen Probleme zugunsten des *eleganten Raumbilds* bewältigt: Denn ganz im Sinne der dem got. Baustil eigenen Vertikaldynamik erreichte der Architekt die angestrebte Leichtigkeit des Mauerwerks, indem Gewicht und Schub der Gewölbe auf das System der äußeren Streben verlagert wurden und um die inneren Stützen hohe schlanke Dienste treten: Die stark durchbrochenen, nach dem Zweischalenprinzip angelegten Wände erscheinen so als plastisch gegliederte Flächen und die Stützen in raffinierter Weise optisch nur mehr als Ergebnis dekorativer Linienführung aus dem Gewölbescheitel. Der innere »burgund.« Laufgang des Obergadens wird im Chor nach außen durch die Strebepfeiler fortgeführt. – Die urspr. Ausstattung wurde während der Revolution größtenteils vernichtet; Reste v. Wandmalereien sind in den Seitenschiffen und im Querhaus erhalten, im n Querarm auch Spuren der urspr. Farbverglasung. Die erheblich beschädigte Madonnenfigur (Seitenkapelle des s Querarms) ist ein ausgezeichnetes Schnitzwerk wohl aus dem frühen 12. Jh.

Saint-Bénigne (Place Saint-Bénigne): Einen erstrangigen städtebaulichen Akzent schafft die Staffelung der 3 in der Längsachse einander zugeordneten Kirchen Saint-Bénigne, Saint-Philibert, Saint-Jean. Die Kathedrale (ab 1805 statt der seit der Revolution zweckentfremdeten Kirche Saint-Étienne) ersetzt als *got.* Neubau (um 1270 bis spätes 14. Jh.) eine teils eingestürz-

Dijon, Saint-Bénigne

Dijon, Notre-Dame, Blick zum Chor

te monumentale und in ihrer architektonischen Konzeption völlig ungewöhnliche *roman.* Abteikirche aus dem 11. Jh. (Diese war ihrerseits einer 535 geweihten großen Andachtsstätte und späteren Klosterkirche über dem Grab des hl. Benignus gefolgt und wurde auf Initiative des cluniazensischen Reformabts Wilhelm v. Volpiano errichtet, der das Kloster zu einem wichtigen geistigen Zentrum seiner Zeit ausbaute.) Einzig erhaltene Reste jenes roman. Kirchenbaus sind das in den got. Neubau übernommene w Stufenportal und Teile der eigenartigen *Krypta,* die sich im W weit unter dem Mittelschiff vorschob und im O in den Unterbau einer dem Chor angefügten großen *Rotunde* überging: Die Idee dieses Rundbaus ist noch ungeklärt; man denkt als Vorbild sowohl an die im frühen 11. Jh. zerstörte Rotunde der Grabeskirche in Jerusalem als auch an das 609 zur christl. Kirche geweihte Pantheon in Rom. Die beiden Obergeschosse des roman. Rundbaus wurden erst in der Revolutionszeit eingerissen; die Krypta, aus der man die Reliquien des Kirchenpatrons bereits im 13. Jh. hinter den Hochaltar versetzte, wurde mit deren Schutt verfüllt und im 19. Jh. schließlich wieder freigelegt.

Vom plastischen Schmuck des roman. W-Portals konnten nur der Kopf einer Figur des Kirchenpatrons und eine Reliefdarstellung des Abendmahls gerettet werden (beides im Archäologischen Museum); das Tympanon mit dem Martyrium des hl. Stephanus v. Jean-Baptiste und Edme Bouchardon* (1. Hälfte 18. Jh.) wurde unter Verlust der Randzone anstelle eines themengleichen zerschlagenen Reliefs aus der ehem. Bischofskirche Saint-Étienne hier eingesetzt. Wie im Äußeren ist die architektonische Struktur der Kirche auch im Inneren verhältnismäßig schlicht. Diesen Eindruck verstärkt das Fehlen der in der Revolutionszeit ebenfalls zerstörten Originalausstattung, die zumeist durch Einzelstücke aus zweckentfremdeten bzw. zerstörten Kirchen ersetzt wurde (größtenteils 1. Hälfte des 18. Jh.); die Orgel (um die Mitte des 18. Jh.) konnte erhalten werden.

Die äußerst sehenswerte *Krypta* aus dem frühen 11. Jh. ermöglicht noch eine gewisse Vorstellung der v. 2 Säulenringen umzogenen Rotunde, deren Übergang zur Krypta unter dem Chor die Säulenstellungen 3 weiterer Kreissegmente bildeten. Die Gewölbe wurden bei der Restaurierung im 19. Jh. erneuert. Von kunstgeschichtlich größtem Interesse sind die einzelnen figürlichen *Kapitelle,* die zu den frühesten roman. Skulpturen in Frankreich zählen: Zwar in der Tradition antiker korinthischer

Dijon, Saint-Bénigne, Krypta

Kapitelle komponiert, lösen sich die nur in Kerbschnittechnik gemeißelten (ikonographisch noch nicht ausgedeuteten) Menschen- und Tierleiber, die hier an die Stelle des sonst charakteristischen Aufbaus aus Blattwerk und Voluten treten, aber noch nicht aus der Masse des Steinblocks.

Ältestes erhaltenes Architekturzeugnis des 871 gegr. Klosters ist (einst am O-Flügel des zerstörten Kreuzgangs gelegen) der roman. ehem. *Kapitelsaal* (48 m lang) aus dem 11. Jh., über den im 13. Jh. ein got. *Dormitorium* gebaut wurde. Als die Abtei im 17. Jh. an die Benediktiner v. Saint-Maur (Mauriner) überging, wurde das Gelände um 2 m erhöht: Somit wurde das roman. Erdgeschoß zum Keller; das jetzt ebenerdige Dormitorium (56 m lang, 14 m breit) – nunmehr unterteilt in Kapitelsaal, Refektorium und Küche – stockte man um ein *Zellengeschoß* auf, das durch den Treppenturm (sog. Escalier de la Reine) unmittelbar mit dem Chor der Kirche verbunden wurde.

Das sehr beeindruckende Gebäude beherbergt jetzt das hervorragende →*Musée Archéologique*.

Ehem. Kirche Saint-Étienne (Rue Vaillant): Die einstige Augustinerkirche und (seit Gründung des Bistums 1731 bis zur Revolution) Kathedrale beherbergt im Querhaus das →*Musée Rude* und seit 1896 im Langhaus die Industrie- und Handelskammer. Die Tradition eines Gotteshauses an der turmbewehrten Befestigungsmauer (2. Hälfte 3. Jh.) der galloröm. Siedlung soll bis ins 4. Jh. zurückreichen. In der 2. Hälfte des 11. Jh. wurde eine Kirche aus dem 5. Jh. umgebaut und quer zu jener Wehrmauer um einen neuen Chor mit Krypta nach O erweitert: Dieser den Chor v. N nach S durchlaufende Mauerzug aus wuchtigen Quadern und z. T. aus älteren Gebäuden wiederverwendetem Material bleibt kenntlich. Chor und Querhaus wurden im späten 15. Jh. in got. Formen entscheidend zur bestehenden Gestalt verändert, das Langhaus wurde Ende des 17. Jh. vollkommen erneuert. – Die Fassade (1718 bis 23) folgt dem Stil ihrer Zeit; das Tympanon mit dem Martyrium des Titelheiligen Stephanus wurde 1793 in das W-Portal v. Saint-Bénigne eingesetzt. Vierungsturm und Innenausstattung waren den Zerstörungen der Revolution zum Opfer gefallen. Der *Portalbau* aus dem 14. Jh. (Rue Chabot-Charny) ist einziger Rest der ehem. Klosteranlage.

Dijon, Saint-Bénigne, Krypta, Kapitell

Ehemalige Kirche Saint-Jean (Rue Danton/Place Bossuet): Eindrucksvolles städtebauliches Ensemble der in einer Längsachse gestaffelten ma Kirchen Saint-Bénigne, Saint-Philbert, Saint-Jean. – An der Stelle des jetzt verstümmelten got. Baus (3. Viertel 15. Jh.) befand sich bereits eine Kapelle des frühchristl. Friedhofs. Der einst majestätische Chor, flankiert v. den beiden wuchtigen Türmen, wurde mit der Vierung 1811 bei der Anlage der Place Bossuet niedergelegt. Auch nach der Revolution zunächst Markthalle, wurde die Kirche 1862 zwar neu geweiht, dient jedoch seit 1972 als Theatersaal. Den insgesamt schlichten Innenraum überwölbt eine gezimmerte Spitzbogentonne.

Östlich benachbart das *Denkmal* (v. Paul Gasq*, 1921) für den franz. Theologen J. B. Bossuet, der 1627 im Hause Nr. 12 an der Place Bossuet geboren wurde. Von großer rhetorischer Begabung, wurde er bes. als Prediger berühmt, hatte als Erzieher des Dauphins großen Einfluß bei Hof

Dijon, Saint-Bénigne, Dormitorium >

Dijon, Saint-Michel

Dijon, Ehemalige Kartause von Champmol, Moses-Brunnen

in Paris und verfaßte unter anderen der franz. Klassik zuzurechnenden Schriften ein großes Geschichtswerk.

Saint-Michel (Rue Vaillant/Place Saint-Michel): Bes. seiner dominanten und ungewöhnlichen *W-Fassade* verdankt dieser 1497 begonnene Bau seine stilgeschichtlich exemplarische Bedeutung als herausragendes Zeugnis des Übergangs v. der Spätgotik zur Renaissance, der sich sowohl im architektonischen Aufbau als auch in der Einzelausführung des Dekors offenbart. Die stilistische Wandlung geht exakt mit den einzelnen Bauphasen einher: Nach Vollendung des Inneren (Weihe 1529) setzten die Arbeiten an der noch nach dem ma Prinzip der Doppelturmfassade entworfenen W-Front ein: 1537 war das S-Portal vollendet, um 1552 das Hauptportal, 1559 der gesamte Komplex außer den erst 1 Jh. später durch den achteckigen Aufsatz abgeschlossenen Türmen. Statt früher durchgehender Strebepfeiler flankieren nunmehr nach antiker Ordnung aufgeführte Pilaster die einzelnen Turmgeschosse. Die Stützen zwischen den Portalbuchten schmücken im Prinzip got., aber durch Pilaster und Giebel um antikisierende Renaissance-Elemente bereicherte (jetzt leere) Figurennischen.
Vom reichen figürlichen Schmuck der W-Portale sind am Mittelportal das Tympanon mit dem zum traditionellen Bildprogramm gehörenden Weltgericht bes. zu nennen sowie die Reliefdarstellungen der Taten des Herkules, die als Bezug auf den als »christlicher Herkules« gesehenen Kirchenpatron zu verstehen sind (er erscheint auch am Mittelpfosten); außerdem weitere Themen aus der antiken Mythologie und dem Alten und Neuen Testament. Der Baufolge entsprechend sind die Wölbungen von Haupt- und N-Portal bereits kassettiert. Die Zwickelmedaillons und der Dekor des Gebälks, das die Portalzone oben abschließt, gehen auf ital. Einflüsse zurück.
Das Innere mit auffallend zurückhaltendem bauplastischem Schmuck prägt eine durch sehr ausgewogene Proportionen bestimmte homogene Raumgestaltung – noch im Sinne spätgot. Strebens nach optischer

Dijon, Moses-Brunnen, Moses >

Verringerung der Masse v. Mauerwerk und Stützstreben – v. insgesamt klarer Strukturierung.

Ehem. Kirche Saint-Philibert (Rue Michelet): In der städtebaulich interessanten Staffelung zwischen dem got. Neubau v. Saint-Bénigne und der got. Kirche Saint-Jean gelegen, blieb dieses roman. Gotteshaus (Mitte 12. Jh.) als einziger Sakralbau der Stadt aus jener Stilepoche erhalten. Bes. zu beachten ist das Portal (S-Seite) mit seinen Reliefs (Verkündigung bis Geburt Jesu) und dem reichen Ornament aus floralen (teils der Antike entlehnten) Elementen und Fabelwesen. Die urspr. frühgot. Vorhalle (13. Jh.) wurde im 16. Jh. (Mitte) und 18. Jh. (an den Seiten) wiederhergestellt. Um 1510 got. erneuerter Glockenturm über der Vierung. Die Hauptapsis wurde mit ihren 2 Nebenapsiden 1825 wegen des Straßendurchbruchs abgerissen; ihre Konturen sind im Pflaster markiert. – Das neuerdings restaurierte Innere der in der Revolution säkularisierten, heute Ausstellungszwecken dienenden Kirche zeigt in Wandaufbau und Kreuzgewölben Ähnlichkeiten mit den Kirchen in Anzy-le-Duc und Vézelay, während die Spitzbogen und Pilaster der cluniazensischen Architektur zuzuweisen sind.

Dijon, Moses-Brunnen, Moses und König

Kapellen

Chapelle des Élus →Palais des Ducs/ehem. Herzogspalast.

Ehem. Chapelle des Carmélites (Rue Sainte-Anne): Die reichverzierte Fassade der einstigen Kirche des 1605–1790 bestehenden Karmelitinnenklosters ist ein interessantes Beispiel der künstlerischen Vorliebe für die eigtl. barocke Komponente in dem nach König Ludwig XIII. benannten Stil der 1. Hälfte des 17. Jh.: Über der Sokkelzone die Figuren des Propheten Elija, der im 9. Jh. v. Chr. auf dem Karmelberg die Ausschließlichkeit Jahwes gegen den Baal-Kult verteidigt hatte, und der hl. Theresia v. Avila, die im 16. Jh. wesentlich an der Reformierung des Ordens beteiligt war; im Obergeschoß Maria und Josef; im Giebel Christus in der Gloriole. Seit der Revolution war die ihrer Ausstattung völlig beraubte (nicht zugängliche) Kirche lange Zeit Militärgefängnis; ihr Turm wurde abgebrochen, das Kloster zur Kaserne.

Ehem. Chapelle des Godrans (Rue de l'École-de-Droit): Die Kirche des 1581 vom Parlamentspräsidenten Odinet Godran gegr. Jesuitenkollegs wurde um 1612 durch den Ordensbaumeister Étienne Martellange* vollendet. Der insgesamt auffallend schlichte Bau folgt im Inneren dem für die jesuitische Gegenreformation kennzeichnenden Prinzip des Einheitsraums mit (zumeist) 2 Geschossen v. Seitenkapellen, die sich oben wie Tribünen zum Schiff öffnen. Jetzt Lesesaal der *Stadtbibliothek/Bibliothèque municipale,* die 1909 in den Kollegiengebäuden aus dem späten 16. bis frühen 17. Jh. eingerichtet wurde (bereits seit der Vertreibung des Ordens aus Frankreich 1761 waren sie v. unterschiedlichen öffentlichen Bildungsinstitutionen genutzt worden). Die Bibliothek geht auf eine Stiftung v. 1701 an das Jesuitenkolleg zurück, war Sammelstelle für in der Revolutionszeit aus aufgehobenen Klöstern und dem Besitz v. Emigranten konfiszierten Bibliotheken und wurde durch Schenkungen weiter bereichert. Kostbarste Stücke sind die Handschriften aus dem Zisterzienserkloster Cîteaux und eine Bibel des 11. Jh.

Ehem. Chapelle Sainte-Anne (Rue Sainte-

Anne): Dieser außerordentlich schöne Bau - einziger sakraler Zentralbau in D. - über dem Grundriß eines griech. (gleicharmigen) Kreuzes mit hoher Mittelkuppel ist eine der sonst in Burgund seltenen Kirchen im Stil der franz. Klassik: 1699-1708 wurde sie nach Plänen des Ordensbaumeisters Louis de Trestournel* für die Zisterzienserinnen des 1131 (also bereits zu Lebzeiten des hl. Bernhard) gegr. Mutterklosters in Tart (20 km sö) erbaut, das 1628 nach D. verlegt worden war. Der lichte *Innenraum,* dessen gute Proportionierung den Reiz der Symmetrie noch steigert, wirkt ausgesprochen großzügig und elegant. Im S der urspr. Nonnenchor. - Seit 1979 Sitz des interessanten *Musée d'Art sacré* (→Museen). - Die 1675- um 1683 errichteten Konventsgebäude (im 19. Jh. z. T. aufgestockt) beherbergen seit 1982 das sehenswerte *Musée de la Vie bourguignonne - Perrin de Puycousin* (→Museen).

Ehem. Kartause v. Champmol (Boulevard Chanoine-Kir): Einzig erhaltene Zeugnisse des 1377- um 1390 erbauten Kartäuserklosters - einst eine der großen Leistungen got. Architektur und Skulptur des ausgehenden 14. Jh. - sind das *Kirchenportal* und der sog. *Moses-Brunnen:* Werke v. ergreifender Ausdruckskraft und höchster bildnerischer Meisterschaft. Herzog Philipp der Kühne, Bruder König Karls V., hatte die in der Revolutionszeit zerstörte Anlage w vor den Toren der Stadt errichten lassen und ihre Kirche zur Grablege der Herzöge des Hauses Valois bestimmt. Der bestehende Kirchenbau datiert v. 1840.

Das v. dem in D. wirkenden niederländischen Bildhauer Jean de Marville* entworfene *Portal* wurde nach seinem Tod 1389 v. Claus Sluter*, der alle Figuren schuf, 1401 vollendet: Im Gewände die Fürbitter Johannes d. T. und die hl. Katharina v. Alexandrien neben dem knienden Herzogspaar Philipp der Kühne und Margarete v. Flandern, deren Gesichter porträthafte Züge aufweisen. Hier erscheinen die Stifter übrigens erstmals als Gewändefiguren am Portal. Die betont im Profil dargestellten Personen sind - ähnlich dem Bildaufbau in der zeitgenössischen Malerei - auf die ausnehmend schöne Madonna zu komponiert. Diese wendet sich in ernster Versunkenheit, aber mit ausdrucksvollem Charme allein ihrem aufwärts schauenden Kind zu (das Ziel des kindlichen Blicks ist nicht mehr erkennbar). Anders als in der früheren got. Portalskulptur treten alle Figuren in ihren weiten, faltenreichen Gewändern und einer neuartigen freien Bewegung über

Dijon, Moses-Brunnen, Detail

Dijon, Moses-Brunnen, Detail

den architektonischen Rahmen hinaus. – In der Gruft unter der Kirche waren außer dem Stifter auch Johann ohne Furcht und Philipp der Gute mit ihren Gemahlinnen bestattet worden (die herrlichen Grabmäler der beiden erstgenannten Herzöge befinden sich nun im Musée des Beaux-Arts [→Museen]).
Vom nicht eigentl. zutreffend benannten *Moses-Brunnen* besteht nur noch der Sockel. Die Kreuzigungsgruppe mit Maria, Johannes d. Evang. und Maria Magdalena (solche teils auch sehr figurenreich und dramatisch inszenierten Kompositionen werden nach der Kreuzigungsstätte auch »Kalvarienberg« genannt) wurde zertrümmert (Haupt und Torso des Gekreuzigten im Archäologischen Museum). Der Sockel des einst über 7 m hohen Kunstwerks stand in einem (verschwundenen) Wasserbecken im Kreuzgarten des 1793 zerstörten Klosters (Reste der Kreuzgangarkaden im Jardin de l'Arquebuse; →Außerdem sehenswert: Parkanlagen). Da dieser Garten in den Kartäuserklöstern stets auch als Friedhof diente, wird der hier in einmaliger Weise mit dem traditionellen Brunnen verbundene Kalvarienberg zur Quelle des Lebens umgedeutet. Sluter* schuf bis 1399 die Figuren des Gekreuzigten und Magdalenas. 1404 waren die urspr. farbig gefaßten Statuen der 6 Propheten Mose, David, Jeremia (seine schmal zusammengezogenen Augen blickten als Zeichen der Gelehrsamkeit urspr. durch eine Brille), Zacharias, Daniel und Jesaja vollendet. Ihre Ausstattung mit Schriftrollen *und* Büchern weist auf die Erfüllung ihrer Prophezeiungen aus dem Alten Testament im Neuen Testament. Die Propheten, die sich teils im Dialog einander zuwenden, sind in Haltung, Gewandung und Gesichtsausdruck äußerst individuell gestaltet und lösen sich aus dem nur noch als Stütze dienenden Sockel. Eine solch beseelte und zugleich virtuose künstlerische Umsetzung tiefgründiger Beobachtung läßt diese Darstellungen sowohl Sluters hervorragendsten Arbeiten als auch den höchsten Leistungen der Bildhauerkunst jener Zeit zurechnen. Bei der Ausführung der trauernden Engel, auf deren Schwingen die Basisplatte des Kalvarienbergs ruht, war wohl Sluters Neffe Claus de Werve* beteiligt.
Auf dem Gelände des einstigen Klosters entstanden die Neubauten der Psychiatrischen Klinik.

ÖFFENTLICHE GEBÄUDE

Bibliothèque municipale/Stadtbibliothek →Kapellen: ehem. Chapelle des Godrans.

Bourse du Commerce/Industrie- und Handelskammer →Kirchen: ehem. Kirche Saint-Étienne; **Musée Rude** →Museen.

Palais des Ducs et des États de Bourgogne/ehem. Herzogspalast und Ständebau (Place de la Libération): Heute *Hôtel de Ville/Rathaus* und *Musée des Beaux-Arts*. Die weitläufige, sehr repräsentative Anlage (Breite ca. 220 m) wurde zu ihrer bestehenden Form seit der 2. Hälfte des 14. Jh. – Mitte des 19. Jh. ausgebaut und veranschaulicht wie eine architekturgeschichtliche Übersicht die Abfolge der betreffenden Baustile in der Entstehungszeit ihrer Teile. Bester Blick v. der Place de la Libération und dem Turm Philipps des Guten (3).
Der ma Residenzbau der Kapetinger-Herzöge, die Burgund 1032–1361 v. D. aus regierten, ist kaum mehr faßbar. Ältester erhaltener Teil ist der unter Philipp dem Kühnen (dem 1. der 4 Herzöge aus dem Hause Valois) erbaute Turm Tour de Bar (1), benannt nach dem hier 1432–37 gefangenen Herzog v. Bar und späteren König v. Neapel, René d'Anjou. Hier befanden sich auch der Kapitelsaal der ehem. Schloßkapelle und der Sitz des 1430 v. Philipp dem Guten gegr. Ritterordens vom Goldenen Vlies. Es folgte der got. Palast Philipps des Guten (2) mit Festsaal (Salle des Gardes [2 a], jetzt Ausstellungsort der Herzogsgräber), den der 1710 umbaute W-Turm (3) flankiert. Place des Ducs de Bourgogne (19. Jh.) anstelle des ehem. Schloßgartens (15); Steinplastik Philipps des Guten v. Louis-Henri Bouchard* (20. Jh.). – Nachdem die Krone das Herzogtum nach dem Tod Karls des Kühnen (1477) erkämpft hatte, wurde die Anlage erst während des 17. Jh. in 3 großen Bauphasen zum eleganten Logis du Roi (Königliche Gemächer [6]) und Palais des États (Stän-

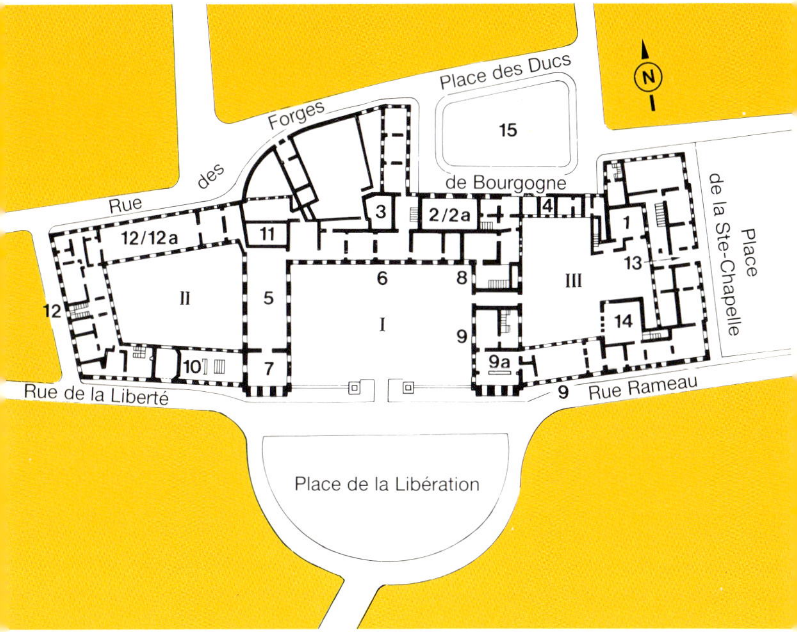

debau [5]) erweitert: Ab 1615 (z.Z. Ludwigs XIII.) spannte man zwischen die Tour de Bar (1) und das got. Gebäude (2) die Galerie de Bellegarde (4) noch im Baustil der Spätrenaissance ein; neben der Treppe die Bronzefigur des Bildhauers Claus Sluter v. L.-H. Bouchard* (20. Jh.). Seit 1681 (während der Regentschaft Ludwigs XIV.) führte man in w Fortsetzung den Flügel für die seit 1302 bestehende Ständevertretung auf (5); im Lesesaal des Stadtarchivs *(Archives municipales)*, dem einstigen Versammlungsraum, interessante *Ausstellung* zur Stadtgeschichte. 1690–1720 legte man im S vor den ma Baukörper den Haupttrakt (6): Die Gestaltung dieser gesamten Partie im Baustil der franz. Klassik bestimmten wesentlich die Pläne des (auch am Schloßbau in Versailles prägend beteiligten) Baumeisters Jules Hardouin-Mansart*; er schuf außerdem die dorischer Tempelarchitektur nachempfundene Fassade des w Eckpavillions ([7]; im Giebel verherrlichen die Allegorien des Ruhms und der Geschichte die Taten des

Dijon, Palais des Ducs et des États de Bourgogne/ehem. Herzogspalast und Ständebau I Ehrenhof **II** Cour de Flore **III** Cour de Bar **1** Tour de Bar **2** got. Palast Philipps des Guten **2a** Obergeschoß: Salle des Gardes (Herzogsgräber) **3** Turm Philipps des Guten **4** Galerie de Bellegarde **5** Ständebau (Palais des États) **6** Haupttrakt (Logis du Roi) **7** w Eckpavillon **8** O-Flügel **9** Erweiterung des O-Flügels **9a** ö Eckpavillon **10** Erweiterung des Ständebaus **11** Chapelle des Élus **12** Erweiterungsflügel **12a** Obergeschoß: Salle de Flore **13** Museumstrakt **14** ma Küchenbau **15** Place des Ducs de Bourgogne

Sonnenkönigs Ludwig XIV.). Der zeitlich unmittelbar folgende O-Flügel (8) war allerdings erst 1787 nach einer zum Ständebau symmetrischen Verlängerung mit ö anschließendem Trakt (9) vollendet, um die 1766 gegr. École de dessin/Kunstschule und ihre Studiensammlung aufzunehmen.

Bereits 1733–38 hatte der ebenfalls in Versailles tätige Jacques-Ange Gabriel* den Ständebau (5) durch einen rechtwinkelig verlaufenden Trakt (10) im S erweitert. 1736–40 folgte die v. J.-A. Gabriel* entworfene Ausstattung der Kapelle für die Ständeversammlung *(Chapelle des Élus* [11]) im Stil des Rokoko; der Altar des an mehreren europ. Höfen wirkenden ital. Barockarchitekten Giovanni Nicolò Servandoni* in Form eines Sarkophags (d.h. als Grab des Gekreuzigten); Gemälde mit der Darstellung der Kreuzabnahme v. Jean Jouvenet*. – Im stumpfen Winkel setzte man in der 2. Hälfte des 17. Jh. einen weiteren W- und N-Flügel an (12), die nun die Cour de Flore (II) zum Binnenhof schlossen; im n Obergeschoß die Salle de Flore (12a).

Der Museumstrakt (13) entstand 1852–56 anstelle der infolge der Revolution 1802 eingerissenen ma Palastkapelle und birgt das außerordentlich sehenswerte *Musée des Beaux-Arts* (→Museen); somit war auch die Cour de Bar (III) zum Binnenhof geschlossen. Die 1172 gegr. Kapelle war 1436 durch päpstliche Schenkung einer wundertätigen Hostie in den Rang einer *Sainte-Chapelle* erhoben worden; Reste ihrer kostbaren Ausstattung sind im ehem. Kapitelsaal in der Tour de Bar (1) ausgestellt. Zu den Öffnungszeiten des Museums ist auch der ma Küchenbau (14) zu besichtigen.

Die halbrunde **Place de la Libération** wurde 1686–92 nach Plänen v. Jules Hardouin-Mansart* angelegt. Die Straßenachse Rue de la Liberté – Rue Rameau parallel zur S-Front des Palastes wurde erst 1721-24 gelegt und bildet zusammen mit dem Ehrenhof (I) eine stilistisch homogene städtebauliche Komposition v. majestätischer Raumgestaltung. Die urspr. freien Arkaden verloren ihre monumentale Wirkung mit dem Einbau der Ladenlokale im 19. Jh.; auch fehlt dem Platz der Mittelakzent des in der Revolution beseitigten Reiterdenkmals Ludwigs XIV.

Palais de Justice (Rue du Palais): 1572 vollendeter Renaissancebau für den Obersten Gerichtshof (Parlement), der 1480 v. Beaune nach D. verlegt worden war. (Der seit Mitte des 13. Jh. bestehende ständige Gerichtshof in Paris entwickelte sich bald zur obersten Berufungsstelle auch für die Lehnsfürstentümer und gewann zunehmenden politischen Einfluß; um Mitte des 15. Jh. wurden solche Institutionen auch in anderen Städten Frankreichs eingerichtet.) Die schönen Stadtpalais (bes. 16.–18. Jh.) der Angehörigen des Parlements prägen das Bild dieses Viertels. – Die Tür der Vor-

Dijon, Palais des Ducs

halle ist eine Kopie nach dem v. Hugues Sambin* 1588 geschaffenen Original (jetzt im Musée des Beaux-Arts). *Salle Saint-Louis* (auch »Salle des Pas-Perdus« genannt): gut proportionierte Wandelhalle (39 m lang, 13 m breit und hoch) mit gotisierenden Dekorationselementen (bes. über den Türen) der Restaurierung v. 1852. *Chambre dorée* v. 1522 mit vergoldeter Kassettendecke (Lilien, Salamander, Hermelin und Delphin sind die Embleme des Königshauses); im 19. Jh. erneuerte Grisaillefenster mit allegorischen Darstellungen. In den Saal des Schwurgerichts *(Cour d'assises;* 1869) wurde die Schnitzdecke des ehem. Rechnungshofs (1640) übertragen. Zwischen beiden Räumen die Chapelle du Saint-Ésprit mit vorzüglich geschnitzten Chorschranken v. H. Sambin*.

Théâtre municipal/Stadttheater (Place du Théâtre): Das 1810–28 v. Jean Cellerier* anstelle des Kreuzgangs der herzöglichen Palastkapelle errichtete Gebäude folgt dem Vorbild antiker Tempelbauten, das die öffentlichen Profanbauten jener klassizistischen Epoche im Sinn ihres traditionsbewußten Repräsentationswillens so häufig prägte. Der Zuschauerraum schließt sich der zeitgenössischen ital. Theaterarchitektur an.
Auf der **Place Rameau:** *Denkmal* für den Musiker Jean-Philippe Rameau. Der Sohn des Organisten v. Notre-Dame wirkte als Kammerkomponist Ludwigs XV. und schuf die Hauptwerke der klassischen franz. Oper. Seine theoretischen Erkenntnisse legten die Grundzüge der modernen Harmonielehre fest, wurden aber zunächst z. T. (auch v. seinem Zeitgenossen J. S. Bach) abgelehnt.

Université de Bourgogne/Universität: Mit der Berufung eines Kanzlers konstituierte sich 1767 die Universität, deren Gründung König Franz I. bereits in der 1. Hälfte des 16. Jh. geplant hatte. Sie ging aus dem Zusammenschluß des Rechtsinstituts (1722), der Literaturgesellschaft (1752) und des 1654 gegr. medizinischen Lehrinstituts hervor und wurde in der Revolutionszeit geschlossen. 1808 im früheren Umfang neu gegr., wurde sie ab 1957 zügig auf 6 Fakultäten erweitert, deren allgemeine Einrichtungen und Institute für ca. 17500 Studenten sich im Stadtzentrum (z. B. Rue Chabot-Charny; Rue Dr-Maret) und außerhalb (Montmuzard; Creusot) befinden.

WOHNBAUTEN

Dijon ist außerordentlich reich an nach Größe und Dekor höchst unterschiedlichen Häusern und Stadtpalästen (sog. Hôtels), die die ehem. Residenzstadt zu einem erstrangigen urbanen Ensemble v. sonst seltener Geschlossenheit und eindrucksvollem Charakter wachsen ließen. Die Bausubstanz entstammt bes. dem 16.–18. Jh. (ca. 2500 Häuser unter Denkmalschutz, davon ca. 100 aus dem MA); got. Steinbauten sind meist nur noch als Teile später erweiterter oder modernisierter Gebäude erhalten. Ihre Namen verweisen auf Bauherren oder spätere prominente Eigentümer. Ein sehr empfehlenswerter Rundgang nach Belieben kann sich an folgender Zusammenstellung historischer Straßenzüge und Plätze mit ausgewählten Einzelbauten orientieren:

Rue Berbisey: Nr. 3: *Hôtel Le Compasseur* aus dem späten 17. Jh. mit Treppenturm des 16. Jh. – Nr. 6: *Hôtel de Bretagne,*

Dijon, Place François Rude

datiert 1660. - Nr. 19: *Hôtel Berbisey,* ältestes der 3 Häuser in der später nach dieser Familie benannten Straße (1. Hälfte des 16. Jh.) mit hofseitiger Fachwerkgalerie. - Nr. 21: Erbaut 1614 mit einem der schönsten Renaissanceportale der Stadt; in den Bogenzwickeln Allegorien der Gerechtigkeit und Fruchtbarkeit. - Nr. 25: *Grand-Hôtel-Berbisey* (1657-65) mit 1844 zeitgemäß umgestalteter Fassade. - Nr. 27: *Petit-Hôtel-Berbisey* (Mitte 17. Jh.), um 1765 im Stil der Zeit umgebaut. - Nr. 33: v. 1752 mit 1821 angefügtem Seitenflügel.

Rue des Bons-Enfants: Nr. 4: beeindruckendes *Hôtel Lantin* (1652-60), jetzt *Musée Magnin* (→Museen); die Treppe gehört zu den elegantesten derartigen Anlagen jener Zeit.

Place Bossuet, einst größter Platz der Stadt und Markt seit dem 12. Jh. Nr. 4: ein charakteristischer Bau seiner Zeit (1698-1700) nach Plänen des königlichen Hofarchitekten Jules Hardouin-Mansart*. - Nr. 12: Geburtshaus des Theologen J. B. Bossuet. - Nr. 17 aus der 2. Hälfte des 17. Jh.; Portal 1778. - Nr. 19-21 aus dem späten 17. Jh.; im Hof reich verziertes Portal; die Medaillons zeigen Ludwig XIV. und Maria Theresia. - Nr. 23: *Hôtel Perreney-de-Balleure* aus dem 17. Jh.; vergrößertes Portal und umgestaltete Fassade 2. Hälfte des 18. Jh.; Kellergewölbe eines Vorgängerbaus aus dem 13. Jh.

Dijon, Hôtel Aubriot und Hôtel Maillard in der Rue des Forges

Rue Buffon, benannt nach dem 1715-42 in Nr. 24 wohnhaften Naturforscher Georges Louis Leclerc, Graf v. Buffon (→Montbard).

Rue Chabot-Charny: Nr. 18: *Hôtel Lemulier-de-Bressey,* Wende des 16./17. Jh., mit schöner Renaissancefassade im v. Hugues Sambin* entwickelten Dekorationsstil. Anbauten v. 1680; im rückwärtigen Hof (Rue Philippe-Pot) bemerkenswerte Fassade mit Mitte des 19. Jh. eingefügten galloröm. Säulen und Nachbildungen v. Stücken aus der Sammlung des damaligen Hausherrn. - Nr. 30: *Maison Antoine,* um 1700; die um 1776 erneuerte Fassade zeigt in Anspielung auf den Hausherrn, den Baumeister und Ingenieur Pierre-Joseph Antoine, klassizistische Reliefdarstellungen der Mathematik und Baukunst, des Straßen- und Brückenbaus, der Schiffahrt und der graphischen Künste. - Nr. 32: *Hôtel de Vienne:* got. Bau des 15. Jh. mit schöner hofseitiger Galerie; erweiternder Renaissanceflügel (2. Hälfte des 16. Jh.); neugot. Portal (1907). - Nr. 43-45: *Hôtel des Barres:* dreiflügelige Anlage um 1650 mit eigentümlich gestalteter N-Front und mächtigem Schmiedeeisen-Gitter; hofseitiger klassizistischer Portikus um 1820.

Rue Chaudronnerie, urspr. Geschäftsstraße der Kesselschmiede und Metallwarenhändler. - Nr. 1: Doppelbau um 1590 mit Renaissancedekor im Stil H. Sambins*. - Nr. 4: *Maison des Griffons* (Ende 13. Jh.) mit charakteristisch gegliederter got. Fassade und beachtenswerten Dreipaßbogen. - Nr. 5: Fachwerkhaus des 15. Jh. - Nr. 28: die berühmte *Maison des Cariatides* (um 1610) mit reichgeschmückter Renaissancefassade in der Tradition H. Sambins*; benannt nach den Stützpfeilern in Form weiblicher Figuren (diese »Karyatiden« sind die Gegenstücke zu den männlichen »Atlanten«). - Nr. 27: spätgot. Wohnhaus (2. Hälfte des 15. Jh.).

Rue de la Chouette: Nr. 8: *Hôtel de Vogüé*

(1607–09) ist ein exemplarisches Stadtpalais in dreiflügeliger Anlage um einen Ehrenhof; hofseitiger Portikus im ital. Stil. Seine Renaissance-Fassade verbindet burgund., v. H. Sambin* bevorzugte Elemente (Masken, Pflanzen, Fruchtgirlanden) mit ital. Motiven (Arabesken, Putti, Vasen, Chimären). Im 18. Jh. – entsprechend dem gesteigerten Wohnkomfort – Durchbruch einer Wageneinfahrt und Vergrößerung der Fenster im traditionell vornehmsten 1. Obergeschoß zu Balkontüren. – Nr. 10: *Maison Millière* v. 1483, deren Fassade 1927 im neugot. Stil verändert wurde (Vermehrung der Fenster, Ersatz der urspr. Feldsteine durch Ziegelwerk, originelle Schnitzereien).

Place des Cordeliers, benannt nach dem 1243 gegr. Franziskanerkloster, dessen z. T. erhaltene Gebäude (mit Neubauten) jetzt einer Institution der Dominikaner dienen. – Nr. 6: 1474 erbaut und 1742 z. T. erneuert. – Nr. 8: 1642 datierter Bau, der geschickt das verhältnismäßig kleine Gelände nutzt.

Rue Crébillon: Nr. 2: Das um 1770 erbaute Palais beherbergte seit 1773 bis zur Revolution die Akademie der Wissenschaften, Künste und Literatur (jetzt Rue de l'École-de-Droit).

Place des Ducs: Nr. 2: Spätgot. Fachwerkhaus aus dem 15. Jh., restauriert 1974. – Nr. 16: *Hôtel de Berbis* (16. Jh.) mit schönem Renaissance-Erker und aus einem anderen Haus übertragenem Portal.

Rue des Forges, seit dem MA wichtige Verkehrsachse mit beachtlichen Wohnbauten. Nr. 34: *Hôtel Chambellan* (1494–96), wohl schönstes Privatgebäude der Stadt im spätgot. Flamboyantstil mit vorzüglicher Steinmetzarbeit. Im Hof offene Galerien und eleganter Treppenturm im Gelenk zweier Flügel. – Nr. 38: *Maison Milsand.* Die üppig verzierte Renaissancefassade (um 1561) weist alle Elemente auf, die den v. H. Sambin* geschaffenen Dekorationsstil kennzeichnen. – Nr. 40: *Hôtel Aubriot,* eines der wenigen erhaltenen got. Wohngebäude aus dem 13. Jh.; 1908 teils nach alten Vorlagen für den Dichter Stéphen Liégeard wiederhergestellt. Portal des 17. Jh. – Nr. 52–56: Spätgot. *Hôtel Morel-Sauvegrain* (1435– um 1475); rückwärtige Fassade der Nr. 56 im Stil der ital. Renaissance (1547): Säulen in antiker Ordnung, Relief mit Schlachtenszenen in Anspielung auf die Waffenschmiede des damaligen Eigentümers.

Rue Jeannin: Nr. 1: *Hôtel Frémyot* aus dem 14. Jh. mit den Wohnbedürfnissen entsprechenden Um- und Erweiterungsbauten des 17.–18. Jh. – Nr. 13: datiert 1621. – Nr. 17–19: *Hôtel Pérard de la Vesvre* (datiert 1621) mit für D. einzigartigen Hoffronten, denen die 2 Geschosse hohen dorischen Säulen repräsentative Würde verleihen. – Nr. 33: *Hôtel Arviset* v. 1673–1738, Fassade v. 1752. Seit 1754 im Besitz des Staatsanwalts und aufgeklärten Gelehrten Jehannin de Chamblanc, dessen nach der Revolution an die Stadt übergegangene Sammlungen in die Stadtbibliothek (→Kapellen: ehem. Chapelle des Godrans), ins Musée des Beaux-Arts und das Musée d'Histoire naturelle (→Museen) integriert wurden.

Rue de la Liberté, im ö Teil 1721–24 zusammen mit der Rue Rameau als letztes Element des städtebaulichen Ensembles v. Herzogspalast und Place de la Libération

Dijon, Fachwerkhaus in der Rue des Forges

angelegt. Nr. 54: spätgot. Fachwerkhaus um 1450–70 (restauriert 1972/73). – Nr. 68: *Hôtel de Villemeureux* (1615–30), dessen Fassade 1735 infolge der Straßenanlage umgestaltet wurde.

Rue Monge: Nr. 1–3: Das herrschaftliche *Hôtel Bouchu* wurde 1641–43 unter Verwendung des Untergeschosses seines got. Vorgängerbaus (15. Jh.) errichtet; 1785 im klassizistischen Stil erneuertes Portal.

Rue Pasteur: Unter den schönen Bauten des 18. Jh. (z. B. Nr. 11, 13–15, 17) ist bes. Nr. 28 zu nennen: das den gehobenen Wohnbedürfnissen entsprechend 1770–75 umgebaute Haus des Architekten Jean Caristie*.

Rue du Petit-Potet: um 1560 errichteter Renaissancebau mit 1731 hinzugefügter Treppe. – Nr. 22: *Hôtel Mille* (1725– um 1730) mit sehr harmonisch konzipierter Fassade. – Nr. 25: *Hôtel Nicais* um 1630; Portal und Balkone v. 1739.

Rue de la Préfecture: Aus der Bebauung zumeist des 17.–18. Jh. (teils unter Verwendung einzelner Teile got. Vorgängerbauten) bes. zu beachten: Nr. 22, deren Fassade 1772 im Zeitgeschmack mit den Stil Louis-seize kennzeichnenden Elementen erneuert wurde. – Nr. 38: eleganter Bau v. 1681–84. – Nr. 40: *Hôtel de Dampierre* (1775–80) v. Jacques Cellerier*, ein charakteristisches Beispiel der klassizistischen Architektur. – Nr. 47: *Hôtel Bouhier-de-Lantenay* (Präfektur seit 1800): Der prächtige Repräsentationsbau v. 1756–61 gehört zu den frühesten Beispielen des Louis-quinze-Stils in D. Bei der Erweiterung (1902) wurde ein großer ehem. Weinkeller (Cellier de Clairvaux; jetzt Ausstellungsraum) der Abtei v. Clairvaux aus dem frühen 13. Jh. z. T. abgerissen, der zu ihrem in der Revolution aufgelösten Zisterzienserkloster gehört hatte. Ehem. Abtshaus aus dem 15. Jh. – Nr. 54–56: Ehem. Kloster der Visitantinnen v. 1622 (mit Neubauten jetzt Klinik), dessen großenteils erhaltene Anlage aus der Rue d'Assas (Nr. 22) gut sichtbar ist.

Dijon, Musée Archéologique, Bronzeschiff, Göttin von der Seine-Quelle

Rue Amiral-Roussin: Nr. 23: Renaissancebau (2. Hälfte des 16. Jh.), dessen Fassade Elemente des v. H. Sambin* geschaffenen Dekorationsstils aufweist. – Nr. 27 mit schönem Eingang (um 1730). – Nr. 40–42: um 1725 erneuerte Fassaden.

Rue Vannerie: Nr. 15: *Hôtel de Saulx*, datiert 1667 (restauriert 1979–81), mit schönem Hof und beachtlicher Treppenanlage. – Nr. 35: *Hôtel du Parc*, Ende 17. Jh. unter Verwendung v. Teilen mehrerer Vorgängerbauten errichtet: got. Kellergewölbe (13.–14. Jh.) und bei der Restaurierung (1983/84) entdeckte Fenster (15. Jh.). – Nr. 39: *Hôtel Chartraire-de-Montigny* (Mitte 18. Jh.), dessen Portal zu den in D. sonst seltenen Zeugnissen des Rokokostils gehört. – Nr. 41: 1784–87 erbaut und bis zur Revolution Sitz des Militärkommandanten v. Burgund; monumentales Portal nach Art eines Triumphbogens mit den Figuren der Kriegsgottheiten Mars und Bellona. – Nr. 66: *Hôtel le Compasseur* (um 1580) mit plastischem Renaissancedekor im Stil H. Sambins.

Rue Vauban: Nr. 3: *Hôtel de Talmay*, schöner Renaissancebau (um 1565) mit einer weiteren Fassade und stimmungsvollem Hof an der Rue du Palais. – Nr. 12: Herrschaftliches *Hôtel Bouhier-de-Savigny*, um 1640; Fenstertüren und angebauter Portikus um 1785. Die (nachgezeichneten) Wandöffnungen wurden Anfang des 19. Jh. vermauert, als man auf Türen und Fenster Steuern erhob. – Nr. 21: *Hôtel Legouz-Gerland,* eines der größten Stadtpalais in D. v. der Ausdehnung eines Häuserblocks: älteste Partie aus der Renaissance ist der rückwärtige, 1538 datierte Teil (Rue J.-B.-Liégeard), Erweiterungsbauten um 1672 (mit Veränderungen v. 1785). 1842 ging die imposante Anlage in den Besitz der Familie des Dichters Stéphen Liégeard über.

Rue Verrerie: Sie bewahrt mit den spätgot. Fachwerkbauten (Nr. 8–12) ihren reizvollen ma Charakter. – Nr. 21 (griech. Inschrift »Wohin das Schicksal dich ruft«) und Nr. 23: Renaissancebauten um 1570 mit Fassadenschmuck im Stil H. Sambins*. Nr. 27–29: *Hôtel de Saint-Seine* um 1650.

MUSEEN UND SAMMLUNGEN

Musée Archéologique (Rue Dr-Maret): Im einzigen erhaltenen, sehr beeindruckenden Gebäude des ehem. Klosters v. Saint-Bénigne untergebracht, zeichnet das interessante Archäologische Museum mit seinen hervorragend präsentierten Sammlungen die *Geschichte Burgunds* v. ihren historisch faßbaren Anfängen in der Altsteinzeit bis in die Zeit der Merowinger (5.–8. Jh.) nach: Den zumeist in Höhlen hausenden Jägern, Fischern und Sammlern aus der Altsteinzeit folgten in der Jungsteinzeit (ab ca. 4000 v. Chr.) mit der Entwicklung des Ackerbaus erstmals in Dorfgemeinschaften Ansässige. Mit Beginn der Bronzezeit (1800–800 v. Chr.) tauchten erste Metallgegenstände auf, die in wechselnden Materialien (Kupfer, Bronze, Gold) mit zunehmendem Geschick und Sinn für Dekoration bearbeitet wurden (kostbarstes Stück ist der 1,3 kg schwere goldene Armreif v. La Rochepot).
Während der La-Tène-Zeit (jüngere Eisenzeit um 450–50 v. Chr.) besiedelten die Gallier das Gebiet; neben Schmuck- und Trachtstücken, Gegenständen aus dem Alltagsleben und steinernen Götterbildern sind die aus der Seine-Quelle (→Saint-Germain-Source-Seine) geborgenen hölzernen Votivplastiken Fundstücke von außergewöhnlicher Bedeutung. Leben und Religion in der gallorömischen Zeit (50 v. Chr.–ca. 400 n. Chr.) veranschaulichen hervorragende Exponate u. a. aus Mâlain (→Umgebung) und Nuits-Saint-Georges

Dijon, Musée Archéologique, Bronzeschiff von der Seine-Quelle

sowie die Figur der Seine-Göttin. Die merowingerzeitlichen Stücke zeugen v. der Kunstfertigkeit der Handwerker und Waffenschmiede jener Epoche. – In die *Skulpturenabteilung* des MA und der Renaissance wurden Architekturfragmente und Bildwerke aus zumeist zerstörten Kirchen und Klöstern zusammengetragen, u.a. erstrangige Arbeiten v. Claus Sluter* und Claus de Werve*.

Musée d'Art sacré (Rue Sainte-Anne 15 bis 17): In der eindrucksvollen ehem. Kirche (→Kapellen: Sainte-Anne) des einstigen Klosters der Zisterzienserinnen als kongenialem Rahmen eingerichtet, vereint das interessante Museum für Sakrale Kunst (1979 gegründet als eine der ersten derartigen Institutionen in Frankreich) in seinen reichhaltigen Sammlungen Werke des 12.–19. Jh. Den Fundus ergänzen Sonderausstellungen mit Exponaten zumeist aus den Kirchen des Département. – In den ehem. Klostergebäuden das volkskundliche →*Musée de la Vie bourguignonne*.

Musée des Beaux-Arts (Place de la Sainte-Chapelle): Das Kunstmuseum – durch Qualität und Umfang seiner Sammlungen nach dem Louvre eines der reichsten Museen des Landes – geht zurück auf die Studiensammlung der 1766 auf Beschluß des Gouverneurs Prinz Louis II. de Condé, der Stände und der Stadt gegr. École de dessin/Kunstschule (→Öffentliche Bauten: Palais des Ducs [9]). Nachdem in der Revolutionszeit geplündertes Kirchengut sowie konfisziertes Eigentum v. Klerus und emigrierten oder verhafteten Adligen die Sammlungen schon beträchtlich vermehrt hatten, werden sie durch Schenkungen, Leihgaben und Ankäufe noch beständig und vorzüglich erweitert.
Für die seit 1799 selbständige, öffentliche Institution wurde dem Palais des Ducs 1852–56 der Museumstrakt (13) angefügt. Waren bereits seit 1827 im romantischen Geist der Wiederentdeckung bzw. Aufwertung des MA die Herzogsgräber und Altäre aus der Kartause von Champmol (→Sakralbauten) in der Salle des Gardes (2a) ausgestellt worden, integrierte man auch später mehrere Räume des ehemaligen Palasts in das Museumsensemble, das sich im Stadium einer tiefgreifenden systematisch-chronologischen Neuordnung befindet.
Zu den kostbarsten Exponaten des Museums gehören die *Herzogsgräber* aus Champmol: Die seit jeher leeren Sarkophage standen über den Grüften, in denen die Herzöge beigesetzt waren. Das Grabmal Philipps des Kühnen war in seinen architektonischen Teilen nach einem Entwurf v. Jean de Marville* bis zum Tod des Herzogs 1404 vollendet. Wenig später unterzeichnete Claus Sluter* den Vertrag für die Liegefigur des Verstorbenen mit Engeln und Löwe, die 40 Klagenden und die 54 Engel. Nach Sluters Tod (1405/06) hielt sich sein Nachfolger Claus de Werve* wohl weitgehend an die bereits vorliegenden Einzelentwürfe und konnte das monumentale Werk 1411 vollenden, dessen realistisch betonte Plastiken mit der ergreifenden Ausdruckskraft jeder Trauerfigur v. höchster künstlerischer Meisterschaft zeugen. Das Doppelgrabmal Johanns ohne Furcht und Margaretes v. Bayern entwarf Claus de Werve* seit 1436 im bewußten Bezug auf das ältere Vorbild; Juan de la Huerta* führte 1443–55 außer den Arkaden und Engeln wohl auch die Löwen und einige Klagende aus; das Programm der Trauerfiguren vollendete Antoine Le Moiturier*, der 1460–70 auch die während ihrer Entstehung durch Materialfehler zerbrochenen Liegefiguren erneuerte. Altäre (z.T. aus Champmol) u.a. zeitgenössische Werke statten den Raum zu einer Schatzkammer burgund. Kunstschaffens aus. – Einen Überblick über die europ. *Bildhauerkunst* bis ins 20. Jh. ermöglichen zahllose Meisterwerke aus verschiedenen Ländern und Epochen.
Dem entspricht die ausgezeichnete Zusammenstellung der reich vertretenen europ. *Malerei* bis in die Gegenwart. – Außerdem u.a. griech. Vasen, präkolumbische Gefäße, Goldschmiedearbeiten, Glas und Porzellan, Möbel und Waffen.

Musée Magnin (Rue des Bons-Enfants): Aus einer den Nationalmuseen vermachten Familiensammlung im vornehmen

Dijon, Musée des Beaux-Arts, Doppelgrabmal Johanns ohne Furcht und Margaretes von Bayern, im Hintergrund Grabmal Philipps des Kühnen >

Musée des Beaux-Arts, Grabmal Philipps des Kühnen: Trauergefolge (links und rechts)

Stadtpalais (→Wohnbauten) hervorgegangen, bietet das sehr sehenswerte Museum nicht nur eine glänzende Auswahl bes. der *franz. Malerei* des 16.-19. Jh., sondern vermittelt im Zusammenwirken v. Architektur und zumeist originaler Ausstattung auch ein exquisites Bild anspruchsvoller Wohnkultur in den Epochen Ludwigs XIV.-XV. Unter den Meisterwerken der *europ. Malerei* (Erdgeschoß) sind die Arbeiten venezianischer Maler v. bes. Interesse.

Musée Rude (Rue Vaillant): Im Querschiff der got. ehem. Kathedrale Saint-Étienne befindet sich eine interessante Sammlung bes. v. Abgüssen und Modellen der Werke des Bildhauers François Rude* (zahlreiche Originale im Musée des Beaux-Arts), der u.a. das als »La Marseillaise« bekannte Relief am Triumphbogen in Paris schuf (→auch Nuits-Saint-Georges, Umgebung: Fixin). Seine stilistische Entwicklung aufgrund eingehender Naturstudien vom Klassizismus zur dynamisch bewegten »neubarocken« Kompositionsweise hatte prägenden Einfluß auf die franz. Plastik des 19. Jh.

Musée de la Vie bourguignonne - Perrin de Puycousin (17, Rue Sainte-Anne): Sehr ansprechendes volkskundliches Regionalmuseum (großenteils aus einer Schenkung v. 1935 durch Maurice Bonnefond Perrin de Puycousin hervorgegangen), seit 1982 in den Gebäuden eines ehem. Zisterzienserinnenklosters (→Kapellen: Sainte-Anne) untergebracht. Aufgebaute Szenen und vollständig eingerichtete Räume, Modelle, Gebrauchsgegenstände, Mobiliar, Kostüme und Trachten usw. beschreiben sehr anschaulich das ländliche und städtische Alltagsleben früherer Zeiten. In der ehem. Klosterkirche das →*Musée d'Art sacré*.

Musée d'Histoire naturelle (Avenue Albert-Ier): Das 1836 gegründete Naturhistorische Museum in einem Pavillon des Jardin de l'Arquebuse (→Außerdem sehenswert: Parkanlagen) zeigt in sehr instruktiver Präsentation außer der heimischen Fauna im

Musée des Beaux-Arts, Grabmal Johanns ohne Furcht: Trauergefolge (links und rechts)

Rahmen der 4 Haupttypen der burgund. Landschaft auch exemplarisch die Tierwelt aller Kontinente; u.a. reiche Sammlungen v. Muscheln und Schmetterlingen; ökologische Modelle.

AUSSERDEM SEHENSWERT

Denkmäler: *Hl. Bernhard* (Place Saint-Bernard): Bronzestatue (1847) des 1091 in Fontaine-lès-D. (→Umgebung) geborenen Kirchenlehrers und Gründers zahlreicher Zisterzienserklöster. – *Jacques Bénigne Bossuet* →Kirchen: Saint-Jean. – *Henri Darcy* →unten: Parkanlagen, Jardin et Place Darcy. – *Jean-Philippe Rameau* →Öffentliche Gebäude: Théâtre municipal. – *Claus Sluter*→Öffentliche Gebäude: Palais des Ducs et des États de Bourgogne, Galerie de Bellegarde (4).

Kirchen: *Sacré-Cœur* (Place Génerál-Giraud): 1933–38 nach dem ma Kirchenbauten nachempfundenen Entwurf v. Msgr. Tattevin errichtet. Der 63 m lange Bau mit Vierung, halbrunder Apsis mit Chorumgang und frei stehender Taufkapelle verweist auf die Bedeutung Burgunds als Zentrum der Herz-Jesu-Verehrung, die bes. im 19. Jh. v. den Päpsten stark gefördert worden war. Sehenswerte zeitgenössische Ausstattung. – *Saint-Bernard* (Boulevard Alexandre-I-de-Yougoslavie): 1958–59 v. Alix Sorin* errichtet in Anlehnung an die zur Schlichtheit verpflichtenden Baunormen des Zisterzienserordens (bes. charakteristisch das langgestreckte Schiff und der rechteckige Chorabschluß). *Sainte-Bernadette* (Boulevard des Martyrs-de-la-Résistance): Plastisch stark durchgegliederter Bau v. 1959–64. Die modernen Baustoffe (Beton, Aluminium, Stahl, Kunststoff) fügen sich auch im großzügig gestalteten Inneren zu einem eindrucksvollen Ensemble. – *Saint-Pierre* (Place Wilson): Ein gutes Beispiel des neugot. Baustils, 1853–55 v. Jean-Baptiste Lassus* errichtet, einem der entschiedenen Verfechter der Restaurierung ma Bausubstanz und der Neubelebung der Gotik in Frankreich. – *Synagogue* (Rue de la Synagogue) im neubyzantinischen Stil v. Alfred Sirodot* (1870–79) mit Plastiken v. Jules Schanovski*. – *Temple Protestant* (Boulevard de Brosses) v. Félix Paumier* im aus der ma Sakralarchitektur schöpfenden historistischen Stil (1898).

Parkanlagen: *Jardin de l'Arquebuse* (Avenue Albert Ier): Benannt nach dem bis zur Revolution genutzten Übungsgelände der Armbrustschützen. Pavillons (→Museen: Musée d'Histoire naturelle) und im Erdgeschoß urspr. offene Galerie 1. Hälfte des 17. Jh.; Erweiterungen und Terrassen um 1715, als man bereits einen Teil der Anlage zum öffentlichen Park verwandelte. Arkaden aus dem zerstörten Kreuzgang der ehem. Kartause v. Champmol (→Kirchen). Westlich anschließend der 1773 gegr. *Botanische Garten*. – *Parc de la Colombière* (s der Place Wilson): Im Auftrag Ludwigs II., Prinz v. Condé (genannt »der Große Condé«, Provinzgouverneur v. Burgund) ca. 1660–80 durch Antoine de Maerle*, einen Schüler des Gartenarchitekten André Le Nôtre, in dem v. Le Nôtre entwickelten geometrischen (»franz.«) Gartenstil angelegt. Klassizistischer (später hierher versetzter) Rundtempel (um 1780). Im N kleiner Abschnitt der röm. Fernstraße (sog. Via Agrippa). – *Jardin et Place Darcy:* Benannt nach dem Ingenieur Henri Darcy, der 1840 hier (damals noch am Stadtrand) ein Wasserreservoir baute. Garten und große Brunnenanlage um 1870–81; sö begrenzt v. der Porte Guillaume (1788), einem Triumphbogen für den Prinzen v. Condé (anstelle des ehem. Haupttors der Stadtbefestigung). Von den Plastiken sind bes. zu nennen: »Eisbär« (beim Haupteingang), Steinreplik der berühmten Gipsfigur des Tierbildhauers François Pompon* (1922); »Morgenröte« wohl v. Claude François Attiret* (Ende 18. Jh.); »Jungbrunnen« (bei der Porte Guillaume) v. Max Blondel*.

Umgebung

Chenôve (5 km s): Um 1900 noch ein Winzerdörfchen, bewahrt der im Laufe des 20. Jh. rasch gewachsene Ort seinen historischen und gut restaurierten Kern. – *Cuverie* (auch *Cellier*) *des Ducs de Bourgogne* (Rue R.-Salengro): In der ehem. herzoglichen Küferei 2 mächtige (bis 1927 betriebene) Weinpressen aus dem 13. Jh. (vielleicht im 15. Jh. teils erneuert), deren automatisches Preßsystem mit 2 steinernen Gegengewichten v. 15 t über 30 t Lesegut verarbeiten konnten (d. h. Wein für ca. 100 Fässer).

Étaules (9 km nw): Siedlungsgeschichtlich sehr interessante Befestigung auf einem steil abfallenden Felsvorsprung, die durch Bodenfunde seit der Jungsteinzeit gesicherte Wohnplätze schützte.

Fontaine-lès-Dijon (4 km n): Geburtsort des dem burgund. Adel entstammenden Kirchenlehrers und zisterziensischen Reformabts Bernhard v. Clairvaux (1091 bis 1153). Den historischen Ortskern prägt die Bausubstanz des 15.–18. Jh. Die got. *Kirche* (Ende des 14. Jh.) folgt noch den auf Schlichtheit, aber qualitätvolle Einzelausführung bedachten Baugesetzen des Zisterzienserordens; der urspr. einzig erlaubte Dachreiter wurde später zum Glockenturm ausgebaut. Im Tympanon »Trinität« (16. Jh.). Zur künstlerischen Ausstattung gehören u. a. die Figur des hl. Bernhard v. Antoine Le Moiturier* (1470); Altaraufsatz (um 1550), got. Pieta (Ende 15. Jh.); Hochaltar v. 1836. – *Ehem. Burg:* Einzig erhaltener Rest der später zum *Kloster* umgestalteten Anlage ist der ma Turm; Wohngebäude und Basilika v. 1880–93.

Lantenay (14 km w): In landschaftlich reizvoller Umgebung finden sich die Reste der ehem. *Herzogsburg* (12.–14. Jh.); in der got. *Kapelle Saint-Louis* stellen Wandmalereien (13. Jh.) Szenen aus dem Leben Jesu dar. – *Château Bouhier:* Schloß v. 1655– um 1730 für die Familie Bouhier, der mehrere Mitglieder des Parlement in D. angehörten. Im N-Pavillon bes. originelle Treppe (17. Jh.), deren Stufen über einem Halbtonnengewölbe aufgebaut wurden.

Mâlain (20 km w): Durch sehr ergiebige archäologische *Ausgrabungen* berühmtes Dorf mit stattlichen Bauernhäusern (18. Jh.) und der Ruine einer ma Burg. Das einstige *Mediolanum* (gleichnamig mit dem heutigen Milano/Mailand, einst Hauptort der kelt. Insubrer in Oberitalien) war vom 1. Jh. v. Chr. bis zum 3. Jh. n. Chr. wichtiger galloröm. Marktort: Man legte ein geschlossenes Viertel frei mit Hauptstraße, Platz, Läden, Werkstätten, Wohnhäusern usw. Auf dem Gelände veranschaulicht eine Ausstellung das Leben in jener Epoche (wichtige Funde auch im Archäologischen Museum v. D.).

Schloß Montculot (17 km w; nicht zu besichtigen): Die elegante, um die Mitte des 18. Jh. erbaute Anlage war beliebter Aufenthaltsort des Dichters Alphonse de Lamartine (1831 mußte er das v. seinem Onkel ererbte Anwesen jedoch verkaufen). Mehrere Gedichte - bes. in der Sammlung »Méditations poétiques« (1820), dem lyrischen Hauptwerk der franz. Frühromantik spiegeln Reiz und stimmungsvolle Atmosphäre des Schloßparks und der landschaftlichen Umgebung wider.

Rouvres-en-Plaine (14 km sö): Die vom 11. bis zum 14. Jh. regierenden Kapetingerherzöge hielten sich häufig in der (spurlos verschwundenen) Residenz auf, wo der letzte Herzog dieser Seitenlinie des franz. Königsgeschlechts 1361 an der Pest starb. - *Saint-Jean-Baptiste:* Der Chor (um 1233) folgt mit rechteckigem Abschluß und quadratischen Seitenkapellen den Baunormen des Zisterzienserordens; got. Querhaus und Langhaus um 1300. Die Wirkung des im Aufbau eher gedrungenen Inneren mit kargem plastischem Dekor belebt die Lichtführung: Während das Langhaus nur durch das W-Fenster direkt beleuchtet wird, flutet helles Licht durch die großen Querhausfenster in die Vierung. Zur Ausstattung gehören mehrere Plastiken v. hohem künstlerischem Rang, u.a. monumentale Johannes-Figur (um 1400); in der N-Kapelle Madonna, Johannes d. Ev. und Johannes d.T. (Anfang 15. Jh.), die der Werkstatt Juan de la Huertas* zugeschrieben werden. Chorgestühl (2. Hälfte des 16. Jh.) wohl aus dem Umkreis des bei der Fassadengestaltung und Innendekoration zahlreicher Stadtpalais in D. stilprägend beteiligten Hugues Sambin*. - *Schloß* (um 1704); die Kapelle wurde mit ägyptischem Marmor aus Luxor geschmückt.

Talant (3 km nw): Der seit dem 13. Jh. beurkundete Ort erhielt 1612 das Stadtrecht und entwickelte sich in den vergangenen Jahrzehnten zu einer Satellitenstadt. Geburtsort v. Eugène Pottier, der 1871 das Kampflied der internationalen sozialistischen Arbeiterbewegung (sog. Internationale) dichtete. - Schöner historischer Ortskern mit Häusern bes. aus später Gotik und Renaissance (15.-17. Jh.); nach dem Konzept des »offenen Freilichtmuseums« wurden hier erstmals in Frankreich Plastiken systematisch in den Straßen ausgestellt. - *Nativité de la Vierge:* Die sehenswerte frühgot. Kirche (Anfang 13. Jh.), einst Teil eines mächtigen Priorats v. Saint-Bénigne in D., birgt zahlreiche sehr qualitätvolle Skulpturen (14.-17. Jh.); mehrere Tafelgemälde (bes. 17. Jh.) - Von der um 1600 zerstörten Herzogsburg aus dem 13. Jh. blieb einzig ein großes Kellergewölbe erhalten.

Donzy
58 Nièvre

Einw.: 1890 | Höhe: 188 m | S. 319 □ B3

Bereits in gallorömischer Zeit war der Ort am Zusammenfluß von Talvanne und Nohain besiedelt. Seit dem 11. Jh. war er Sitz einer reichen und mächtigen Baronie, der Freiherren von Donzy, die lange gegen die Machtansprüche der Bischöfe von Auxerre und der Grafen von Nevers zu kämpfen hatten. Durch die Heirat des Hervé II. von Donzy mit Mahout de Cortenay, Erbin der Grafschaft Nevers, wurden Baronie und Grafschaft vereint (1199).

Sehenswert: Rund um die im 19. Jh. rekonstruierte Kirche *Saint-Caradeuc* liegt der alte Stadtkern mit schmalen, malerischen Gassen und zahlreichen schönen *Fachwerkhäusern* des 15.-17. Jh. - Die riesige *Burg* der Barone (12.-14. Jh.), die v. der Anhöhe aus die Stadt beherrschte, ist bis auf wenige Reste, u.a. den Bergfried, zerstört.

Umgebung

Bellary, Kartause v. (10 km s): Einsam inmitten v. Wäldern, wie es den Regeln der Kartäusermönche entsprach, wurde das Kloster 1209 v. Baron Hervé IV. de Donzy gegr. Die *Kirche* fiel im 15. Jh. einem Brand zum Opfer; Kapelle und Teile des Klosters sind erhalten; Konventsgebäude des 18. Jh., Portal v. 1788.

Donzy-le-Pré (Donzy), Notre-Dame-du-Pré, Engel im Tympanon

Donzy-le-Pré (Donzy), Notre-Dame-du-Pré, Jesaia im Tympanon

Donzy-le-Pré (1 km w): Ruinen der alten *Cluniazenserabtei Notre-Dame-du-Pré,* die 1107 v. Baron Hervé II. de Donzy gegr. wurde. Bedeutendes Denkmal der burgund. Romanik ist das Portal aus der Mitte des 12. Jh. mit reichem Ornament- und Figurenschmuck: im Tympanon die thronende Muttergottes mit dem Jesuskind zwischen einem Engel und dem ausdrucksvoll »porträtierten« Jesaja, über Maria die segnende Hand Gottes. Im kreuzgewölbten Narthex Kapitelle mit Pflanzen- und Flechtwerkornamentik. – Nahebei das *Haus des Priors* im Flamboyantstil und andere Gebäude derselben Zeit (15. Jh.).

Suilly-la-Tour (7,5 km sw): *Saint-Symphorien,* spätroman. Langhaus (12. Jh.), Chor, Querhaus, Turm und Portal Mitte 16. Jh. – Im N des Dorfes das *Château des Granges* aus dem 15. Jh., Ende des 16. Jh. erneuert: Rechteckanlage inmitten v. Wassergräben. In der Schloßkapelle manieristische Wandmalereien ital. Prägung aus dem frühen 17. Jh.

Druyes-les-Belles-Fontaines

89 Yonne

Einw.: 350	Höhe: 193 m	S. 319 □ B2

Beherrschend auf dem Hügel über dem ursprünglich stark befestigten Dörfchen (Mauerreste und Tor) die noch immer trutzige *Ruine* eines mächtigen Schlosses – eine der beeindruckendsten in Burgund. Der Ort im seit jeher gepriesenem anmutigen Quellgebiet soll auf die Klostergründung eines hl. Romanus zurückgehen (6. Jh.). Mehrere Höhlen (u.a. die sog. Grottes de Saint-Romain, angebliche Einsiedelei des Heiligen) lassen eine vorgeschichtliche Besiedlung vermuten.

Saint-Romain: Der nach der Überlieferung als Klosterkirche gegr. Bau aus dem 12. Jh. ist in seiner stilistischen Homogenität ein ausgezeichnetes Beispiel der roman. Sakralarchitektur. Geringe Veränderungen sind in den spätgot. Flamboyantfenstern des Querhauses und den wehrhaften Ausbauten (bes. an der turmverstärkten W-

Donzy-le-Pré (Donzy), Notre-Dame-du-Pré, Thronende Muttergottes im Tympanon >

Seite) des späten 15. Jh. zu erkennen. Der insgesamt schlichte Bau ist im einzelnen jedoch sehr sorgfältig durchgegliedert und akkurat ausgeführt. Dem gedrungenen Äußeren – schönes W-Portal (ohne Tympanon) – entspricht das v. massigen Wänden umschlossene Innere: Die Raumgestaltung beleben die Gliederung der O-Partie durch 3 Apsiden und die Überwölbung durch Spitzbogentonnen auch in den Seitenschiffen. Die Kapitelle im Chorbereich verzieren Menschen- und Tierdarstellungen.

Schloßruine: Die seit der 2. Hälfte des 12. Jh. erbaute Burg der mächtigen Grafen v. Auxerre (das Geschlecht der Courtenay stellte 3 Kaiser des Latein. Kaiserreichs v. Byzanz im 12.–13. Jh.) war 1369 an Herzog Philipp dem Kühnen übergegangen. Von den plündernden und brandschatzenden ehem. Söldnern aus dem 1453 beendeten Hundertjährigen Krieg wurde sie erheblich zerstört. Die wiederhergestellte Anlage erfuhr im Religionskrieg (2. Hälfte 16. Jh.) abermals schwere Schäden und verfiel endgültig zur Ruine. Doch auch noch die Reste der vorwiegend roman. und got. Bausubstanz fügen sich zu einem äußerst imposanten Ensemble: Ca. 2 m mächtige Mauern mit Eck- und Seitentürmen umschließen den weiträumigen Komplex über quadratischem Grundriß, der aus Gründen der Verteidigung nur durch einen Turm zugänglich war. Erkennbar sind der Wohnbau (gegenüber dem Eingang) und die Apsis der frühgot. Turmkapelle. – In den vorgelagerten Bereich der Wirtschaftsgebäude gelangte man durch ein Wehrtor (14. Jh.).

E

Entrains-sur-Nohain

58 Nièvre

Einw.: 1204 Höhe: 223 m S. 319 □ B3

Am Rande weiter Wälder und nahe dem Nohain-Ursprung liegt das Städtchen, das in gallorömischer Zeit als Verkehrsknotenpunkt große Bedeutung hatte: *Intaranum* befand sich an den Straßen nach Bourges, Orléans, Auxerre und Autun. Es war viel ausgedehnter als der heutige Ort und besaß mehrere Tempel und ein Theater. Viele der antiken Funde, die zum Großteil schon um 1700 ausgegraben wurden, gelangten in die Museen von Auxerre, Clamecy, Varzy, Nevers und Saint-Germain-en-Laye, sogar in den Louvre in Paris.

Musée Archéologique (Maison des Fouilles, Rue des Promenades): Jüngst entdeckte Funde sind hier ausgestellt, wie Keramiken, Münzen, Werkzeuge, Reliefs, die den Mithraskult bezeugen, Statuetten usw.

Saint-Sulpice: Kirche aus dem 13. und 16. Jh. mit schöner Barockfassade; im Inneren einige interessante Epitaphe des 16. Jh.

Maison de l'Amiral: Renaissancebau des v. König Heinrich IV. nach E. ins Exil verbannten Admirals de Bellegarde.

Château de Réveillon: Schloß aus dem 19. Jh. inmitten eines großen Parks.

Époisses

21 Côte-d'Or

Einw.: 700 Höhe: 266 m S. 320 □ D2

Stattliche Häuser aus dem 16.–17. Jh. erinnern auch im Dorf (hier wird ein zu den Delikatessen Burgunds zählender Weichkäse hergestellt) an den Glanz des berühmten Schlosses.

Schloß: Im frühen 7. Jh. erstmals als befestigter Wohnsitz der Frankenkönigin Brunhilde bezeugt, entstammt der bestehende Komplex in seinen ältesten Teilen dem 14. Jh. und wurde bis zum 18. Jh. erweitert (die Schäden des Religionskriegs waren alsbald ausgebessert). Nach mehrfach wechselnden Eigentümern seit der 2. Hälfte des 17. Jh. in kontinuierlichem Familienbesitz, beherbergte das bau- und kulturgeschichtlich interessante Ensemble u. a. mehrfach die Marquise de Sévigné, die mit ihren lebensvollen und geistreichen Briefen einen bedeutenden Beitrag zur franz. Literatur des 17. Jh. leistete.
Zwei im 16. und 18. Jh. erneuerte Mauerringe und ein (jetzt trockener) Graben befestigten das Schloß. Seine urspr. Anlage über dem Grundriß eines unregelmäßigen Sechsecks erschließt sich, wenn man die Terrasse (18. Jh.) im Innenhof einbezieht: Denn die Balustraden auf den alten Fundamenten zeichnen die Anordnung der 1793 niedergerissenen Gebäudeteile nach (der in der Revolution erzwungene vollständige Abbruch konnte verhindert werden). Jetzt befindet sich der Eingang zwischen Terrasse und vorderem Hof in der Tour d'Horloge (Uhrturm), d. h. gegenüber dem einstigen Zugang im ma Teil. – Die zugänglichen Räume zeichnen sich durch ihre sehr geschmackvolle Ausstattung aus, u. a.: der im Stil Ludwigs XIV. bzw. Ludwigs XV. möblierte *Grand Salon;* die *Chambre du Roi,* wo Heinrich IV. genächtigt haben soll, mit Bildnissen Ludwigs XIV., seiner Schwägerin Liselotte v. der Pfalz und Ludwigs II., Prinz v. Condé; der *Salon de Madame de Sévigné* im zeitgenössischen Stil Ludwigs XIII. Im Wirtschaftshof mit Gebäuden des 17.–18. Jh. außergewöhnlich großes Taubenhaus *(Colombier)* mit Verschlägen für 3000 Paare, das auf die Ausdehnung des Geländebesitzes schließen läßt (ein Privileg mit langer Tradition gestand 1 Taubenpaar je ca. 1,4 ha Land zu).
Ehem. Schloßkirche *Saint-Symphorien* (jetzt Pfarrkirche) aus dem 13. Jh. mit got. erhöhtem roman. Turm und spätgot. Seitenportal (15. Jh.). Das Altarblatt schildert das Martyrium des Kirchenpatrons (verkleinerte Kopie des Gemäldes v. Jean-Auguste-Dominique Ingres* [1834] in der Kathedrale v. Autun). Die Pieta (um die Mitte des 15. Jh.) wird dem am Doppelgrabmal Herzog Johanns ohne Furcht (→Dijon, Musée des Beaux-Arts) beteiligten Juan de la Huerta* zugeschrieben.

Époisses, Schloß

La Ferté-Loupière, Rundturm der Schloßruine

F

Farges-lès-Mâcon
71 Saône-et-Loire

Einw.: 197	Höhe: 330 m	S. 324 □ E4

Der kleine Ort, bis zur Französischen Revolution Sitz der Grundherrschaft der Bischöfe v. Mâcon.

Kirche: Der vierjochige, dreischiffige frühroman. Bau (11. Jh.) mit nichtvorspringendem Querhaus, mächtigem, quadratischem Glockenturm und Giebelfassade erinnert stark an Saint-Philibert in Tournus. Hier wie dort stoßen wir auf kleinteiliges, von dicken Mörtelschichten durchzogenes Mauerwerk, auf Blendarkaden und Lisenen, kurzum auf die charakteristischen Merkmale des sog. lombardischen Stils. Im *Inneren* ist das schmucklose Mittelschiff v. einer gurtlosen, auf gemauerten Rundpfeilern aufruhenden Tonne überwölbt, zu der sich die Tonnengewölbe der Seitenschiffe querstellen. Besondere Beachtung verdient das alte roman. Weihwasserbecken am schönen Portal aus dem 11. Jh.

Außerdem sehenswert: Überreste der alten *römischen Straße*. – *Gräber* aus galloröm. und burgund. Zeit. – *Schloß* aus dem 18. Jh.

La Ferté-Loupière, Saint-Germain, Totentanz, Detail

Ferté-Loupière, La 89 Yonne		
Einw.: 620	Höhe: 155 m	S.319 □ B2

Bodenfunde weisen eine befestigte Siedlung aus gallorömischer Zeit nach. Reste der mittelalterlichen Ummauerung und eine Schloßruine mit Rundturm (15.Jh.) zeugen (wie der Name) von der einstigen militärischen Bedeutung des stark bewehrten Orts an der Grenze zwischen den Grafschaften von Joigny und Champagne.

Saint-Germain (12.Jh. mit Veränderungen im 15.Jh.): Die Kirche ist wegen ihrer 1910 freigelegten got. *Wandbilder* (um 1500) berühmt: Die Geschichte der 3 Lebenden, die bei der Jagd auf die sie erwartenden 3 Toten treffen, und der Totentanz (französisch »danse macabre«) waren im 15. bis 16.Jh. beliebte, auch durch graphische Folgen weitverbreitete Versinnbildlichungen der Gleichheit aller Alter und Stände im Tod (sie gehörten aber nicht zu den offiziellen kirchlichen Themen). Das Tanzmotiv tritt im Laufe der ikonographischen Entwicklung allmählich zurück. Kennzeichnend für die zyklischen Kompositionen in meist drastischer Erzählung ist die paarweise Anordnung zunächst der Tänzer, später der Lebenden und Toten. Da diese moralisierende Gleichstellung dem späteren Standesbewußtsein entgegentrat, wurden die öffentlichen Darstellungen beseitigt oder überstrichen, so daß in Frankreich nur noch 6 derartige Zyklen erhalten blieben. – Bemerkenswert auch der »Kampf des hl. Michael mit dem Drachen« (16.Jh.) und die »Verkündigung«. Hölzerne Wendeltreppe des 17.Jh.

Umgebung

Grandchamp (13 km sw): Elegantes, v. den Wassergräben eines Vorgängerbaus umzogenes *Schloß:* Der horizontal betonte Baukörper des Wohntrakts (Ende 16.Jh.) ist durch die markante, steile Bedachung, deren Anordnung eine tiefere dreiflügelige

La Ferté-Loupière, Saint-Germain, Fresko: Michael mit dem Drachen

Anlage suggeriert, und die auch den Mittelteil flankierenden Rundtürme plastisch stark durchgegliedert. Die Wandflächen zwischen den hohen Fenstern des einzigen Hauptgeschosses beleben zudem quer- bzw. längsovale, farblich kontrastierende Zierfelder. – Die 1610–46 erbauten Wirtschaftsgebäude zeichnen sich durch raffiniertes Ziegelwerk an Türeinfassungen und Arkaden aus.

Ormes, Les (6 km s): *Kirche Nativité de Notre-Dame* (um 1660) über (für dörfliche Sakralbauten seltenem) ovalem Grundriß. – *Schloß Bontin* (w außerhalb; um 1590 bis um 1680), typisches, aber insgesamt eher schlichtes Beispiel des klassischen Baustils.

Flavigny-sur-Ozerain 21 Côte-d'Or		
Einw.: 420	Höhe: 426 m	S. 321 □ E2

Der außerordentlich sehenswerte, stimmungsvolle Ort bewahrt innerhalb der großenteils erhaltenen Befestigung seinen historischen Charakter in der Gesamtanlage wie auch in seinen (z.T. bereits sorgfältig restaurierten) Straßenzügen und altburgund. Einzelbauten. Die durch Funde seit der Steinzeit bezeugte Siedlung auf einem Felsplateau hoch über dem Flußtal war ab dem frühen Mittelalter ein bedeutendes geistiges Zentrum und vielbesuchter Wallfahrtsort, denn die angeblich schon 606 gegründete Benediktinerabtei barg seit dem 9. Jh. die Reliquien der hl. Regina aus →Alise-Sainte-Reine. (Wertvolle Handschriften der berühmten Klosterschreibstube befinden sich jetzt in der Bibliothek des Vatikans.) Diese Tradition belebten abermals die Einrichtung eines Dominikanerklosters 1848 durch Dominique Henri Lacordaire, der den 1790 in Frankreich verbotenen Orden neu gegründet hatte, und die Gründung weiterer kirchlicher Institutionen im 20. Jh. Im Laufe seiner bewegten Geschichte erlitt das zunehmend befestigte Städtchen schwere Schäden (887 durch die Normanneneinfälle, 1359 im Hundertjährigen Krieg) und spielte eine politisch wichtige Rolle im Religionskrieg: Flavigny war auf seiten der Königstreuen 1589–93 Sitz des burgundischen Parlaments, da sich Dijon der Liga angeschlossen hatte.

Eine seit dem Mittelalter berühmte Spezialität sind die (einst nur im Monopol der Abtei hergestellten) Anispastillen »Anis de Flavigny«.

Saint-Gênes (auch **Saint-Genest**): Die im 13. Jh. anstelle eines kleineren roman. Vorgängerbaus got. erneuerte Pfarrkirche – v. der Gemeinde wohl als Gegengewicht zur mächtigen Abtei verstanden – erhielt im 15. Jh. den polygonalen spätgot. Chorabschluß und wurde im 16.–17. Jh. um die Seitenkapellen erweitert; die ma Doppelturmfassade wurde im 18. Jh. verändert. Das Innere beeindruckt sowohl durch die Raumgestaltung (die hervorragende Akustik begünstigt die häufigen *Konzertveranstaltungen*) als auch künstlerisch vorzügliche Stücke der Ausstattung: Während das ungewöhnlich steile Hauptschiff nach einem Einsturz im 15. Jh. niedriger überwölbt wurde, blieb das Querschiff des 13. Jh. erhalten. Wie sich bes. an den Gewölben erkennen läßt, folgen die Kapellen dem Baustil ihrer jeweiligen Entstehungszeit. Die tonnengewölbte vorderste Kapelle der S-Seite entstammt wohl noch dem Vorgängerbau; dem roman. Portal entspricht ein Portal aus der Renaissance an der N-Seite. Im durch einen Lettner im got. Flamboyantstil v. der Gemeinde getrennten Chor kunstvoll geschnitztes Gestühl im flämischen Stil (um 1500) mit z.T. recht originellen Einzelmotiven; ausdrucksvolle Holzplastiken des 15.Jh.; Reliefmedaillons des 16.Jh. Außerdem sind unter den durchweg sehr beachtlichen Bildwerken und Altären des 14.-18.Jh. bes. zu nennen: Schnitzfigur Johannes' d. Ev. (frühes 15.Jh.) wohl aus dem Umkreis Claus Sluters*, dem auch die »Trauernde Maria« zuzuordnen ist; anmutiger Verkündigungsengel (15.Jh.); »Stillende Madonna« (14.Jh.).

Ehem. Benediktinerabtei Saint-Pierre: Die ma *Klosterbauten* wurden im 17.-18.Jh. im zeitgemäßen Stil des Spätbarock bzw. Klassizismus erneuert, d.h. in einer Epoche der v. den Benediktinern v. Saint Maur (auch Mauriner genannt) herbeigeführten Umstrukturierung, die die Aufgaben des Klosters wieder mehr auf Religion und Wissenschaft statt auf Politik und Wirtschaft konzentrierten. Nach der Aufhebung in der Revolutionszeit wurden die erhaltenen Gebäude zweckentfremdet genutzt und dienen z.T. bis heute der Anisfabrik. - Von der teils abgebrochenen *Kirche* bestehen nur noch die karolingische Krypta mit Oratorium und einige ma Elemente, z.B. das s Seitenschiff der Vorhalle (12.Jh.), Säulen des got. Langhauses (13.-14.Jh.); selbst diese Architekturfragmente zeugen noch v. vorzüglicher Steinmetzarbeit. *Krypta Sainte-Reine:* Die mit dem Langhaus ebenerdige Anlage unter dem erhöhten Chor für die Verehrung der Heiligenreliquien soll 864 vollendet gewesen sein; sie befindet sich ihrerseits über dem ältesten Teil (um 760) einer Kirche, die bereits die Reliquien des hl. Prixus geborgen hatte. Wiederverwendete rom. Säulen (aus Alesia?) mit aufgesetzten Kapitellen gliedern den halbrunden (vor dem

Flavigny-sur-Ozerain, Saint-Gênes, Verkündigungsengel >

Einzug der W-Wand im 18. Jh. vielleicht konzentrischen) Raum in 3 Schiffe, den ein Umgang für die Pilger umschloß; im s Teil ein karolingischer Pfeiler mit Band- und Pflanzenornamenten. Ein Verbindungsgang führt nach O in ein 1960 freigelegtes sechseckiges Oratorium *(Chapelle Notre-Dame-des-Piliers),* dessen Anlage über einem kreisförmigen Fundament wohl der karolingischen Krypta v. Saint-Germain in →Auxerre bzw. der Rotunde v. Saint-Bénigne in →Dijon anzunähern ist (möglicherweise bildete dieser Raum das Erdgeschoß einer geplanten oder ausgeführten doppelstöckigen Kapelle).

Befestigung und Ortsbild: Die Zugänge in den durch die mächtige ma Befestigungsmauer geschützten Ort sicherten starke Tore: *Porte du Bourg* (15. Jh.); *Porte du Val* mit innerem Tor (13. Jh.) - einziger erhaltener Teil der seit dem 12. Jh. bestehenden Wehranlage des Klosters - und v. wuchtigen Rundtürmen flankiertem äußerem Tor (15. Jh.). Der niedrigere Mauerdurchbruch (*Poterne;* Ruelle des Puits) wurde im 15. Jh. als Ausfallstor angelegt. Ein *Wachtturm* (Rue de la Cure) diente seit dem 15. Jh. der Beobachtung im Ortsinneren; gegenüber 2 got. Giebelhäuser.
Die historischen *Wohnbauten* zumeist aus Gotik und Renaissance (vereinzelt noch 13. Jh., bes. 14.-16. Jh.) fügen sich zu einem interessanten und stimmungsvollen Ensemble: z. B. Giebelhäuser, Fachwerkbauten, einfache Gebäude mit Wohngeschoß über ebenerdigem Vorrats- oder Wirtschaftsbereich; dazu typisch burgund. Treppentürme. - Bes. zu nennen sind u. a.: *Grande Rue: Hôtel Couthier de Souhey,* großzügiges Stadthaus v. 1709 (jetzt Seminar). - *Rue de l'Église: Maison Pierrat* (13. Jh.) mit geschnitzter Madonnenfigur (14. Jh.); 2 Renaissancehäuser (16. Jh.). - *Rue Crébillon:* spätgot. Haus (16. Jh.) mit Stilmerkmalen der Renaissance. - *Rue du Four:* 2 got. Häuser (13. Jh.). - *Rue Saint-Dominique:* In der *Maison Lacordaire* (13. Jh., mit großen Anbauten aus dem 19. Jh.) tagte einst das burgund. Parlement; ab 1848 Sitz des neugegr. Dominikanerklosters (jetzt Niederlassung der Dominikanerinnen).

Flavigny-sur-Ozerain, Gotisches Haus

Fontaine-Française

21 Côte-d'Or

Einw.: 820	Höhe: 230 m	S. 321 □ F2

Einst stark befestigte Enklave des französischen Kronlands im Herzogtum Burgund, woraus sich auch die Zusammensetzung des Ortsnamens erklärt. Am 5. 6. 1595 besiegte der französische König Heinrich IV. entscheidend die Truppen der Liga und die aus der Freigrafschaft Burgund (Franche-Comté) über die Saône vorgerückten Spanier und leitete damit das Ende einer langen, von religiösen Gegensätzen und territorialen Ansprüchen geprägten Kriegszeit ein; hieran erinnert ein *Denkmal* v. 1804 am Ort des Geschehens (Pré-Morot).

Schloß: Anstelle der seit Ende des 11. Jh. bestehenden Burg wurde 1754-58 nach Plänen eines Pariser Architekten das elegante Schloß im zeitgemäßen Stil des frühen Klassizismus erbaut (Mitte 19. Jh. restauriert); Wirtschaftsgebäude v. 1765. Hier waren Voltaire, Rousseau, Madame de Staël und Madame Récamier zu Gast.
Der w Eingangsfront entspricht die ebenfalls relativ schlichte ö Gartenseite: Sie wird geprägt vom Gleichgewicht horizon-

taler Flächengliederung durch weite Fensterabstände und vertikale Akzentuierung im nur gering hervortretenden Mittelrisalit; über dem Giebel eine (urspr. als Theatersaal geplante) Kuppel mit Terrasse (Figuren des Musenführers Apoll und des Wald- und Weidegottes Pan, der diesen als gewandter Flötenspieler zum schließlich verlorenen Wettstreit herausgefordert hatte). Eine breite Treppenanlage führt über die Stützmauern vorbei an einem kleinen Teich in den ausgedehnten Garten. – Zur sehr geschmackvollen, meist zeitgenössischen Innenausstattung gehören kostbare Bildteppiche des 17. Jh. mit den damals beliebten Motiven der Taten Alexanders d. Gr. oder ländlicher Szenen sowie kunstvoll gearbeitetes Mobiliar.

Umgebung

Beaumont-sur-Vingeanne (8 km s): Das reizende *Schlößchen,* das sich Claude Jolyot, Geistlicher am Hof in Paris, um 1724 hatte bauen lassen, galt seit jeher in Burgund als das eleganteste Beispiel dieses im 18. Jh. bei Adel und wohlhabendem Bürgertum beliebten Gebäudetyps zwischen standesgemäßer Wohnanlage und intimem Refugium auf dem Land. Als eines der wenigen seiner Art überdauerte es unbeschadet die systematischen Zerstörungen der Revolutionszeit. (Mit Führung zu besichtigen.)

Bèze (11 km sw): Berühmt sind die *Höhlen* und der *unterirdische Fluß:* Das auf einer Länge v. ca. 300 m befahrbare Gewässer, das die streckenweise versickerten Tille und Venelle speisen, gilt als das zweitgrößte unterirdische Flußnetz Frankreichs. – Vom ma Ort blieben Reste der Befestigungsmauer mit 2 Türmen (13. Jh.; die Tour d'Oysel wurde im 18. Jh. in ein Taubenhaus verwandelt) und 2 got. Häuser (13. Jh.) erhalten. – Vom einst mächtigen, 630 gegr. *Kloster* zeugen nur noch ein Gebäude aus dem 17. Jh. und roman. Arkadenfragmente (12. Jh.) im umgebenden Park. – Chor und Langhaus der got. *Kirche* (13. Jh.) wurden im 18. Jh. erneuert; außer mehreren beachtlichen Bildhauerarbeiten aus dem 16. Jh. birgt sie 2 anmutige got. Marienfiguren (14. bzw. 15. Jh.) burgund. Meister.

Mirebeau-sur-Bèze (20 km s): Mit Hilfe der Luftbildarchäologie konnte am linken Flußufer der Grundriß eines befestigten röm. *Legionärslagers* (um 70 v. Chr.) ausgemacht werden mit außerhalb gelegenen Thermen und zivilen Einrichtungen, das in verschiedenen Abschnitten ausgegraben wird. Auf dem rechten Ufer traten die

Flavigny-sur-Ozerain, Porte du Val

Reste eines galloröm. *Heiligtums* mit 2 Tempeln, Mauerring und Brunnen zutage. In einer kleinen Ausstellung werden die Fundstücke gezeigt. – In der sehenswerten frühgot. *Kirche* (Anfang 13. Jh.) mehrere got. Plastiken aus dem 15. Jh.; Chorgestühl aus der Renaissance (16. Jh.); barocker Hochaltar (18. Jh.).

G

Gourdon

71 Saône-et-Loire		
Einw.: 789	Höhe: 475 m	S. 323 □ D4

Das wunderschön auf einer Kuppe über dem Montceau-Becken gelegene alte *Gordunum* oder *Gurthonense monasterium*, bereits im 6. Jh. erwähnt, wurde im 7. Jh. zum Benediktinerpriorat erhoben und im 11. Jh. von Gregor von Tours, der hier den später heiliggesprochenen Eremiten Didier aufsuchte, in seinen Werken zitiert.

Kirche: Die schöne roman. Kirche aus grauem Sandstein, ein dreischiffiger, vierjochiger Bau mit vorspringendem Querschiff und achteckiger Trompenkuppel, geht auf das Ende des 11. Jh. zurück. Der geglückte dreigeschossige Wandaufriß des Mittelschiffs mit Blendtriforium verrät den Einfluß v. Cluny, während die v. Gurtbogen getragenen Kreuzgratgewölbe der 3 Schiffe für das Brionnais typisch sind. Der Chor ist mit Fresken aus dem 12. Jh. ausgemalt. Beachtung verdienen auch die archaisch anmutenden Kapitelle und eine Pieta (Holz) aus dem 15. Jh. sowie der 1845 entdeckte, heute in der Münzsammlung der Bibliothèque Nationale ausgestellte Merowingerschatz (Kelch und Hostienschüssel).

Umgebung

Château des Puits (2,5 km n): Im 17., 18. Jh. umgebauter ma Gebäudekomplex mit 2 Rundtürmen.
Chevagny-sur-Guye (19 km sö): Das alte *Cavaniacum ad Guyam*. – Im 15. und 19. Jh. umgebaute roman. *Kirche*. – Hübsche *Häuser* mit Galerie und Taubenhäusern.
Cray (13 km sö): Roman. *Kirche* aus dem 12. Jh. mit schönem Portal. Bemerkenswert die Fresken in der Apsis (14. Jh.), das roman. Taufbecken und die Paulusstatue aus dem 17. Jh.
Saint-Romain-sous-Gourdon (9 km sw): Roman. *Kirche* vom 11./12. Jh. mit eindrucksvollem Portal. – *Château d'Azu*, Schloß mit 3 alten Türmen, ehedem im Besitz der Familie Bossuet. – Spuren der alten *Römerstraße*. – *Camp de César* (in der Nähe soll Cäsar 58 v. Chr. die Helvetier geschlagen haben).

Grancey-le-Château

21 Côte-d'Or		
Einw.: 350	Höhe: 430 m	S. 321 □ F2

Die in eine Chronik des 14. Jh. aufgenommene Legende führt die Siedlungsgründung auf Überlebende des Trojanischen Kriegs zurück, die hier in einer Zyklopenburg Schutz gefunden haben sollen. Historisch bezeugt jedenfalls ist seit dem frühen Mittelalter das Lehen der Bischöfe von Langres, das im 13. Jh. in die Lehensfolge der Herzöge von Burgund überging.

Schloß: Der Anfang des 18. Jh. erneuerte Bau (Besichtigung nur nach Voranmeldung) setzt die seit dem 11. Jh. faßbare Tradition einer mächtigen Burg fort: Im 12. Jh.

Gourdon, Romanische Kirche >

Iguerande, Kirche

zur starken Festung ausgebaut, war sie Mitte des 15.Jh. großenteils niedergerissen und dem Verfall preisgegeben worden. Die bestehende Anlage (seit 1788 in kontinuierlichem Familienbesitz und 1960–65 gut restauriert) läßt die bes. im Zugangsbereich noch ma Bausubstanz erkennen (Tor und Umwallung mit 2 Gräben); ma Gewölbe und Fundamente wurden auch im Wohnbau wiederverwendet: Seine flache Bedachung folgt – im Gegensatz zu den steilen franz. Dächern mit Fenstergiebeln – ital. Vorbild; die Innenausstattung wurde im 19.Jh. vollendet.
Die Turmkapelle *Saint-Jean-l'Évangéliste* des 13.Jh. wurde im 14. und im 19.Jh. erweitert.

Saint-Germain (außerhalb am s Ortsrand): Die unter Verwendung eines frühromanischen Vorgängerbaus (10.Jh.) im 13.Jh. erneuerte und im 16.Jh. mit Turm umgebaute Kirche bewahrt Reste gotischer Wandmalereien und das gotische Chorgestühl des späten 14.Jh.

IJ

Iguerande 71 Saône-et-Loire		
Einw.: 1033	Höhe: 300 m	S. 323 □ D5

»Das Dorf der 7 Hügel«, ein landschaftlich reizvoller Ort, liegt zu Füßen seines massigen, hoch gelegenen Gotteshauses.

Joigny, Brücke über die Yonne, Altstadt und Saint-Thibault

Hier wurden Feuersteinfunde aus dem Paläolithikum gemacht.

Kirche: Sie ist ein dreischiffiger, dreijochiger roman. Bau vom Ende des 11. Jh. mit vorspringendem Querhaus, einem gedrungenen, achteckigen Glockenturm und einem fensterlosen, »dunklen« Mittelschiff (im Brionnais keine Seltenheit). Besondere Beachtung verdienen v.a. die vermutlich noch vor dem 12. Jh. entstandenen merkwürdigen *Köpfe* und das ungewöhnliche *Blattwerk* an den Konsolen und Kapitellen.

Joigny

89 Yonne

Einw.: 1100 Höhe: 81 m S. 319 □ B2

Eine ca. 998 errichtete Burg war im 12. Jh. zu einer stark befestigten Wehranlage erweitert worden, deren Ummauerung bis heute die Straßenführung des Altstadtkerns bestimmt. Die in jener Epoche der Grafen von Joigny, ihrerseits einflußreiche Lehensleute der Grafen von Champagne, zunächst außerhalb entstandene Siedlung dehnte sich bald nach Westen aus und wurde im 13. Jh. durch einen 2. Mauerring gesichert: Erst im frühen 19. Jh. brach man ihn großenteils ab, um das weitere Wachstum des nunmehr zum regionalen Verwaltungszentrum mit Garnison bestimmten, wohlhabenden Winzer- und Hafenstädtchens zu fördern. Eine Brandkatastrophe verwüstete Joigny 1530 bis auf das östliche Winzerviertel Saint-André und einzelne Gebäude im Stadtbereich; daher entstammt die Bausubstanz der am besten von der Brücke bzw. dem jenseitigen Quai de la Butte aus zu überblickenden Altstadt, die sich hinter der Uferbebauung ihren engen mittelalterlichen Straßen folgend den Hang hinaufzieht, zumeist der Zeit des Wiederaufbaus bis ins 18. Jh.

In Joigny geboren wurden u.a.: der Bildhauer Juan de Juni* (Jean de Joigny; 1506–77), Vorläufer der spanischen Barockbildnerei; die 1925 heiliggesprochene Madeleine Sophie Barat (1779-1865), Gründerin der Ordensfrauen vom Heiligsten Herzen Jesu; der besonders durch seine satirisch-ironischen bzw. groteskphantastischen Schriften und Theaterstükke bekannte Literat Marcel Aymé (1902 bis 67).

Saint-André (Place de la République): Die in der 1. Hälfte des 12. Jh. erbaute Kirche wurde noch vor 1530 nach W und um das n Seitenschiff erweitert. Sehr interessant veranschaulichen die beiden *Portale* der W-Fassade aus dem 16. Jh. den Wechsel vom spätgot. Flamboyant (großes Portal mit Weinrankenmotiv) zur Renaissance (Turmportal mit Säulen und der Darstellung des Martyriums des Kirchenpatrons). - Den älteren Teil des insgesamt schlichten Inneren überwölbt eine Holztonne. Got. Liegefigur (Ende 13. Jh.) vom Grabmal eines Grafen v. J.; einen Gefangenen erlösende Gnadenmadonna (Ende 16. Jh.); Pieta (14. Jh.).
Gegenüber die ehem. Kapelle des einstigen Kirchhofs **(Chapelle des Ferrands,** frühes 16. Jh.): Trotz tiefgreifender Veränderungen bei der Zweckentfremdung im 18. Jh. (Bedachung, Kamin, Durchbruch hoher Fenster) bewahrt der achteckige Bau noch schöne Teile seiner plastischen Außendekoration.

Joigny, Saint-Jean und Schloß

Saint-Jean (Place Saint-Jean): Nördlich des Schlosses überragt der langgestreckte, querschifflose Bau mit seinem wuchtigen W-Turm (barocke Bedachung Mitte 18. Jh.) die Stadt. Die spätgot. Kirche auf dem Gelände der urspr. Burgkapelle war nach 1530 großenteils zu erneuern und wurde 1596 v. Jean Chéreau* vollendet: Dieser Renaissancebau übernahm die O-Partie (aber mit neuem Chor) sowie das hohe Portal und folgt weitgehend der spätgot. Raumgebung. Charakteristische Schöpfungen des zeitgemäßen Baustils sind jedoch im lichten und - anders als das relativ nüchterne Äußere - mit sehr qualitätvollem plastischem Dekor verzierten Inneren bes. das Gewölbe des Mittelschiffs (seinen Schub leiten die äußeren Strebepfeiler ab), die Gestaltung der w Fenster und das Gesims mit den originellen (vielleicht an mittelalterliche Vorlagen anklingenden) Tieren und Fabelwesen. - Von künstlerisch hohem Rang ist das *Wandnischengrab* der 1187 verstorbenen Gräfin Adelaïs v. J.: Den Sarkophag mit der Liegefigur umstehen die Kinder; auf seiner Schmalseite eine Versinnbildlichung der Sterblichkeit nach der im MA weitverbreiteten und dabei romanhaft ausgeschmückten urspr. indischen Legende v. der Bekehrung des Prinzen Josaphat durch den Asketen Barlaam. Bewegte Figurenkomposition der *Grablegung Christi* (um 1550). Gemälde »Anna selbdritt« (Ende 15. Jh.) sowie mehrere Werke des 16.-17. Jh.
Gegenüber der Kirche die **Porte Saint-Jean** (12. Jh.).

Saint-Thibault (Place Saint-Thibault): Die 1490-1529 errichtete Kirche geht auf eine Kapelle zurück, die um 1075 anläßlich der Überführung der Gebeine des 1066 in Italien verstorbenen Heiligen in seine franz. Heimat (Provins, Dép. Seine-et-Marne) geweiht worden war. In ihr vereinen sich wesentliche Elemente des spätgot. Flamboyantstils und der Renaissance, wie schon außen an den Figurennischen der Strebepfeiler und den Fenstern zu erken-

Joigny, Saint-Thibault, Kirchenpatron über dem Hauptportal >

Joigny, Maison à l'arbre de Jesse

Joigny, Ältestes Wohnhaus der Stadt an der Place du Pilori, hl. Martin

nen. Über dem Hauptportal mit geschnitzten Türflügeln (1623) eine Figur des Kirchenpatrons. Im Inneren (auffallend der Chor mit sehr schönem Gewölbe [hängende Schlußsteine], der, breiter und höher als das Langhaus, leicht nach N abknickt) offenbart sich diese stilistische Eigenart am besten einerseits in der mit vorzüglichem Flamboyantdekor verzierten Nische am Treppenturm und andererseits an den Renaissanceformen der Kanzel. Zur vielfältigen Ausstattung gehören u.a. die Figur einer lächelnden Madonna (1. Hälfte des 14. Jh.) in einer Renaissancenische am 4. S-Pfeiler; eine größere got. Madonna (um 1380) unter der Orgel; Stifterfigur eines am Hof König Karls V. tätigen Bürgers v. J. Im Umgang Juan de Juni* zugeschriebene eindrucksvolle Fragmente des einstigen Lettners. Altar der 1779 in dieser Kirche getauften hl. Madeleine Sophie Barat.

Château des Gondi: Südlich der Kirche Saint-Jean 1569–1613 auf dem Gelände der ma Burg wohl nach maßgeblichen Plänen v. Jean Chéreau* errichtetes Renaissanceschloß. Der Architekt hatte sich v. den ital. Bauformen anregen lassen, wie sie Sebastiano Serlio seit 1537 in seiner Baulehre stilprägend dargelegt hatte und sie bereits für das Schloß →Ancy-le-Duc angewandt worden waren. Dem ö Pavillon (urspr. als Eckpavillon vorgesehen) folgte lediglich der fünfachsige Wohntrakt: Die größer geplante Gesamtanlage blieb unvollendet. Schloßherren waren die im Gefolge Katharinas v. Medici aus der Toskana nach Frankreich gelangten Grafen v. Gondi. Jean François Paul de Gondi, nachmaliger Kardinal v. Retz, einflußreicher Politiker und als Führer der Fronde Gegenspieler Mazarins, wurde hier mit seinen Geschwistern v. Vincent de Paul erzogen, dem späteren Begründer der neuzeitlichen Caritas.

Befestigung und Stadtbild: *Porte du Bois* (Rue Porte-du-Bois): Einziges erhaltenes

der 4 Tore in der Stadtmauer des 13. Jh. Die sich im MA relativ rasch entwickelnde Siedlung wuchs erst im 19. Jh. über die dann abgebrochene Ummauerung hinaus, deren Verlauf die Boulevards du Nord und Lesire Lacam sowie die Rue de la Guimbarde folgen. –
Porte Saint-Jean: Hauptzugang (12. Jh.) zur damals festungsmäßig verstärkten Burganlage. Die Sicherung gegen das Hinterland durch einen doppelten Mauerring bleibt in der Straßenführung um den Burgberg kenntlich. Im stimmungsvollen Ensemble der *Altstadt* herrscht die Bebauung des 16.–18. Jh. vor, die nach schweren Bombenschäden v. 1940 sorgfältig restauriert wurde. Charakteristisch für J. sind die reichen *Schnitzereien* an den Fachwerkhäusern. – Bes. sehenswerte Straßen und Plätze: *Rue Couturat–Rue Dominique Grenet* unterhalb der ma Burg. – *Rue Gabriel-Cortel* mit der *Maison à l'arbre de Jesse* (»Wurzel Jesse«-Haus), restauriert 1982. – *Rue Jacques-Ferrand* mit einem um 1630 erbauten Kloster (jetzt Schule). – Die *Rue Haute-Pêcherie* führt ins ehem. Fischerviertel. – *Place du Géneral-Valet* mit Brunnen (18. Jh.): Ehem. Rathaus (jetzt *Stadtbibliothek* und Sitz eines kleinen *Museums* des Protestantismus in Frankreich) v. 1725–27; an der NW-Ecke Hôtel Barry (Mitte 18. Jh.). – *Place du Pilori* mit dem spätgot., wohl ältesten erhaltenen Wohnhaus der Stadt (Anfang 16. Jh.): Die geschnitzten Seitenpfosten des Erdgeschosses sind mehrzonig aufgebaut (die Grotesken über kleinen Säulen dienen als Konsole für die Figuren Franz' von Assisi und Johannes' d. T. unter Baldachinen), der unten unverzierte Mittelpfosten zeigt auf einer Konsole mit Wappenspruch den hl. Martin. Die Dekoration zwischen den beiden Fenstern im Obergeschoß, dessen Gefach stärker verwittert ist, greift mit Porträtmedaillon und Rankenmotiv bereits Renaissance-Elemente auf.

Umgebung

Laroche-Saint-Cydroine (7 km ö): Zwischen beiden 1891 wegen ihrer verkehrsmäßigen Bedeutung durch den Bau der Eisenbahnstrecke und des Canal de Bourgogne zusammengeschlossenen Orten befand sich in galloröm. Zeit ein Flußhafen. – *Kirche Saint-Cydroine:* Eine frühchristliche Andachtsstätte wurde mit dem im 3. Jh. umgekommenen Märtyrer Sid(r)onius in Verbindung gebracht. Der bestehende Bau – einst zum Priorat der Benediktinerabtei v. →Charité-sur-Loire gehörig – zählt zu den wichtigsten *roman.* Architekturzeugnissen des Départements. Interessanter als das langgestreckte Hauptschiff (12. Jh.) sind Chor und Querschiff des späten 11. Jh. über dem Grundriß eines gleicharmigen Kreuzes. Der urspr. quadratische Turm wurde geschickt zum Achteck verwandelt; seine Geschosse sind – anders als das sonst schlichte Äußere – durch Blend- bzw. offene Arkaden lebhaft gegliedert. Im Querhaus deuten wieder vermauerte Arkaden auf geplante Seitenschiffe. Im plastisch eher karg gebliebenen Inneren fallen die weniger fein als originell skulptierten *Kapitelle* der Vierungspfeiler auf mit pflanzlichen Motiven, Tieren, Fabelwesen und menschlichen Köpfen. Die Reste der Wandmalereien des 12. Jh. (Kopf des hl. Andreas) sind nahezu vergangen. Barocker Hochaltar aus dem 18. Jahrhundert.

L

Lormes

58 Nièvre

Einw.: 1560 Höhe: 470 m S. 320 □ C3

Der kleine Ort wurde zwar 1125 erstmals erwähnt (als *Ulmus*), scheint jedoch schon

in gallorömischer Zeit besiedelt gewesen zu sein. Er liegt im reizvollen Hügelland des West-Morvan mit seinen Wäldern und fischreichen Bächen und Seen, das von der Anhöhe der Kirche Saint-Alban schön zu überblicken ist.
Vom gegenüberliegenden Mont de la Justice (470 m) bietet sich an klaren Tagen ein noch weiteres Panorama bis hinüber nach Vézelay.

Saint-Alban: Die Kirche wurde im neuroman. Stil 1865-67 erbaut; Hochaltar aus dem 18. Jh.

Umgebung

Bazoches (14 km n): Roman. *Kirche Saint-Hilaire* aus dem 12. Jh., im 16. und 17. Jh. umgebaut; Grab des berühmten Marschalls v. Vauban, Sébastien le Prestre (1633-1707), dessen Herz 1809 in den Pariser Invalidendom überführt wurde. – *Château de Vauban:* mächtige polygonale Burg mit 4 Rundtürmen und quadratischem Donjon des 15. Jh. Als Marschall de Vauban hier Burgherr war, ließ er die Anlage 1675 umgestalten, war er doch nicht nur ein berühmter Feldherr, sondern v. a. der bedeutendste europ. Festungsbaumeister des 17. Jh.
Brassy (11 km ö): Ehem. Sitz eines v. Cluny abhängigen Benediktinerpriorats des 11. Jh., v. der die *ehem. Klosterkirche* aus dem 12. Jh. erhalten ist (im 16. Jh. erneuert). Rechteckchor; Fenstermaßwerk im Flamboyant-Stil der Spätgotik; Turm des 19. Jh.
Gorges de la Narvau (2 km sw): Schattige Schlucht mit den Kaskaden des Flüßchens Auxois.
Lac de Chaumeçon (10 km ö): Einer der vielen fischreichen Stauseen des Morvan, 1933-35 in einer Schlucht des Flusses Chalaux angelegt, mit einer Ausdehnung v. 200 ha.
Der Lauf des Chalaux zwischen diesem See und dem weiter n gelegenen Lac de Crescent dient jeden Sommer nationalen und internationalen Kanu- und Kajak-Wettbewerben.
Saint-Martin-du-Puy (6,5 km nö): Schönes Morvan-Dorf auf einer Anhöhe am Rand des ausgedehnten Bois de Saint-Martin, der großenteils zum »Parc naturel du Morvan« gehört.

Luzy

58 Nièvre

Einw.: 2800	Höhe: 272 m	S. 323 □ C4

Inmitten der Hügel des Niedermorvan liegt am Alène-Ufer das ehem. *Lausea,* das erstmals im 4. Jh. erwähnt wird und in dem 496 Saint-Germain, der spätere Bischof v. Paris, geboren wurde. Im 9. Jh. Sitz einer Freiherrschaft, fiel der Ort 1442 an die Grafschaft Nevers.

Hôtel de Ville: Im Ratssaal des Baus, der im 18. Jh. als Stadtpalast eines Adligen errichtet wurde, sind herrliche *Wandteppiche* zu besichtigen. Sie wurden in der Gobelinmanufaktur Aubusson geknüpft (Anfang 18. Jh.) und illustrieren Racines »Esther«. Die freskierte Wanddekoration im Stil Louis-quinze ist ein Werk der Lancret-Schule.

Donjon der Barone v. Luzy: Der trutzige Rundturm (14. Jh.) gehörte zur einstigen Burg und enthält eine kleine Sammlung archäologischer und volkskundlicher Objekte.

Außerdem sehenswert: In der Stadt sind mehrere alte *Häuser* und Reste der früheren *Befestigung* erhalten. Ein bes. hübsches Ensemble liegt bei der neugot. *Kirche,* die eine Madonna mit Kind, die sog. Vierge Palluau (15. Jh.), und sehenswerte Grabsteine bewahrt.

Umgebung

Larochemillay (11 km n): Das alte, bedeutende *Château de la Roche* wurde 1721-24 wieder aufgebaut. Die Vorgängerburg war Vorposten des gallischen Oppidums auf dem Bibracte, dem heutigen Mont Beuvray im Dép. Saône-et-Loire, gewesen.
Mont-Dône (7 km nö): Auch die Kuppe dieses Berges nahm ein gallisches Oppidum ein, das zum Verteidigungsgürtel des Bibracte gehörte: Wallanlage, Megalithsteine.

Mâcon
71 Saône-et-Loire

Einw.: 39866 Höhe: 175 m S.324 □ E5

»Ce pays est d'une beauté douce et tendre qui épanouit le cœur« - »Dies Land ist von einer anmutigen und lieblichen Schönheit, die das Herz aufblühen läßt«, schrieb der Romancier Stendhal im 19.Jh. über das Mâconnais, in dessen Zentrum die Stadt Mâcon liegt, deren südländischen Charakter jeder Reiseführer rühmt.

Geschichte: Seit der Altsteinzeit lebten Menschen in diesem milden Klima. Das alte *Matisco* bestand vermutlich schon seit dem 3.Jh. v.Chr. und lag im Gebiet des bei Cäsar erwähnten Gallierstammes der Äduer: ein bedeutender Handelsort an der Saône. Die Römer errichteten hier ein Castrum. In den Wirren der Völkerwanderungszeit drangen die Burgunder, die ursprünglich von der Insel Bornholm in der westlichen Ostsee gekommen waren, immer weiter nach Süden vor. Mit Hilfe der Hunnen besiegte sie 436 der römische Feldherr Aetius in der Nähe von Mâcon. Diese Niederlage bildet den Hintergrund des viel später niedergeschriebenen Nibelungenliedes. Da die Römer kluge Strategen waren, wußten sie besiegte Völker für ihre eigenen Zwecke einzusetzen und siedelten deshalb die Burgunder 443 an Saône und Loire an: zum Schutz der Alpenpässe und ihres Vorlandes gegen andere raublustige Völkerscharen.
Die somit zu Bundesgenossen gewordenen Burgunder dehnten ihr Herrschaftsgebiet aus und gründeten das Königreich Burgund, als Roms Macht zerfiel. Königssitz war die Stadt Lyon, von der aus dann auch Mâcon christianisiert wurde. 534 eroberten die Franken Burgund und verleibten es ihrem Reich ein. Unter ihrer Herrschaft wurde Mâcon 536 Bischofssitz.

Mâcon, Panorama

Im Mittelalter stieg das Mâconnais zur Grafschaft auf, die seit 1239 zum Königreich Frankreich gehörte. Eine kurze Unterbrechung gab es, als die Grafschaft 1435 im Frieden von Arras an das mächtige Herzogtum Burgund kam und erst 1477 nach dem Tod Karls des Kühnen von Burgund – wie das ganze Herzogtum – wieder an die Krone fiel.
Im Hundertjährigen Krieg und während der Französischen Revolution litt die Stadt sehr, v.a. die Jakobiner demolierten im späten 18.Jh. zahlreiche Gebäude; ihre Wut richtete sich dabei hauptsächlich gegen die Kirchen. Die Revolution machte den Ort aber auch zur Hauptstadt des Départements – wie ja überhaupt die Département-Einteilung Frankreichs aus dieser Zeit stammt.
Heute lebt Mâcon nicht zuletzt vom Weinhandel für die Regionen Burgund im Norden und Beaujolais im Süden.

Ehem. Kathedrale Saint-Vincent: Die Bischofskirche erhielt 543 durch den Frankenkönig Childebert die Reliquien des hl. Vinzenz geschenkt und war v.a. im 13.–15.Jh. ein bedeutendes Wallfahrtsziel. Die roman. Kirche aus dem 11./12.Jh. wurde in Schiff und Chor während des 13.Jh. erneuert, während der Religionskriege zwischen Protestanten und Katholiken im 16.Jh. verwüstet und diente während der Revolution seit 1799 als Steinbruch. Deshalb blieben nur die 2 Türme und der Narthex erhalten. Die Türme standen einst am Anfang der Seitenschiffe, innen bergen sie das gewölbte Eingangsjoch (11.Jh.), das in das Mittelschiff des got. Langhauses führte. Westlich davon liegt der dreischiffige, einjochige Narthex aus der Mitte des 12.Jh.; sein Mitteljoch wurde später mit Kreuzrippengewölbe überfangen. Dort, in der Vorhalle, befindet sich heute das *Musée Lapidaire,* in dem eine Sammlung v. Bauornamentik der ehem. Kathedrale bewahrt wird. Hier sind auch die Reste des früher vom Turmjoch in die Vorhalle führenden roman. Portals zu besichtigen mit seinem stark restaurierten Tympanon. In 5 Reliefstreifen ist das *Jüngste Gericht* dargestellt.
»Der Vergleich mit dem Weltgericht im nahen Autun drängt sich auf: Beinahe gleichzeitig entstanden, geht es dort dramatisch bewegt zu; in Mâcon glättet sich die Komposition zur durchgehenden Streifenerzählung (wie sie für die Gotik charakteristisch werden sollte)« (Fegers).
Unten: Paradies, Christus empfängt die Seligen, Hölle mit Teufel und den Verdammten. Darüber: Auferstehung der Toten.
Im 3. Streifen sind vermutlich die Propheten des Alten Testaments dargestellt.
Im 4. Streifen des Reliefs: 6 Apostel, Maria und hl. Johannes als Fürbitter der Menschheit neben Christus (zerstört) in der Mandorla.
Im 5. Streifen symbolisieren Seraphe und Cherubinen die Himmelszone.

Hospice de la Charité: 1752–62 nach Plänen v. Jacques-Germain Soufflot*, dem Architekten des Pariser Pantheons, erbaut. Links des Mitteltraktes die Kapelle, rechts die Conciergerie mit dem »Tour des enfants abandonnés«, eine der wenigen erhaltenen »Drehtüren für ausgesetzte Kinder«: eine Art Drehtonne, in die v. außen das Neugeborene gelegt und die dann nach innen gedreht werden konnte. Während der »Absender« anonym verschwand, nachdem er die Nachtglocke geläutet hatte, nahm man im Hospiz den Findling in Empfang.
Von hohem architekturgeschichtlichen Interesse ist die ovale *Kapelle* mit ihrer elliptischen Kuppel. Schöne schmiedeeiserne Gitter im Louise-quinze-Stil an den Galerien. Neubarocker Hochaltar (Mitte des 19. Jh.)

Hôtel-Dieu: 1757–70 v. Melchior Munet* und Toussaint Leroyer*, 2 Schülern des Pariser Architekten Soufflot, erbaut, vielleicht mit dessen Beratung. Im Zentrum des Baus liegt eine überkuppelte Rotunde, die als Kapelle diente. In den an die umlaufenden Galerien angrenzenden Krankensälen konnten die Patienten vom Bett aus am Gottesdienst teilhaben. Die Fresken des Kuppeltambours stellen Szenen des Neuen Testaments und die Propheten Jesaja, Jeremia, Daniel und Micha dar (19. Jh.).
Sehenswert auch die *Apotheke* (ca. 1775) mit schönen Intarsien auf Schränken und Vertäfelung und alten Apothekergefäßen in Fayencetechnik.

Hôtel de Ville: Nobler Louis-seize-Bau, 1750-67 Stadtpalast für den Comte de Montrevel errichtet; das Innere im 19. Jh. z. T. verändert.
Beachtenswert die Stuckdekoration im Empfangssaal, die aufwendige Treppenanlage und die alten Küchen.

Maison du Bois (Place aux Herbes): Das schöne Fachwerkhaus, mehrstöckig über gemauertem Erdgeschoß, stammt aus dem frühen 16. Jh. Bes. reiche Schnitzereien am 1. Geschoß zeichnen dieses quasi als Piano nobile aus.

Hôtel Senecé (Rue Sigorgne): Adelspalais im Régencestil, 1715-20 erbaut. Giebelbekrönte Fassade, v. ionischen Pilastern gegliedert, mit schön geschmiedeten Balkongittern und Muschelornamentdekor. Die alte Innenausstattung ist erhalten: Stuckornamentik im Louis-quinze-Stil (auf das Régence folgender Dekorationsstil), Vertäfelungen, geschnitzte Türen, Möbel und Tapisserien.
In mehreren Salons sind Arbeiten des Kunsthandwerks v. der Gotik bis zum 18. Jh. ausgestellt. Zu erwähnen u. a. Keramiken aus Italien, Delft, Nevers und Rouen, chinesische Porzellanvasen des 11. Jh., Elfenbein- und Emailarbeiten, Aubusson-Teppiche des 17. Jh. Unter den Möbeln ist eine im Flachrelief verzierte Renaissancetruhe hervorzuheben. Ferner Gemälde franz., flämischer und holländischer Schulen sowie Entwurfszeichnungen v. Puvis de Chavannes*.
Seit 1895 ist das Gebäude Sitz der Akademie v. M. und beherbergt seit 1960 das *Musée Lamartine:* Alphonse de Lamartine war einer der bedeutendsten Dichter der franz. Romantik (*1790, seit 1811 Mitglied der Akademie seiner Heimatstadt M., †1869 in Paris).

Musée municipal des Ursulines (Rue des Ursulines 5): Es ist im ehem. barocken Ursulinenkonvent eingerichtet, der 1675-80 erbaut wurde.
Die Sammlungen umfassen u. a. prähistorische Objekte (→Solutré), gallaröm. und völkerwanderungszeitliche Funde, religiöse Skulpturen des 10.-17. Jh., jüdische Grabsteine, außerdem Arbeiten des regionalen Handwerks und Kunsthandwerks,

Mâcon, Saint-Vincent

Fayencen, Sèvres-Porzellan, Möbel und Malerei des 16.-20. Jh. Bes. hervorzuheben: »Dame mit Spiegel« (Schule v. Fontainebleau, 16. Jh.), »Mucius Scaevola vor Porsenna« v. Charles Lebrun* (17. Jh.), 2 Porträts v. Nicolas de Largillière* und Jean-Baptiste Greuze*, »Judith und Holofernes« v. Corrado Giaquinto* (alle 18. Jh.), »Die Ziegenhirtin« v. Puvis de Chavannes (19. Jh.).

Außerdem sehenswert: *Saint-Pierre* neuroman. Basilika, 1859-65 v. Berthier* erbaut. - *Bibliothèque municipale* (Place des Carmélites), deren Schatzkammer einige bedeutende illuminierte Handschriften des späten 15. Jh. sowie Manuskripte v. Werken Lamartines birgt.

Umgebung

Der *Circuit Lamartine* berührt eine Reihe v. eng mit dem Leben des romantischen Dichters Alphonse de Lamartine verknüpf-

ten Orten, unter denen die folgenden bes. sehenswert sind.
Bussières (11 km w): Roman. *Kirche* mit dem Grabstein des Abbé François Dumont, Lehrer und Freund des Dichters und Vorbild für die Hauptfigur v. dessen Versepos »Jocelyn« (1836).
Milly-Lamartine (12 km w): Hier verlebte Lamartine seine Kindheit. Doch mußte der hochverschuldete Dichter den Familiensitz – das Haus besteht noch heute – 1860 zu seinem größten Kummer verkaufen. Viele seiner Gedichte sind v. diesem schönen Ort inspiriert worden.
Saint-Point (25 km nw): *Château de Lamartine.* 1802 kaufte Pierre de Lamartine das aus dem 15./16. Jh. stammende Herrenhaus und schenkte es seinem Sohn Alphonse 1820 zur Hochzeit. Der Dichter restaurierte und vergrößerte es im neugot. Stil. Inmitten eines weiten Parks gelegen, birgt das romantische Bauwerk zahlreiche Erinnerungsstücke Lamartines und seiner Familie, z.B. sein vollständig erhaltenes Arbeitszimmer. Hier verkehrten u.a. Victor Hugo (1825), Eugène Sue und Franz Liszt (1845).
Bei der roman. *Kirche* die *Grabkapelle v. Lamartine* im neugot. Stil. Auf dem *Friedhof* mehrere interessante Grabsteine und ein Steinkreuz des frühen 19. Jh., die vielleicht v. dem Steinmetzen J.-B. Duport geschaffen wurden, dem Helden v. Lamartines Erzählung »Le Tailleur de pierre de Saint-Point«.

Malay
71 Saône-et-Loire

Einw.: 214 | Höhe: 216 m | S. 324 □ E4

Notre-Dame: Die Kirche des ehem. Priorats v. Cluny (noch unter dem hl. Hugo, dem baufreudigen Abt des Mutterklosters), gegen Ende des 11. Jh. begonnen (Chor und Querschiff), wurde um die Mitte des 12. Jh. vollendet. Dem majestätischen, ausgewogenen Äußeren mit seinem mächtigen quadratischen Glockenturm und den über das Dach hochgezogenen Giebeln entspricht im Inneren des dreischiffigen Baus eine ebenso wuchtige Vierung, ausgespart durch gewaltige Rundbogen, die die auf Trompen ruhende Kuppel tragen. – In der n Nebenapsis Wandmalereien aus dem 16. Jh.

Außerdem sehenswert: Ansprechende *Bauernhäuser* mit Außentreppe und Galerien, *Taubenhäuser.* – *Alte Mühlen.* – Überreste einer alten *Römerstraße.*

Umgebung

Burnand (5 km nw): Altes *Kirchlein* aus dem 11. Jh. mit einem Christusfresko (12. Jh.). – Stark restauriertes, v. Rundtürmen flankiertes *Schloß* aus dem 15. (bis 19.) Jh. mit glasierten Ziegeln.
Croix de Munot, La (4 km nw): Burgund. *Nekropole* mit über 400 Gräbern aus dem 6. und 7. Jh. Grabbeigaben im Musée Denon in Chalon-sur-Saône.
Ougy (2 km ö): Typische, gut erhaltene *Dorfkirche* aus dem 12. Jh. mit einem bescheidenen Schiff für die ländliche Gemeinde, einem halbkreisförmigen Chor als Sinnbild des Himmels und einem eleganten (als Besitz des Grundherrn bes. sorgfältig gebauten) Glockenturm mit einem steinernen Helm wie in Cluny. Das Rundbild des hl. Philipp vom Ende des 12. Jh. weist ebenfalls auf eine Verbindung zu Cluny hin.
Savigny-sur-Grosne (2,5 km n): Kleine *Kirche* mit Teilen aus dem 12. Jahrhundert (Chor). – *Clos de Montrachet,* ehem. v. Cluny aus betriebenes Weingut (heute noch bewirtschaftet). – Ausgezeichneter Ziegenkäse.

Marcigny
71 Saône-et-Loire

Einw.: 2611 | Höhe: 242 m | S. 323 □ D5

Der malerische Marktflecken liegt am Fuße der Hügel des Brionnais im Tal der Loire. Der strategisch wichtige Flußübergang von hier zu dem am anderen Ufer liegenden Chambilly besteht schon seit etwa 1000 Jahren und wurde von der Festung Semur aus bewacht und kontrolliert. Die Herren von Semur waren es auch, denen das alte *Marciniacum* seine Existenz verdankt, denn sie holten 1054 die Cluniazenser hierher, die ein Priorat gründeten. Um

dieses lagerte sich die Siedlung an, die wirtschaftlich von Straßenkreuzung, Brükke und dem schiffbaren Fluß profitierte.
Profanbauten: Die bedeutende Vergangenheit v. M. erklärt das Vorhandensein einer Reihe stattlicher Wohnbauten, unter denen Fachwerkhäuser des 16. Jh. und einige repräsentative Bauwerke des 18. Jh. bes. hervorzuheben sind: *Hôtel Cudel de Montcolon* (1730); *Hôtel de la Paix* (1777), ein in der Spätzeit des Ancien régime errichtetes Palais, das urspr. des Priorat gehörte; *Hôtel Jacquet-du-Chailloux,* das heutige Bürgermeisteramt.

Stadtmauer: Von der Anlage mit ihren vielen Türmen ist die sog. *Tour-du-Moulin* erhalten, die ungeachtet ihres Namens urspr. nichts mit einer Mühle zu tun hatte. Beachtenswert ist ihr alter Dachstuhl aus Kastanienholz. Im Turm ist ein kleines *Museum* mit ma Bildwerken und einer reichen Sammlung v. Fayencen untergebracht.

Ehem. Benediktinerprioratskirche Saint-Nicolas: 1054 stifteten Geoffrey de Semur und sein Bruder Hugo, Abt v. Cluny, den Cluniazensern ein Kloster, v. dem nur noch die roman., um 1125/35 erbaute, urspr. einschiffige Kirche steht. Während ihr Inneres später völlig verändert wurde, ist die roman. *W-Fassade* v. besonderem Interesse. Aus sorgfältig zurechtgehauenen Steinquadern ist sie sehr regelmäßig aufgemauert und im unteren Teil durch Blendbogen gegliedert. Schmalere Arkaturen, ornamentierte Pilaster mit reichen Blatt- und Rankenkapitellen sowie Säulen rahmen das Portal. Der obere Teil der Fassade, die Giebelwand, zeigt ein Rundbogenfenster, das sich zum Kirchenschiff öffnet, und kleinere Fenster zum Dachboden hin. Darüber ragt ein quadratischer Glockenturm mit pyramidenförmigem Dach auf, der möglicherweise aus dem 19. Jh. stammt oder im 19. Jh. erneuert wurde. Auch der Anbau im S gehört dem letzten Jh. an.

Umgebung

Saint-Martin-du-Lac (2 km s): Reizvolle, archaisch wirkende, roman. *Kirche* aus dem 11. Jh.

Massy

71 Saône-et-Loire

Einw.: 61 Höhe: 250 m S. 323 □ E5

Das alte *Maciagus,* ursprünglich dem Bischof von Mâcon unterstellt, der es im 10. Jh. der Abtei Cluny zum Geschenk machte, stieg bald zu einem Priorat auf.

Kirche: Bereits Anfang des 11. Jh. erhielt das Dörflein ein kleines einschiffiges Gotteshaus, das heute noch so gut erhalten ist, daß es mit seinem lisenenverzierten Glokkenturm als Musterbeispiel der burgund. Frühromanik gelten kann. Im Inneren beachtenswert: ein schönes roman. Weihwasserbecken und ein roman. Altar aus dem 11. Jh. sowie ein Holzaltar aus dem 18. Jh. Interessant auch die Grabsteine aus dem 15. Jh.
Die an die Kirche angrenzenden *Prioratsgebäude,* v. einer schützenden Mauer mit einem runden Eckturm eingeschlossen, stammen aus dem 15. Jh. (Restauration im 19. Jh.). Sie bilden zusammen mit der Kirche einen architektonisch recht ansprechenden Komplex.

Außerdem sehenswert: *Château de Zublé.* – Ruinen des befestigten Schlosses *Château de la Tour-du-Blé.* – Schöne, für das Mâconnais typische *Häuser* mit Galerie.

Metz-le-Comte

58 Nièvre

Einw.: 189 Höhe: 290 m S. 320 □ C3

Die alte Feste *Maers* (auch *Mehers*), von der nur noch wenige Spuren zu sehen sind, war der Ursprung der Macht der Grafen von Nevers, denn diese erhielten im Mittelalter die fast uneinnehmbare Feste von den Grafen von Autun zum Lehen und erwarben von hier aus in Raubzügen Reichtum und Ansehen. Dann eroberte der Herzog von Burgund die Burg, die in den folgenden Jahrhunderten unterschiedlichen Herren gehörte. 1590 fiel sie während der Hugenottenkriege an Pleuvant de Rochefort, Hauptmann der Armee der katholischen Liga (gegen die die königlichen Truppen Heinrichs IV. von Bourbon kämpften), wurde aber durch Louis von Gonzaga, den Herzog von Nevers (siehe dort), zurückerobert.

Notre-Dame: Auf einem Hügel (schöner Blick über das Yonne-Tal) erhebt sich die roman. Kirche des 12.Jh. über Rechteckgrundriß. Im W die Turmvorhalle mit interessantem Gewölbe und schönen Kapitellen. Die Chorfenster entstanden im 13.Jh.; im Chor ferner ein Steintabernakel in Form einer kleinen Kapelle aus der Zeit Ludwigs XII. (um 1500) und das schöne Grabmal der Gemahlin eines Chevalier de Saint-Aubin, Seigneur de Chalaux, vom Ende des 14.Jh.

Umgebung

Brèves (4 km nw): Der Name ist wohl v. Borvo, einer gallischen Quellgottheit, herzuleiten. Im 5.Jh. war der Ort eine der wichtigsten merowingischen Nekropolen, wie eine Vielzahl v. Grabfunden beweist. Die Grabbeigaben, Waffen, Schmuck, Gläser, Keramiken, sind im ehem. Corps de Garde de Sur-Yonne (12./13.Jh.) ausgestellt.
Reste des *Frühbarockschlosses,* 1610–24 durch François Savary de Damas* nach Plänen des berühmten Architekten Salomon de Brosse* erbaut.

Montbard, Tour de l'Aubespin

Molesmes

21 Côte-d'Or

Einw.: 260	Höhe: 256 m	S. 320 □ D2

Ehem. Benediktinerabtei: Von der 1075 durch Robert v. M. gegr. Anlage (der Begründer des Zisterzienserordens stiftete 1098 auch das Kloster in Cîteaux [→Saint-Nicolas-lès-Cîteaux]) des bis ins 15.Jh. für den Orden sehr bedeutsamen Klosters sind nur noch *Ruinen* erhalten: Teile des Kreuzgangs und Kellergewölbe des 13.Jh. Im 18.Jh. erneuertes *Konventsgebäude,* dessen sorgfältig restaurierte Räume teilweise zu besichtigen sind. – Die ehem. *Kirche* der Novizen aus dem 13.Jh. (jetzt Pfarrkirche) wurde im 19.Jh. (Turm und Orgel aus dieser Zeit) und 1970 restauriert. Sie birgt einen kleinen Schrein mit Reliquien des hl. Robert. – Konzertveranstaltungen im August.

Umgebung

Die Tradition der **Eisenerzverhüttung** und **Metallverarbeitung** in N-Burgund reicht bis in vorgeschichtliche Zeit zurück. Zahlreiche Orte dieser Region bewahren industriearchäologisch interessante Gebäude und Vorrichtungen meist aus dem 15.–19.Jh. In Buffon (→Montbard: Umgebung) bereitet man ein Museum der Eisenindustrie vor (Musée de la sidérurgie en Bourgogne du Nord).
Marcenay (12 km sö): Roman. *Kirche* aus dem 11.Jh. (Gewölbe im 15.Jh. erneuert; Turm des 18.Jh.), deren einem Vorgängerbau des 6.Jh. entstammende Krypta den Sarkophag des als Pfarrer hier tätigen hl. Vorelus birgt (→Châtillon-sur-Seine). – *Hochofen* v. 1742, den die Mönche des Klosters v. M. betrieben. – Man plant im ehem. Kohlenlager *(Halle à charbon)* eine ständige Ausstellung über die Regionalgeschichte sowie die Flora und Fauna rund um den See Lac de M.
Vertault (3 km s): Das Dorf ist berühmt wegen der archäologischen *Ausgrabungen.* Auf einem Felsplateau die Überreste einer

befestigten kelt. Siedlung, neben der in galloröm. Zeit (1.-2. Jh. n.Chr.) nach dem Vorbild röm. Stadtplanung der Ort *Vertillum* entstand (wohl um 400 wieder aufgegeben): Tempel, Forum, Thermen, Brunnen und einzelne Häuser sind anhand v. Mauerresten und Fundamenten zu lokalisieren. Reiches Fundmaterial (bes. im Museum v. →Châtillon-sur-Seine) veranschaulicht religiöses Brauchtum und Alltagsleben in der Spätantike.

Montbard
21 Côte-d'Or

Einw.: 8000	Höhe: 221 m	S. 320 □ D2

Dem Grafengeschlecht von Montbard entstammte die Mutter Bernhards von Clairvaux; einer ihrer Brüder gehörte zu den Initiatoren des Templerordens. Durch Tausch (gegen Époisses) an den Herzog von Burgund übergegangen, wurde Montbard (Stadtrecht von 1231) einer der Aufenthaltsorte der Kapetingerherzöge. - Geburtsort des Naturforschers Georges Louis Leclerc (1707-88), seit 1774 Graf von Buffon, dessen umfangreiche, auch sprachlich hervorragende Naturgeschichte die Entwicklung der Zoologie nachhaltig beeinflußte und der als Intendant der königlichen Gärten verschiedene fremde Pflanzenarten in Frankreich heimisch machte. Freund und langjähriger Mitarbeiter an der Naturgeschichte war der ebenfalls in Montbard geborene Arzt, Naturforscher und Politiker Louis Jean Marie Daubenton (1716-1800).

Saint-Urse (Ruelle du Paradis): Got. ehem. Schloßkirche aus dem 13. Jh. (Hauptschiff im 19. Jh. erneuert). Zu beachten ist ein lebensvolles Renaissancegemälde »Anbetung durch die Hirten« (1599). - Familiengruft der Grafen v. Buffon in der angebauten *Kapelle* (18. Jh.).

Ehem. Schloß und **Parc Buffon:** Die ma Grafenburg, einst eine der großartigsten Anlagen ihrer Art in Burgund, und spätere Herzogsresidenz verfiel nach ihrer Aufgabe im 17. Jh. 1740 erwarb sie Buffon, ließ die Ruinenteile abbrechen und verwandelte das Gelände in einen großzügigen Park, in den die Reste der Befestigungsmauer und die erhaltenen Bauten einbezogen wurden: *Tour de l'Aubespin,* 40 m hoher Bergfried (15. Jh.) mit kleinem *Archäologischem Museum:* u.a. Beigaben aus den Hügelgräbern der Umgebung und Fundobjekte aus galloröm. Villen. *Tour*

Ehemalige Zisterzienserabtei Fontenay (Montbard)

Saint-Louis (15. Jh.) mit einer *Ausstellung* über die Arbeit der beiden Naturforscher. *Porte du Couard:* Den *ehem. Torbau* ließ Buffon zum pavillonartigen Arbeitszimmer ausbauen. Vogeldarstellungen zur Illustration der Naturgeschichte durch den am Königshof tätigen Graphiker François Nicolas Martinet*. – In den *ehemaligen Stallungen* (Rue Daubenton, am Beginn der unteren Terrasse) aus der Mitte des 18. Jh. soll ein Buffon-Museum eingerichtet werden.

Außerdem sehenswert: *Hôtel Buffon* (Place Buffon): Das komfortable Wohnhaus ließ der Gelehrte ab 1733 anstelle seines Geburtshauses errichten. Schöner Hof unter geschickter Ausnutzung des Geländes. Auf dem Platz *Standbild* Buffons v. François Dumont*. – *Hôtel de Ville* (Rathaus; Rue Guillaume): Der Turmaufsatz mit Stundenschläger geht auf eine Stiftung Herzog Philipps des Guten (1430) zurück; bei der Erneuerung fügte man 1718 die Frauenfigur hinzu, 1868 das Kind.

Musée des Beaux-Arts (Rue Piron): Das 1980 in der ehem. *Kapelle Saint-Paul* (1870) eingerichtete Kunstmuseum zeigt u. a. Skulpturen – bes. Werke des in M. geborenen Bildhauers Eugène Guillaume* (1822–1905) – sowie Gemälde und Graphiken hauptsächlich aus dem 19.–20. Jh.

Fontenay (Montbard), Notre-Dame, Gotische Madonna

Umgebung

Asnières-en-Montagne (14 km nw): Die got. *Kirche* des 13. Jh. (im 19. Jh. unvorteilhaft restauriert), deren Kapitelle z. T. mit pflanzlichen Motiven, Tieren und Fabelwesen verziert sind, birgt mehrere Plastiken aus der Kapelle des ehem. Schlosses. – Ehem. *Schloß Rochefort* (w außerhalb. Wegen starker Baufälligkeit ist z. Zt. vom Betreten der Anlage dringend abzuraten.): Einsam ragt auf einem steil abfallenden Felsen die außerordentlich imposante Ruine des Ende des 15. Jh. in ausgezeichneter Bautechnik errichteten Schlosses empor (seinerseits Neubau einer Burg des 11. Jh.) – ein beeindruckendes Bildmotiv bereits für manchen Künstler der Romantik. Seit dem 17. Jh. nur noch teilweise genutzt, sollte die Anlage in der Revolutionszeit abgerissen werden, was aber nach Beseitigung der Dächer und Balken unterblieb (der fehlende Wetterschutz beschleunigte freilich den Verfall). Den einzigen, wehrhaft befestigten Zugang (z. Zt. vermauert) sicherte ein Graben mit Zugbrükke. Den dreigeschossigen Wohnbau flankierten urspr. 6 Türme. Bis heute bezeugen die (auch v. außen sichtbaren) schönen Steinmetzarbeiten z. B. an den Rahmungen v. Türen und Fenstern sowie der Kamine, die Stilmerkmale der späten Gotik und der Renaissance vereinigen, die einst gerühmte Eleganz dieses Schlosses.

Buffon (6 km nw): *La Grande Forge:* Gestützt auf seine mineralogischen Studien ließ der Naturforscher und spätere Graf v. Buffon 1768–72 das Hüttenwerk erbauen (mit 400 Arbeitern gegen Ende des 18. Jh. eines der größten Frankreichs) – ein wesentlicher Impuls für die Entwicklung der bis heute bedeutenden Eisenindustrie in M. Das größtenteils erhaltene Ensemble ist ein erstrangiges Denkmal der Industriearchäologie, geprägt v. dem am Praktischen orientierten Zeitgeist des Rationalismus: Die auf 2 Ebenen angelegten Bauten um-

Ehemalige Zisterzienserabtei Fontenay (Montbard), Kruzifix >

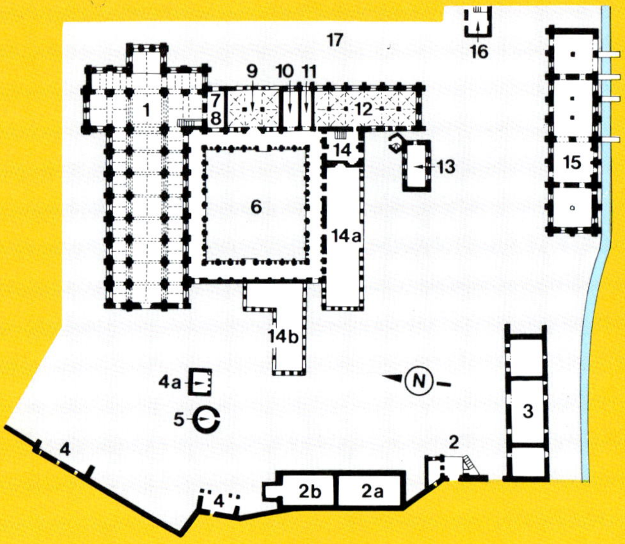

Marmagne (Montbard), ehem. Zisterzienserabtei Fontenay 1 Kirche Notre-Dame **2** Pförtnerhaus **2a** ehem. Besucherkapelle (jetzt Empfangs- bzw. Ausstellungsraum) **2b** ehem. Bäckerei **3** Gästebau **4–4a** Gesinde- und Wirtschaftsbauten **5** Taubenhaus **6** Kreuzgang **7** Sakristei **8** Bibliothek **9** Kapitelsaal **10** Parlatorium **11** Passage **12** Saal (Scriptorium?) **über 7–12** Dormitorium **13** Krankenbau **14** Wärmeraum **14a** Trakt aus dem 19. Jh. (Privatwohnung) **14b** Abtshaus (18.–19. Jh.) **15** Schmiede **16** Krankenbau, **17** ehem. Heilkräuter- und Küchengarten

fassen die Werksgebäude sowie (oberhalb) Wohnungen für die Beschäftigten, Fahrzeughallen und Stallungen. Im Hauptgebäude ist ein Museum der Eisenindustrie geplant (Musée de la sidérurgie en Bourgogne du Nord), deren Anfänge in dieser Region bis ins 1. Jtd. v. Chr. zurückreichen.
Grignon (15 km sö): Reizvoll gelegenes Dorf. Die got. *Kirche* (13. Jh.), im 15. bzw. 16. Jh. um 2 querschiffartig angelegte Kapellen erweitert, birgt zahlreiche qualitätvolle Plastiken bes. aus der Renaissance. – Die ma *Burg* (restauriert im 19. bzw. 20. Jh.) mit Zugang (11. Jh.), quadratischem Turm (13. Jh.) und Wohnbau (16. Jh.) wird auf eine historisch nicht genau zu bestimmende Wehranlage zurückgeführt, in der die (nach der Überlieferung im Jahr 253) als Märtyrerin umgekommene hl. Regina (→Alise-Sainte-Reine) gefangengehalten worden sein soll. Im Park eine moderne Figur der Heiligen v. François Dampt*.
Marmagne (3 km ö): Die um 1200 errichtete spätroman. *Kirche* bewahrt Vierung und unterstes Turmgeschoß eines vorroman. Vorgängerbaus aus dem 10. Jh. Das Gewölbe des Langhauses wurde um 1825 erneuert, der Turm in 2 Bauabschnitten (19. Jh.) auf 30 m erhöht.
Ehem. Zisterzienserabtei Fontenay (3 km nö v. Marmagne): In der UNESCO-Klassifikation »Kulturerbe der Welt«. Der Zisterzienserorden ging Ende des 11. Jh. aus der Reform des Benediktinerordens hervor.

Fontenay (Montbard), Pförtnerhaus

Das Kloster wurde 1118 v. Bernhard, Abt in Clairvaux (Ville-sous-la-Ferté, Dép. Aube), als 2. Tochterkloster jener Zisterzienserabtei gegr. und um 1130 wegen notwendiger Erweiterung aus dem Wald s v. Châtillon-sur-Seine hierher verlegt: Die Wahl des Standorts entspricht der Zielsetzung des Ordens, in Waldtälern mit fließendem Wasser (anders als die Benediktiner auf Bergen) ein gemeinschaftliches Leben der Meditation, geistigen Betätigung und praktischen Arbeit (Urbarmachung des Geländes und wirtschaftliche Autarkie) zu führen. Sie äußert sich auch in den (später jedoch teils wieder gelockerten) Baunormen des Ordens: Im Gegensatz zu den Cluniazensern (Anhänger der anderen großen Reformbewegung nach altbenediktischen Regeln) lehnten sie künstlerischen Schmuck (z. B. plastischen Dekor, farbige Figurenfenster, figürlichen Bodenbelag) in den bewußt schlichten, aber bautechnisch vorzüglichen Kirchen ihrer Klöster als mögliche Ablenkung v. der Meditation ab (ließen ihn jedoch in den Kirchen mit Pfarraufgaben zur Unterweisung der Gläubigen in begrenztem Umfang zu). Außerdem waren in die Gesamtanlage der Klöster auch alle für den Lebensbedarf notwendigen Gebäude einzubeziehen.

Der in seinem Kern nahezu vollständig erhaltene und sehr gut restaurierte Komplex gilt als Prototyp der frühen zisterziensischen Klosterarchitektur: Die Kirche wurde 1137–49 errichtet, die Klostergebäude waren Ende des 12. Jh. vollendet. Ein Privileg befreite die Abtei im 13. Jh. v. allen Abgaben; sie gelangte neben ihrer geistigen Bedeutung v. weitreichender Wirkung auch zu wirtschaftlichem Reichtum. Diese Entwicklung war jedoch nicht frei v. Rückschlägen und Stagnation, z. B. infolge v. Überfällen, gewinnorientierter Bewirtschaftung durch weltliche Äbte (seit Mitte 16. Jh.), Plünderungen im Religionskrieg (2. Hälfte des 16. Jh.). In der Revolutionszeit wurde das Kloster 1791 aufgehoben und als nationales Eigentum verkauft. Seit 1820 in kontinuierlichem Privatbesitz und

Fontenay (Montbard), Kreuzgang

bis 1906 als Papierfabrik genutzt, wurde es unter Beseitigung jener Gewerbebauten aus dem 19. Jh. hervorragend wiederhergestellt.

Die (ohne die abgebrochene Vorhalle) 66 m lange *Kirche Notre-Dame* (1) ist der älteste vollständig erhaltene Kirchenbau der Zisterzienser. Er folgt den Baunormen, die prinzipiell für alle Gründungen der Zisterzienser in Europa verbindlich waren: kreuzförmiger Grundriß zumeist mit Rechteckchor, den (in der Regel je 2) ebenfalls gerade geschlossene Seitenkapellen in der Breite des Querhauses flankieren; Dachreiter (hier über der Stirnwand des s Querschiffarms) statt eines großen Glokkenturms. Im Inneren bleibt die Vierung nur am Kreuzquadrat zwischen Lang- und Querhaus kenntlich, da die spitzbogige, v. Gurten gegliederte Gewölbetonne des 8 m breiten und ca. 17 m hohen Hauptschiffs bis zur Triumphbogenwand vorgezogen ist, die 5 gestaffelte Fenster durchbrechen. Quer hierzu verlaufen die Gewölbe der Seitenkapellen, die – untereinander in einer Flucht verbunden – die Seitenschiffe bilden, und der Querhausarme. Die *Raumgestaltung* ist durch äußerst harmonische Proportionen, die hohen Spitzbogenarkaden in den einfach strukturierten Hauptschiffwänden und die rhythmische Gliederung durch die Gewölbegurte v. einer Eleganz, die die Schwere der Mauern und Gewölbe mindert. Diese Wirkung steigert noch die Lichtführung bes. durch die Fenster in den Stirnwänden des Hauptschiffs bzw. Chors (den Baunormen entspricht auch die erneuerte, rein geometrisch-ornamentale Farbverglasung).

Ausstattung (siehe auch unten: Touillon): Die um 1300 geschaffene got. *Madonna* (n Querhausarm) gehört zu den schönsten Marienfiguren des franz. MA. Auch in der Rückseite voll ausgearbeitet, war sie wohl seit jeher frei (im Chor?) aufgestellt. Das überlebensgroße Kunstwerk zeichnet sich durch die ausdrucksvolle Verbindung v. majestätischer Würde in der Haltung und intimer Zuwendung v. Mutter und Kind aus, wie sie die lebensvollen Gesichter und

Fontenay (Montbard), Kapitelsaal

Fontenay (Montbard), Arrestraum

die Bewegung äußern. – Außerdem bes. zu beachten: Altaraufsatz (im Chor) mit der eindringlichen Darstellung des Gekreuzigten; an den Seiten Szenen aus Passion und Marienleben (Anfang des 14. Jh.). Mittelalterliche Grabplatten (Chor), Grabmal mit Liegefiguren (s Querhausarm) um 1400.

Klosteranlage: Der Komplex wurde im 15. Jh. durch eine Mauer gesichert. Zugang durch das Pförtnerhaus (2); r der Gästebau (3); l schloß sich ein Trakt mit der Kapelle für die Besucher ([2a]; jetzt Empfangs- bzw. Ausstellungsraum) und der Bäckerei (2b) an. Dem Mauerverlauf nach N folgend, höchstens in geringen Resten erhaltene Wirtschaftsgebäude bzw. Gesindebauten (4–4a); Taubenhaus (5).

Dagegen sind die den Mönchen vorbehaltenen Konventsgebäude um den Kreuzgang (6) gruppiert und so unmittelbar mit der Kirche verbunden: Wirkt er vom Kreuzgarten her (bes. wegen der starken Stützpfeiler) und im Inneren (wegen des Verhältnisses der Breite zur Höhe) auch eher gedrungen, so verleihen ihm die hohen Arkaden mit jeweils doppelbogig angeordneten Wandöffnungen, deren Bogen auf Doppelsäulen mit Blattkapitellen aufsitzen, und die Gewölbeführung dennoch viel Eleganz. An seiner O-Seite der schöne Kapitelsaal ([9]; die Kapitelle entsprechen denjenigen im Kreuzgang) über urspr. quadratischem Grundriß (ö reduziert im 15. Jh.), den Sakristei (7) und Bibliothek (8) vom s Querschiffarm der Kirche trennen. Südlich anschließend das Parlatorium (10), wo sich die sonst zum Schweigen verpflichteten Mönche unterhalten konnten. Nach einer Passage (11) zwischen Kreuzgang und Gartenbereich (17) folgt ein Saal ([12]; vielleicht der Schreibraum/Scriptorium), der sich weit über den 38 m langen Flügel des Kreuzgangs nach S hinaus erstreckt. Über dieser gesamten Anlage (7–12) befand sich der durchgehende Schlafsaal der Mönche (Dormitorium) mit mächtigem hölzernem Dachstuhl (im 15. Jh. nach Brand erneuert), wo niedrige Trennwände die einzelnen Strohlager begrenzten; seine Treppe führte direkt in den s Querarm der Kirche. Am S-Ende dieses Trakts der rechtwinkelig anschließende Krankenbau ([13]; im 16. Jh. erneuert) und ein Arrestraum. An der SO-Ecke des Kreuzgangs der (außer der jetzt fehlenden Küche) einzige beheizte Raum (14) zum Aufwärmen, der später (wohl als Schreib- und Malatelier) nach W erweitert wurde. Er grenzte an den ebenfalls verlorenen Speisesaal/Refektorium, der mit der Küche rechtwinklig vom S-Flügel des Kreuzgangs ausging (das parallel zu

Fontenay (Montbard), Flügel des 19. Jahrhunderts

diesem Flügel gelagerte Gebäude [14 a] entstammt dem 19. Jh.). Westlich (und damit bereits außerhalb des Kreuzbereichs) folgten die Küche und ein Gebäude mit Vorratsräumen und dem Schlafsaal der Laienbrüder. Das Abtshaus am W-Flügel des Kreuzgangs (14b) wurde im 18. bzw. 19. Jh. erneuert.

Außerdem umfaßt der Komplex am Fluß noch eine ebenfalls vorzüglich gebaute, große Schmiede ([15]; hier soll eine Ausstellung zur Industriegeschichte eingerichtet werden), einst verbunden mit einer Mühle auf dem gegenüberliegenden Ufer, und im O einen weiteren Krankenbau (16) sowie Heilkräuter- und Küchengarten (anstelle der jetzigen Rasenbeete [17]).

Montfort (6 km s v. M.): Imposante Ruine (bis auf weiteres wegen Restaurierung nicht zugänglich) einer um 1070 errichteten, im 13.–14. Jh. festungsartig ausgebauten *Burg* mit hohen Mauern zwischen den 3 erhaltenen achteckigen Türmen.

Moutiers-Saint-Jean (11 km sw v. M.): Einst Sitz des ältesten Klosters in Burgund, das der hl. Jean de Réôme 425 gegr. hatte. Die im MA bedeutende Institution mit zahlreichen Niederlassungen wurde nach wiederholten Plünderungen und Zerstörungen bes. im 16. Jh., aber auch einem neuerlichen Erstarken im späten 17. Jh. schließlich in der Revolutionszeit aufgehoben. Die roman. Kirche (12. Jh.) wurde abgerissen, während man die Klosteranlage landwirtschaftlich nutzte: Einzig erhaltener Rest des ma Komplexes ist ein Portal (14. Jh.), andere Fragmente der Bauplastik gelangten in das New Yorker Museum The Cloisters; einige Gebäude des 17. Jh. – Die roman. *Dorfkirche* (12. Jh.) mit im 15.–16. Jh. angefügten Kapellen und späteren Veränderungen birgt mehrere vorzügliche Skulpturen (vielleicht aus Klosterbesitz): u. a. got. Madonna (um 1400), die Figuren der hll. Paulus, Petrus und Katharina (jeweils 1. Hälfte des 15. Jh.) sowie der hll. Barbara, Dionys und Nikolaus (spätes 15. Jh.). – Mitte des 17. Jh. unter Beteiligung v. Vincent de Paul (Initiator der neuzeitlichen kath. Caritas) gegr. *Hospital* mit einer interessanten *Sammlung* v. Apothekerinstrumenten und Küchengeräten (17. bis 18. Jh.).

Rougemont (11 km nw v. M.): Hübsches Dorf in noch ma Anlage mit historischer Bausubstanz. Roman. Bergfried und Ummauerung der *Burg*. – *Kirche Notre-Dame:* Der unvollendete Bau (2. Hälfte des 13. Jh.) gehörte zu einer Benediktinerinnenabtei, die man 1673 nach Dijon verlegt hatte, und wurde wohl im Hundertjährigen Krieg zur Verteidigung im W verstärkt. Westliches

Montceaux-l'Étoile, Kirche

Mittelportal mit Figuren und unvollendetem Tympanon (Anfang 14. Jh.); jetzt leere Figurennischen. Auch im Inneren lassen Proportionen und Wandstrukturen erkennen, daß der Bau nicht mehr in seiner geplanten Länge und reicheren Gliederung ausgeführt wurde. Der Chor wurde wohl erst im frühen 16. Jh. (nach Abbruch des eigtl. Chors) aus einem Schiffsjoch gewonnen. Schönstes Werk des Figurenschmucks aus dem 13.–16. Jh. (im Inneren sind auch einige Fragmente des W-Portals gesammelt) ist die anmutige got. Madonna mit der Weintraube. – Die ehem. Konventsbauten gingen in den umliegenden Bauernhäusern auf.

Touillon (10 km nö v. M.): In der *Kapelle* (Ortsteil Le Petit-Jailly) mehrere Kunstwerke aus Fontenay: u.a. eine gemäß der bildnerischen Ausformung des got. Stils im späten 14. Jahrhundert betont bewegte Madonna.

Villaines-en-Duesmois (19 km nö): *Saint-Médard:* Die got. Kirche (15. Jh.) mit schönem Portalvorbau (16. Jh.) birgt eine sehenswerte Madonnenfigur aus dem frühen 14. Jh. – Die 4 trutzigen *Rundtürme* (jenseits der Laigne) mit geringen Resten der Ummauerung bildeten die Ecktürme einer sonst zerstörten herzoglichen Sommerresidenz aus dem 14. Jh.

Montceaux-l'Étoile

71 Saône-et-Loire

Einw.: 310 Höhe: 270 m S. 323 □ D5

Das alte *Mons Cellis,* später zu Monticella zusammengezogen, zeichnet sich, wie so viele Dörfer im Brionnais, durch ein schönes roman. Gotteshaus aus.

Kirche: Berühmt gemacht hat den einschiffigen Bau (12. Jh.) mit viereckigem Glokkenturm und rundem Chorschluß das skulptierte *Portal,* ebenfalls aus dem 12. Jh., das zu den Meisterwerken der Brionnaiser Romanik zählt. Dargestellt ist, wie auf den burgund. Portalen so häufig, die Himmelfahrt. Christus, in der Mandorla stehend, in der Rechten wie ein Zepter das Kreuz, wird v. 2 stark bewegten, mit einer Hand zum Himmel emporweisenden Engeln in die Höhe getragen. Darunter Maria und die 11 Jünger sowie 2 schöne junge Männer, Sendboten Gottes, alle offensichtlich sehr erregt und heftig gestikulierend.

Das Besondere an diesem Portal ist, daß Bogenfeld und Türsturz aus einem einzigen Stein gearbeitet sind, was dem Meister ermöglichte, durch eine tiefe Höhlung über den Köpfen der Jünger die Illusion des

Montceaux-l'Étoile, Kirche, Portaltympanon

Montceaux-l'Étoile, Kirche, Portal >

Montceaux-l'Étoile, Kirche, Portaltympanon: Zeugen der Himmelfahrt

Montceaux-l'Étoile, Kirche, Portaltympanon: Kapitell

Himmelsgewölbes erstehen zu lassen. Die die inneren 3 Bogen der Laibung tragenden Säulen der Portalrahmung sind mit Figurenkapitellen verziert. Auf dem linken kämpft ein mit Schurz und Lederkappe bekleideter, sich durch einen Buckelschild schützender Krieger gegen einen dreiköpfigen Adler, auf dem rechten kniet ein Heiliger mit verhüllten Händen vor einem auf die Himmelfahrt weisenden Engel. Dazu kommen auf der Innenseite der das Tympanon tragenden Kragsteine auf der rechten Seite eine Sirene und auf der linken der mit einem Kettenhemd bekleidete Erzengel Michael im Kampf gegen einen froschfüßigen Teufel mit riesigem Kopf und Maul und hinter den Ohren angewachsenen Flügelstummeln.

Auch dieses Portal weist im Bildprogramm natürlich auf das Mutterkloster Cluny zurück. In der Gestaltung der Gewänder wie in der Verselbständigung der Figuren dagegen erinnert es an die Seitenportale v. Vézelay.

Montréal 89 Yonne		
Einw.: 280	Höhe: 250 m	S. 320 □ D2

Das weithin sichtbare, in seinem ma Erscheinungsbild sehr sehenswerte Dorf hoch über dem Flußtal soll im 6. Jh. eine Residenz der fränkischen Königin Brunhilde gewesen sein und spielte im Mittelalter und bis zum Ende des 16. Jh. wegen seiner Lage (lange Zeit auch an der Grenze zwischen Burgund und der Grafschaft Champagne) eine wichtige strategische Rolle. Die Verstrickung des einst durch mehrere turmbewehrte Mauerringe stark befestigten früheren Städtchens in nahezu alle Kriege, die diese Region auch im Zuge weiträumiger politischer Auseinandersetzungen bedrängten, hatte häufige Zerstörungen und Plünderungen zur Folge. Seit dem 11. Jh. bis 1255 Stammsitz eines mächtigen Adelsgeschlechts (die mittelalterliche Burg ist völlig verschwunden), fiel Montréal zu-

Montceaux-l'Étoile, Kirche, Portaltympanon: Kapitell

Montréal, Ehemalige Schloßkirche Notre-Dame, Rundbogenportal

nächst dem Herzogtum zu, ging nach dem Tod Karls des Kühnen (1477) schließlich jedoch an den französischen König über. Das stimmungsvolle *Ortsbild* prägen noch immer geschlossene Mauerzüge bzw. Reste v. Türmen und anderen Einzelbauten der *Befestigungen,* die teils in Häuser oder Gärten integriert wurden. Auch die beiden Zugänge Porte d'En-Bas und Porte d'En-Haute sowie die jetzige Friedhofsmauer neben der Kirche gehörten zu dieser Wehranlage aus dem 13.-14. Jh., die König Heinrich IV. 1597 abbrechen ließ.

Ehem. Stiftskirche Notre-Dame (Ende 12. Jh.): Sie gehörte zu einem angeblich 1068 gegr. Augustinerstift. Das spätroman. Gebäude wurde durch Eugène Emmanuel Viollet-le-Duc* restauriert, der im 19. Jh. maßgebliche Autorität bei der Wiederherstellung und Pflege ma Bauten in Frankreich war. Die W-Fassade (frühes 13. Jh.) im sonst schlichten Äußeren zeichnet sich durch ein breites, zurückhaltend elegant verziertes Stufenportal und ein großes Rundfenster aus. Das Innere ist harmonisch gegliedert; die plastische Ausführung auch im Detail sehr sorgfältig: Ansätze frühgot. Lineaments zeigen sich z. B. in den Knospenkapitellen der W-Partie.

Hervorragendstes Stück der künstlerisch z. T. vorzüglichen Ausstattung ist das angeblich teils durch König Franz I. gestiftete *Chorgestühl* (1. Hälfte des 16. Jh., mit einigen späteren Ergänzungen). Das den Brüdern Rigolley* zugeschriebene Werk (die Trinkszene soll die Meister bei einer Arbeitspause darstellen) zeugt v. großer bildnerischer Kreativität und virtuoser Kunstfertigkeit: Es bezaubert durch die realistische Darstellung biblischer Szenen und Episoden aus dem ländlichen Alltag. Auch die Stützen an den Unterseiten der Klappsitze zum Anlehnen bei längerem Stehen (sog. Miserikordien) sind wegen ihrer bes. im MA beliebten reichen Verzierung mit häufig satirisch-amüsanten Motiven zu beachten. Rahmenpilaster und

Montréal, Notre-Dame, Chorgestühl: Heilung eines Aussätzigen

Montréal, Notre-Dame, Chorgestühl: Taufe Jesu

Muscheln sind bereits Dekorationselemente der frühen Renaissance in der eigtl. noch got. konzipierten Komposition. – *Altar* (englische Alabasterarbeit des 15. Jh., neugot. gerahmt im 19. Jh.) mit Szenen aus dem Marienleben und (in der Mitte) Darstellung der sog. Gregorsmesse (aufgrund einer Vision erscheint bei einer Messe Papst Gregors d. Gr. Christus als Schmerzensmann auf dem Altar zum Beweis seiner Gegenwart in Brot und Wein). – Flügelaltar (16. Jh.). – Spätgot. Pult und Abtsstuhl.
Benachbart die **Porte d'En-Haut** mit den Glocken der Kirche (ein Turm war aus statischen Gründen hier, am Rand des Plateaus, wohl nie geplant).

Mont-Saint-Vincent 71 Saône-et-Loire		
Einw.: 338	Höhe: 603 m	S. 323 □ E4

Der hoch über dem Charollais gelegene kleine Ort birgt Überreste uralter Befestigungsanlagen: Mauern aus riesigen Steinblöcken aus der Bronzezeit, Spuren eines gallorömischen Oppidums (darunter eine antike Stele) und Reste einer mittelalterlichen Burg.

Prioratskirche Saint-Vincent: Der schöne roman. Bau stammt aus dem späten 11. und 12. Jh., der Chor aus dem 18., die Vorhalle aus dem 20. Jh. Das Mittelschiff ist wie bei Saint Philibert v. Tournus in ganzer Länge v. einer Quertonne überwölbt, die v. Kreuzpfeilern mit halbrunden Vorlagen getragen wird. Beachtenswert auch die skulptierten Kapitelle und das Tympanon des W-Portals (der thronende Christus, eingerahmt v. Petrus und Paulus) aus dem 12. Jh.

Musée archéologique Jean Régnier (im *Grenier à sel*, dem alten Salzspeicher vom Ende des 16. Jh.): Funde aus der Umgebung (Solutré, Chassey-le-Camp etc.), Rekonstruktion eines Merowingergrabs.

Außerdem sehenswert: Mit vielen Türm-

Montréal, Notre-Dame, Chorgestühl: Adam und Eva >

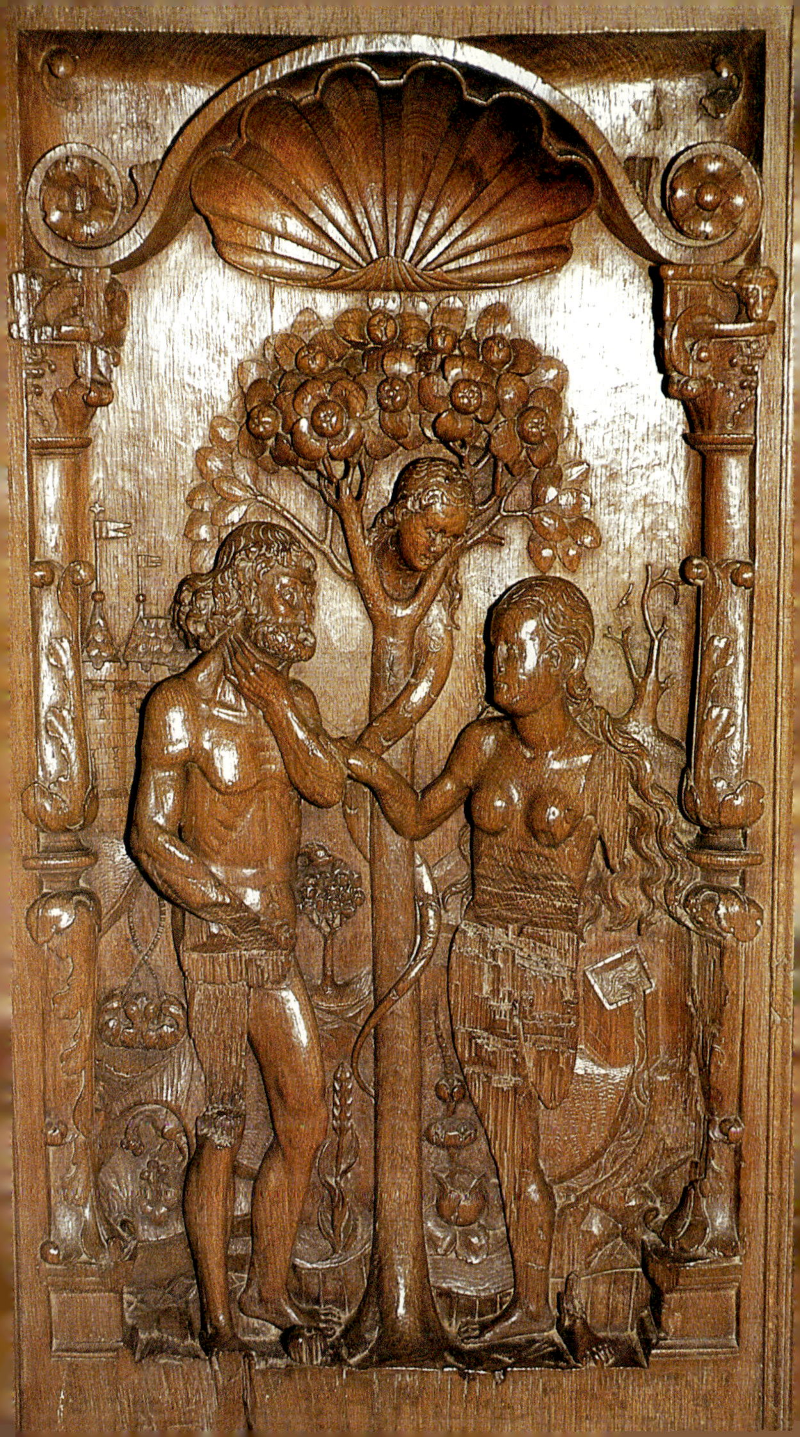

chen verzierte sog. *Châteaus* (Wohnhäuser aus dem 17., 18. Jh.) am Marktplatz und an der Place Bayard. - *Tour du Belvédère,* eine als Aussichtsturm eingerichtete alte Windmühle.

Veranstaltungen: Im Juni *Trödelmarkt.* - Am Sonntag zum 24.6. *kelt. Johannisfeuer.* - Am vorletzten Sonntag im Juli *Weinfest.*

Umgebung

Marcilly-lès-Buxy (17 km nö): *Schloßruine* aus dem 13. Jh.
Puley, Le (12 km nö): Das alte *Pulleium,* Sitz eines 1615 aufgegebenen, Cluny unterstellten Benediktinerpriorats mit einer schönen, dreischiffigen *Kirche* vom Ende des 12. Jh. (Chor und Querschiff gehen sogar auf das 11. Jh. zurück). Der wuchtige, achteckige Glockenturm, der unter seinem eigenen Gewicht eingestürzt war, wurde vor kurzem wieder restauriert. Beachtung verdient eine steinerne Kreuzigungsgruppe aus dem 15. Jh. - Interessante *Häuser* mit Galerien.
Saint-Martin-d'Auxy (das alte *Mons Auxiacus;* 16 km n): *Kirche* aus dem 15. Jh.
Saint-Micaud (das alte *Sanctus Michauldus;* 11 km nö): Roman. *Kirche* mit got. Chor (14. Jh.), skulptiertes Taufbecken (12. Jh.), Johannes d. T. (Stein; 16. Jh.). - *Schloß* (19. Jh.). - Im NW *pierre aux Fées,* gut 6 m hoher *Menhir* mit Ritzzeichnungen.

Moulins-Engilbert
58 Nièvre

Einw.: 1732 Höhe: 215 m S. 323 □ C4

Von den vielen Mühlen, die sich einst in der Gegend drehten und dem Ort den Namen gaben, ist nur eine einzige im nahen Commagny erhalten. Das alte *Enjubertorum* wuchs rund um ein römisches Feldlager, war bis ins 15. Jh. eine der Residenzen der Grafen von Nevers und auch danach noch lange Zeit ein politisches, administratives und wirtschaftliches Zentrum des Nivernais. Zahlreiche Wasserläufe der Flüsse Garat und Guignon durchziehen die Altstadt mit ihren schmalen Gassen und schönen Häusern aus dem 14., 15. und 16. Jh.

Stadtkirche: Der zweischiffige spätgot. Bau (16. Jh.) besitzt ein Portal mit skulptierten Türflügeln und im Inneren die Grabplatte des Albert de Grandrye, deren makabre Verzierung aus der alten Jenseits-

Neuilly-en-Donjon, Kirche, Portaltympanon

frömmigkeit und aus der Vorstellung v. der Nichtigkeit allen irdischen Lebens erklärt werden muß.

Burg der Grafen v. Nevers: Sie liegt seit 1525 in Ruinen; 1424 heiratete hier Bonne d'Artois Philipp den Guten, Herzog v. Burgund.

Umgebung

Commagny (3 km sw): Ehem. Priorat, gegr. v. der Abtei Saint-Martin d'Autun. Die schöne, gut erhaltene roman. *Klosterkirche* (Anfang 12.Jh.) zeigt über dem Langhaus anstelle eines gemauerten Gewölbes einen herrlich gezimmerten Dachstuhl, während die Vierung überkuppelt ist. Beachtenswert sind auch die figural dekorierten Kapitelle.
Saint-Honoré-les-Bains (11 km s): Zwar badeten bereits die Römer in den heilkräftigen Quellen der »Aquae Nisincii«, aber in den Stürmen der Völkerwanderungszeit gerieten die Thermen in Vergessenheit. Im MA ebneten Benediktinermönche die Reste der Gebäude, die sie wohl für Relikte heidnischer Riten hielten, ein. Erst Mitte des 19.Jh. wurden wieder Thermalanlagen eingerichtet. Die historistischen Architekturen der Hotels, Villen und des »Etablissement thermal« (1854) im »normannischen«, neugot., neubarocken Stil des Second Empire machen den größten Reiz der vielbesuchten Badestadt aus, die etwas unterhalb des alten Ortes liegt. Dieser bildete sich rund um das roman. Kloster Saint-Honoré, dessen Kirche 1570 v. den Hugenotten zerstört wurde.
Sémelay (19 km s): Im Alène-Tal, an einer bereits seit kelt. Zeit besiedelten Stelle gelegen. In der gallorröm. Epoche sicherte ein Kastell das rechte Flußufer; die Anlage ist noch gut erkennbar. Sémelay selbst war Sitz eines im 10. oder 11.Jh. v. Cluny aus gegr. Klosters. – Roman. *Kirche Saint-Pierre* (11./12.Jh.): dreischiffige Basilika mit Querhaus und verlängertem Presbyterium; reiche Bauornamentik (bes. hervorzuheben sind die figural geschmückten Kapitelle); farbig gefaßte Holzfigur der hl.Anna (14.Jh.). Ein Turm aus dem 19.Jh. flankiert die 1782 errichtete, klassizistische Kirchenfassade. – Östlich des Ortes erhebt sich das trutzige *Château de la Bussière* (15.Jh.).

N

Neuilly-en-Donjon
03 Allier

S. 323 □ C5

Kirche: Ebenfalls noch zur burgund. Portalkunst zählen kann man das *Portal* der Kirche des kleinen, genau genommen schon jenseits der Grenzen des alten Burgund gelegenen N.-en-D., dessen Tympanon deutliche Anklänge an das künstlerische weniger bedeutende Portal (an der Außenmauer des Klosters) v. Anzy-le-Duc aufweist. Wie dort ist auch hier auf eine

Neuilly-en-Donjon, Kirche, Portal

Neuilly-en-Donjon, Kirche, Portalkapitell, Kampf mit Dämonen

Nevers, Saint-Cyr-et-Sainte-Julitte, Blick zum Chor

etwas ungeschickte Weise im Bogenfeld die Anbetung der Hll. Drei Könige dargestellt, und wie dort sind die Figuren stark in die Länge gezogen. Die Komposition wirkt etwas wackelig und hat es offensichtlich nötig, v. den Archivolten zusammengehalten zu werden, und doch kann man sich der Kraft des Werkes nicht entziehen. Auf dem schwanken Boden zweier Untiere nahen sich unter den Tubaklängen langflügeliger Engel die Weisen aus dem Morgenland dem Thron der Mutter Gottes mit Sohn, um ihre Gaben zu überbringen. Darunter im Türsturz l der Baum der Erkenntnis, Eva, die den Apfel pflückt, und Adam, der sich an den Hals greift, als sei ihm etwas darin steckengeblieben. Daneben der Baum des Lebens und das Abendmahl, aber in ungewohnter Anordnung: Christus ist an das linke Ende der Tafel gerückt, damit ihm Maria Magdalena in demütiger Geste die Füße salben kann. Auffallend hier die stereotype Wiederholung der Fußhaltung, Gewand- und Deckenfältelung.

Nevers

58 Nièvre

Einw.: 42891 Höhe: 180 m S. 322 □ B4

Die Hauptstadt des Départements Nièvre ging in die Filmgeschichte ein: als einer der beiden Schauplätze des berühmten Films »Hiroshima mon amour« v. Alain Resnais und Marguerite Duras (1959), in dem sich eine französische Schauspielerin an ihre Liebe zu einem deutschen Soldaten während des 2. Weltkriegs in Nevers erinnert. 1944 wurde die Stadt an der Mündung der Nièvre in die Loire durch einen englischen Bombenangriff schwer getroffen. Nach Dijon und Châlon heute die drittgrößte Stadt Burgunds mit Industrieansiedlungen in der Peripherie, hat das moderne Nevers im Ortskern jedoch immer noch eine altmodische Provinzialität – durchaus im positiven Sinn – bewahrt.

Geschichte: Nevers blickt auf eine lange, nicht unbedeutende Vergangenheit zurück, die bis in römische Zeiten reicht. Vermut-

Nevers, Saint-Cyr-et-Sainte-Julitte >

lich identisch mit dem Ort *Noviodunum Aeduorum*, der bei Cäsar als Festung des Gallierstammes der Äduer erwähnt wird, wurde das alte *Nervinum/Nivernum* im 3. Jh. christianisiert und gehörte seit seinem 1. Bischof, Saint-Eulade, zur Diözese Autun. Es wurde Sitz der Grafschaft von Nevers; 1194 erhielt die Stadt Befestigungen durch Graf Pierre de Courtenay. Später gelangte sie in den Besitz des Hauses Flandern (1271–1369), dann durch Heirat der Margarete von Flandern mit Philipp dem Kühnen, Herzog von Burgund, an Burgund. Nach dem Tod von Herzog Jean de Clamecy kam Nevers an die rheinischen Herzöge von Cleve (1491 bis 1565), während deren Herrschaft die Grafschaft von Nevers durch den französischen König Franz I. 1538 zum Herzogtum Nivernais erhoben wurde. Auf diese folgten – wiederum durch Erbschaft – erneut fremde Herren: die Herzöge von Gonzaga im ital. Mantua. Kurz gesagt: Nevers ist im kleinen ein Modell für die komplizierten Erbgänge und Territorialverhältnisse im alten Europa. Diese Verflechtungen hatten aber ihr Gutes, denn sie sicherten gewissermaßen »Internationalität« (der Ausdruck paßt nicht ganz, denn »Nationen« im heutigen Sinn gibt es erst seit dem 19. Jh.) und dadurch belebende fremde Einflüsse. Dazu ist z. B. die Einführung der Fayencenherstellung aus Oberitalien nach Nevers durch Herzog Lodovico von Gonzaga im 16. Jh. zu rechnen, die sich hier zu einem bedeutenden Produktionszweig entwickelte.

Nach Ende der Gonzaga-Herrschaft wurde Nevers an Kardinal Mazarin verkauft, an jenen mächtigen ersten Mann im Staat, der 1643–61 Frankreich für den noch unmündigen Ludwig XIV. regierte. Über seinen Neffen Julien Mancini-Mazarini blieb Nevers bis zur Französischen Revolution im Besitz dieser Familie. Die Glas- und Keramikindustrie mit ihren bedeutenden, sehr volkstümlichen Fayencen, die Loire-Schifferei, die begehrten Holzreserven des Hinterlandes ließen die Stadt bis zum Beginn des 19. Jh. blühen, danach erlangte sie Bedeutung als Eisenbahnknotenpunkt – Anlaß für das britische Bombardement von 1944.

Unter den berühmten Persönlichkeiten, die Nevers ihre Heimat nennen können, ist Bernadette Soubirous (1844–79) besonders hervorzuheben. Ihre Marienvisionen 1858 in Lourdes verursachten »die größte Pilgerbewegung der Neuzeit«; 1866 zog sie sich in das Kloster Saint-Gilard in Nevers zurück, wo ihr Leichnam heute selbst Ziel der Pilger ist. 1933 wurde sie heiliggesprochen.

Saint-Cyr-et-Sainte-Julitte: Die Kathedrale erhebt sich im Kern der auf der rechten Seite der Loire liegenden alten Oberstadt – ein imposantes, über 100 m langes Bauwerk aus dem für N. typischen Kalkstein. Schon in merowingischen Zeiten stand hier eine Bischofskirche, den hll. Gervasius und Protasius geweiht, v. der jedoch nichts erhalten ist außer dem Baptisterium, dessen Reste unter dem got. Chor ergraben wurden. Dort sind 2 archaisch wirkende Taufbecken zu besichtigen: ein rundes aus dem 6. Jh. und ein achteckiges aus der Karolingerzeit.

Auch die Nachfolgekirchen (9. und 10. Jh.) sind fast spurlos verschwunden. Aus der Mitte des 11. Jh., als unter Bischof Hugues de Champallement der roman. Neubau begonnen wurde, stammen die ältesten sichtbaren Teile der heutigen Kathedrale: der roman. W-Chor, der der hl. Julitte geweiht ist, mit halbrunder Apsis über einer Krypta sowie die W-Querhaus-Wände. Schwere Brände 1221 und 1308 machten immer wieder Neubauten im jeweils modernen Stil nötig. In der Gotik des 13. Jh. entstand das Langhaus, Mitte des 14. Jh. wurde der O-Chor errichtet. Die Kapellenanbauten und der Turm gehören bereits der spätesten Gotik mit ihrer überreichen Ornamentik an (15./16. Jh.). 1944 beschädigten englische Bomben die Kathedrale so schwer, daß v. a. im O-Chor-Bereich umfangreiche Restaurierungen durchgeführt werden mußten.

Inneres: Die roman. W-Krypta birgt eine schöne Gruppe der »Grablegung Christi« (um 1500) aus farbig gefaßtem Stein, v. flämischen Werken beeinflußt. Auf dem großen Gurtbogen, mit dem sich die W-Apsis zum Langhaus öffnet, sind Reste eines roman. Freskos erhalten (12. Jh.): Majestas Domini – thronender Christus mit den Symbolen der 4 Evangelisten und den Alten der Apokalypse.

Got. Spitzbogengewölbe überfangen das

roman. Querhaus. In dessen S-Arm befindet sich eine hübsche Renaissancetreppe mit der Statue des Erzengels Michael, der den Drachen als Symbol Luzifers besiegt. Das fünfjochige Langhaus (13. Jh.) zeigt den got. Wandaufbau, wie er in den Kathedralen der Île-de-France, des franz. Kronlandes, entwickelt wurde: im Erdgeschoß Spitzbogenarkaden, die das Mittelschiff mit den Seitenschiffen verbinden, darüber das Triforium mit Dreipaßbogen, dann der durchfensterte Obergaden. Typisch burgund. Besonderheiten sind die große Breite des Mittelschiffs und die Doppelschaligkeit des Obergadens, bei dem ein Gang zwischen Fenstern und Gewölbediensten entlangläuft.

Einmalig jedoch ist der Zyklus der 40 *Karyatidenfiguren* in der Triforiumszone. Propheten, Mönche, Frauen, Bürger, Händler, Bauern usw. in zeitgenössischer Tracht tragen jeweils 3 Säulchen der Triforiumsbogen, begleitet v. Engelsgestalten in den Bogenzwickeln - vielleicht eine symbolische Darstellung der »Kinder Adams«, also der Menschheit, im speziellen der Christen.

Elegant und leicht ist der vierjochige O-Chor aus dem 14. Jh. konstruiert mit seinen großflächigen Obergadenfenstern, die, weit nach unten gezogen, auch das Triforium hinterfangen und durchlichten. Den Schub der Dach- und Gewölbelast fangen die großen Strebepfeiler am Außenbau auf. Zwischen diese statisch so wichtigen Bauelemente sind die Chorkapellen eingepaßt, die radial das fünfeckige Chorhaupt umkränzen.

Saint-Étienne: Zwar nicht v. demselben geistlichen Rang wie die Bischofskirche, jedoch v. ungleich höherer kunstgeschichtlicher Bedeutung ist diese ehem. Cluniazenserprioratskirche in der Unterstadt ö des Kathedralhügels, auch sie auf geschichtsträchtigem Boden - lag doch hier einst ein durch den irischen Wandermönch St. Columban um 610 gegr. Frauenkloster. Das längst in Ruinen liegende Kloster wurde später v. Benediktinern aus Cluny übernommen, die 1063 mit dem Bau der Kirche, gestiftet v. Graf Guillaume I. v. N., begannen. Weihe 1097, Gewölbe um 1100. Die eindrucksvolle stilistische Geschlossenheit der Kirche rührt v. der relativ kurzen Bauzeit her. Da während der Franz. Revolution lediglich die beiden W-Türme und das Obergeschoß des Vierungsturmes zerstört wurden, ist Saint-Étienne eine der am besten erhaltenen frühroman. Kirchen Frankreichs.

Grundriß: dreischiffiges, sechsjochiges

Nevers, Saint-Étienne

Nevers, Saint-Étienne, Südwand

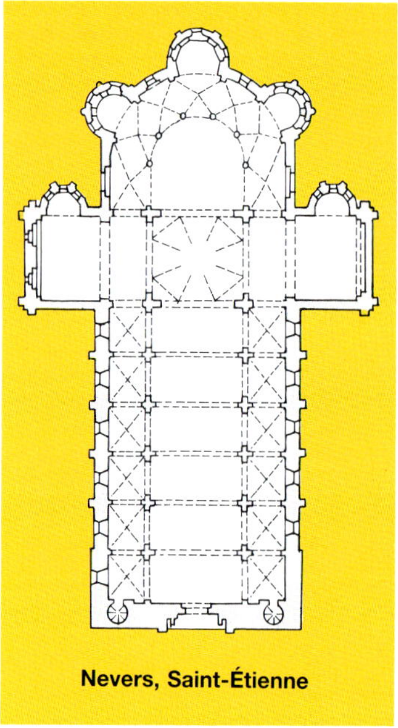

Langhaus. Weitausladendes Querhaus mit je einer kleinen, halbrunden Nebenkapelle in der O-Mauer der Querarme. Die Seitenschiffe setzen sich ö v. Querhaus und Vierung als Umgang um den halbrunden Chor fort. 3 Kapellen auf hufeisenförmigem Grundriß strahlen radial v. diesem Umgang ab.

Das *Äußere* ist ganz nüchtern, fast schmucklos. Es sprechen die Baumassen, die additiv aneinandergesetzten Volumina der einzelnen Bauteile, das sorgfältig gefügte Quadermauerwerk. Vor diesem großartigen, ungemein klar und logisch gegliederten Bau ist zu verstehen, warum 1818 der franz. Altertums- und Naturforscher De Gerville die Stilbezeichnung »romanisch« für die vorgot. Architektur erfand – weil er sie als eine Fortbildung der antiken röm. Architektur ansah. – Rechteckige Streben und halbrunde Säulenvorlagen fangen zugleich die Last der Gewölbe und Dächer auf und rhythmisieren die Mauern. Die schönen, sanft geneigten Dächer mit ihren Mönch-und-Nonne-Ziegeln lagern auf Konsolgesimsen. Welchen entscheidenden Ausdruck für die Plastizität und Gliederung des Baus diese Konsolen haben, ist am Vierungsturm abzulesen. Dessen Obergeschoß wurde in der Franz. Revolution abgerissen, quasi »geköpft«, auf das verbleibende achteckige Untergeschoß setzte man ein neues Dach ohne Konsolen – was würdelos und unfertig wirkt, es fehlt die sinnvolle Struktur. Wenn das Langhaus noch schlichter geschmückt ist, so liegt das an der geringeren liturgischen Bedeutung. Anbringung v. Dekor ist immer auch ein Ausdruck für Ranghöhe, gerade bei roman. Kirchen, und die Chorpartie mit Querhaus und Vierungsturm ist der Kopf, die Krone der ganzen Anlage. – Feine Blendarkadenreihen zeichnen die Rundbogen der Fenster nach. Die Hauptapsis wird durch tiefer auskragende, v. Säulchen getragene Blendarkaden hervorgehoben. Die erwähnten Konsolen sind mit Fabelwesen geschmückt.

Inneres: Während der Grundriß v. Saint-

Nevers, Palais Ducal

Étienne eine konsequente Weiterentwicklung der Bautraditionen seit dem späten 10. Jh. ist, ist der Aufriß der Kirche äußerst kühn und ungewöhnlich. Und zwar verband der roman. Architekt 2 Kirchentypen miteinander, einerseits Emporenbasilika, andererseits tonnengewölbte Kirche.
Dreigeschossiger Wandaufbau: Mächtige Erdgeschoßarkaden trennen das Mittelschiff v. den kreuzgewölbten Seitenschiffen, über denen tiefe Emporen liegen. Deren Öffnungen nach innen – Doppelarkaden, v. einem Entlastungsbogen überfangen – bilden das zweite Geschoß der Mittelschiffwand. Darüber als 3. der Obergaden, dessen Fenster das Mittelschiff belichten. Das ist das Wandschema der hochmittelalterlichen Basilika, wie es v. a. in der Normandie entwickelt wurde.
Auf das hohe Mittelschiff setzte der Architekt ein gewaltiges Tonnengewölbe. Zwar gibt es solche Gewölbe auch sonst bei roman. Kirchen, z. B. in der Provence und im Poitou, außerdem bei einer Reihe v. großen Wallfahrtskirchen, die entlang der vielbenutzten Pilgerstraßen lagen, die quer durch Frankreich nach Santiago de Compostela in Spanien führten – diesem bedeutendsten Wallfahrtsziel des MA neben Jerusalem und Rom; Conques oder Tournus sind hier zu nennen (siehe dort).
Niemals jedoch kombinierte man das Tonnengewölbe mit Dreigeschossigkeit. Allenfalls gab es einen durchlichteten Obergaden, oder es gab Emporen, aber nicht beides zugleich, denn diese Bauelemente bedeuten, indem sie die Mittelschiffwand erhöhen und durchbrechen, eine statische Schwächung der Mauern, und ein Tonnengewölbe ist besonders schwer – viel schwerer als Kreuzgrat- oder Kreuzrippengewölbe z. B. Der Architekt v. Saint-Étienne war der erste und letzte, der das Risiko dieser Kombination wagte. – Gurtbogen fangen die Last des Gewölbes auf und leiten sie über halbsäulenförmige Dienste vor der Mittelschiffwand zu Boden. Auch die v. Halbsäulen getragenen Unterzüge der Arkaden haben entlastende Funktion. Hier liegt eine der Wurzeln der got. Konstruk-

tionsweise, bei der aller Wand- und Gewölbeschub auf derartige senkrechte Bauglieder verlagert wird (Strebepfeiler und -bogen), so daß dazwischen dann sehr dünne, stark durchfensterte Wände wie Folien eingespannt werden können, die kaum mehr Gewicht tragen müssen und könnten. Nevers: einer der Höhepunkte in der abendländischen Architekturgeschichte!

Pfeiler, die durch die erwähnten Säulenvorlagen plastisches Volumen erhalten, begleiten das Mittelschiff, das in einer v. 5 Freisäulen umstandenen runden Apsis endet. Die Vierung wird v. einem auf Trompen ruhenden Gewölbe bekrönt. Schmuck im Sinne v. zierlichem Beiwerk gibt es hier nicht.

Die eindrucksvolle Schlichtheit und Nüchternheit v. Saint-Étienne, der weitgehende Verzicht auf Bauornamentik ist aus cluniazensischem Gedankengut abzuleiten – war doch der Orden urspr. als radikale Reform des Benediktinerordens gegr. worden: zurück zur Einfachheit und Bescheidenheit des frühen Mönchstums. Erst als Cluny allmählich zu Macht kam, drückte sich das auch in immer »protzigeren« Bauten – wie Cluny III – aus. Saint-Étienne spiegelt in gewissem Sinne aber noch die reformerischen Anfänge.

Nevers, Kirche Saint-Pierre

Palais Ducal: Unter Graf Jean de Clamecy 1475 begonnen und im 16. Jh. unter den Cleve und Gonzaga vollendet, ist der Herzogspalast ein schönes Beispiel franz. Renaissance-Architektur. 2 mächtige Rundtürme flankieren die N-Fassade der rechteckigen Anlage. Die jüngere S-Fassade, zur Place de la Republique gewandt, besitzt polygonale Seitentürme und einen achteckigen Mittelturm, in den alte, 1851 überarbeitete Reliefs eingelassen sind: Legende des hl. Hubertus und Geschichte des Schwanenritters Hélias, der der mythische Ahne des Hauses Cleve war. Die Sage inspirierte Wagners »Lohengrin«.

Porte du Croux/Musée Archéologique du Nivernais: Der trutzige Turm aus dem späten 14. Jh. ist einer der Reste der alten Stadtbefestigung. Das Museum bewahrt ma Bauplastik aus den Kirchen v. N. und des Nivernais sowie archäologische Funde.

Musée municipal Fréderic Blandin (Rue Saint-Genest 16): Bemerkenswert v.a. die große Sammlung v. Fayencen, ca. 3000 Stück. Die im 16. Jh. in N. eingeführte Fayenceproduktion erlebte ihren Höhepunkt zwischen ca. 1620 und 1730 und eine späte Blüte mit den sog. assiettes revolutionnaires, Tellern mit patriotisch-witzig-naiven Darstellungen. Heute noch arbeiten einige Handwerker nach den traditionellen Vorbildern.

Außerdem sehenswert: Schöne Ensembles zahlreicher alter *Häuser* aus dem 15. bis 18. Jh. in den Vierteln um die Kathedrale und Saint-Étienne. – *Promenade des Remparts* entlang des Befestigungsgürtels v. der Porte du Croux bis hin zur Loire, begleitet v. mehreren Wehrtürmen, Tour du Havre, Saint-Réverien und Goguin (Ende 12. Jh. und 14./15. Jh.). – *Quai des Mariniers* entlang des Loire-Ufers. – *Pont de Loire:* 1770–1832 errichtet, mit schönem Blick über Stadt und Fluß vom S-Ende aus. – *Kirche Saint-Pierre* (nahe Saint-Étienne): ehem. Kapelle des Jesuitenkollegs, 1612–50 erbaut über Grundriß in der Form eines griech. Kreuzes, elegante Frühbarockfassade; Deckenfresken v. 1686 mit Darstellung der Himmelfahrt, Verkündigung Mariens, Verklärung des hl. Franz Xaver und Paradies; marmorner Hauptaltar (17. Jh.) aus der alten Franziskanerkirche übernommen, darüber ein dem berühmten Maler Le Nain* zugeschriebenes Gemälde aus Notre-Dame in Paris.

Noyers-sur-Serein

89 Yonne

Einw.: 840 Höhe: 189 m S. 320 □ D2

Der mittelalterliche Charakter prägt das außerordentlich reizvolle Städtchen in einer Schleife des streckenweise stark mäandrierenden Flusses: Fachwerk- und Steinhäuser (besonders 15.-18. Jh.) an großenteils vollständig erhaltenen Straßenzügen und Plätzen (häufig mit Laubengängen) fügen sich zu einem baugeschichtlich sehr interessanten Ensemble. Spuren einer gallorömischen Siedlung in der Umgebung. (Der Ortsname wird - anders als die französische Vokabel für die wohl namengebenden, seit dem frühen Mittelalter hier kultivierten Walnußbäume - wie ein etwa »noyère« geschriebenes Wort ausgesprochen.)

Notre-Dame: Die 1491-1515 errichtete Pfarrkirche vereint in ihrem insgesamt schlichten, aber architektonisch sehr solide durchgeformten Baukörper charakteristische Elemente des spätgot. Flamboyant und der frühen Renaissance. Beachtenswerte Portale: Die Figuren des W-Portals sind verloren (gemäß dem traditionellen Bildprogramm stellten sie die Kirchenpatronin Maria und die Apostel dar); im Portal des n Querschiffarms Versinnbildlichung der Memento-mori-Mahnung. Die Wirkung des hohen Innenraums akzentuieren die bis in den Gewölbescheitel hinaufgeführten Fenster des Chors (mit Resten der urspr. Farbverglasung); die breiten Wandzonen zwischen den Arkaden und kleinen Fenstern des Langhauses erscheinen dagegen eher leer. Bildwerke bes. aus dem 16. Jh.; Orgel Mitte des 18. Jh.

Befestigung und Stadtbild: Während die Burg (11. Jh.) auf Befehl König Heinrichs IV. Ende des 16. Jh. fast völlig abgerissen wurde, blieb die *Stadtmauer* (hauptsächlich 13. Jh.) mit urspr. 22 Türmen in langen geschlossenen Zügen erhalten. *Porte Peinte* (im S) aus dem 15. Jh.; *Porte de Tonnerre* (im N) mit Madonnenfigur (Maria ist auch die Beschützerin der Winzer).

Bei einem *Rundgang* sind im einzelnen auch die Schnitzereien der Fachwerkbalken zu beachten; auch die straßenseitigen

Noyers-sur-Serein, Fachwerkhaus

Noyers-sur-Serein, Notre-Dame

Noyers-sur-Serein, Teil der Stadtmauer

Kellertore zeugen vom einst bedeutenden Weinbau in dieser Region. Man könnte an der Porte Peinte beginnen. Place de l'Hôtel de Ville mit Rathaus (an der Fassade v. 1765 verschiedene Hochwassermarken) und stattlichen Häusern bes. aus dem 15. bis 16. Jh. Durch die Rue Petite Étape-aux Vins zur Place du Marché-au-Blé mit Bebauung aus dem 15.–17. Jh.; hier mündet das malerische Gäßchen Rue du Poids-du-Roy. Von der Kirche weiter durch die Rue Paul-Bonnetat mit dem Museum und die Rue du Bassin zur Place du Grenier-à-Sel (hier befand sich der Salzspeicher). Durch die Rue Franche mit schönem Renaissancehaus zur Porte de Tonnerre. Der ö Stadtmauer am Flußufer folgend, gelangt man durch die s Promenades wieder zum Ausgangspunkt.

Musée (Rue Paul-Bonnetat): In einem ehem. Kollegiengebäude (17. Jh.) zeigt das kleine Museum u. a. Fundstücke lokaler und regionaler Herkunft aus verschiedenen Epochen sowie volkskundlich interessante Exponate (u. a. Gebrauchsgegenstände und Kunstgewerbe).

Umgebung

Châtel-Gérard (13 km sö): Die *Kirche Saint-Loup* bewahrt den schönen Renaissancechor aus dem 16. Jh., während das Langhaus in der 2. Hälfte des 17. Jh. erneuert wurde. – Ehem. *Schloß* der Herzöge v. Burgund (14. Jh. mit späteren Erweiterungen): oktogonale Ecktürme (14. Jh.), Rundturm (16. Jh.); das Wohngebäude wurde um 2 Geschosse reduziert. – Ehem. *Priorat Vausse* (4 km ö): Das um 1200 gegr. und durch Schenkungen der Herzöge geförderte Zisterzienserkloster verlor seit dem 15. Jh. an Bedeutung; nach seiner Aufhebung in der Revolutionszeit war es bis Mitte des 19. Jh. Sitz einer Steingutfabrik. Dabei wurde die frühgot. *Kirche* (um Mitte des 13. Jh.) in 2 Geschosse unterteilt: Im Obergeschoß befindet sich nun die Bibliothek des Eigentümers dieses Anwesens, das Untergeschoß wird für kulturelle Veranstaltungen genutzt. – Die Klostergebäude dienen landwirtschaftlichen Zwecken: ältester Teil ist der sehr stimmungsvolle *Kreuzgang* (12. Jh.) mit kräftigen Rundbogen-Arkaden. – Im ehem. Klosterhof eine Plastik »Maternité« v. 1987.

Jouancy (5 km sö): Unvollendete Anlage eines *Renaissanceschlosses* (2. Hälfte 16. Jh.), seit dem 17. Jh. landwirtschaftlich genutzt.

Nuits-Saint-Georges

21 Côte-d'Or

Einw.: 5500 | Höhe: 234 m | S. 324 □ E3

Das Städtchen mit schönen Häusern bes. des 17.–18. Jh. ist Zentrum der für ihre Rotweine berühmten Region Côte de Nuits zwischen Fixin und Corgolain, deren Tradition bis ins Jahr 1000 zurückzuverfolgen ist (zahlreiche Winzer laden zur Besichtigung ihrer Kellereien ein). Die hervorragendsten Zeugnisse der Siedlungsgeschichte, die hier mit den Jägerkulturen der jüngeren Altsteinzeit beginnt, förderten die

Nuits-Saint-Georges, Rebstock >

Ausgrabungen einer gallorömischen Ortschaft (1. Jh. v. Chr.-5. Jh. n. Chr.) auf der Flur »Les Bolards« (1,4 km südlich) zutage. - 1934 wurde die Weinbruderschaft Chevaliers du Tastevin gegründet: Mit ihrem Festkonvent im Schloß Vougeot (→Umgebung) beginnen die berühmten Weintage »Les Trois Glorieuses« (→auch Beaune mit Umgebung Meursault). - In Nuits-Saint-Georges geboren wurden u. a. der Bildhauer Paul Cabet* (1815-76); der Astronom François Félix Tisserand (1845 bis 96), der wesentlich an der Erforschung der Himmelsmechanik beteiligt war.

Saint-Symphorien (Rue Félix-Tisserand): Die bedeutende Kirche aus dem späten 13. Jh. vereint die hier noch vorherrschenden Merkmale der burgund. Romanik (z. B. umlaufende Dachgesimse auf »burgund.« Konsolen, quadratischer Vierungsturm, Rechteckchor; Spitzbogentonne über dem Mittelschiff) mit got. Elementen (z. B. zweizoniger Wandaufbau, hier jedoch ohne Laufgang). Im monumentalen Inneren v. großzügiger Eleganz u. a. spätgot. Wandmalereien in den Seitenschiffen (Anfang 16. Jh.) mit dem Martyrium des hl. Sebastian. Sehr schöne Renaissancetreppe zur Orgelempore (Ende 16. Jh.); barockes Orgelhaus v. 1740; Adlerpult (15. Jh.).

Vougeot (Nuits-Saint-Georges), Weinpresse

Musée municipal (Rue Camille-Rodier): Seit 1975 in der Maison Rodier (18. Jh.) untergebracht, veranschaulicht das Museum anhand des umfangreichen Fundmaterials aus »Les Bolards« (andere Exponate in Dijon, Musée Archéologique) sehr interessant das wirtschaftliche und religiöse Leben in der galloröm. Siedlung. Außerdem merowingerzeitliche Funde (5.-7. Jh.) aus Argilly (→Umgebung). - Zeugnisse über die »Schlacht v. N.« (→Umgebung: Agencourt).

Les Bolards (1,4 km s): Die systematischen Grabungen auf dem Gelände des galloröm. Marktfleckens unbekannten Namens legten bis jetzt u. a. das Wohnviertel frei mit den beiden sich kreuzenden Hauptstraßen und unterkellerten Häusern; dazu einen Apollo-Tempel, der über einem Ensemble keltischer Kultstätten errichtet worden war, und ein Mithras-Heiligtum (der Kult der urspr. indoiranischen Gottheit war durch die röm. Soldaten auch nach Gallien gelangt und wurde - nunmehr dem Sonnengott »Sol invictus« geltend - im späten 3. Jh. n. Chr. vorübergehend zur röm. Staatsreligion). Grabplastiken aus den beiden hier freigelegten Friedhöfen.

Außerdem sehenswert: *Beffroi* (Rue Thurot): ehem. Rathaus mit Wachtturm (1610). - *Hospice Saint-Laurent* (Rue Henri-Challand) im klassischen Stil des 17. Jh. Die Weine seiner Domaine sind berühmt. - *Hôtel de Ville* (Avenue Pasteur): Rathaus aus dem 17. Jh.

Umgebung

Agencourt (2 km sö): Hier kam es 1870 zur schweren »Schlacht v. N.« - In der *Kirche* (13. Jh. mit späteren Veränderungen, Schiffsgewölbe im 16. Jh. erneuert) Wandmalereien des 15. bzw. 18. Jh. - Ehem. *Jagdschloß* (17. Jh.).

Argilly (11 km sö): Durch Luftbildarchäologie entdeckter Gutshof aus der Merowingerzeit (5.-7. Jh.) mit wissenschaftlich bedeutendem Gräberfeld (Funde im Museum v. N.). - Die got. *Kirche* aus dem 13. Jh. (Schiff mit monumentaler Fassade im 18. Jh. barock erneuert) birgt mehrere beachtliche Bildwerke, u. a. Petrusfigur (frühes 16. Jh.); Kruzifix und Leuchter

(18. Jh.) aus der ehem. Abtei v. Cîteaux (→Saint-Nicolas-lès-Cîteaux).

Bouilland (21 km w): Sehr eindrucksvolle Ruinen der ehem. Abtei *Sainte-Marguerite.* Die im 11. Jh. gegr. Anlage verlor ihre einst erhebliche Bedeutung Ende des 16. Jh. und verfiel nach der Auflösung in der Revolutionszeit. Kirche (12.–13. Jh.) mit roman. und frühgot. Stilmerkmalen (bes. zu beachten sind die Figurenkapitelle). Teile des Kreuzgangs und Reste des Torbaus (15. Jh.); Wohngebäude (18. Jh.).

Chambolle-Musigny (6 km n): Charakteristisches Winzerdorf. In der insgesamt sehenswerten *Renaissancekirche* mit figurenreich ausgemaltem Chor (1589) mehrere schöne Bildwerke aus dem 16.–17. Jh.

Fixey (14 km n): *Saint-Antoine,* die Kirche des kleinen Weilers, bewahrt in der O-Partie frühroman. Bausubstanz aus dem 10. Jh.

Fixin (13 km n): In der got. *Kirche* aus dem 14. Jh. (Turm 15. Jh.; spätere Veränderungen) u. a. beachtliche Plastiken (bes. 15.–16. Jh.), eine Sitzfigur der Madonna (Ende 13. Jh.). – *Parc Noisot: Le Réveil de Napoléon:* Das vielbesuchte *Denkmal* »Napoleon erwacht zur Unsterblichkeit« v. François Rude* (1847), entstand im Auftrag des Gutsherrn Claude Noisot, ehem. Gardeoffizier und Kommandant der Grenadiere v. Elba. Auch der Bildhauer war ein Verehrer des Kaisers und mußte nach dessen Sturz zunächst das Land verlassen. Anders als der 1. Entwurf (der tote Kaiser neben einem lebenden Adler, dem traditionellen Symbol kaiserlicher Macht; Dijon, Musée des Beaux-Arts) zeigt das Monument nun in verklärender Umdeutung den durch weich modellierte Gesichtszüge verjüngten Helden neben dem toten kaiserlichen Adler. Das kleine *Museum* (Wohngebäude) enthält z. B. Dokumente zum 1. Kaiserreich und persönliche Erinnerungsstücke des Offiziers, der auch auf seinem Gut bestattet wurde. *Les Cent Marches* symbolisieren die »Herrschaft der 100 Tage« zwischen der überraschenden Rückkehr des abgedankten Kaisers aus Elba und seiner endgültigen Niederlage bei Waterloo (1815).

Gevrey-Chambertin (11 km n): Hübsches Winzerdorf, einst im Besitz der Abtei v. Cluny. – *Saint-Aignan,* got. Neubau (14. und 15. Jh.) einer roman. Kirche (Ende 12. Jh.), der wohl das W-Portal entstammt. Im frühen 18. Jh. sehr schön ausgeformter Chor; die Figuren des Kirchenpatrons und des hl. Nikolaus werden der Dijoner Werkstatt v. Jean Dubois* (Ende 17. Jh.) zugeschrieben. – *Schloß:* Die stark befestigte ma Anlage der Äbte v. Cluny wurde im

Vougeot (Nuits-Saint-Georges), Schloß in den Weinbergen

15.–16. Jh. z. T. umgebaut. Obwohl der W-Flügel im Religionskrieg 1576 zerstört wurde und der Komplex später allmählich verfiel, zeugen die sehenswerten erhaltenen Teile noch v. imposanter Größe.

Reulle-Vergy (9 km nw): In diese Gegend wurde die dramatische Handlung vom tragischen Ende verratener Liebe in der anonymen altfranz. Verserzählung »Die Kastellanin von Vergi« (13. Jh.) verlegt. Das im MA sehr beliebte Werk lebt wegen seiner literarischen Qualität und der überzeugenden Charakterzeichnungen auch in vielen späteren Bearbeitungen weiter. – Roman. *Kirche Saint-Saturnin* aus dem 12. Jh. (Schiff bei der Wiederherstellung des Gewölbes im 13. Jh. verändert). Reliquiar und die meisten Plastiken aus dem 15. Jh.; segnender Christus (16. Jh.); Madonna (17. Jh.). – *Musée des Arts et Traditions des Hautes-Côtes:* Das Heimatmuseum informiert sehr gut über Geschichte, Alltagsleben und Natur der Region.

Vougeot (5 km n): *Le Clos-Vougeot:* Das wegen seiner Rotweine international berühmte Weingut (»clos« bedeutete urspr. eingezäunte Weinlage; jetzt allgemeiner: die an die betreffende Lage gebundene Herkunftsbezeichnung) hatten 1100 die Zisterzienser v. Cîteaux gegr. Seit dem 15. Jh. in endgültigen Grenzen, wurde es nach Auflösung des Ordens in der Revolutionszeit 1791 verkauft und 1889 erstmals – jedoch mit der fortdauernden Verpflichtung zur Einheit – auf mehrere Besitzer (heute ca. 80) verteilt. Der franz. Schriftsteller Stendhal widmete dem Gut mehrere Seiten seiner »Mémoires d'un touriste« (1838). – *Schloß* (seit 1944 Sitz der Confrérie des Chevaliers du Tastevin). Der insgesamt imposante Komplex bewahrt Teile der ma Anlage. Im Weinkeller aus dem 12. Jh. (27 m lang, 16 m breit, 5 m hoch) werden die festlichen Ordenskapitel der Weinbruderschaft abgehalten; Kelterhaus (12. Jh.) mit 4 gewaltigen Traubenpressen. Das Wohngebäude wurde in der Renaissance auf den Fundamenten des ma Vorgängerbaus erneuert (vollendet 1551). Größtes Kapitel der Bruderschaft sind alljährlich »Les Trois Glorieuses« (»Die drei glorreichen Tage«) am 3. Wochenende im November, die hier beginnen, am folgenden Tag mit der Weinversteigerung in Beaune (vor dem Hôtel-Dieu) fortgesetzt werden und montags in Meursault (→Beaune: Umgebung) mit einem Festbankett und der Vergabe eines Literaturpreises enden (»La Paulée«).

P

Paray-le-Monial

71 Saône-et-Loire

Einw.: 11312 Höhe: 245 m S. 323 □ D5

Das 973 von Lambert, Graf v. Chalon, gegründete, 999 von seinem Sohn Hugo, Bischof von Auxerre, dem Kloster Cluny unterstellte Priorat erhielt um 1000 eine 1. Abteikirche an der Bourbince (1004). Aber bereits 100 Jahre später erachtete der hl. Hugo (von 1040 bis 1109 Abt von Cluny) eine Vergrößerung für erforderlich und schickte die am Bau von Cluny III beteiligten Handwerker nach Paray. Der Ausbau mußte dann allerdings, vielleicht weil der Gönner vorzeitig starb, verfrüht abgebrochen und der alte, für die neuen Verhältnisse viel zu kleine Narthex zum Teil übernommen werden, wodurch der Bau, vor allem in seiner Außenansicht, eine etwas allzu gedrungene Gestalt annahm. Davon abgesehen jedoch folgte die kreuzförmige Basilika mit ausgeschiedener, durch den Turm noch betonter Vierung dem von Cluny propagierten typisch romanischen Bauplan. So bekannt die Kirche aber in der Folge noch wurde,

Paray-le-Monial, Basilique du Sacré-Cœur >

Basilique du Sacré-Cœur, Chorseite

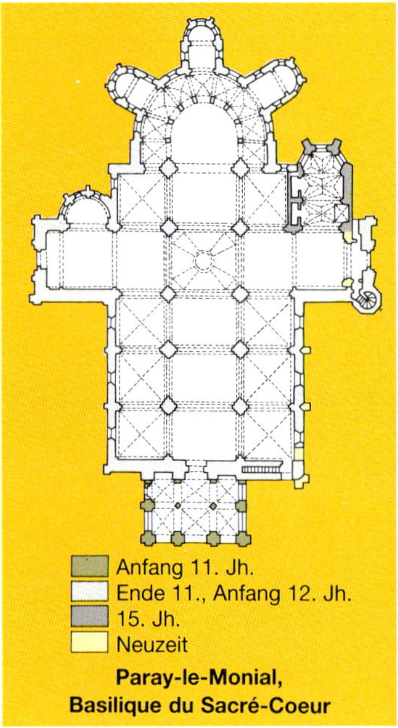

internationalen Ruhm erlangte die sonst eher stagnierende kleine Stadt erst im letzten Viertel des 17. Jh. durch die Visionen der hl. Marguerite-Marie Alacoque (1673–89), die der Herz-Jesu-Verehrung einen enormen Auftrieb gaben. Seinen Höhepunkt erreichte dieser Kult in der 2. Hälfte des 19. Jh. durch die Seligsprechung der Salesianernonne (1864) und die Niederlage der Franzosen im Deutsch-Französischen Krieg, die als Strafe für den Glaubensverfall hingestellt wurde. 1870 erhob Pius IX. die alte Cluniazenserkirche in den Rang einer »Basilika Sacré-Cœur«. Seitdem ergießt sich alljährlich ein gewaltiger Pilgerstrom in die kleine Stadt, zumal 1920 auch noch die Heiligsprechung erfolgte.

Basilique du Sacré-Cœur: Die Basilika wurde v. denselben Baumeistern und Handwerkern erbaut wie Cluny III und gilt (wenn auch gewisse Abstriche angebracht erscheinen) als Miniaturausgabe der im Anschluß an die Franz. Revolution zerstörten berühmten, für die roman. Baukunst über die Grenzen Burgunds hinaus wegweisenden Benediktinerkirche.

Äußeres: Der Blick v. der Bourbince-Brücke auf die W-Fassade oder richtiger, auf den vom Vorgängerbau übernommenen, v. 2 Türmen flankierten Narthex, zeigt einen mächtigen, etwas gestauchten, schmucklosen Bau mit einem stark vorspringenden Querschiff, überragt v. einem überwältigenden achteckigen Vierungsturm. Während der s der beiden W-Türme noch v. der alten Vorkirche stammt, wurde der n mit den größeren, v. Halbsäulen und Gesimsen eingefaßten Arkadenöffnungen (wie sie in der Romanik des Brionnais später immer wieder auftauchen) um die Mitte des 12. Jh. ausgeführt. Der urspr. dreimal so hohe obere Teil des Vierungsturms mit got. Maßwerkfenstern und geschweifter Haube wurde Anfang des 19. Jh. wegen Einsturzgefahr abgetragen und durch seine heutige Form ersetzt.

Ein gänzlich anderes Bild bietet der Bau v. der Chorseite: Hier staffeln sich die Bau-

Paray-le-Monial, Basilique du Sacré-Cœur, Narthexdetail (l), Fresko: Segnender Christus (r)

massen v. den ebenerdigen Kapellen über das zweigeschossige Rund des Chorumgangs und das zurückgesetzte Arkadengeschoß der Apsis in einer außerordentlich geglückten und harmonischen Verteilung bis hinauf zur Höhe des Haupt- und Seitenschiffs, um schließlich in dem mächtigen Vierungsturm zu kulminieren. Durchaus überzeugend wirkt hier übrigens der sparsame Einsatz des Baudekors.

Inneres: Auch im Innenraum überrascht die augenfällige Sparsamkeit der Mittel. Man sieht nur wenig plastischen Schmuck. Im Gegensatz zu Cluny III gibt es fast keine »erzählenden« Kapitelle, und auch v. Farben wird – abgesehen vom got. Fresko in der Apsiskalotte, dem segnenden Christus in der Mandorla – kaum Gebrauch gemacht. Um so wirkungsvoller nimmt sich die geschickte Verwendung des Baudekors aus: die Untergliederung der Wand durch v. Würfelmusterbändern umrahmte Arkaden und durchlaufende, an den Pfeilern verkröpfte Gesimse; der Wechsel v. Halbsäulen und kannelierten Pilastern; die Bogenfriese; kurzum der mit viel Gespür recht abwechslungsreich gehandhabte cluniazensische Wandaufriß in Arkadenzone, Triforium und Obergaden.

Insgesamt ist der hochgewölbte, dreischiffige Bau v. einer erhebenden Feierlichkeit durchströmt. Über spitzbogige Mittelschiffarkaden, rundbogige Blendtriforien und ebenfalls rundbogige Obergadenfenster gleitet der Blick zum durchlaufenden, jochweise v. Gurtbändern unterfangenen Spitztonnengewölbe hinauf, schweift über die auf Trompen ruhende Vierungskuppel ins Chorjoch und v. den 3 Fensterchen der Stirnwand herunter über den segnenden Christus der Kalotte in die lichtdurchflutete Apsis. Hier enden die beiden Seitenschiffe in dem durch hohe, schlanke Säulen abgesetzten Chorumgang um den Altar, der durch das Christusfresko wie durch das ganze Bauschema unübersehbar in den Mittelpunkt der Aufmerksamkeit gerückt wird.

Auffällig an dieser rein roman. Kirche ist die Verwendung des gemeinhin mit der

Paray-le-Monial, Basilique du Sacré-Cœur, Portal am Süd-Querhaus

Gotik in Verbindung gebrachten Spitzbogens, die hier jedoch aus der Berührung Clunys mit dem Islam erklärt wird. (Bekanntlich unterstützte dieses Reformkloster ja nicht nur die Wallfahrt nach Santiago de Compostela, sondern auch die Reconquista.) Außerdem erinnern die Motive der Portalverzierung am s und n Querhaus an die islamische Kunst. Aber wie es um diese Deutung auch bestellt sein mag, jedenfalls gelten spitzbogige Mittelschiffarkaden und Chorumgang als v. Cluny ausgehende burgund. Sonderformen der Romanik.

Chapelle de la Visitation (im *Parc des Chapelains,* dem »hl. Bezirk« der Erscheinung der hl. Marguerite-Marie): Sie birgt den gläsernen Sarg der Heiligen. Das Gebäude wurde im 19. Jh. im sog. »nazarenischen Stil« umgebaut.

Weitere sehenswerte Kapellen: *Chapelle de la Colombière* (1932): Schrein des Beichtvaters der Heiligen, des sel. Claude de la Colombière. – Roman. *Friedhofskapelle Notre-Dame.*

Hôtel de Ville (Maison Jayet): Das Rathaus ist ein schöner Renaissancebau v. 1525/28 mit einer mit Jakobsmuscheln, Medaillons und Statuetten reich verzierten Fassade.

Museen

Musée du Hiéron (Rue Pasteur): Altäre, Skulpturen, Bilder sowie geologische und prähistorische Funde. Bes. sehenswert: das großartige roman. *Tympanon* aus dem 12. Jh. von dem Benediktinerpriorat Ancy-le-Duc.

Chambre des Reliques (im Parc des Chapelains): Erinnerungsstücke an die hl. Marguerite-Marie.

Außerdem sehenswert: Die Stadt besitzt schöne Häuser aus dem 17. und 18. Jh. sowie Überreste der alten Stadtbefestigung und verschiedene Türme, so die *Tour Saint-Nicolas,* die die Abtragung der im 16. Jh. erbauten Kirche überlebte.

Veranstaltungen: Zweimal im Jahr, am 2. Freitag nach Fronleichnam und am 17. Oktober, findet eine *Wallfahrt* zum hl. Herzen Jesu nach P.-le-M. statt.

Umgebung

P.-le-M. ist gut geeignet als Ausgangspunkt für eine Rundreise durch das landschaftlich ansprechende, v. der Industrialisierung noch weitgehend verschonte Brionnais.

Digoin (12 km nw): Das am Zusammenfluß von Loire, Arroux und Bourbince gelegene alte *Denegontium* bzw. spätere *Digonium* war offensichtlich schon früh besiedelt (Schieferplatte mit neolithischer Ritzzeichnung, galloröm. Überreste).
Heute gilt die kleine Stadt (11341 Einw.) dank ihrer Fayencemanufakturen als Zentrum der franz. Keramikindustrie.

Saint-Yan (8 km sw): Alte *Kirche* mit roman. Chor und Glockenturm aus dem 12. Jh.

Varenne-Saint-Germain (10 km sw): Funde

aus dem Aurignacien und dem Mousterien. - Im 19. Jh. restauriertes *Schloß* aus dem 15. Jh. *(Château de Pont-à-Mailly).*

Perrecy-les-Forges

71 Saône-et-Loire

Einw.: 2175 Höhe: 308 m S. 323 □ D4

Das hier im 9. Jh. von der Abtei von Saint-Benoît-sur-Loire auf einer Schenkung des Grafen Echard von Chalon gegründete Priorat entwickelte sich früh zum Mittelpunkt einer aufstrebenden Ortschaft, von der mancher Impuls für die Entwicklung der ganzen Region ausging. 1634 richteten die Mönche unter Ausnutzung der Wasserkraft der Oudrache ein Hüttenwerk ein, das Kanonenkugeln für den König produzierte. Heute sind an die Stelle der alten Hammerwerke kleine mechanische und metallurgische Betriebe getreten.

Kirche: Der bis auf das 11. Jh. zurückgehende roman. Bau mit quadratischem Glockenturm und vorspringendem Querschiff macht aufgrund der verschiedenen Bauepochen einen etwas heterogenen Eindruck. Sehr schön ist dessenungeachtet der nach W und N offene, dreischiffige, zweijochige und zweigeschossige *Narthex* (12. Jh.), der in Anlage und Architektur (Rundbogen und Kreuzpfeiler) an den v. Vézelay erinnert. Wie dort übergreifen die Emporen über den Seitenschiffen im letzten Joch vor der Fassade das Mittelschiff, so daß sich eine umlaufende Tribüne ergibt, von der sich ein schöner Blick auf Schiff und Vorkirche bietet. Aufgabe eines solchen Narthex war es übrigens, die Büßenden, denen das Betreten der Kirche selbst untersagt war, während des Gottesdienstes aufzunehmen. Glanzpunkt dieser Vorkirche ist das *Hauptportal* (12. Jh.), das v.a. durch seine Strenge und Eindeutigkeit überzeugt. Es zeigt im Tympanon Christus in der Gloriole, das bis über die Mitte des 12. Jh. hinaus beliebteste Bogenfeldthema. Sehr ausdrucksstark sind auch die skulptierten Kapitelle. Das getäfelte Mittelschiff (das n Seitenschiff ist im 14. Jh. eingestürzt) führt zu einer gewaltigen, durch Vierungsbogen ausgeschiedenen, v. einer Trompenkuppel überwölbten, eindrucksvollen Vierung (11. Jh.). Das Chorgestühl stammt aus dem 18. Jh., die Apsis aus dem 16. Jh., die an den n Arm des Querschiffs anstoßende Kapelle aus dem 11. Jh. Auf der Tribüne ist ein kleines *Museum* eingerichtet, dessen Exponate um die Geschichte des Orts, des Priorats und der Hüttenwerke kreisen.

Priorat: Von all den Gebäuden ist heute nur noch der *Torturm* (12. Jh.) der alten kreisförmigen Umwallung erhalten. Kreuzgang, Konventsgebäude und Glockenturm wurden im 19. Jh. zerstört.

Kanonenkugelfabrik: Von dem 1634 v. den Mönchen gegr. Werk steht noch die inzwischen in Wohnungen umgewandelte ehem. *Halle de la forge.* Außerdem sind noch die alten, kasernenartigen Arbeiterquartiere zu sehen.

Schloß *(Château du Montot):* Quadratischer, v. Rundtürmen flankierter Bau aus dem 13.-15. Jh.

Außerdem sehenswert: Stattliche *Stadthäuser* mit Türmchen aus dem 16. Jh., *Wohnhäuser* aus dem 16. bis 18. Jh.

Umgebung

Génélard (das alte *Genoliacum;* 3 km sö): *Kirche* aus dem 17. Jh. - *Château de Croix,* klassizistisches Schloß aus dem 18. Jh. - *Gießerei, Ziegelei.*
Oudry (das alte *Olderiacum* und spätere *Uldracum;* 7 km sw): Sitz eines Katharinenklosters. - Neuroman. *Kirche* (19. Jh.). - *Schloß (Château de Montot,* 16. Jh.). Alte *Mühle.* - *Archäologische Fundstätte:* gallische Goldmünzen.

Pontigny

89 Yonne

Einw.: 850 Höhe: 115 m S. 320 □ C2

Notre-Dame-et-Saint-Edme: Die Kirche des 1114 gegr. ehem. Zisterzienserklosters - größter vollständig erhaltener Sakralbau dieses Ordens - ist ein majestätisches Architekturzeugnis aus der Zeit der stilisti-

Notre-Dame-et-Saint-Edme, Westfassade

schen Entwicklung v. der Romanik zur Gotik.
Infolge des raschen Aufstiegs des Ende des 11. Jh. gegr. Ordens wurde die durch Schenkungen und Privilegien generös geförderte Anlage im 12. Jh. zügig ausgebaut und entwickelte sich zu einer kirchengeschichtlich, aber auch als Grundbesitzerin bedeutenden Institution. Im 12. und 13. Jh. nahm sie 3 Erzbischöfe v. Canterbury in ihren Schutz: 1164–66 lebte hier Thomas Becket auf der Flucht vor der englischen Krone (er vertrat vehement die kirchlichen Freiheiten gegen den königlichen Rechtsanspruch bei der Wahl v. Bischöfen und Äbten und in der Teilung der Rechtsprechung); 1208–13 Stephen Langton (Prediger und führender Bibelwissenschaftler seiner Zeit); Edmund v. Abington hielt sich 1240 auf dem Weg nach Rom in P. auf. Das Grab des auf der Weiterreise bald Verstorbenen, den man in dieser Kirche beisetzte, wurde bes. nach seiner Heiligsprechung 1246 vielbesuchtes Wallfahrtsziel.
Einem Niedergang auch dieses Klosters aufgrund nachlassender Ordensdisziplin im 15.–16. Jh. folgte ab dem 17. Jh. ein neuerliches Erstarken, bis es in der Revolution 1791 aufgehoben wurde: Während die Kirche seither den Pfarraufgaben dient, verfielen die n anschließenden Klostergebäude zum Steinbruch für die Bauten der Umgebung, bis das Erzbistum v. Sens 1840 den Komplex erwarb. Einzige erhaltene (restaurierte) Teile sind der ehem. Bau für die Laienbrüder (12. Jh.) und Reste des im 17. Jh. erneuerten Kreuzgangs. Bei mehrfachem Besitzerwechsel wurde die Anlage unterschiedlich genutzt, u. a. 1910–40 durch den damaligen Eigentümer Paul Desjadrins für die regelmäßigen Zusammenkünfte (»Décades de P.«) v. Philosophen, Literaten und Künstlern, ab 1954 für ein Seminar der »Mission de France«, seit 1968 als Rehabilitationsanstalt für Behinderte.
Zur ehem. *Klosterkirche* führt der Weg aus dem Dorf vorbei an der im 18. Jh. erneuerten Pforte (das Areal sicherte seit dem 12. Jh. eine noch in Resten bestehende

Notre-Dame-et-Saint-Edme von SSO

Mauer) durch eine Allee auf die W-Fassade mit Vorhalle. Beeindruckendster Blick auf den insgesamt 119 m langen Baukörper v. der S-Seite. Im Äußeren wie im Inneren folgt er den unter Mitwirkung Bernhards v. Clairvaux entwickelten zisterziensischen Baunormen, deren oberstes Gebot Schlichtheit und Klarheit waren: Das bedeutete zwar den Verzicht auf Repräsentationselemente (z.B. Monumentalität und hoher Glockenturm) und – im Interesse gesteigerter geistiger Konzentration – auf jede Art v. Dekoration (z.B. auffallender plastischer Bauschmuck, figürliche Glasmalereien), den man bei sparsamst angewandten Formen jedoch durch konsequente Logik im Aufbau und vorzügliche Qualität in der technischen Einzelausführung ausglich. Die Strenge dieser Forderungen wurde freilich schon im Lauf des 12. Jh. während der Ausbreitung des Ordens in Europa mancherorts gemildert; doch bleiben Grundriß (dreischiffiges, basilikales Langhaus, Querhaus mit höchstens je 2 gerade geschlossenen Kapellen an den Seiten der Arme und bevorzugt ebenfalls rechteckiger Chorabschluß) und Aufriß (zweizoniger Wandaufbau) verbindliche Prinzipien für alle Kirchenbauten dieses Ordens.
Der 1145 im O begonnene Bau (wie in der Sakralarchitektur allgemein üblich) war um 1170 vollendet. Aber bereits um 1185 entschloß man sich wegen Raumbedarfs (und wohl nach dem Vorbild v. Clairvaux), den urspr. quadratischen, nur 1 Joch tiefen Chor durch einen gestreckten got. Neubau mit polygonalem Abschluß, Umgang und Kapellenkranz zu vergrößern, der ca. 1210 ausgeführt war. Da er sich weder in Mauerwerk noch Gliederung vom älteren Quer- bzw. Langhaus unterscheidet und zudem die Dachgesimse auf charakteristischen »burgund.« Konsolen alle Teile des Außenbaus in gleichbleibender Höhe einheitlich umklammern, bleibt die großartige Ausgewogenheit zwischen vertikaler und horizontaler Linienführung gewahrt. (Über der Vierung befand sich urspr. ein hölzerner Glockenstuhl.)

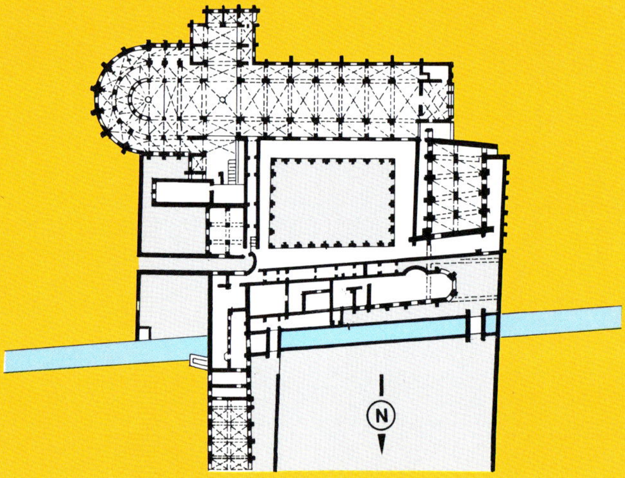

Pontigny, Notre-Dame-et Saint-Edme

Durch die langhausbreite Vorhalle (ihr aufsteigendes Dach verjüngt sich auf die Breite des Mittelschiffs) und das Stufenportal mit originalen Türbeschlägen (12. Jh.) betritt man den 108 m langen *Innenraum* v. überwältigender Wirkung. Trotz des im 17. Jh. erneuerten Lettners mit 2 Altären, der den Raum der Laienbrüder vom Mönchschor trennt, wird der Blick dem stark rhythmisierenden got. *Rippengewölbe* folgend (Scheitelhöhe 21 m) zur polygonalen Apsis gezogen. Als große bautechnische Leistung hatte man beim Chorneubau um 1200 das sonst in allen übrigen Bauteilen bewahrte roman. Kreuzgewölbe im ca. 10,5 m breiten Mittelschiff bereits durch das völlig neuartige Rippengewölbe ersetzt. Erst etwa um die Jahrhundertmitte ganz ausgereift, ist es die genialste und prägende Schöpfung der Gotik, denn nunmehr leiten die Rippen den Schub des Gewölbes ab, so daß für die Kappen dünneres (also leichteres) Mauerwerk ausreicht, d.h. geringeres Gewicht statisch fortan auch größere Höhe ermöglichte: ganz im Sinne got. Strebens nach Vertikaldynamik. – Der Homogenität des Äußeren entspricht auch im Inneren die durch die umlaufende Profilleiste akzentuierte Einheitlichkeit der Flucht v. Langhaus und Chor. Im zweizonigen Wandaufbau sind die Obergadenfenster in Mittelschiff und Chor wegen der Seitenschiffe bzw. des Umgangs weit nach oben gerückt: Während zwischen den im Schiff einfacher als im Chor profilierten Arkadenbogen und der Profilleiste ruhige, breite Wandflächen stehen bleiben, beleben hohe, nach oben eingetiefte Sohlbänke das Mauerband unter den Fenstern. Got. Lineament im *Chor* lassen das zehnteilige Rippengewölbe, die schlanken Säulen und die Kapitelle mit eingerollten Blättern erkennen. Aus den Kapitellen in Lang- und Querhaus waren die zungenähnlichen Blätter eher herausgeschnitten worden, noch ohne den Steinblock zur eigtl. Skulptur umzuformen. – Chorgestühl aus dem 17. Jh.; die Gitter wurden im 17.–18. Jh. geschmiedet. Links neben dem

Pontigny, Notre-Dame-et-Saint-Edme, Langhaus (l), Seitenschiff (r)

Hochaltar (18. Jh.) das Grabmal v. Hugues de Mâcon, Mitbegründer der Abtei als 2. Tochterkloster v. Cîteaux. Schrein-Monument des Kirchenpatrons Edmund aus dem 19. Jh.

Pouilly-en-Auxois 21 Côte-d'Or		
Einw.: 1500	Höhe: 384 m	S. 323 □ E3

Das mittelalterliche Dorf entwickelte sich im 19. Jh. zum Hafenstädtchen am Canal de Bourgogne, der von hier bis zum südöstlich gelegenen Créancey seit 1832 die Wasserscheide zwischen Seine- und Rhônebecken in einem 3,3 km langen Tunnel (Höhe und Breite jeweils ca. 6 m) unterquert.

Kapelle Notre-Dame-Trouvée: Die got. Wallfahrtskirche mit wohlproportioniertem Innenraum wurde im 13. Jh. für eine nach der Legende im Boden aufgefundene (1981 geraubte) wundertätige Madonnenfigur errichtet (daher die Zusammensetzung des Namens).
Bedeutendstes Stück der künstlerischen Ausstattung ist die »Grablegung Christi« (1. Hälfte 16. Jh.): Sie vereint in ihrer figurenreichen Renaissancekomposition unterschiedliche Merkmale, bes. eine breite Erzählweise nach zeitgenössischem ital. Vorbild, die auch schlafende Soldaten und Engel mit den Leidenswerkzeugen in das Geschehen einbezieht; andererseits ist die burgund. Tracht der Figuren v. zeitgeschichtlichem Interesse.

Umgebung

Chailly-sur-Armançon (6 km w): Die architekturgeschichtlich interessante *Kirche* bewahrt das Portal des roman. Vorgängerbaus und wurde in mehreren Abschnitten erneuert: got. Langhaus mit Seitenschiff und Chor (15. Jh.), Querschiff und Vierungsturm (16. Jh.). Farbverglasung der spätgot. Flamboyantfenster aus dem 16. Jh. Der Figurenschmuck im Inneren entstammt hauptsächlich dem 16.–17. Jh. – *Renaissanceschloß* aus dem 16. Jh.

Mont-Saint-Jean (15 km w): Das malerische Dorf mit altburgund. Häusern aus dem 14.–17. Jh. bewahrt Reste der ma Befestigung (Porte Saint-Christophe, 13. Jh.), die Burg und Siedlung während der häufigen Kämpfe der Grafen v. Auxois gegen die Herzöge v. Burgund schützten. – *Sainte-Pélagie:* Roman. Pfarrkirche (ehem. Burgkapelle) aus dem 11.–12. Jh. mit Mitte 15. Jh. erneuertem Schiff; der Glockenturm wurde im 13. Jh. um 2 Geschosse erhöht. Ihre roman. Krypta birgt Reliquien der im 5. Jh. als Märtyrerin umgekommenen hl. Pelagia, die der Kreuzritter Raoul de Mont-Saint-Jean aus Palästina mitgebracht hatte. – *Burg:* Der seit dem 10. Jh. faßbaren Wehranlage, einst eine der mächtigsten in Burgund, folgte im 12. Jh. die Burg, die bis ins 15. Jh. ausgebaut wurde; jetzt isoliert stehender Hauptturm aus dem 13. Jh. und 4 (der urspr. 11) Rundtürme; für das Wohngebäude schnitt man im 15. Jh. Fensteröffnungen in die Befestigungsmauer. Die Promenade wurde – wie vielerorts geschehen – auf den zugeschütteten Gräben angelegt. – *Maladière* (Rue des Bergeries): mittelalterlicher Krankenbau.

Pouilly-sur-Loire

58 Nièvre

Einw.: 1723	Höhe: 177 m	S. 319 □ A3

Zwischen hügeligem Weinland und der Loire liegt das Winzerstädtchen Pouilly, Hauptort des Weinbaus im Département Nièvre. Außerdem wird nur noch in Tannay bei Clamecy und in der Gegend v. Cosne-sur-Loire (siehe dort) Wein kultiviert, allerdings in geringerem Ausmaß.

Das gallorömische Nest *Pauliaca Villa* wird erstmals im 5. Jh. genannt und kam im 7. Jh. in den Besitz des Bischofs von Auxerre, Vigile. 680 pflanzten Benediktinermönche die ersten Weinstöcke.

Heute erstreckt sich das Weinbaugebiet über die 7 Gemeinden Pouilly, Saint-Andelain, Saint-Laurent, Saint-Martin-sur-Nohain, Tracy-sur-Loire, Mesves-sur-Loire, Garchy und Bulcy, die man bei einer etwa 30 km langen Rundfahrt zur »dégustation« besuchen kann. Angebaut werden die Traubensorten Chasselas, die einen spritzigen leichten Weißwein liefern, und Sauvignon, die zu dem bedeutenderen, trocken-würzigen »Pouilly fumé« oder »Blanc fumé de Pouilly« verarbeitet werden – nicht zu verwechseln mit dem »Pouilly fussé« aus dem Mâconnais.

Mont-Saint-Jean (Pouilly-en-Auxois), Idylle

Prémery
58 Nièvre

Einw.: 2603	Höhe: 238 m	S. 322 □ B3

Das Städtchen im Nièvre-Tal am Rande großer Wälder war Sommerresidenz der Bischöfe von Nevers, die zugleich den Titel der Grafen von Prémery trugen – ein Beispiel für die früher übliche Verquickung geistlicher und weltlicher Herrschaft.

Ehem. Stiftskirche Saint-Marcel: Sie ist ein dreischiffiger Bau mit polygonalem Chor aus der Hochgotik des 13. Jh., während die Kapelle des Bischofs Jean d'Albret aus dem 16. Jh., der Turm aus dem Barock stammt.
Besonders beachtenswert ist die aus Stein skulptierte Pieta auf einem Altar beim rechten Querschiff, ein Werk des späten 15. Jahrhunderts. Vermutlich schuf sie ein Schüler des berühmten Bildhauers Claus Sluter.

Château: Zu den ältesten erhaltenen Teilen des Schlosses der Bischöfe gehören der mächtige Rundturm und der imposant befestigte, v. weiteren Türmen flankierte Torturm mit quadratischem Grundriß (14. Jh.).

Q

Quarré-les-Tombes
89 Yonne

Einw.: 800	Höhe: 460 m	S. 320 □ D3

Hübsches Dorf im landschaftlich äußerst reizvollen Naturpark *Parc régional du Morvan,* der unterschiedlich große Teile der Départements Côte-d'Or, Saône-et-Loire, Yonne und besonders Nièvre umfaßt. – Im Zusammenhang mit in der Umgebung häufig aufgefundenen Siedlungsspuren aus gallorömischer Zeit leitet die Tradition den Ortsnamen von einem nicht näher benannten, durch eine Mauer gesicherten Gutshof

Mont-Saint-Jean (Pouilly-en-Auxois), Burg

Quarré-les-Tombes, Frühmittelalterliche Sarkophage vor der Kirche

(»villa quadrata«) her. Der im 18. Jh. beigegebene Zusatz bezieht sich auf überraschend zahlreich vorhandene frühmittelalterliche *Sarkophage* (viele wurden später bei der Kirche aufgestellt), deren Herkunft noch nicht eindeutig geklärt ist: Auch wenn Beigaben und andere sonst übliche Zeugnisse von Bestattungen im allgemeinen fehlen, hat man am ehesten wohl an die Reste eines Gräberfeldes (mit zum Teil jedoch nicht benutzten Grablegen) zu denken.
1940–44 war der Ort ein Zentrum der Widerstandskämpfer: Auf dem Dorfplatz erinnert das *Denkmal* von Pierre Octave Vigoureux an die Opfer der Résistance aus dem Ier Régiment du Morvan.

Saint-Georges: Die got. Kirche (2. Hälfte 15. Jh.) könnte auf eine frühmittelalterliche (merowingische?) Andachtsstätte zurückgehen, um die das Gräberfeld angelegt worden war. Wie der Hauptaltar entstammen die Stücke ihrer Ausstattung zumeist dem 17. Jh.

La Roche des Fées (3,5 km s): Felsformation im Waldgebiet La Forêt au Duc (obwohl im 15. Jh. vom Herzogtum in den Besitz der Krone gelangt, erinnert der Name noch immer an den urspr. Eigentümer), die die Legende als Versammlungsplatz gallischer Druiden deutet.

Umgebung

Saint-Léger-Vauban (6 km nö): 1867 wurde der urspr. Beiname des seit dem 10. Jh. beurkundeten Dorfs zu Ehren des hier geborenen Sébastien le Prestre*, des späteren Seigneur de Vauban (1633–1707), geändert. Der Festungsbaumeister und Ökonom, einer der bedeutendsten Köpfe in der Epoche Ludwigs XIV., stärkte als genialer Planer die militärische Position Frankreichs durch einen Gürtel weit nach O vorgeschobener Festungen, die bis ins 19. Jh. fast alle als uneinnehmbar galten. Außerdem widmete er sich (teils bereits mit Hilfe statistischer Methoden) sozialen und volks-

wirtschaftlichen Problemen. – *Saint-Léger:* spätgot. Kirche aus dem 15.Jh., deren Langhaus mit W-Fassade 1856 erneuert wurde; Türflügel des S-Portals v. Marc Hénard*, der 1973 mit Serge Jamet* auch die Fliesenkomposition im Chor schuf. Barocker Hochaltar (18.Jh.). Gedenktafeln erinnern an die Taufe Vaubans (1633) sowie an das Ordensgelübde v. Jean-Baptiste Muard (1850), des Gründers des Klosters Sainte-Marie de la Pierre-qui-Vire. – *Vauban-Denkmal* v. Anatole Guillot* (1905). – *Maison Vauban* (Maison communale/Gemeindehaus): 1980 eingerichtete Ausstellung zu Leben und Werk des Marschalls und Generalinspekteurs der Festungen, den wegen seiner Kritik an der Ungerechtigkeit des Steuersystems schließlich die Ungnade des Königs traf. – 4 km sö v. Saint-Léger-Vauban findet sich die Benediktinerabtei **Sainte-Marie de la Pierre-qui-Vire.** Der Name leitet sich v. einem Granittisch aus 3 übereinanderliegenden Platten ab, der sich jeweils beim Angelusläuten bewegt haben soll. 1853 wurde er befestigt und mit einer Marienfigur geschmückt. Die 1850 v. Jean-Baptiste Muard gegr. Anlage ging 1859 an die Benediktinerkongregation v. Subiaco (Italien) über. Dem 1871 vollendeten Komplex wurden nach einer Zeit der Unsicherheit über den Fortbestand der Institution dann im 20.Jh. mehrere Erweiterungsbauten (u.a. das Hospiz) angeschlossen.
An den Messen kann man täglich teilnehmen. Eine *Ausstellung* veranschaulicht das Leben und die vielfältigen Arbeiten im Kloster.

S

Saint-André-en-Morvan
58 Nièvre

Einw.: 379 Höhe: 280 m S.320 □ C3

Das hübsche Dorf liegt auf einer schon in gallorömischer Zeit besiedelten Bergkuppe über dem Fluß Cure im waldigen Nord-Morvan. Das heutige Gemeindeterritorium gehörte einst teils zum Herzogtum Burgund, teils zur Grafschaft (später Herzogtum) Nivernais. Heute verläuft hier die Grenze zwischen den Départements Yonne und Nièvre.
Außer der *Kirche* aus dem 16.Jh. ist v.a. das schöne *Ortsbild* selbst mit seinen für das Morvan typischen Häusern und den *Mühlen* sehenswert.

Umgebung

Château de Vésigneux (8 km s): Mittelalterliche Anlage, im 16. und 17.Jh. frühbarock umgebaut.
Lac de Crescent (6 km ö): Die Wasser der Cure und des Chalaux speisen diesen 1930 bis 1931 angelegten Stausee, der sich 6 km lang durch eine wilde Schlucht erstreckt. Mit 165 ha Fläche hat der See ein Fassungsvermögen v. 14 Millionen Kubikmetern Wasser.
Marigny-la-Ville (12 km sö): Auf schon in keltischer Zeit besiedeltem Boden lag später das galloröm. *Macrini Villa.* – *Château de Marigny.* – *Wassermühle.* – Im benachbarten *Marigny-l'Eglise* roman. *Kirche* aus dem 12.Jh. (im 16. und 19.Jh. umgestaltet).

Saint-Brisson
58 Nièvre

Einw.: 292 Höhe: 684 m S.323 □ D3

Der nach Brictius, dem Bischof von Tours, im 5.Jh. benannte Ort war Kreuzung der alten Römerstraßen von Autun nach Sens

Pierre-Écrite (Saint-Brisson), Poststation, an der Napoleon haltmachte

Pierre-Écrite (Saint-Brisson), Gallorömische Grabstele

und von Saulieu nach Corbigny. Im Herzen des Morvan gelegen, ist das hübsche Dorf heute administratives und Informationszentrum des »Parc naturel régional du Morvan", dessen 175000 ha Fläche zum Großteil zum Département Nièvre gehören.

Château de Saint-Brisson: Eigtl. kein Schloß, sondern im 18. Jh. das Wohnhaus des Comte de la Rivière et du Montal, jedoch urspr. an einer Stelle namens »vieux château« erbaut. Das Haus wurde während der Revolution zerstört; nach Rückkehr aus dem englischen Exil Anfang des 19. Jh. ließ sich der Graf etwas entfernt vom alten Standort durch einen englischen Architekten einen klassizistischen Neubau errichten.

Heute beherbergen dieses »Château« und mehrere Gebäude in seiner Nachbarschaft, wie der ehem. Jagdpavillon und die »ancien ferme« das »Maison du Parc«: Informationsservice und Verwaltung des Naturparks, die *Bibliothèque morvandelle et régionale* mit ihrem Lesesaal, das *Centre d'études et du recherche sur l'Occupation et de la Résistance en Morvan*, das die Geschichte der dt. Besatzungszeit und des Widerstandskampfes im Morvan erforscht, und das *Musée de la Resistance en Morvan* mit seiner anschaulichen Darstellung des genannten Themenbereichs.

Umgebung

Alligny-en-Morvan (16 km sö): Roman. *Kirche* des 12. Jh., im 15. und 19. Jh. restauriert. – *Château d'Alligny* aus dem 15./16. Jh. im W des Dorfes.

Pierre-Écrite (20 km sö): Interessante *Grabstele* aus galloröm. Zeit mit unleserlicher Inschrift im unteren Teil und einer in ihrem Sinn bis heute ungeklärten Darstellung v. 6 Personen.

Westlich der Straße die berühmte Poststation, in der Napoleon haltmachte, als er

1814 v. der Verbannung auf der Insel Elba nach Paris zurückkehrte.
Saint-Agnan (6 km n): Malerisches Morvan-Dorf, das ehem. *Sancti Aniani Capella*, das am schönen, einsamen Lac de Saint-Agnan mit seinen dunklen Wassern liegt. Der jüngste der 6 großen Stauseen im Morvan wurde 1969 angelegt, hat eine Fläche von 140 ha und dient hauptsächlich als Trinkwasserreservoir und der Fischerei.

Saint-Clément-sur-Guye

71 Saône-et-Loire

Einw.: 144 Höhe: 431 m S. 323 □ E4

Mit seinen Galerien, Außentreppen, seinen Flachziegeldächern und Giebeln aus Ergußgestein ist das ausgesprochen malerische Dorf typisch für die Region um Tournus.

Kirche: Sie geht bis auf die 2. Hälfte des 10. Jh. zurück, mußte allerdings nach einem Brand im 12. Jh. weitgehend neu aufgebaut werden. Die Befestigung des Glockenturms und die Vorhalle stammen sogar erst aus dem 15./16. Jh., einer Zeit, in der die religiösen Unruhen den Wunsch nach Sicherheit aufkommen ließen.

Außerdem sehenswert: Alte *Windmühlen*. – *Menhir*. – *Merowingerfriedhof* (rund 70 Gräber; Funde im Musée Denon in Chalon-sur-Saône und Musée du Grenier-à-Sel v. Mont-Saint-Vincent).

Umgebung

Burzy (2,5 km sö): Roman. *Kirche* aus dem 12. Jh. – Für das Clunisois charakteristische Häuser.
Saint-Huruge (5 km s): Kleine roman. *Kirche* vom Anfang des 12. Jh. mit der im 16. Jh. angebauten Grundherrnkapelle Notre-Dame de Pitié. Im Inneren Steingitter. – Ruine eines befestigten *Schlosses* aus dem 13. Jh. (3 Rundtürme und ein quadratischer Turm erhalten).
Sigy-le-Châtel (9 km s): Das alte *Sedriacum Castrum* (das »liebliche Lager«). – *Kirche* v. der Wende vom 12. zum 13. Jh. (Glockentürme v. der Mitte des 19. Jh.; Chor in der Franz. Revolution zerstört). – Ruinen eines befestigten *Schlosses*.

Saint-Émiland

71 Saône-et-Loire

Einw.: 393 Höhe: 442 m S. 323 □ D4

Seinen Namen verdankt das kleine Dorf einem kriegerischen Bischof, dem hl. Émilien oder Émiland v. Nantes, der der Legende zufolge 725 nach Autun kam, um es gegen die Sarazenen zu verteidigen und bei der Verfolgung des Feindes hier gefallen sein soll. An der Stelle, an der er den Tod fand, sprudelt seitdem eine Quelle aus der Erde hervor. Im übrigen sollen, so will es die Legende, die Särge für seinen Leichnam und den seiner Gefährten vom Himmel gefallen sein. Noch lange Zeit wurden die Sarkophage an verschiedenen Stellen des Dorfes aufbewahrt. Weniger wundergläubigen Geistern zufolge soll es sich dabei freilich nur um zum Verkauf ausgestellte Anfertigungen aus den zahlreichen Sandsteinbrüchen der Umgebung gehandelt haben. – Im Bereich von Saint-Émiland wurden prähistorische Knochenfunde gemacht.

Kirche: Eleganter Bau mit kannelierten Pilastern wie die Kathedrale v. Autun, einem schönen Chor und einer Vorhalle aus dem 12. Jh., beherbergt in der linken Kapelle (16. Jh.) den Sarkophag sowie ein Büstenreliquar des hl. Émiland.
Beachtung verdienen auch die gotische *Grabkapelle* (eine ehemalige Betkapelle aus dem 13. Jahrhundert) sowie die antiken *Grabstelen* und *Sarkophage* auf dem Friedhof.

Umgebung

Château d'Epiry (3 km sö): Altes befestigtes Schloß aus dem 15. Jh. mit Burggraben, 4 runden Ecktürmen (16. Jh.) und Wohngebäuden aus dem 15. Jh. (N-Flügel) und dem 18. Jh. (O-Flügel mit klassizistischer Fassade).
Geburtshaus des Schöngeistes *Bussy-Rabutin* (»Histoire amoureuse des Gaules«, »Liebeschronik der Gallier«,

Saint-Fargeau, Schloß, Portal

Saint-Fargeau, Schloß, Großer Saal

1665, eine Chronique scandaleuse vom Hofe Ludwigs XIV., deren Veröffentlichung dem Verfasser 16 Monate Bastille einbrachte).

Saint-Fargeau 89 Yonne		
Einw.: 2100	Höhe: 193 m	S.319 □ B2

Der 680 als *Sanctus Ferreolus* erstmals erwähnte Ort, dessen Geschichte eng mit dem großartigen *Schloß* und dem Schicksal seiner mehrfach wechselnden Eigentümer verknüpft war, entwickelte sich zu einem wirtschaftlichen Zentrum der waldreichen Seenplatte *La Puisaye:* Ihr gebietsweise stark eisenhaltiger Boden und die vorhandenen natürlichen Energiequellen Holz (-kohle) und Wasser ermöglichten in der gesamten Region eine einträgliche Metallgewinnung und -verarbeitung vom Altertum bis in die frühe Neuzeit. Wichtiger Erwerbszweig in den tonhaltigen Gebieten der nördlichen und südlichen Puisaye war auch die Gewinnung des wegen seiner Reinheit besonders gesuchten Ockers, der hauptsächlich für die Wandmalerei weithin exportiert wurde.

Veranstaltung: *Son et lumière:* →Schloß.

Saint-Ferréol: Auf dem Gelände der sehr sehenswerten got. Kirche aus dem späten 13.Jh. sollen sich bereits eine kelt. Kultstätte und später ein galloröm. Heiligtum befunden haben. W-Front mit 3 säulengefaßten Portalen und großer Rosette. In der Apsis hohe Flamboyantfenster (16.Jh.). Die interessanten Ausstattungsstücke der Kirche entstammen in bemerkenswerter chronologischer Einheitlichkeit zumeist dem späten 15. bis frühen 16.Jh.

Schloß: Die Tradition des prachtvollen Ensembles aus dem 17.Jh., das ausnahmsweise einer Plünderung in der Revolution entging, reicht bis zu einem Jagdschloß der Bischöfe v. Auxerre im 10.Jh. zurück. Ältester erhaltener Teil ist der wohl auf Initiative des damaligen Besitzers Jacques Cœur

Saint-Fargeau, Saint-Ferréol, Flamboyantfenster >

(Finanzminister Karls VII.) um 1460 erbaute mächtige N-Turm. Nach Cœurs Entmachtung wurde das Anwesen dem Günstling des Königs, Antoine de Chabannes, übereignet, der 1467 den Bau einer großen fünfseitigen Wehranlage veranlaßte. 1566 gelangte sie an die Herzöge v. Bourbon-Montpensier und begann im 17. Jh. zu verfallen. Als Anne Marie Louise d'Orléans (genannt la Grande Mademoiselle), Herzogin v. Montpensier und Kusine Ludwigs XIV., sich nach ihrer aktiven Teilnahme an der Fronde des Hochadels auf Geheiß des Königs 1652 hierher zurückziehen mußte, wurde der Komplex großenteils – und nunmehr im Geist zeitgemäßen Repräsentationswillens und Wohnkomforts – erneuert: Unter maßgeblicher Planbeteiligung v. François Le Vau* (Bruder des Pariser Hofarchitekten Louis Le Vau) wurden alle Rundtürme beibehalten (und bedacht), somit also auch die Lage und Abmessungen der 5 Flügel, und man schuf mit den 4 Innenfronten einen bes. schönen Ehrenhof v. nobler und großzügiger Wirkung (der NW-Flügel folgte um 1720). Im frühen 18. Jh. erwarben die Lepeletier das Schloß, wovon nach einer Brandkatastrophe 1752 im wesentlichen nur die Außenmauern und tragenden Teile bestehen blieben. Die Wiederherstellung dauerte Jahrzehnte. Die geschmackvolle *Innenausstattung* wurde in der 1. Hälfte des 19. Jh. erneuert. Wenn auch die Originaleinrichtung aus der Zeit der berühmten Schloßherrin verloren ist, lassen zahlreiche Bildnisse und aus anderen Adelssitzen hierher gebrachtes Mobiliar jene Epoche doch wieder lebendig werden. – Bekanntester Träger des Namens Lepeletier war Louis-Michel, genannt Saint-Fargeau: Er wurde wegen seines Eintretens im Nationalkonvent für die Hinrichtung Ludwigs XVI. 1793 v. einem ehem. Gardisten des Königs getötet, und man sah in ihm alsbald einen Märtyrer der Revolution. Ein Gemälde v. Jacques-Louis David*, das dieses Ereignis unmittelbar danach protokollartig schilderte, ist verschollen; doch man bewahrt in der Salle de Billard einen Stich nach einer Vorzeichnung Davids.

Musée du Cheval: Das im Schloß eingerichtete kleine Museum ist der Reitkunst gewidmet.

Schloßpark: Statt des urspr. franz. Gartens aus dem 17. Jh. legte 1809 Michel de Mortfontaine* gemäß dem neuen, die Natur idealisierenden Stil einen englischen Park an: Der Blick in das weiträumige Gelände bezaubert ebenso wie die stimmungsvolle Verbindung v. Natur und Schloßarchitektur.

Saint-Fargeau, Schloß: Ermordung von Louis-Michel Lepeletier

Son et lumière: Im Juli-August (freitags und samstags) zeigt ein prachtvolles historisches Schauspiel in 15 Bildern die bedeutendsten Ereignisse der franz. Geschichte seit dem Hundertjährigen Krieg.

Umgebung

Moutiers (9 km ö): Das kleine Dorf hatte sich um ein im 7. Jh. gegr. Pilgerhospiz und späteres Priorat der Abtei Saint-Germain in Auxerre entwickelt und wurde nach seiner Zerstörung im Religionskrieg (Ende 16. Jh.) wieder aufgebaut. Um 1000 lebte hier der Chronist Raoul Glaber, dessen Aufzeichnungen trotz ihres oft anekdotenhaften Stils eine wertvolle Quelle für die Zeit v. 900 bis 1046 bleiben. – In der interessanten *Kirche Saint-Pierre* aus dem 12. Jh. (Chor im 15. Jh. erneuert), deren Vorhalle (13. Jh.) Fenster mit originell komponiertem Maßwerk verzieren, wurde 1982 die *Ausmalung* des 12.–13. Jh. freigelegt: Die ockerfarbenen Wandbilder zeigen Szenen aus dem Alten und Neuen Testament (u.a. Schöpfungsgeschichte, Abels Tod, Sintflut, Taufe Jesu). Portal um 1600. Hochaltar v. 1642.

Rogny-les-Sept-Écluses (20 km nw): Die 7 Schleusen, die dem Dorf seinen Beinamen gaben, sind ein gutes Zeugnis der Ingenieurarchitektur des 17. Jh. Die 1604–42 erbaute Stufenanlage überwand das Gefälle des Canal de Briard und stellte so die schiffbare Verbindung zwischen Loire und Seine her; 1887 leitete man den Kanal über 6 neue Schleusen um. – Roman. *Kirche Saint-Loup* aus dem 11.–12. Jh. (1740 restauriert) mit Ansätzen frühgot. Lineaments. Barockes Gemälde »Die Jünger in Emmaus« (1757).

Saint-Sauveur-en-Puisaye (11 km ö): Die Heimat der Schriftstellerin Sidonie-Gabrielle Colette (1873–1954) ist unter dem Namen Montigny-en-Fresnoi eingehend geschilderter Ort der Handlung, bes. in den Romanen der Claudine-Serie. Das Geburtshaus Colettes steht in der 1967 nach ihr benannten Straße. – Ein durch den Staatsstreich des Präsidenten Charles Louis Napoléon hier ausgelöster »Aufstand der Puisaye« wurde 1851 gnadenlos niedergeschlagen. – Die *Kirche Saint-Jean-Baptiste* bewahrt Chor und Apsis aus dem 12. Jh.; das dreischiffige Langhaus wurde im 15. Jh. got. erneuert. – *Tour Sarrasine,* aus elliptischem Grundriß erbauter Hauptturm der ma Burg (11.–12. Jh.), die im 16. bis späten 17. Jh. unter Verwendung der

Moutiers (Saint-Fargeau), Kirche Saint-Pierre, Fresko: Maria und Elisabeth

Moutiers (Saint-Fargeau), Kirche Saint-Pierre, Fresko: Bergpredigt

Befestigungsmauern durch das *Schloß* ersetzt wurde. Hier sollen das *Musée et Centre d'études Colette* eingerichtet werden, die dem Leben und Werk der Autorin gewidmet sind: Ihre vielgelesenen Romane kreisen um die Liebe und zeichnen sich trotz der gefühlsstarken Schilderungen der Personen und des Geschehens zumeist durch eine klare Sprache v. subtiler Einfachheit aus. – Bis zur Eröffnung dieser Institution veranstaltet man in einem Saal der *Mairie* (Bürgermeisteramt) jährlich thematisch wechselnde Ausstellungen.

Toucy (21 km nö): Geburtsort des Lexikographen und Verlagsgründers Pierre Larousse (1817–75), an den das *Denkmal* (Place de la République) v. 1894 erinnert. Die Siedlungstradition des Städtchens, das mehrfach schwere Kriegsschäden erlitt (zuletzt 1940) und dessen regionale Vormachtstellung im 16. Jh. an S.-F. übergegangen war, reicht urkundlich bis ins 3. Jh. n. Chr. zurück. – *Saint-Pierre,* baugeschichtlich interessante (im 19. Jh. restaurierte) Kirche mit wehrhaftem äußerem Erscheinungsbild, die um 1270 in die NW-Ecke der Burgmauer (12. Jh.) eingefügt worden war. Hauptschiff mit Fassade in der Renaissance (um 1536) großenteils erneuert; Portal v. 1670; Turm v. 1890. Das Orgelgehäuse entstammt der Kathedrale Saint-Étienne in Auxerre; Seitenaltäre mit schönen Renaissancefiguren. – *Schloß Motte-Miton* wurde um 1750 unter Verwendung v. Fundamenten und bestehendem Mauerwerk eines ma Vorgängerbaus errichtet.

Treigny (16 km sö): Im 16.–18. Jh. berühmt für seine Töpfereien und Glasbläsereien; im 18. Jh. zeitweise Zuflucht verfolgter Jansenisten. – Schöne spätgot. *Kirche Saint-Symphorien* aus dem 15. Jh. (Chor Anfang 16. Jh.), die man wegen ihrer für ländliche Gegenden sonst ungewöhnlichen Größe auch als »Kathedrale der Puisaye« bezeichnet. Seitenaltäre um 1650, monumentaler Hochaltar v. 1675. – *Schloß Ratilly* (w außerhalb), ausgesprochen reizvoller vierflügeliger Komplex aus dem 13. Jh., der Ende des 16. Jh. durch geringe, aber wirksame Baumaßnahmen zur komfortablen Wohnanlage verändert wurde: z. B. Einbau zusätzlicher Kamine; Erweiterung der Schießscharten zu Fenstern im v. 2 Rundtürmen gesicherten Eingang; Vergrößerung der Fenster zum Innenhof; zweckentsprechende Raumaufteilung; die Zugbrücke wurde durch einen festen Steg ersetzt. Dennoch bleibt der trutzige ma Charakter prägend, zumal das massige Mauerwerk aus dem anstehenden eisen-

Treigny (Saint-Fargeau), Schloß Ratilly

haltigen Gestein im Laufe der Jh. erheblich oxydierte. In seiner bewegten Geschichte unter häufig wechselnder Herrschaft beherbergte das Schloß im 14.Jh. eine gefürchtete Räuberbande, war im 16.Jh. wichtiges Zentrum militanter Hugenotten und bot im 18.Jh. v. der Krone verfolgten Jansenisten Schutz. - Seit 1952 folgt eine *Schule für Kunsttöpferei* der durch den tonhaltigen Boden begünstigten regionalen Handwerkstradition (Verkaufsausstellung). Außerdem eine *Sammlung* v. Steinzeug aus der Puisaye und *Wechselausstellungen* moderner und zeitgenössischer Kunst.

Villiers-Saint-Benoît (20 km nö): In der got. *Kirche Saint-Benoit* (13.-15.Jh.) befinden sich Wandmalereien aus dem 15.Jh. mit der Darstellung der »Drei Lebenden und drei Toten«: 3 Edelleute werden auf der Jagd (d.h. in der Fülle des Lebens) v. 3 Toten erwartet - eine im MA weitverbreitete Parabel über die Unausweichlichkeit des Todes. Geschnitzte Türflügel der 1740 erbauten Turmvorhalle v. Edgar Delvaux*. - *Musée d'Art régional:* Das ausgezeichnete Museum in einem stattlichen Gebäude des 17.Jh. zeigt außer der anschaulichen Rekonstruktion einer Bürgerwohnung aus dem 18.Jh. interessante burgund. Skulpturen (12.-16.Jh.) und eine hervorragende Keramiksammlung (Fayencen des Auxerrois und Steinzeug der Puisaye). - Reste der ma Befestigungsmauer mit einem *Tor* aus dem 16.Jh.

Saint-Florentin

89 Yonne

Einw.: 6700 Höhe: 200 m S.320 □ C2

Das hübsch gelegene Städtchen in mittelalterlicher Anlage entwickelte sich aus einem gallorömischen Militärposten im Kreuzungsbereich der wichtigen Straßen von Agedincum (Sens) nach Alesia (Alise-Sainte-Reine) und von Lyon nach Boulogne-sur-Mer. Der Name geht auf ein frühmittelalterliches Kloster zurück, das die Reliquien des legendären Märtyrers barg, der in dieser Gegend um 460 umgekommen sein soll. 587 scheiterte eine Belagerung durch die Truppen Fredegundes in dem Rachekrieg, den die fränkische Königin Brunhilde nach der Ermordung ihrer Schwester gegen die nunmehr 2. Gemahlin des merowingischen Frankenkönigs Chilperich I. geführt hatte. Der seit 1284 zum Kronland gehörende, stark befestigte Ort wurde bes. im Hundertjährigen Krieg und in den Religionskriegen erheblich zerstört.

Saint-Florentin, Saint-Florentin

Saint-Florentin, Renaissance-Lettner

Saint-Florentin, Glasfenster >

Saint-Florentin: Die sehr sehenswerte Pfarrkirche ist ein stilgeschichtlich interessantes Beispiel für die Hinwendung v. der Gotik zur Renaissance: Nach einem königlichen Erlaß schon aus der 2. Hälfte des 14. Jh. konnte man jedoch erst Anfang des 16. Jh. (d.h. nach dem Hundertjährigen Krieg) beginnen, vom Chor mit fünfseitiger Apsis her eine ältere Kirche durch den Neubau zu ersetzen. Trotz langer Bauzeit, in der die Arbeiten durch politische und konfessionelle Unruhen mehrfach unterbrochen wurden, blieb er unvollendet: Querschiff und die beiden Joche des Langhauses folgten Anfang des 17. Jh.; ihre Einwölbung und die W-Front entstammen der Restaurierung um 1860. Der Entwurf der Kirche wird z.T. Martin Chambigues* zugeschrieben, der das Querhaus der Kathedrale v. Sens erbaute (und vielleicht auch entscheidend an den Plänen für Saint-Eustache in Paris beteiligt war). Die am Außenbau wie im Inneren prägenden *gotischen Konstruktionsprinzipien* (z.B. die auffallende Vertikaldynamik; Strebepfeiler und -bogen; im Chor zweizoniger Wandaufbau mit allerdings offener Galerie, polygonale Apsis) verbinden sich mit den *Renaissance-Elementen* bes. des plastischen Dekors (z.B. Pilaster; Voluten; zirkelgerecht konstruiertes, nicht »gewachsenes« Maßwerk in den Fenstern, antikisierende Rundbogen). Aber da die Merkmale der jeweiligen Stilepoche nicht miteinander verschmolzen sind, bewirkt ihr paralleles Auftreten eine eigenartig unruhige Wirkung des Innenraums. Exemplarisch offenbart sich dieses Phänomen auch beim Betrachten der Trennung zwischen Vierung und Chor: Dem Renaissance-Lettner (1600) mit der ausdrucksvollen Pieta (die in ihrer Gelöstheit kompliziert aufgebaute Haltung des toten Christus läßt an italienische Vorbilder denken) und den eher akademisch-antikisierenden Portalen (1630) zum Chorumgang stehen die (später eingefügten) Fragmente des urspr. Lettners mit durchweg noch got. Gewandfiguren gegenüber.

Die berühmten *Bildfenster* (um 1520–30) in

Saint-Florentin, Hl. Florentin

Umgang und Kapellen zeigen Szenen aus der Schöpfungsgeschichte und den Lebensgeschichten einzelner (meist in den Unterschriften genannter) Heiliger; die Chorfenster (2. Jh.-Hälfte) unterscheiden sich hiervon klar in Farbgebung und Linienführung. Beide Gruppen sind hervor ragende – und in sonst seltener Geschlossenheit bewahrte – Zeugnisse der seinerzeit auch v. florentinischen Einflüssen geprägten Glasmalerei, wie sie bes. in den Werkstätten v. Troyes gepflegt wurde und im frühen 17. Jh. erlosch. – Der reiche *Figurenschmuck* zumeist aus Gotik und Renaissance ist v. hoher künstlerischer Qualität: u. a. am Hochaltar (die Reiterfiguren der hll. Martin und Florentinus aus dem späten 17. Jh. gehörten zu 2 abgerissenen Stadttoren); in der Sacré-Cœur-Kapelle, deren Fenster in der Darstellung der Apokalypse einem Zyklus v. Holzschnitten Albrecht Dürers (1498) folgen, und in der Nikolauskapelle (n bzw. s Chorumgang); im Scheitel des Umgangs der Passionsaltar (um die Mitte des 16. Jh.).

Außerdem sehenswert: *Grande Fontaine*, 1979–84 nach historischen Vorlagen rekonstruierter Brunnen, der auf eine 1859 abgebrochene Komposition in spätgot. und Renaissanceformen des frühen 16. Jh. zurückgeht. – *Promenade du Prieuré* (schönes Panorama) auf dem Gelände des im Frühmittelalter gegr. Klosters, wovon noch die Reste eines Rundbaus (12. Jh.) zeugen. – *Tour Brunehaut* (auch *Tour des Cloches*): Teil der ma, im 18. Jh. niedergelegten Stadtbefestigung, wozu auch ein System unterirdischer Gänge gehörte.

Umgebung

Brienon-sur-Armançon (8 km w): Stimmungsvolles historisches Zentrum mit alten Winzerhäusern und originellem Waschhaus (17. Jh.). Hier verlebte Victorien Sardou (1831–1908) seine frühe Kindheit, der mit dem in Brienon-sur-Armançon geborenen Émile Moreau (1852–1922) die geistreiche Erfolgskomödie »Madame

Saint-Florentin, Hl. Martin

Sans-Gêne« schrieb. – Ehem. Stiftskirche *Saint-Loup:* Renaissanceneubau aus dem späten 16. Jh., einer Gründung des Kirchenpatrons (Erzbischof v. Sens im 7. Jh., dessen Nachfolger bis zur Revolution Freiherren v. Brienon blieben). Ausgezeichnete Schmuckelemente des nach mehreren Bränden im 18. Jh. (W-Turm und Portal) bzw. 19. Jh. (Chorgewölbe) restaurierten Baus sind die Karyatiden und Girlanden im steilen Chor und die Glasmalereien der Chor- und Kapellenfenster.

Neuvy-Sautour (8 km nö): Die das Ortsbild beherrschende *Kirche Saint-Symphorien d'Autun* (im 19. und 20. Jh. gut restauriert) war wie das Dorf und das in der Revolution abgerissene Schloß bes. im Religionskrieg schwer zerstört worden. Der daraufhin – nunmehr in den zeitgemäßen Formen der Renaissance – Ende des 16. Jh. mit dem Querhaus erneuerte Chor kontrastiert spannungsvoll mit dem got. Langhaus (15. Jh.): Vorzügliche Steinmetzarbeit sind die beiden Querhausportale mit reichem Renaissancedekor und die großen Chorfenster. »Belle Croix«: großes (aus einer abgerissenen Kapelle hierher gebrachtes) Steinkreuz v. 1514 in vierzonigem Aufbau; das seit der Antike überlieferte Motiv des Pelikans, der die Jungen durch sein Blut wieder zum Leben erweckt, erscheint bes. im Spätmittelalter als Symbol der Aufopferung Jesu für die Menschen.

Saint-Jean-de-Losne

21 Côte-d'Or

Einw.: 1500	Höhe: 184 m	S.324 □ F3

Die flächenmäßig kleinste Stadt Frankreichs (36 ha Festland, 20 ha Wasser) ist Zentrum der regionalen Flußschiffahrt (heute hauptsächlich Fremdenverkehr) und entwickelte sich besonders seit der 1. Hälfte des 19. Jh. zu einem wichtigen Umschlagplatz an der Saône zwischen dem Endpunkt des Canal de Bourgogne (Verbindung von Yonne und Saône) und dem Beginn des Rhein-Rhône-Kanals

Neuvy-Sautour (Saint-Florentin), Saint-Symphorien d'Autun, Querhausportal

(östlich bei Saint-Symphorien). Die Lage an der im Mittelalter häufig wechselnden Grenze zwischen Herzogtum und Freigrafschaft Burgund und später zwischen Frankreich und dem Reich der Habsburger verwickelte den Ort, dessen Namen die Legende auf ein gallorömisches Latona-Heiligtum zurückführt, in zahlreiche Kriege und setzte ihn marodierenden Banden aus: Nach fast völliger Zerstörung im Hundertjährigen Krieg sicherte man das Städtchen Mitte des 15. Jh. durch eine Mauer, von deren späterer Verstärkung noch »le Bastion de Vauxhall« zeugt. 1636 hielt Saint-Jean-de-Losne einer Belagerung der kaiserlichen Truppen unter General Gallas stand, die schließlich das einsetzende Hochwasser und die heranrückende Verstärkung zurücktrieben; Ludwig XIII. belohnte den Ort deshalb mit dem Privileg der Steuerfreiheit. Napoléon I. verlieh ihm 1815 das fortan im Wappen geführte Kreuz der Ehrenlegion für den erfolgreichen Widerstand gegen die 1814 angreifenden Österreicher. – Schifferfest am vorletzten Sonntag im Juni.

Saint-Jean-Baptiste: Der im 15. Jh. begonnene und erst 1544 vollendete Neubau der niedergebrannten Vorgängerkirche ist entgegen der traditionellen Anlage in der Sakralarchitektur nach W ausgerichtet (d. h. der Priester wendet sich angesichts des Altars zum Sonnenuntergang). Über dem Renaissanceportal die Figur des Kirchenpatrons Johannes' d. T. (1607). Bes. bemerkenswerte Ausstattungsstücke des insgeamt wohlproportionierten Inneren mit relativ breitem Mittelschiff sind die aus einem Monolith gearbeitete Marmorkanzel mit den 4 Evangelisten (1604), der barocke Hauptaltar und die historisch bedeutende Orgel v. 1765.

Außerdem sehenswert: *Brücke:* Die 1. aus Fertigteilen errichtete Brücke Frankreichs (1947–51). Den ältesten Flußübergang ließ Heinrich IV. 1589 erbauen; 1617 verlieh die Krone der Stadt das Recht des Brückenzolls. – *Grenier à sel* (bei der Kirche): ehem. Speicher für das mit einer Steuer belegte Salz, das im hiesigen Hafen zentral für ganz Burgund angeliefert wurde und dessen Verkauf Staatsmonopol war. – *Hôtel de Ville* (Rue de la Liberté): Das Rathaus (urspr. ein Privatgebäude aus dem 17. Jh.), auf dessen Fassade die Namen der Verteidiger v. 1636 verzeichnet sind, schließt sich an das sog. Logis du Roi an, das den Königen oder ihren Beauftragten Quartier geboten hatte. – *Place de la Délibération:* Denkmal v. 1891 zur Erinnerung an die erfolglose Belagerung des Städtchens im Dreißigjährigen Krieg.

Umgebung

Seurre (17 km sw): Der stimmungsvolle Ort am Zusammenfluß zweier Saône-Arme (wie an anderen Stellen kürzte man auch hier im 19. Jh. einen Abschnitt des teils stark mäandrierenden Flusses durch einen Seitenarm ab) war an der Grenze zwischen Herzogtum und Freigrafschaft bes. im 15.–17. Jh. den Zerstörungen der kriegerischen Ereignisse ausgeliefert (u. a. 1473 im Kampf Herzog Karls des Kühnen um die Verbindung zwischen seinen s und n Besit-

Saint-Julien-de-Jonzy, Saint-Julien

zungen gegen Herzog René II. v. Lothringen; in den Wirren der Fronde-Aufstände Mitte 17.Jh.) und wurde 1940 schwer bombardiert. – *Saint-Martin:* Die mehrfach ausgebesserte got. Kirche aus dem 14.Jh. (mit Seitenkapellen des 15.–16.Jh., als man auch den Glockenturm erneuerte) bewahrt ihr schönes Portal und die zwölfteilige Rose und birgt u.a. beachtliche Bildwerke: hl. Lorenz (15.Jh.), Madonna (16.Jh.), »Ecce-Homo« (spätes 17.Jh.); Orgel aus der 2.Hälfte des 18.Jh. – Im Ortsbild zahlreiche altburgund. Häuser, z.B. *Maison Bossuet* (Rue Bossuet; jetzt Sitz des Verkehrsamtes und des *Écomusée de la Saône),* ein stattliches Wohnhaus (Anfang 16.Jh.), das einst im Besitz der Eltern des Theologen Jacques Bénigne Bossuet (1627–1704) war. Das heimatkundliche *Museum* illustriert die Geologie und anhand der zumeist im Flußbett und Uferbereich entdeckten Funde die Siedlungsgeschichte der Region zwischen Jungsteinzeit und frühem MA und beschreibt anschaulich die Schwerpunkte des einheimischen Handwerks (Steinzeug und verschiedene Branchen der Holzverarbeitung) sowie den bäuerlichen Alltag. – *Hôpital:* Krankenhaus aus dem 17.Jh. mit späteren, stilistisch angenäherten Erweiterungsbauten. – *Hôtel de Ville,* Rathaus mit charakteristischer Fassade aus der 2.Hälfte des 17.Jahrhunderts.

Saint-Julien-de-Jonzy
71 Saône-et-Loire

Einw.: 316 | Höhe: 501 m | S.323 □ D5

Saint-Julien: Auch in S.-J.-de-J. stößt man, wie im Brionnais so häufig, auf ein für ein so kleines Dörflein überraschend prächtiges Portal. Von der inmitten eines alten Friedhofs gelegenen roman. Kirche aus dem 12.Jh. selbst sind nur noch der schöne, eher zierlich wirkende quadratische Glockenturm und die heute als Narthex dienende, frühere Vierung erhalten.

Portal: Trotz der während der Französischen Revolution z.T. geköpften Apostel gilt das an Charlieu erinnernde Werk als Meisterstück der roman. Portalkunst in ihrer Blütezeit.

Das Tympanon zeigt den thronenden Christus in der, wie üblich, v. 2 Engeln gehaltenen Mandorla als Weltenrichter. Die Gestalten, v.a. die Engel, sind stark bewegt, die Flügel sprengen schon fast den ihnen durch den Bogen gezogenen Rahmen. Auf dem Türsturz sind Jesus und die Jünger beim Abendmahl auf einer Seite der Tafel aufgereiht (nur Judas ist ausgenommen und vor den Tisch gesetzt), wodurch der Eindruck der Gleichförmigkeit entsteht, der durch die den einzelnen Figuren zugeordneten Falten des Tischtuchs und die symmetrische Wiederholung der Fußwaschungsszene an den Schmalseiten des Tisches noch unterstrichen wird.

Saint-Nicolas-lès-Cîteaux

21 Côte-d'Or

Einw.: 300 Höhe: 200 m S.324 □ F3

Ehem. Abtei Cîteaux (außerhalb, 4 km ö): Sie war das Mutterkloster des Zisterzienserordens, eines Ende des 11.Jh. v. Robert von Molesmes gegr. benediktinischen Reformordens. Nachdem Robert 1075 das Kloster v. Molesmes gegr. hatte, konnte er erst in dieser 1098 gestifteten Institution seine Ideen einer auf die altbenediktinischen Grundregeln zurückgreifenden Erneuerung der religiösen Zielsetzung wie auch der Reorganisation des mönchischen Lebens nach strengeren Maßstäben verwirklichen. Damit trat er in scharfen Gegensatz zu den Cluniazensern, die dem älteren benediktinischen Reformorden angehörten. 1112 wurde Bernhard v. Clairvaux Mönch in Cîteaux. Die alsbald und in rascher Folge unternommene Gründung mehrerer Tochterklöster leitete den Aufstieg des Ordens bes. im 12.-13.Jh. mit Niederlassungen in ganz Europa ein, der nicht nur prägenden Einfluß auf das religiöse und Geistesleben nahm, sondern auch durch die in den Regeln verankerte Verpflichtung zur Urbarmachung wichtigen Anteil an der allgemeinen wirtschaftlichen Entwicklung hatte.

Anders als in Fontenay (→Montbard, Umgebung: Marmagne) - einem herausragenden Zeugnis der für alle Gründungen dieses Ordens verbindlichen Baunormen und seiner v. der asketischen Haltung geprägten Kunstauffassung - finden sich in Cîteaux nur geringe Reste der ma Kloster-

Saint-Julien-de-Jonzy, Saint-Julien, Portal (l), Portaltympanon: Thronender Christus (r)

anlage: ehem. Kapelle, wohl aus dem 12. Jh. Der Teil einer Bibliothek (15. Jh.) und einzelne Gebäude aus dem 16.–18. Jh. entstammen verschiedenen Abschnitten der Wiederherstellungen, die mehrfache Plünderungen und Zerstörungen (bes. im Religionskrieg) erforderten. Eine in der 2. Hälfte des 18. Jh. geplante Erneuerung des Komplexes blieb wegen der Auswirkungen der Revolution unvollendet, da auch dieses Kloster 1790 aufgehoben wurde, man seine Besitzungen verkaufte und die Gebäude größtenteils abbrach.
1898 erwarb der Trappistenorden (1664 gegr. asketische Reformrichtung der Zisterzienser) die Anlage und erneuerte sie seinen Bedürfnissen entsprechend. Kirche des ausgehenden 19. Jh. – Eine *Ausstellung* beschreibt die Geschichte des Klosters und das Leben der auch weiterhin in der Landwirtschaft tätigen Mönche in Vergangenheit und Gegenwart.

Saint-Parize-le-Châtel

58 Nièvre

Einw.: 985	Höhe: 237 m	S. 322 □ B4

Neolithisches Werkzeug, Keramik aus der Hallstattzeit, Spuren römischer Straßen und Reste kaiserzeitlicher Mosaiken zeugen von der langen Siedlungstradition in der sanft gewellten Gegend zwischen Allier und Loire, die im 6. Jh. vom hl. Patricius missioniert wurde.

Saint-Parize: Roman. Kirche aus dem 12. Jh. (im 19. Jh. verändert). Interessantester Bauteil ist die alte *Krypta* unter dem Chor: dreischiffig, mit Kreuzgratgewölbe und reichverzierten Kapitellen, auf denen u. a. ein Kentaur mit Bogen dargestellt ist – jenes Mischwesen mit Hinterleib und Beinen eines Pferdes und Oberkörper und Kopf eines Menschen, das die christl. Kunst aus der griech. Mythologie übernahm und zu einem Symbol der ungezügelten fleischlichen Begierden und der tierischen Züge in der Natur des Menschen umdeutete; der Kentaur gehört damit in die Reihe der Laster. In Saint-Parize wird gezeigt, wie sein Pfeil einen Hirsch verwundet. Da der Hirsch häufig die Seele des christl. Täuflings symbolisiert, meint die Darstellung auf dem Kapitell wohl den vom Teufel oder dem Laster verfolgten Menschen. Auf anderen Kapitellen sind ein nackter Akrobat, musizierende Tiere und ein Mann im Kochkessel zu sehen – letzterer wahrscheinlich eine Darstellung der Hölle. – Ferner beachtenswert: Statuet-

Saint-Julien-de-Jonzy, Saint-Julien, Türsturz: Abendmahl

Saint-Seine-l'Abbaye, Saint-Seine

te der Sainte-Reyne, Statue des hl. Patricius, Statuette des hl. Andreas (16. und 17. Jh.).

Umgebung

Mars-sur-Allier (8 km w): Das alte *Marcium* war Sitz eines Cluniazenserpriorats, v. dem die roman. *Kirche Saint-Julien* erhalten blieb. Der kleine Bau des 12. Jh. wurde im 19. Jh. restauriert: vierjochiges Langhaus mit schmalen Seitenschiffen und halbrundem Chor. Beachtenswert ist das Tympanon über dem Portal. Der untere Reliefstreifen zeigt Christus in der Mandorla, umgeben v. 6 Aposteln; oben der Kopf eines Ungeheuers, dem Laubwerk entfließt. Hier ist der »Figurenstil der Kapitelle von Cluny ins Volkstümlich-Naive übersetzt« (Bußmann).
Saint-Pierre-le-Moûtier (10,5 km sw): Der Ort wuchs rund um ein Benediktinerkloster, das, im 9. Jh. als königliche Stiftung gegr., v. Saint-Martin in Autun abhängig war. Im 15. Jh. kam dem Städtchen große strategische Bedeutung zu als Grenzort zwischen dem Berry im W und dem Nivernais im O. Die königlichen Truppen Karls VII. unter Führung von Jeanne d'Arc eroberten im November 1429 das Städtchen v. den Engländern zurück. – *Saint-Pierre:* Die roman. Kirche aus dem 12. Jh. mit spätgot. Seitenkapellen (15./16. Jh.) wurde im 19. Jh. restauriert und eingewölbt. Das schöne Tympanon des N-Portals aus dem 13. Jh. stellt die Majestas Domini dar: Christus zwischen den 4 Evangelisten thronend. Im Inneren sehenswerte, figural gestaltete Kapitelle: Bärenführer, Musikanten, Greifen usw.; farbig gefaßte Figur der hl. Katharina; spätgot. Statuen: Madonna mit dem Kind, Kreuzabnahme, Pieta, Erzengel Michael.

Saint-Révérien

58 Nièvre

Einw.: 321	Höhe: 310 m	S.322 □ C3

An diesem Ort soll im 3. Jh. der hl. Révérien den Märtyrertod gefunden haben. Er christianisierte den im Morvan und Nivernais ansässigen Gallierstamm der Äduer, den schon Cäsar erwähnte.

Kirche: Dem Patronat des Märtyrers untersteht die roman. Kirche, die sich inmitten der Reste eines ehem. Benediktinerpriorats erhebt. Das Kloster gehörte zu Cluny. Während das Kirchenschiff bei einem Brand 1723 zerstört und erst im 19. Jh. rekonstruiert wurde, stammt der schöne Umgangschor mit den 3 Radialkapellen noch aus dem 12. Jh. und ist reich mit Säulen und halbrunden Diensten gegliedert. Die hier, aber auch im Langhaus erhaltenen roman. *Kapitelle* sind v. einer für das Nivernais ungewöhnlichen, hohen Qualität. Sie tragen fein ausgearbeiteten Figurenschmuck: Fabelwesen, phantastische Mischtiere mit Vogelleib und verschlungenem Schlangenhals z. B., oder symmetrisch angeordnete, in Rankenwerk verstrickte Adler, Löwenköpfe, Flechtbänder usw., aber auch biblische Szenen: Jakobs Traum von der Himmelsleiter, König David zu Pferde, die Ewige Verdammnis u.a. Sehr gute burgund. Bildhauer müssen hier gearbeitet haben. Der Kirchturm stammt aus dem 19.Jh.; das got. Haus des Priors wurde im 18.Jh. umgestaltet.

Umgebung

Compierre (2 km nw): Im Wald v. Compierre finden sich die Reste eines gallorörn. Ortes (vicus), der zwischen dem 1.Jh. und dem Ende des 4.Jh. n.Chr. blühte und einen Tempel, ein großes Theater und zahlreiche Geschäfte und Werkstätten besaß.
Montenoison (9 km w): Das Dorf liegt am Fuß einer der größten Erhebungen des Nivernais, des Butte de Montenoison mit 417 m Höhe. Auf dessen Kuppe eine roman. *Kirche* (12.Jh., umgestaltet 16.–19.Jh.) und die malerischen Ruinen einer *Burg* aus dem 13.Jh. Dieses schon 1097 erwähnte »Castellum Montis Onesii« war eine der mächtigsten Festungen des Nivernais und Lieblingsort der Mahout de Courtenay, Gräfin v. Nevers. Schöner Blick über das weite Land des Nivernais bis hinein ins Bergland des Morvan.

Saint-Saulge
58 Nièvre

Einw.: 519 Höhe: 330 m S.322 □ C3

Wald bedeckt weite Flächen des kleinen »Massif de Saint-Saulge«, das sich, auch »Petit Morvan« genannt, am Rande des Morvan erhebt – lichte Kastanienwälder, Farne, Fingerhut und zahlreiche Weiher.
Das Dorf, das den Namen eines Heiligen aus dem 5.Jh. trägt, war im 19.Jh. berühmt für seinen Jahrmarkt und ist es noch heute wegen seiner »Legenden«: kleine, witzige Geschichten, Anekdoten, die auf Postkarten ins Bild umgesetzt werden. Man könnte sie als naiv-volkstümlich abtun, aber ihre Wurzeln haben sie immerhin in den Erzählungen der Prinzessin Marie de Nevers vom Anfang des 12.Jh.
Außer einigen hübschen alten Häusern ist v.a. die spätgot. Kirche sehenswert.

Kirche: Sie wurde im 16.Jh. erbaut und besitzt schöne, farbenprächtige *Glasfenster* (1546–59). Im N-Seitenschiff: gekreuzigter Christus zwischen Maria und Johannes; Verkündigung an Maria; Schäfer; hl. Franziskus; Madonna mit dem Jesusknaben; Bildnis des Stifters Jean Boulu; Legende des Saint-Cyr. Im S-Seitenschiff: Wurzel Jesse; die hll. Ludwig, Martin und Nikolaus; gekreuzigter Christus mit Maria und Johannes. Von der roman. Vorgängerkirche ist nur die Krypta erhalten.

Umgebung

Jailly (4 km w): Auf einer landschaftlich reizvollen Strecke erreicht man das kleine Dorf, das einst Sitz eines Cluniazenserklosters war, einer Tochtergründung v. La Charité-sur-Loire. Die *ehem. Klosterkirche Saint-Silvestre* aus dem 12.Jh. (im 14.Jh. leicht verändert) wurde direkt auf der Schräge eines Abhangs errichtet. Durch geschickte Höhenabstufung der Fundamente paßte der roman. Baumeister das Gebäude dem Terrain an, so daß die O-Partie mit dem letzten Langhausjoch, Querschiff und Chor sehr viel höher liegt als das schön verzierte Portal. Oktogonaler Vierungsturm mit got. Glocke (gegossen 1567). Das Gotteshaus ist heute Ruine, das Langhaus zwischen Portal und O-Teil verschwunden. Im Volk erzählt man sich, die Feen hätten keine Zeit gehabt, das Kirchenschiff zu vollenden.

Saint-Seine-l'Abbaye
21 Côte-d'Or

Einw.: 350 Höhe: 451 m S.321 □ E3

Der Name des Dorfs in der Nähe der Seine-Quelle (gallorömischer Flußname: Sequana) bezieht sich auf eines der ältesten Klöster Burgunds: die seit dem 6.Jh. bezeugte Abtei, die der legendäre hl. Sequanus gegründet haben soll. Vollständig erhalten blieb einzig die das Ortsbild beherrschende, in der Gotik erneuerte Kirche, während das Klostergeviert bis auf einige Neubauten des 18.Jh. und zum Teil in spätere Gebäude integrierte Reste der Ummauerung (14.Jh.) verloren ist.

Saint-Seine: Die Anfang des 13.Jh. begonnene ehem. Klosterkirche bleibt trotz der

Saint-Seine, Blick zum Chor

in mehreren Abschnitten bis ins 15. Jh. andauernden Bauzeit ein wichtiges Zeugnis der frühgot. Architektur in Burgund. Einen Brand überdauerten Mitte des 13. Jh. nur Chor und n Querschiffarm. Nach provisorischer Wiederherstellung erneuerte bzw. erhöhte man den s Querarm und das Langhaus mit Gewölbe ab 1375 und beendete die Arbeiten mit Errichtung der W-Fassade und Vorhalle 1439. Die nach ma Schema geplante Doppelturmkomposition blieb jedoch unvollendet (nur der wuchtige N-Turm wurde in der 2. Jahrhunderthälfte aufgestockt). – Das Kielbogenportal der Vorhalle öffnet weit die zwischen den Turmsockeln schmal erscheinende W-Wand. Das Kirchenportal verlor zwar seinen Figurenschmuck, aber auch der erhaltene Dekor aus pflanzlichen Motiven mit eingewobenen Kleintieren offenbart eine große bildnerische Meisterschaft der got. Steinmetze.

Den frühgot. Charakter des Inneren mit noch roman. Elementen prägen bes. die zweizonig aufgebauten Schiffswände, der »burgund.« Laufgang, dessen Rückwand auffallend kleine Fenster öffnen, und die noch gedrungenen, alternierend angeordneten Rundpfeiler. Obwohl der Raum mit kargem plastischem Bauschmuck noch nicht das got. Prinzip der Vertikaldynamik aufnimmt, ist er v. großzügiger Wirkung: Der Blick wird im Mittelschiff dem Gewölbe folgend bis zur Stirnwand des Chors mit großer (erst später dem got. Stil nachempfundener) Rosette gezogen, wobei die Vierung kaum hervortritt (der Vierungsturm fehlt seit dem 17. Jh.). – Künstlerisch z. T. hochrangige Stücke der *Ausstattung:* In der Vierung Chorgestühl (um 1740) mit Szenen aus der biblischen Geschichte und Wandmalereien mit beschrifteten Darstellungen nach dem Leben des legendären Kirchenpatrons (N-Seite; 1504) sowie (auf der S-Seite) verschiedene, in ihrer Ausführung schon der Renaissance zuneigende Einzelthemen (Wurzel Jesse, 1521 datiert). Später im Chor aufgestellter got. Lettner (Ende 13. Jh.). Die Verkündigungsgruppe (um 1400) wird dem Umkreis Claus Sluters* zugerechnet. Im n Seitenschiff der Kopf einer vom Portal entfernten Madonnenfigur und roman. Kapitelle aus der zerstörten Dorfkirche.

Vor der Kirche ein Brunnen *(Fontaine de la Samaritaine)* mit Bronzerelief v. 1715.

Umgebung

Salmaise (11 km w): Reizvoll gelegenes Dorf mit bis in urgeschichtliche Zeit belegter Siedlungstradition, dessen Namen sich v. einem galloröm. Militärposten urspr. sarmatischer Reiter herleitet. – Die *Kirche* bewahrt den roman. Chor aus dem 11. Jh., das Schiff wurde im 15. und 16. Jh. (mit Turm) umgebaut und in der 2. Hälfte des 19. Jh. mit teils neugot. Elementen restauriert. Altar des s Querschiffarms mit einem bei der Seine-Quelle gefundenen galloröm. Weihe- oder Grabstein. – Nachdem die Herrschaft an das Herzogtum übergegangen war, wurde die mittelalterliche *Burg* (11. Jh.) im 14.–15. Jh. erheblich erweitert. – Die *Markthalle* aus dem 13. Jh., Zeugnis der regionalen Bedeutung des Orts, ist ein

Saint-Seine, Wandmalerei: Maria mit Kind und hl. Saint-Seine >

stattliches Beispiel dieses sonst selten erhaltenen Gebäudetyps aus jener Zeit.

Sources de la Seine, Les (10 km nw): Das Quellgebiet der Seine - Territorium der Stadt Paris - wurde auf Initiative Napoleons III. landschaftlich gestaltet. In der künstlichen *Grotte* der Hauptquelle die Figur der als Quellnymphe personifizierten Seine v. François Jouffroy* (1865). Auf ein gallisches Quellheiligtum lassen zahlreiche Votivgaben (urspr. geschnitzte, später aus Stein geschnittene plastische Darstellungen v. Menschen und teils auch Tieren) Heilung suchender Pilger schließen. Reste eines röm. Tempels, wo u.a. 2 vorzügliche Bronzeplastiken (Faun und die Seine-Göttin Sequana) zum Vorschein kamen, belegen die Fortdauer dieser bedeutenden Kulttradition (alle Fundstücke befinden sich im Archäolog. Museum v. Dijon).

Saint-Thibault 21 Côte-d'Or		
Einw.: 150	Höhe: 368 m	S.321 □ E3

Pfarrkirche Saint-Thibault: Sie ist ein Juwel der got. Sakralarchitektur und gehörte zu einem Ende des 12.Jh. gestifteten Priorat, das Mitte des 13.Jh. Reliquien des hl. Theobald empfing. (Der Leichnam des 1066 in Oberitalien verstorbenen Heiligen, der im 13.-15.Jh. bes. verehrt wurde, war 1075 in seine franz. Heimat rückgeführt worden; →auch Joigny.) Der um 1255 begonnene got. Neubau der Kirche, die sich wegen der den Reliquien zugeschriebenen Wunderkraft rasch zu einem wichtigen Wallfahrtsziel entwickelte, war mit Vollendung der aus stilistischen Gründen als jüngster Gebäudeteil zu identifizierenden Apsis wohl bald nach 1300 abgeschlossen. Seinen Einsturz überdauerten 1686 nur das *Portal* des n Querschiffarms, die *Saint-Gilles-Kapelle* und die *Apsis:* Entwurf und Einzelausführung jener Teile lassen auf einen Kirchenbau v. kathedralhaften Abmessungen und höchster Eleganz schließen, wie auch die erhaltenen, künstlerisch z.T. vorzüglichen *Ausstattungsstücke* die Bedeutung der Wallfahrt widerspiegeln. - Anfang des 18.Jh. erneuerte man das nunmehr wesentlich kleinere Langhaus, der Turm entstand bei einer Restaurierung 1895. Die *Apsis* mit vierzonigem Wandaufbau, deren obere Fenster mehr als 1 Drittel der Gesamthöhe einnehmen, stützen Außenpfeiler ohne Bogen: ein Meisterwerk der Statik, dessen Kühnheit an die Grenzen des Möglichen reicht. *Portal:* Am Mittelpfosten befindet sich die Figur des

Les Sources de la Seine (Saint-Seine), Quellnymphe

Saint-Thibault, Pfarrkirche Saint-Thibault

Saint-Thibault, Pfarrkirche Saint-Thibault, Portal

Kirchenpatrons; auf dem Sturz in feiner Zeichnung die Darstellung des Todes und der Himmelfahrt Mariens, im Tympanon ihre Krönung zur Himmelskönigin. In den Archivolten u.a. die klugen (mit brennenden Lampen) und die törichten Jungfrauen. Auch die Figuren im Gewände (wohl Gestalten aus der biblischen Geschichte bzw. Heilige) lassen in individuellem Ausdruck und stofflicher Belebung des Materials den für die zeitgenössische burgund. Skulptur bedeutsamen Einfluß der Bildhauer aus der Champagne erkennen. Die Türflügel zeigen Szenen aus dem Leben des Titelheiligen und verschiedene Heiligenfiguren (Anfang 16. Jh.).

Im Chorbereich des nach Verlust des Langhauses verstümmelten *Inneren* überwältigt die den Blick nach oben zwingende Vertikaldynamik ebenso wie die Eleganz der den Raum eher rahmenden statt umfangenden Wände: Plastische Gliederung und Linienspiel verdrängen optisch insgesamt ihre statische Funktion. Überaus schlanke durchgehende Runddienste trennen kaum hervortretende Kapitelle v. den Gewölberippen (Scheitelhöhe 27 m). Die unterste Wandzone der *Apsis* gliedern zierliche Blendarkaden; frei stehendes Maßwerk im 2. Geschoß verdichtet sich mit den Fenstern je nach Blickwinkel zu filigranfein gewirkten, komplexen Linien; darüber folgt die Triforiengalerie (die Wände zwischen den Säulen wurden erst später eingesetzt); die hohen vierteiligen Fenster der obersten Zone (mit erneuertem, zirkelgerechtem Maßwerk) lösen die Wand nahezu auf. (Eine mögliche Farbverglasung aller Fenster läßt sich nur vermuten.) – *Ausstattung:* Hochaltar mit hervorragend geschnitzten Szenen aus dem Leben des hl. Theobald (2. Viertel 14. Jh.), beginnend l unten mit der Verkündigung seiner Geburt: Erzählung und Darstellung der Geschehnisse folgen außergewöhnlich nah der ikonographischen Tradition der Lebensgeschichte Jesu. Die Haltung des gekreuzigten Christus entspricht – wie auch am Hochkreuz über dem Altar – dem Kruzifixustyp um 1350 mit dem zur Seite gefallenen Haupt, gekrümmtem, leblosem Oberkörper und gekreuzten Beinen. »Madonna mit dem Vogel« (1. Hälfte 14. Jh.); Sitzfigur des Kirchenpatrons (Anfang 15. Jh.); Reliquiare (13.–15. Jh.); Sarkophag (13. Jh.) mit der Liegefigur vielleicht des Klostergründers Hugues de Thil. Beweglicher Hostienbehälter in Form einer Taube (16. Jh.). –

Die *Saint-Gilles-Kapelle* – im architektonischen Entwurf der etwas jüngeren Hauptapsis verwandt – birgt den im 16. bzw.

Pfarrkirche Saint-Thibault, Hochaltar: Verkündigung der Geburt des hl. Thibault

17. Jh. erneuerten Reliquienschrein des hl. Theobald.

Saint-Vincent-des-Prés 71 Saône-et-Loire		
Einw.: 96	Höhe: 250 m	S.323 □ E5

Kirche: Das Gotteshaus der kleinen Ortschaft, Saint-Vincent v. Mâcon unterstellt, wird bereits im 10. Jh. erwähnt. Wie in dieser Region üblich, wird der schöne dreischiffige, mit Lisenen verzierte Bau v. einem hohen, weit ins Land schauenden Glockenturm (12. Jh.) überragt. Das *Innere* strahlt trotz der Enge und Bescheidenheit der Räume eine geradezu mächtige Wirkung aus. Wesentlich zu diesem Eindruck tragen die gewaltige, über Trompen aufsteigende achteckige Kuppel und der Triumphbogen bei, aber auch die zylindrisch zulaufenden Pfeiler und die monolithischen Säulen aus dem 11./12. Jh. mit ihren verzierten Kapitellen, die an Saint-Martin-du-Canigou erinnern.

Umgebung

Bézornay (1 km n): Ehem. Priorat v. Cluny, einst mit dem Mutterkloster durch einen mit Steinen gepflasterten Weg verbunden, v. dem heute noch bedeutende Reste erhalten sind. Sehenswert auch der im Zuge der Befestigungsarbeiten im 14. Jh. über dem Eingangstor erbaute hohe rechteckige Turm und die schöne roman. Kapelle im Hof vom Ende des 11. Jh., ein zweigeschossiger Bau mit vorspringender Apsis, heute Privatwohnung.

Vitry-lès-Cluny (4 km nö): Das alte, erstmals im 9. Jh. erwähnte Dörflein liegt, wie prähistorische Funde beweisen, auf uraltem Siedlungsgebiet. Seine stark umgebaute *Kirche* (nur der Glockenturm ist alt) beherbergt einen Altar aus vergoldetem Holz sowie verschiedene Statuetten (17./18. Jh.) aus Cluny. – Von dem alten, auf einem Felssporn erbauten befestigten *Schloß* sind Überreste der Umwallung sowie ein Turm erhalten. – Beachtung verdienen ferner die *Häuser* mit Galerien sowie die *Taubenhäuser* aus dem 18./19. Jh.

Saulieu 21 Cote-d'Or		
Einw.: 3200	Höhe: 545 m	S.323 □ D3

Das reizvolle Städtchen im Nordosten des Morvan – traditioneller Handelsplatz und seit dem 16. Jh. berühmt für seine Gastronomie – geht auf einen gallorömischen Marktort im Kreuzungsbereich zwischen der römischen Fernstraßenverbindung vom Mittelmeerraum zum Ärmelkanal und einigen Abzweigungen zurück. Bodenfunde weisen die Besiedlung dieser Gegend seit der Jungsteinzeit nach. – Geburtsort des Tierbildhauers François Pompon* (1855–1933); →Musée régional.

Basilika Saint-Andoche (Place du Dr-Roclore): Die Kirche gehört trotz späterer Veränderungen zu den schönsten Sakralbauten der burgund. Romanik. Eine frühchristliche Andachtsstätte, die dem als Missionar v. Autun aus bei der Christianisierung Galliens wirkenden und wohl im 2. Jh. hier umgekommenen griech. Märtyrer Andochus geweiht war, soll Karl d. Gr. nach ihrer Zerstörung durch die Sarazenen Anfang des 9. Jh. erneuert haben; seit der Jahrhundertmitte ist ein zugehöriges Kloster belegt. Der bestehende Bau wurde

Saulieu, Basilika Saint-Andoche, Portal

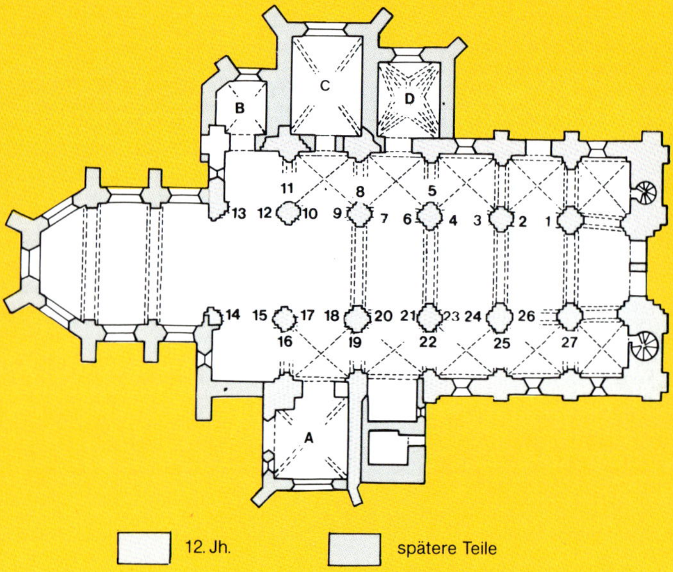

Saulieu, Basilika Saint-Andoche **1** schnäbelnde Tiere **2** Auferstehung Jesu und die 3 Marien am Grab **3** Akanthusblätter **4** Selbstmord des Judas **5** 2 Adler (Auferstehungssymbol?) **6** Akanthus mit grotesken Köpfen an Blattenden **7** Flucht nach Ägypten **8** 2 Männer, die einen Hahnenkampf veranstalten **9** grobblättriges Kapitell **10** Tanz der Tiere zur Hirtenmusik **11** Farnwedel **12** 3 Eulen im Akanthus **13** spiralförmige Farnknospen **14** große Adlerfarne **15** Wölfin im Akanthus **16** bemaltes Blattkapitell (gegenüber ein Kentaur) **17** 4 Tauben im Farn **18** Blätterkapitell **19** Blätterkapitell **20** Jagdszene oder kämpfende Tiere **21** Erlenblattkapitell **22** Blattkapitell mit verstecktem Gesicht **23** 1. Versuchung Jesu **24** Akanthus **25** Blätter, Aronstäbe, Bienen **26** Bileam mit seinem sprechenden Esel und der Engel **27** Aronstäbe.

A Kapelle Ferry de Grancey **B** Kapelle Hugues de Clugy **C** Kapelle Jean Rolin (heute Sakristei) **D** spätgot. Kapelle mit Sterngewölbe

anstelle der karolingischen Kirche wohl etwa gleichzeitig mit der Kathedrale Saint-Lazare in Autun um 1120 begonnen und ist gleichfalls vom cluniazensischen Stil geprägt. Die schwere Zerstörung im Hundertjährigen Krieg 1360 erforderte den Abbruch des Chors und des Querschiffs: Der Chor wurde in wesentlich kleineren Abmessungen Anfang des 18. Jh. etwa anstelle der ehem. Vierung erneuert. Damals bekrönte man auch den N-Turm durch die Haube und erhöhte den Boden im Inneren - zum Nachteil der urspr. Raumproportionen - um ca. 1 m. Das Portal entstammt der Restaurierung v. 1869, wobei man auch die Schäden an den Außenmauern ausbesserte. Im Innern offenbart sich (in Anlehnung an Saint-Lazare) der Einfluß des cluniazensischen Baustils im dreizonigen Wandaufriß, im spitzbogigen Tonnengewölbe mit verstärkenden Gurten und im Kreuzgewölbe der Seitenschiffe sowie in der Anlage der Michaelskapelle über dem W-Portal. Die jeweils 5 Seitenkapellen wurden im 15.-16. Jh. gestiftet.

Saulieu, Basilika Saint-Andoche, Kapitell: Flucht nach Ägypten (l), Der Auferstandene (r)

Der sonst relativ zurückhaltende, aber sorgfältig gearbeitete plastische Bauschmuck zeichnet sich durch die großartigen *roman. Kapitelle* des Langhauses aus: In deutlicher Nähe zu denjenigen in Saint Lazare (→Autun), jedoch v. verschiedenen Meistern um 1135 geschaffen, schildern sie biblische Szenen und lassen den Steinblöcken z.B. Pflanzen, (teils märchenhafte) Tiere und Köpfe mit grimassierenden Gesichtern entwachsen. Manche Pfeiler schmücken mehrere Kapitelle: das Hauptthema ist stets nach W, dem Eintretenden zugewandt. Zu den schönsten figürlichen Darstellungen zählen (in der Pfeilerfolge v. W nach O betrachtet) an der *S-Seite:* 1. Pfeiler: die schnäbelnden Tiere; 2. Pfeiler: der auferstandene Jesus und die 3 Marien; 3. Pfeiler: Selbstmord des Judas mit dem triumphierenden Teufel; 4. Pfeiler: Flucht nach Ägypten; 5. Pfeiler: Tanz der Tiere zur Hirtenmusik. *N-Seite:* 2. Pfeiler: Bileam; 3. Pfeiler: Versuchung Jesu; 4. Pfeiler: Jagdszene oder kämpfende Tiere. – Unter der *Ausstattung* v. durchweg hoher Qualität sind z.B. bes. zu beachten: Chorgestühl (spätes 14. Jh.) mit Szenen aus der biblischen Geschichte und den damals beliebten, teils satirisch-amüsanten Ziermotiven; Sarkophag des Titelheiligen mit Resten des urspr. Behälters aus dem 5. Jh.; Plastiken der burgund. Gotik. – In der 1. N-Kapelle die Kopie (die Originale befinden sich im Museum) der 2 um 600 geschnitzten Elfenbeinreliefs *(Diptychen)*, die man gemäß einer gewissen Gepflogenheit zum kostbaren Einband des sog. Evangeliars Karls d. Gr. – einer in Italien jedoch erst im 12. Jh. entstandenen Handschrift – verwendet hatte: Sie zeigen Christus zwischen den Aposteln Petrus und Paulus sowie Maria zwischen den Erzengeln Gabriel (Verkündigung) und Michael (Seelenwäger beim Jüngsten Gericht).

Musée régional (neben der Basilika, im einstigen Pfarrhaus aus dem 17. Jh.): Archäologische Abteilung mit Fundstücken v. der Steinzeit bis in die galloröm. Epoche (u.a. Gebrauchsgegenstände, Grabstelen, höl-

Saulieu, Basilika Saint-Andoche, Jagender Kentaur

Saulieu, Musée regional

zerne Votivgaben aus einem 1983 entdeckten Quellheiligtum, Architekturfragmente). Die spätantiken Elfenbeindiptychen aus der Basilika. Nach dem Brand v. 1360 aus Saint-Andoche gerettete Architekturbruchstücke und Bildwerke aus zerstörten bzw. säkularisierten Kirchen. – Guter Überblick über das Werk v. François Pompon*. – Interessante volkskundliche Abteilung mit Exponaten aus allen Bereichen des ländlichen Alltagslebens in der Vergangenheit.

Außerdem sehenswert: *Théâtre* (Place Monge), 1920 aus der ehem. Kirche eines 1624 gegr. Ursulinenklosters entstanden. – Skulptur *Le Taureau* (Place Charles-de-Gaulle): eines der berühmtesten Werke François Pompons*. – *Tour d'Auxois* (Rue d'Argentine): Rest der ma Stadtbefestigung, die Ende des 18. Jh. geschleift worden war.

Umgebung

Thoisy-la-Berchère (10 km sö): Spätgot. *Kirche* (Anfang 16. Jh.) mit im 18. Jh. erneuertem Chor. Die Wandbilder (um 1520) zeigen Apostel und Propheten. – *Schloß:* Die (mehrfach restaurierte) Anlage aus dem 15. Jh. bewahrt den wuchtigen Hauptturm der Vorgängerburg aus dem 11. Jh. Zur sehr qualitätvollen Innenausstattung gehören Renaissancemöbel und mehrere Gemälde namhafter Meister des 17. und 18. Jh. In der got. Kapelle Darstellungen aus der Passionsgeschichte (16. Jh.).

Semur-en-Auxois

21 Côte-d'Or

Einw.: 5300 Höhe: 286 m S. 320 □ D3

Malerisch und imposant erstreckt sich auf steil abfallendem Granitrücken in einer Schleife des Armançon der Hauptort der ehemaligen Grafschaft Auxois (sie war aus dem gallorömischen Gau »pagus Alsensis« mit seinem Zentrum Alesia [→Alise-Sainte-Reine] hervorgegangen), den im Mittelalter eine der mächtigsten Wehranlagen Burgunds schützte. Seit vorgeschichtli-

Semur-en-Auxois >

Ehem. Stiftskirche Notre-Dame

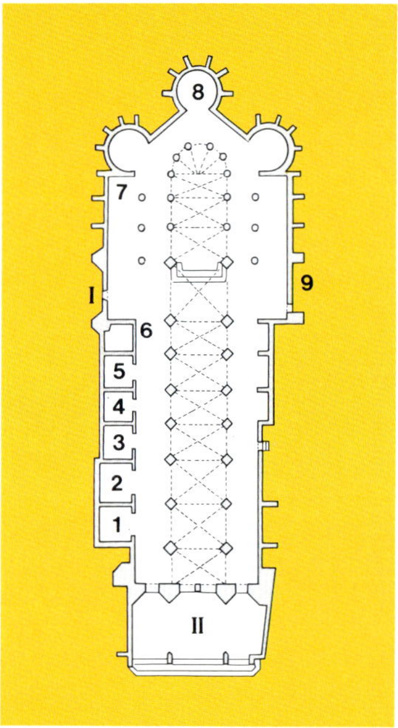

Semur-en-Auxois, ehem. Stiftskirche Notre-Dame I Porte des Bleds **II** W-Vorhalle **1** Taufkapelle **2** Grablegungskapelle **3** Barbarakapelle **4, 5** Bildfenster der Zünfte **6** Ziborium **7** Annakapelle **8** Marienkapelle **9** Sakristei

cher Zeit hatte man in diesem Gelände schon eine natürliche Festung erkannt, beim Ausbau des Straßennetzes in galloromischer Zeit dann einen Militärposten eingerichtet und die Verteidigungsanlage vom 10. bis zum 16. Jh. gemäß den Veränderungen der Kriegstechniken und der Stadtentwicklung verstärkt. Solche strategisch günstige Lage hatte zwar die jahrhundertelange Verstrickung auch in die gesamteuropäische Politik und ihre kriegerischen Auswirkungen zur Folge, förderte im Kreuzungsbereich wichtiger Straßen jedoch auch Handel und Gewerbe. Der bei der Gründung des Benediktinerklosters in →Flavigny im 7. Jh. erstmals beurkundete Ort entwickelte sich bereits im 11. Jh. mit der Einsetzung eines Priorats und der Eingliederung in das Herzogtum zum regionalen Zentrum und erhielt 1276 das Stadtrecht. Zu Beginn des Hundertjährigen Kriegs sicherte man die Burg und die östlich anschließende Stadt durch eine 2. Ummauerung und befestigte den Zugang an der Einschnürung der Flußschleife (zwischen Pont Joly und Pont Pinard) durch ein mächtiges Kastell, dessen 4 runde Ecktürme das Stadtbild bis heute bestimmen. Im Kampf um das burgundische Erbe wurde Semur 1478 durch die königlichen Truppen geplündert. In den Hugenottenkriegen auf seiten der Liga wurde es 1589 belagert; Heinrich IV. ließ nach der Eroberung die Befestigungen größtenteils niederreißen. – In seiner »Cosmographia« schilderte Sebastian Münster 1544 die Bewohner als friedfertig, freundlich und gastfrei und lobte Weinbau und Blumenpracht dieser fruchtbaren Gegend.

Course de la bague: Alljährlich am 31. Mai stattfindendes Pferderennen um einen goldenen Fingerring; diese älteste derartige

Stiftskirche, Porte des Bleds, Tympanon, Detail

Veranstaltung Frankreichs folgt seit 1639 der Tradition eines 1369 begründeten Wettlaufs.

Ehem. Stiftskirche Notre-Dame (Place Notre-Dame): Der äußerst eindrucksvolle Bau ist ein ausgezeichnetes Beispiel got. Sakralarchitektur und bewahrt, anders als die meisten Kirchen Frankreichs, einen großen Teil seiner originalen Innenausstattung. Der um 1225 begonnene Neubau einer im 9.Jh. gegr. (und im 11.Jh. erweiterten) Kirche wurde mit der w Vorhalle Anfang des 14.Jh. vollendet, die Kapellen des Langhauses fügte man im 15. und 16.Jh. hinzu. Die Schäden durch Kriegseinwirkungen und Revolution besserte eine sorgfältige Restaurierung unter Eugène Emmanuel Viollet-le-Duc* Mitte des 19.Jh. aus. Die 3 bemerkenswertesten Elemente des Außenbaus sind (in der Reihenfolge ihrer Entstehung): die plastische Staffelung des *Chorbereichs,* die sich aus der Anlage v. Kapellenkranz, Umgang, Apsis (hier wird bereits der schmale und steile Schnitt des Inneren kenntlich) und achtekkigem Vierungsturm aufbaut; die burgund. *Konsole* teils mit skulptierten Köpfen, die unter den Dachgesimsen alle Gebäudeteile umklammert; das um 1250 geschaffene n Querhausportal *Porte des Bleds* ([I], urspr. mit Vorhalle) mit fast vollständig erhaltenem plastischem Schmuck: originelle Konsolfiguren unter dem hervorragend gearbeiteten Tympanon, das in dreizoniger Komposition unter der Darstellung Christi als Weltenherrscher Szenen aus dem Leben des Apostels Thomas zeigt. In den inneren Archivolten erscheinen die in der zeitgenössischen Portalplastik geläufigen Monatsdarstellungen. – *Vorhalle* (II) mit 3 gleich hohen Portalöffnungen und abschließender Balustrade aus feinem spätgot. Flamboyantmaßwerk; die n und s Stirnseiten der urspr. offenen Anlage wurden im 15.Jh. vermauert. Der Skulpturenschmuck der Kirchenportale ging in der Revolutionszeit verloren, die spätgot. Madonnenfigur mit Weintraube wurde später hier aufgestellt.

< *Stiftskirche, Hauptschiff*

Den großartigen Eindruck im *Inneren* bestimmen bes. die Proportionen des Mittelschiffs, das mit einer Breite v. ca. 6,5 m und der Scheitelhöhe des Gewölbes v. ca. 31 m außergewöhnlich steil wirkt. Die Vertikaldynamik akzentuieren zudem die schlanken, bis zum Ansatz der Gewölberippen aufsteigenden Dienste zwischen den Arkaden seiner Seitenwände und das in gleicher Höhe (ohne Unterbrechung in der Vierung) bis in die Apsis durchgezogene Gewölbe. Der für den got. Kirchenbau des 13. Jh. charakteristische Stilwandel offenbart sich gemäß der Baufolge im zunächst dreizonigen Wandaufbau in Apsis, Chor und Querhaus mit der zierlichen Triforiengalerie vor fensterloser Wand. Das Mittelschiff ist dagegen nur in jeweils hohe Arkaden- und Fensterzonen gegliedert, wobei ein Laufgang die Stützpfeiler durchschneidet: Dennoch bleibt die Raumgestaltung sehr homogen. Zur durchweg sehr qualitätvollen Steinmetzarbeit gehören auch die (wie am Außenbau) häufig als Menschenköpfe geformten Konsolen. – *Ausstattung:* Im w Mittelschiff eine ergreifende Darstellung des »Ecce-Homo« und eine Figur des hl. Sebastian (jeweils aus dem frühen 16. Jh.). N Seitenschiff: Taufkapelle (1) aus der Renaissance; am Altar Szenen aus der Jugend Jesu. Spätgot. Kapelle (2): Die Figuren der Grablegung Christi (Ende 15. Jh.), in tiefem Schmerz oder verhaltener Trauer dem Leichnam zugeneigt, zeugen v. der sensiblen Gestaltungskraft der burgund. Bildhauer. Die Fenster der Barbarakapelle (3) aus dem 16. Jh. schildern Szenen aus dem Leben der Heiligen. In den Bildfenstern der beiden folgenden Kapellen (4-5) aus der 2. Hälfte des 15. Jh. Episoden aus dem Gewerbe der Metzger und Tuchmacher. Hinter der Kanzel ein kunstvolles got. Ziborium (6). In der letzten Seitenkapelle (7) Wurzel Jesse (datiert 1453) und die hl. Anna, die ihre Tochter Maria das Lesen lehrt. – Marienkapelle im Scheitel des Umgangs (8) mit den am besten erhaltenen Glasmalereien der Kirche (13. Jh.).

An der S-Seite Reste des ehem. Kreuz-

Stiftskirche,
Fenster der Barabarakapelle >

gangs; das Haus des Priors wurde in der Revolutionszeit zum Rathaus *(Hôtel de Ville)* umgebaut.

Befestigungsanlagen: Das mächtige *Kastell* aus der Mitte des 14. Jh. läßt sich noch in den 4 Ecktürmen und – beim Betreten der Stadt über den Pont Joly (1768) an der Porte des Vaux – bes. an der zwischen die N-Türme eingebauten hoch aufragenden Häuserfront auf den Fundamenten der einst vollkommen geschlossenen Wehrmauer erkennen. Höchster Turm ist die nö Tour de l'Orle d'Or (44 m). Die Mauerstärke der Türme reduziert sich v. maximal 5,7 m am Sockel auf jeweils 2,15 m im obersten Stockwerk, aus dem zur Verteidigung nach allen Seiten geschossen werden konnte, während die unteren Schießscharten in wechselnden Richtungen angeordnet sind.

Zur sicheren Kontrolle hatte man nur 2 Tore an der schmalen O- bzw. W-Seite eingelassen. (In der Hauptreisezeit wird dieser Bereich – wie die Kirche – abends sehr wirkungsvoll angestrahlt.)

Die *Stadtmauer* folgte dem inneren Verlauf der Flußschleife und umfing auch die sich nach O jenseits der Kirche Notre-Dame ausdehnende Altstadt. Ihr W-Abschnitt wurde mit den ebenfalls bis auf Balustradenhöhe abgetragenen Rundungen der Türme Mitte des 18. Jh. in die hübsche *Promenade des Remparts* verwandelt. Der hier angelegte Krankenhauskomplex geht auf eine Stiftung v. 1734 durch den Marquis du Châtelet, den letzten Gouverneur v. S., zurück und wurde bis ins 20. Jh. erweitert. Dagegen besteht im O nur noch die *Porte Sauvigny* (Rue Buffon) mit der inneren *Porte Guillier* (14. Jh.) und dem Außentor vor dem einstigen Stadtgraben (15. Jh.); die Erweiterung der Stadtmauer aus dem 16. Jh. zum Schutz der ö entstandenen Viertel existiert nicht mehr.

Musée municipal und **Bibliothèque** (Rue Jean-Jacques-Collenot): In einem ehem. Jakobinerinnenkloster (17. Jh.) zeigt das Museum – zumeist in seiner urspr. Einrichtung v. 1880 – archäologisches Fundmaterial aus der Umgebung, Gemälde und bes. burgund. Plastiken aus dem 13.–19. Jh. (darunter eine Sammlung v. Gipsmodellen des in Paris tätigen Bildhauers François Dumont*) sowie eine geologisch-naturgeschichtliche Abteilung (z. B. zahlreiche interessante Versteinerungen). Zu den Beständen der Bibliothek gehören auch einige kostbare Handschriften und Inkunabeln (u. a. aus der Druckerei Gutenbergs).

Semur-en-Auxois, Befestigungsanlage

Semur-en-Auxois, Porte Sauvigny

Außerdem sehenswert: *Logis du Roi* (Rue du Vieux-Marché) v. 1602, einst Quartier des Königs bzw. seiner Beauftragten, dann Gerichtsgebäude bis 1844. – *Rue Buffon,* belebtes Zentrum der insgesamt sehr stimmungsvollen Altstadt in ma Anlage, deren Bausubstanz nach einer Brandkatastrophe v. 1594 großenteils erneuert werden mußte.

Umgebung

Château de Bourbilly (9 km sw): Das repräsentative Schloß entstand in der 1. Hälfte des 19. Jh. anstelle einer ma Burg, die einst im Besitz der Jeanne Fremyot (1610 Mitbegründerin des Visitantinnenordens) und ihrer Enkelin Marquise de Sévigné war. Die Burgkapelle aus dem 14. Jh. wurde nach einem Brand 1952 v. Grund auf restauriert. Ausstattung und Einrichtung mit Stücken aus dem 17.–19. Jh. veranschaulichen sehr schön die Stilgeschichte des Möbels und die sich wandelnden Ansprüche an den Wohnkomfort und fügen sich zu einem geschmackvollen Ensemble.
Lantilly (8 km n): Das sog. »Schloß mit den 100 Fenstern« wurde Anfang des 18. Jh. auf den Fundamenten einer ma Burg errichtet; hieraus erklären sich auch die verhältnismäßig mächtigen Eckpavillons. Die hofseitige Fassade gewinnt durch den halbkreisförmigen Vorbau (mit Bedachung aus dem frühen 19. Jh.) an Eleganz. Im Inneren u.a. Tapisserien aus dem 18. Jh. und Fundstücke aus einem eisenzeitlichen Grabhügel mit 65 Bestattungen. – Im Dorf stattliche *Häuser* des 17.–18. Jh.
Précy-sous-Thil (14 km s): Auf einem Kegel (3 km ö außerhalb) erhebt sich weithin sichtbar *Thil-Château,* die Ruine einer Burg aus dem 12. Jh. mit späteren Erweiterungen, deren ovaler Grundriß auf die Anlage eines galloröm. Kastells zurückgeht. Nach ihrer Zerstörung im 17. Jh. bestehen noch einige Teilstücke der Ummauerung und bes. der mächtige Hauptturm (14. Jh.; restauriert Mitte 19. Jh.), der einen Umkreis v. 50 km überblicken ließ und deshalb »Spion des Auxois« genannt wurde. – Ebenfalls nur noch als imposante Ruine erhebt sich die ehem. *Stiftskirche,* ein schlichter got. Bau (1340–44) mit bemerkenswertem Steingewölbe und wehrhaft verstärktem Glockenturm.

Semur-en-Brionnais
71 Saône-et-Loire

Einw.: 689 Höhe: 396 m S.323 □ D5

Das alte *Senemurium,* später zusammengezogen zu *Semmurum,* heute der Hauptort des Brionnais, war einst Sitz einer im 11. Jh. zur Baronie erhobenen Lehnsherrschaft. Aus ihr ging übrigens der hl. Hugo hervor, unter dem 1088 der Grundstein zum gewaltigen Bau von Cluny III gelegt wurde. Kein Wunder also, daß sich auch in der romanischen Kirche des cluniazensischen Priorats Semur der Einfluß des großen Vorbilds geltend macht.

Kirche Saint-Hilaire (12. Jh.): An das dreischiffige, vierjochige Langhaus schließt sich ein leicht vorspringendes Querhaus mit einer über Trompen aufsteigenden achteckigen Vierungskuppel und ein aus 3 parallel gruppierten Apsiden bestehender Chor an. Die Wand ist, wie in Cluny III, in 3 Geschosse gegliedert: Spitzbogenarkaden, darüber je Joch 1 Rundbogentriforium mit 6 Bogenstellungen und darüber, wiederum je Joch, 1 Obergadenfenster. An der W-Seite ist, ebenfalls wie in Cluny III, in Höhe des Triforiums eine kleine Tribüne angebracht. Das Gewölbe, urspr.

Semur-en-Brionnais, Saint-Hilaire

Semur-en-Brionnais, Saint-Hilaire, Portal

Sens, Kathedrale Saint-Étienne

gleichfalls wieder wie in Cluny III, eine Spitzbogentonne aus dem 12. Jh., wurde bei der Restaurierung im 19. Jh. durch eine Rundtonne ersetzt. Bes. eindrucksvoll v. außen die O-Seite mit der spannungsreichen Staffelung der Baukörper bis hinauf zu den mehrfach abgestuften Spitzbogenfenstern (13. Jh.) des massigen Vierungsturms, dessen Sockel – ein reizvoller Akzent – v. den über das Dach hochgezogenen Schauseiten des Querschiffs gewissermaßen eingerahmt wird. Recht schön auch das reich skulptierte Portal mit Szenen aus dem Leben des hl. Hilarius auf dem Türsturz.

Überreste der ma Stadtbefestigung: Mauerreste der Stadtumwallung, 2 alte Stadttore sowie ein quadratischer Donjon aus dem 10. Jh. und 2 Rundtürme v. den Befestigungsanlagen des *Château de Saint-Hugues*.

Außerdem sehenswert: Hübsche Häuser aus dem 16., 17. und 18. Jahrhundert *(Maison du Geolier)* sowie das nach den Religionskriegen anstelle des Priorats erbaute schloßartige Gebäude im Stil von Louis III., das gegenwärtig als Krankenhaus genutzt wird.

Veranstaltungen: *Son et lumière* während der Sommermonate.

Sens

89 Yonne

Einw.: 26700 Höhe: 65 m S. 319 □ B1

Der ursprüngliche Hauptort der Senonen blieb nach der Unterwerfung dieses keltischen Volksstamms durch Cäsar 52 v. Chr. unter dem Namen Agedincum eine wichtige gallorömische Stadt, wovon noch die Reste ihrer Ummauerung und mehrerer öffentlicher Gebäude sowie eine Fülle ausgezeichneten Fundmaterials zeugen. Zu seiner Rolle als Handelszentrum an der Verbindungsstraße zwischen dem Mittel-

Sens, Kathedrale Saint-Étienne, Taufportal, Tympanon

meerraum (von Lyon) und der Nordsee (nach Boulogne-sur-Mer) gewann Sens besondere kirchengeschichtliche Bedeutung, denn das bereits im 3. Jh. eingerichtete Bistum wurde Anfang des 5. Jh. zum Erzbistum erhoben, zu dessen Diözese die Suffraganbistümer von Chartres, Auxerre, Meaux, Paris, Orléans, Nevers und Troyes gehörten (daher die aus deren Anfangsbuchstaben zusammengesetzte Devise Campont): Der einflußreiche Erzbischof im Frankreich der Kapetingerkönige hatte das Recht der religiösen Weihe (Salbung) des Königs im Krönungszeremoniell und zur Einberufung der Bischofssynoden und war für die Beziehungen zwischen König und Papst verantwortlich. 1140 endete die Synode in Sens mit der folgenreichen Verurteilung der theologischen Lehren des Scholastikers Abaelard: Das bedeutete die uneingeschränkte Zustimmung zur Kirchenreform Bernhards von Clairvaux und die entscheidende Unterstützung zu ihrer konsequenten Durchführung sowohl durch den Erzbischof, der sich als Primas über ganz Gallien und Germanien verstand, als auch durch den Papst selbst.

Mit der Erhebung des Bistums Paris zum Erzbistum verlor die Erzdiözese 1622 jedoch Chartres, Orléans und Meaux. Nach ihrer Auflösung im Zuge der kirchlichen Neuordnung im Konkordat zwischen Napoleon I. und Papst Pius VII. (1801) wurde das Erzbistum 1821 neu gegründet. – Seit dem frühen Mittelalter erlitt die Stadt schwere Schäden u. a. durch den Ansturm der Araber (8. Jh.) und Normannen (9. Jh.) und wurde mit der Grafschaft Mitte des 11. Jh. dem Kronland einverleibt. Die Beziehungen des im Nordwesten des heutigen Burgund gelegenen Sens zu den unmittelbaren Grenzregionen Ile-de-France und Champagne waren stets enger als zum burgundischen Herzogtum. Nachdem die Stadt erst im 16. Jh. die Verheerungen des Hundertjährigen Kriegs hatte überwinden können, folgten in der 2. Jahrhunderthälte die Angriffe in den Hugenottenkriegen. Die Auswirkungen der Revolution führen 1793 auch zur Plünderung der

Kathedrale; der Verkauf der im ganzen Land zum nationalen Eigentum erklärten Kirchengüter hatte auch in Sens mindestens die Zweckentfremdung, zumeist jedoch den Abbruch der Sakralbauten und Klöster zur Folge. Nach der Belagerung von 1814 in den Befreiungskriegen blieb die Hafen- und Handelsstadt von weiterem Leid verschont.

Historisches Stadtbild: Das für röm. Siedlungen charakteristische zentrale Straßenkreuz (Grande Rue/Rue des Déportés/Rue de la République) durchzieht die Altstadt auf dem rechten Yonne-Ufer, in deren Mitte sich die Kathedrale und der ehem. Palast des Erzbischofs erheben. Sie wird vom Boulevardring umgriffen, den man im 18.–19. Jh. auf den zugeschütteten Gräben vor der auf Geheiß Heinrichs IV. abgebrochenen Stadtmauer anlegte. Diese um 300 erbaute Sicherung der galloröm. Stadt, die zwar noch in den Resten der Arena (Rue des Arenès und Umgebung), einer Thermenanlage (Rue du Palais-de-Justice) und eines Tempelbezirks (an der Mündung der Vanne in die Yonne) faßbar ist, aber wegen der späteren Überbauung kaum systematisch erforscht werden kann, wurde im Lauf der Jh. nach den Erfordernissen der kriegstechnischen Entwicklung verstärkt. Am deutlichsten noch sichtbar an der Toröffnung *Poterne de Garnier-des-Prés* (Boulevard du 14-Juillet) aus dem frühen 13.Jh. mit einem Stück des galloröm. Mauerzugs und (weiter ö) am ebenfalls spätantiken Turm *Tour de la Brèche* mit ma Ausbau. – Von den stattlichen *Wohnhäusern* zumeist des 16.–18. Jh. (z.B. Rue Abélard, Rue de l'Épée, Rue Jean-Cousin, Grande Rue, Rue Thénard, Place Victor-Hugo) sind u.a. bes. zu nennen: *Maison d'Abraham* (Ecke Rue Jean-Cousin/Rue de la République) mit der Darstellung der Wurzel Jesse und das ebenfalls im 16. Jh. erbaute Nachbarhaus *Maison du Pilier*.

Kathedrale Saint-Étienne (Place de la République): Die einstige Metropolitankirche des Kronlands ist die *1. got. Kathedrale* – dies war auch für die zukünftige Ausbreitung des neuen Baustils v. Bedeutung – und vergegenwärtigt gemäß dem Verlauf ihrer Baugeschichte einzigartig die Entwicklung der got. Sakralarchitektur v. ihrem Einsetzen bis zur prachtvollen Reife des Spätstils.

Traditionsgemäß im O um 1140 (d.h. fast gleichzeitig mit dem 1. Neubau der Abteikirche v. Saint-Denis bei Paris) begonnen auf Initiative des Erzbischofs Henri Sanglier, eines Freunds und Förderers Bernhards v. Clairvaux, war der zunächst querschifflos geplante Bau um 1180 vollendet; die w Doppelturmfassade um 1210. Zwischen etwa 1210 und 1230 erhöhte man nach einem Brand die Obergadenfenster im Chor und dann im Mittelschiff. 1268 erforderte der Einsturz des S-Turms auch die Ausbesserung der W-Partien im Mittel- und s Seitenschiff. Der *N-Turm* blieb unvollendet: Sein späterer Dachaufbau wurde 1845 im damaligen Streben nach möglichst stilreiner Restaurierung der ma Bausubstanz wieder abgetragen. Den *S-Turm* führte man nach langer Unterbrechung während des Hundertjährigen Kriegs im 14. Jh. auf und erhöhte ihn 1537 durch einen Aufbau im Stil der frühen Renaissance auf 78 m. Der etwa seit 1320 bestehende Plan eines *Querschiffs* wurde 1490–1515 durch Martin Chambigues* und seine Werkstatt als eine der großartigsten Bauschöpfungen des spätgot. Flamboyantstils verwirklicht. – Seitenkapellen aus dem 16.–18. Jh.

Außenbau: Die 3 *W-Portale* verloren 1793 mit den Figuren den größten Teil ihres plastischen Schmucks. Ihr Bildprogramm entsprach demjenigen der got. Kathedralen jener Zeit: Das n Johannes- bzw. Taufportal in dem um 1200 errichteten Turmsockel zeigt am Türsturz (d.h. einem wie das Tympanon den Hauptthemen vorbehaltenen Platz) die Taufe Jesu und die Enthauptung des Täufers; in den Archivolten werden Szenen aus dem Johannes-Leben und die Geschichte der Reliquien geschildert. – Das Hauptportal – am Mittelpfeiler die meisterhafte Figur des Kirchenpatrons (Ende 12. Jh.) – rahmten im Gewände die Apostelfiguren; Reliefdarstellungen der klugen und törichten Jungfrauen unter der geöffneten bzw. verschlossenen Himmelspforte. Im Gewändesockel Kalender mit den Monatsdarstellungen (r) und die 7

Sens, Kathedrale, Hauptportal, Kirchenpatron auf Mittelpfeiler >

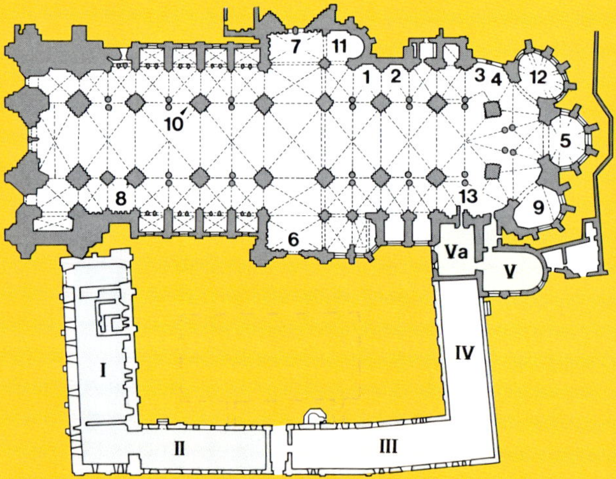

Sens, Kathedrale Saint-Étienne 1–4 Glasgemälde im Chorumgang **5** Savinianuskapelle **6–7** Glasgemälde im Querhaus **8** Glasgemälde im s Seitenschiff **9** Sacré-Cœur-Kapelle **10** Grabdenkmal **11** Johanneskapelle **12** Sainte-Colombe-Kapelle **13** Aufgang zum Kathedralschatz/Trésor. **Ehem. Erzbischöflicher Palast I** Synodalpalast **II** Wirtschaftsgebäude **III** Flügel François Ier **IV** Flügel Henri II **V–Va** Palastkapelle und Kathedralschatz

Freien Künste (l); darunter der eigtl. noch zum Bildprogramm roman. Portale gehörende Zyklus der Kosmographie (u.a. Menschen aus exotischen Erdteilen, Tiere und Fabelwesen, die 4 Elemente). Im Tympanon das Martyrium des hl. Stephanus, dessen Seele zu Christus aufsteigt. (Vor dem Turmeinsturz war hier nach der geläufigen Bildtradition der Hauptportale wahrscheinlich das Weltgericht dargestellt.) Rosette und Giebel mit dem zwischen Engeln thronenden Christus entstanden bei der Restaurierung Mitte des 19. Jh. – Im S-Turm das Marienportal: Am Türsturz Tod und Himmelfahrt der Gottesmutter, im Tympanon die Krönung der Himmelskönigin durch Christus. Die rechte Nische enthielt ein Reiterstandbild König Philipps VI., unter dessen Regierung 1338 der Hundertjährige Krieg ausbrach. An der W- und S-Seite des Turmobergeschosses die Figuren v. 10 Erzbischöfen (Mitte 19. Jh.). – *Fassaden des Querschiffs:* Die durch das große Fenster nahezu aufgelöste Fläche der S-Wand beherrscht die wundervolle Rose aus feingliedrigem Flamboyantmaßwerk. Nicht mehr vorhanden sind am Mosesportal die mit der Verkündigung beginnenden Darstellungen der Geburt Jesu. Auch die Fassade des n Querarms zeichnet sich durch äußerst elegante Komposition und delikate Steinmetzarbeit aus. Das Abrahamportal bewahrt noch die verstümmelten Figuren der 12 Söhne Jakobs als Personifikationen der 12 Stämme Israels sowie die abwechselnden Darstellungen der Propheten und Sibyllen.

Sens, Kathedrale, Hauptportal, Detail

Sens, Kathedrale, Rosette

Das *Innere* der Kathedrale prägen die trotz der Entwicklung des Baustils außergewöhnliche Einheitlichkeit und die bes. im Mittelschiff (15 m breit, Scheitelhöhe des Gewölbes 24,5 m) spürbare erhabene Großzügigkeit kraftvoller, aber ruhiger Raumgestaltung. Die Verbindung des 1. Bauherrn und seiner Nachfolger zu Bernhard v. Clairvaux mag sich in den harmonischen Proportionen des vom Quadrat bestimmten Grundrisses und der Höhe des Mittelschiffs (die Stützen der Arkaden halbieren die bis zum Gewölbeansatz gerechnete Hochwand) in Anlehnung an die zisterziensischen Bauprinzipien niedergeschlagen haben. Noch *roman.* Elemente lassen deutlich die Rundbögen z. B. im Triforium des Chorbereichs und der Johanneskapelle (11) erkennen und außerdem die Tatsache, daß man die Fenster in Chor und Mittelschiff erst ein Jh. später erhöhte und sich somit dem gewandelten Streben nach Lichtfülle und Leichtigkeit des Mauerwerks anschloß (obwohl dies die technisch schwierige Abwandlung der Gewölbeführung erforderte). Die entscheidenden Elemente des neuartigen *got.* Stils dagegen sind: das Apsisgewölbe, dessen in einem Punkt zusammenlaufende Rippen tragende, nicht dekorativ-gliedernde Bedeutung haben; die Vertikaldynamik, die außer den Spitzbogen bes. die zwischen den Doppeljochen ungebrochen bis zum Gewölbeansatz aufsteigenden Dienste artikulieren; der bereits dreigeschossige Wandaufriß (nach der frühgot., zunächst vierzonigen Gliederung sollte er sich jedoch erst in der Hochgotik allgemein prägend durchsetzen), dessen Triforium die Wandfläche horizontal bindet.

Zu den Kostbarkeiten der Kirche gehören die Ende des 12.–17. Jh. geschaffenen *Glasmalereien* der Fenster: Die ältesten im n Chorumgang schildern Szenen aus dem Leben des Thomas Becket (1), Erzbischof v. Canterbury, der, im Streit mit dem englischen König Heinrich II. um die kirchlichen Freiheiten nach Frankreich geflohen, sich vor seiner Rückkehr 1170 längere Zeit auch in S. aufgehalten hatte; die Lebensge-

schichte des legendären hl. Eustachius (2), eines der 14 Nothelfer; die Parabel vom verlorenen Sohn (3) und vom barmherzigen Samariter (4). Dem 13. Jh. entstammen die Bildfenster der dem hl. Savinianus geweihten Scheitelkapelle (5), der als Missionar im 3. Jh. in S. umgebracht worden war; sein Martyrium schildert auch das große Stuckbild v. Joseph Hermand* (2. Hälfte 18. Jh.). Grandiose Kompositionen sind die Fenster des lichtdurchfluteten Querschiffs (zugunsten größtmöglicher Wandauflösung wurde auf das Triforium verzichtet; Scheitelhöhe des Gewölbes 27 m), eine der herrlichsten Architekturleistungen im spätgot. Flamboyantstil: im S-Arm 1500 bis 1502 v. verschiedenen Meistern aus Troyes geschaffen; das 18 m hohe Fenster in der Stirnseite (6) mit der Darstellung des Weltgerichts hatte Erzbischof Tristan de Salazar gestiftet; außerdem u.a. Wurzel Jesse und die Geschichten der hll. Stephanus und Nikolaus. In der Stirnseite des N-Arms (7) das 15 m hohe Fenster des in S. tätigen Jean Hympe* (1516); in der Rose Engelskonzert (Paradies), darunter 5 Szenen mit dem Erzengel Gabriel; in den Fenstern der Seitenwände (17. Jh.) u.a. (w) die Geschichte Abrahams. 2 Glasgemälde v. 1540 im 3. Joch des s Seitenschiffs (8) bzw. in der Sacré-Cœur-Kapelle ([9] die Tiburtinische Sibylle vor Augustus) werden Jean Cousin d. Ä.* zugeschrieben.
Besonders beachtenswerte *Ausstattungsstükke:* am 3. N-Pfeiler des Mittelschiffs spätgot. Grabmonument (1515) für die Eltern des Tristan de Salazar (10). In der noch roman. geprägten Johanneskapelle (11) aus dem 13. Jh. eine Christusfigur etwa aus der Bauzeit. Chorgitter v. 1762. Der linke Lettneraltar erinnert an die Vermählung König Ludwigs IX. mit Marguérite de Provence 1234 in dieser Kathedrale. Hochaltar v. Giovanni Nicolò Servandoni* (1745), dessen Baldachin sich auf die Schöpfung Gian Lorenzo Berninis im Petersdom zu Rom bezieht.
In der Sainte-Colombe-Kapelle (12) aus dem frühen 18. Jh. das urspr. im Chor aufgestellte Grabmal des 1765 verstorbenen Dauphins, Vater Ludwigs XVI., v. Guillaume Coustou*.
Trésor ([V–Va]; Zutritt v. der S-Seite des Chorumgangs): Der trotz erheblicher Verluste noch größte und reichste *Kathedralschatz* Frankreichs mit kostbaren Sammlungen spätantiker und ma Stoffe, liturgischer Gewänder und Tapisserien; Elfenbeinschnitzereien; erlesene Email- und Edelmetallarbeiten, Schriftgut.

Palais synodal – Officialité und **ehem. Erzbischöflicher Palast:** Der dreiflügelige Gebäudekomplex an der S-Seite der Kathedrale besteht aus dem 1230–40 als Versammlungs- und Gerichtsgebäude errichteten *W-Flügel* ([I]; restauriert Mitte des 19. Jh.; die Bedachung aus farbig glasierten Ziegeln folgt frei der ma burgund. Tradition); Dimensionen und repräsentative Gestaltung entsprachen durchaus der Bedeutung des Erzbistums. Dem folgt an der S-Flanke der Mitte des 18. Jh. erneuerte Trakt der Wirtschaftsgebäude und Stallungen (II), den ein Durchgang (Passage de Moïsé) mit dem folgenden Flügel (*aile François Ier* [III]) v. 1520–30 verbindet. Der um 1550 angebaute O-Flügel (*aile Henri II* [IV]) schließt den Innenhof und stellt mit der 1742 erneuerten *Palastkapelle* (Trésor/Kirchenschatz [V]) die Verbindung zum Chor der Kathedrale her. Nach zweckentfremdender Nutzung der Baulichkeiten ab 1905 wurde hier seit 1982 das außerordentlich sehenswerte Ensemble der → *Museen* eingerichtet.

Saint-Maurice (bei der Brücke auf der Yonne-Insel): Schöne roman. Kirche der Matrosen und Winzer aus der 2. Hälfte des 12. Jh. Im 15. Jh. nach Beschädigung im Hundertjährigen Krieg erneuertes Gewölbe; die vom Fluß unterspülte Hauptapsis mußte im 16. Jh. abgebrochen werden. Im Inneren Reiterstatue des Kirchenpatrons; Reliefdarstellung der büßenden Magdalena (1567); Hochaltar v. 1568 aus einer Kapelle der Kathedrale; Reliquienschrein (Mitte 18. Jh.).

Saint-Pierre-le-Rond (Rue Émile-Peynot): Kirche aus dem 13. Jh.; Marienkapelle im Anfang des 16. Jh. n angebauten Seitenschiff: Das Stifterpaar erscheint in der Komposition der Kreuzesabnahme; die *Glasmalereien* ihrer Fenster mit Flamboyantmaßwerk sind großenteils erhalten.

Sens, Kathedrale, Rosette aus Flamboyantmaßwerk >

Saint-Savinien (Champs-des-Martyrs): Um 1070 errichteter roman. Neubau der ältesten Kirchengründung der Stadt, die den Märtyrern Savinianus und Potentianus – nach legendärer Tradition die beiden ersten Bischöfe v. S. – geweiht ist. Glokkenturm v. 1220.
Grabmal des Loménie de Brienne, Minister Ludwigs XVI. und Kardinalerzbischof v. S. In der Krypta der Altar der v. den Gründern erbauten frühchristl. Andachtsstätte.

Museen (Place de la République/Rue des Déportés): Der äußerst interessante Museumskomplex in den Gebäuden des ehem. Erzbischöflichen Palastes aus dem 13.–16. Jh. (→Grundriß der Kathedrale Saint-Étienne [V–Va]) umfaßt außer dem Kathedralschatz insbesondere archäologische Sammlungen v. erstrangiger Bedeutung (z. B. bronzezeitlicher Hortfund v. Villethierry, dessen 867 werkstattfrische Schmuckstücke v. ihrem Hersteller vergraben worden waren; eine Fülle galloröm. Steinmetzarbeiten, die als Baumaterial zur Stadtbefestigung wiederverwendet bei deren Abbruch geborgen wurden; Mosaiken, Grabsteine und die Rekonstruktion der sog. Thermenfassade). Große ma Abteilung (u. a. Bauplastik der Kathedrale und zahlreicher Kirchen aus der Erzdiözese); sakrale und profane Kunstwerke aus verschiedenen Epochen.

Außerdem sehenswert: *Gué Saint-Jean* (Place des Héros), malerischer Winkel mit ehem. Waschplatz, dessen Bach die Stadtgräben speiste. – *Hôtel de Ville* (Rue de la République): 1900–04 im Stil der Neurenaissance erbautes Rathaus. Am Turm Bronzefigur eines Galliers, der vielleicht an den senonischen Krieger Brennus erinnern sollte, dessen Soldaten im frühen 4. Jh. v. Chr. die Römer an der Allia schlugen und das Kapitol in Rom einschlossen. – *Kirchen: Saint Jean* (Boulevard du Maréchal-Foch): Von der got. Klosterkirche aus dem 13. Jh. – nach der Kathedrale einst größte Kirche der Stadt – blieb nach ihrer Zerstörung im Hundertjährigen Krieg nur noch der schöne Chor bestehen (im 17. Jh. restauriert); jetzt Krankenhauskapelle. Die Klostergebäude waren im 17.–18. Jh. erneuert worden. *Saint-Pregts* (Rue du Général-de-Gaulle): Barockbau v. 1733 bis 1737, dessen Fassade 1793 ihren Figurenschmuck verlor. – *Marché couvert* (Rue Beaurepaire): Die 1882 eröffnete Markthalle ist ein gutes Beispiel für die Verwendung v. Metall als architektonisches Gestaltungsmittel. – *Théâtre municipal*

Sens, Museen, Gallorömische Steinmetzarbeit

(Boulevard Garibaldi): Stadttheater mit ausgezeichneter Akustik; 1880–82 nach dem Vorbild ital. Theaterarchitektur im Stil der Neurenaissance erbaut.

Umgebung

Courlon-sur-Yonne (20 km n): *Saint-Loup:* Die gedrungene roman. Kirche wurde nach den Zerstörungen des Religionskriegs in der Renaissance mit (bes. im Chor) erneuertem Gewölbe wiederhergestellt. Im sonst schlichten wehrhaft-nüchternen Außenbau setzen das Hauptportal mit den Figuren v. Glaube, Hoffnung und Barmherzigkeit sowie die zirkelgerecht konstruierten Maßwerkfenster (mit Teilen der Glasmalerei des 16. Jh.) elegante Akzente. Im Inneren mehrere künstlerisch bemerkenswerte Figuren aus dem 16.–17. Jh.; über dem Hochaltar großer barocker Baldachin (17. Jh.).

Étigny (9 km s): *La Trinité.* Die im 13. Jh. erbaute Dreifaltigkeitskirche birgt die (neuerdings restaurierten) Reste eines Freskenzyklus des späten 14. Jh., der u. a. Szenen aus dem Leben des hl. Martin zeigt. Renaissance-Altar mit farbig gefaßten Reliefs (1565); spätgot. Pieta aus dem Werkstattkreis v. Troyes (1. Hälfte 15. Jahrhundert).

Fleurigny (13 km nö): Das eindrucksvolle *Renaissanceschloß* wurde im 16. Jh. unter Verwendung einiger (bes. an der N-Seite sichtbarer) Gebäudeteile der ma Vorgängerburg errichtet; W-Flügel aus der Mitte des 19. Jh.

Von besonderer Eleganz ist die Schloßkapelle, deren Ausstattung Jean Cousin d. J.* zugeschrieben wird.

Pont-sur-Yonne (13 km nw): Das am Flußübergang der Straße v. S. nach Paris entstandene, einst stark befestigte Städtchen war wegen seiner strategisch wichtigen Lage seit jeher dem Kriegsgeschehen ausgesetzt, wie auch noch die Reste der 1940 zerstörten Brücke aus dem 17. Jh. bezeugen. – *Église de l'Assomption:* Die um 1200 erbaute, der Himmelfahrt Mariens geweihte Kirche mußte nach schweren Schäden mehrfach ausgebessert werden: Die nach dem Vorbild der Kathedrale v. S. sechsteiligen Rippengewölbe des Langhauses wurden Anfang des 16. Jh. erneuert; Turmhelm Ende des 18. Jh. Am Sturz des Portals anmutige Madonnenfigur (Anfang 13. Jh.). Hauptaltar mit der Darstellung der Himmelfahrt (18. Jh.); im s Querschiffarm »Jüngstes Gericht« aus dem 15. Jh.

Vallery (21 km w): *Saint-Thomas-de-Cantorbéry:* Die dem hl. Thomas Becket, im 12. Jh. Erzbischof v. Canterbury, geweihte Kirche aus dem frühen 17. Jh. ist Grablege des 1646 verstorbenen Henri II, Prinz v. Condé, der wesentlich an Kardinal Richelieus Kampf gegen die Hugenotten beteiligt war: Familiengrabmal im s Querschiffarm mit der Figur des Prinzen und den 4 Kardinaltugenden (Klugheit, Mäßigung, Stärke, Gerechtigkeit) v. Gilles Guérin*. Im n Querarm Grabmal des 1834 verstorbenen Generals La Ferrière. – *Schloß:* Im O die trutzigen Teile der ma Burg der Herren v. Vallery, Lehnsleute des Grafen v. Champagne, die sich im 13. Jh. auf den Kreuzzügen Ludwigs IX. hervorgetan hatten. Die W-Partie entstammt dem eleganten – seit 1562 unvollendet gebliebenen – Neubau des Renaissanceschlosses nach Plänen des Architekten Pierre Lescot* (Baumeister u. a. des SW-Flügels im Großen Louvrehof v. Paris). Nachdem im 17. Jh. der S-Flügel abgebrochen worden war, reduzierte man Anfang des 19. Jh. auch noch die Höhe der verbleibenden

Sens, Hôtel de Ville

Teile. Die Anlage war v. 1664 bis zur Mitte des 18. Jh. im Besitz der Condé.

Solutré 71 Saône-et-Loire		
Einw.: 377	Höhe: 400 m	S.324 □ E5

Prähistorische Fundstätte: Sie wurde seit 1866 am Fuße des 495 m hohen Felsens v. S. ausgegraben und gab einer ganzen Epoche der jüngeren Altsteinzeit den Namen: Das Solutréen liegt etwa 19000 bis 15000 Jahre zurück. Aber man fand auch noch ältere Schichten, die dem Moustérien (ca. 100000–40000) und dem Périgordien/Aurignacien (ca. 40000–20000) angehören, und Gegenstände aus dem Magdalénien (ca. 14000–12000), das die letzte Epoche des Paläolithikums war und mit der letzten, der 4. Eiszeit endete.

Das Solutréen ist gekennzeichenet durch bes. meisterliche Steinbearbeitung: äußerst fein zurechtgeschlagene, bis über 30 (!) cm lange Blattspitzen aus Feuerstein für Speere und Pfeile, die sog. Lorbeerblattspitzen. An künstlerischen Hervorbringungen ist diese Stufe allerdings nicht so reich wie Aurignacien oder Magdalénien.

Rätsel gibt eine Zwischenschicht v. etwa 1 ha Fläche aus den zersplitterten Knochen v. ca. 100000 Pferden auf: Trieben hier steinzeitliche Jäger jahrtausendelang Wildpferdherden über den Felsen in den Abgrund und wozu: im Zusammenhang mit einem Kult oder der Nahrungsbeschaffung?

Solutré, Prähist. Fundstätte, Knochenreste

Die in Solutré gefundenen steinzeitlichen Kunstwerke wie Statuetten oder in Knochen gravierte Zeichnungen sind im Musée municipal des Ursulines in Mâcon zu besichtigen. Werkzeuge, Waffen und viele Objekte auch von anderen prähistorischen Fundorten im Mâconnais werden im neuen, 1987 eröffneten *Museum* nahe der Ausgrabungsstätte bewahrt.

Felsen: Er selbst war allerdings in der Steinzeit kein dauernd bewohnter Ort, sondern diente der Jagd und als Hinterhalt oder Zuflucht, wie die Reste einer neolithischen Schanze bezeugen. In galloröm. Zeit nahm ein Castrum den strategisch günstigen Platz ein. Im MA, im frühen 11. Jh., errichtete Herzog Raoul hier einen Donjon, der im 13. Jh. durch größere Wohntrakte erweitert wurde. 1434 ließ Herzog Philipp der Gute von Burgund die Festung auf dem Felsen schleifen, so daß heute nur noch Reste der Wälle, Substruktionen und einer in den Kalkstein gehauenen Treppe zu erkennen sind. –

Vom Gipfel des Felsens aus hat man einen herrlichen Panoramablick über Saônetal und Bresse.

Heutiger Ort S.: Er geht auf die im 10. Jh. erwähnte Siedlung *Villa Solistriaco* zurück. In den alten Wohnhäusern sind Steine der Burgruine verbaut. – *Dorfkirche* mit roman. Chor aus dem 12. Jh.

Umgebung

Chanseron (1 km n): 3 m hoher *Menhir* aus Sandstein.

Grange-du-Bois, La (3 km sw): Das hübsche, auf der Anhöhe gelegene Dorf bietet einen schönen Rundblick über Mâconnais und Beaujolais mit den 5 eindrucksvollen Felsen v. Pouilly, S., Vergisson, Saint-Claude und Monsard. – *Priorat* des 12. Jh., im 13. Jh. durch die Zisterzienser erneuert: Kapelle mit flachem Chorschluß, eleganter Kampanile. Haupttrakt des Klosters im späten 18.Jh. umgeändert; hübsches, schmiedeeisernes Gitter.

Pouilly (1 km sö): Das sehr reizvolle Winzerdorf befindet sich im Herzen des Anbaugebiets der Appellation Pouilly-Fuissé (700 ha; nicht zu verwechseln mit dem Puilly-Fumé aus dem Nivernais!). Dieser rassige, trockene Weißwein wird ausschließlich aus Chardonnaytrauben gekeltert.

Über dem Dorf erhebt sich eine kleine *Burg* mit 3 trutzigen Rundtürmen, erbaut 1515.

Vergisson (2 km n): Die Höhlen im Felsen v. Vergisson waren im Moustérien (ca. 100 000–40 000 v. Chr.) v. Neandertalern bewohnt.

Sully

71 Saône-et-Loire

Einw. 514 Höhe: 323 m S.323 □ D3

Château de Sully: Es ist das größte Renaissanceschloß Burgunds. Die herrliche Anlage befindet sich in Privatbesitz und kann daher nur v. außen besichtigt werden. Im 13.Jh. gehörte der Ort der namengebenden Familie Sully, und vermutlich bestand damals eine kleine Wohnburg. Dann ging der Besitz nacheinander an die Montaigu-Bourgogne (→Couches), die Rabutin-Epiry und endlich die Saulx-Tavannes über. Marschall Gaspard de Saulx ließ das heutige Schloß erbauen; nach seinem Tod 1573 wurde es unter seiner Witwe vollendet. Im frühen 18.Jh. erbten die Morey das Schloß: Die N-Fassade wurde verändert und mit einer majestätischen Freitreppe über einer breiten Terrasse versehen.

Ein adliger Flüchtling aus Irland, der junge Arzt Jean-Baptiste du Mac-Mahon, heiratete Mitte des 18.Jh. die Erbin des Schlosses. Und 1808 erblickte hier ihr Enkel das Licht der Welt: Marie Edmée Patrice Maurice Marquis de Mac-Mahon, der spätere Präsident der 3.franz. Republik. Seine glänzende militärische Karriere begann in Algerien, das seit 1830 franz. besetzt war. Er zeichnete sich im Krimkrieg (1854–56) aus, und während des ital. Einigungskrieges besiegte er mit seinen Truppen auf der Seite der Piemontesen die Österreicher in der Schlacht v. Magenta bei Mailand (1859). Daraufhin wurde er zum Marschall und Herzog v. Magenta ernannt. Am 1.9. 1870 mußte er in der Schlacht bei Sedan vor den Deutschen kapitulieren: Napoleon III. wurde gefangengenommen, die 3.Republik ausgerufen.

Solutré, Felsen

Sully, Château de Sully

1871 schlug Mac-Mahon in Paris den Aufstand der Kommunarden blutig nieder und war 1873–79 franz. Präsident. Der berühmte Mann, dessen Leben eine ganze Epoche überspannte, starb 1893.
Er selbst war niemals Eigentümer seines Geburtsschlosses S., denn dieses erbte sein Bruder. Dessen Enkel, der eine Reihe v. Restaurierungen und Umbauten vornehmen ließ, vermachte es jedoch dem gleichnamigen Enkel des Marschalls, später ein berühmter Anführer der Résistance in Nordfrankreich. Sein Sohn ist heute Besitzer v. S. – Das an Festungen erinnernde Renaissanceschloß besteht aus 4 Flügeln, die sich um einen quadratischen Innenhof gruppieren. 4 diagonal gestellte Ecktürme mit hohen Dächern flankieren die Flügel. Das Ganze ist v. Wassergräben umzogen, war jedoch nie als Verteidigungsanlage gedacht, wie die großen Fenster beweisen: Die Trutzigkeit ist nur gespielt.
Die Eingangsfassade am W-Flügel ist weitgehend unverändert. Eine Steinbrücke führt auf das Portal zu. Über dem rustizierten Sockel- und dem schlichten Erdgeschoß erhebt sich ein reichgegliedertes, 13achsiges Hauptgeschoß. Pilastergerahmte Fenster und geschlossene Wandabschnitte mit flachen Blendnischen wechseln sich rhythmisch ab. Die Mitte ist durch Doppelpilaster, breiteres Fenster und einen Dreiecksgiebel hervorgehoben. Im Giebel das Zeichen der Familie Morey: 2 Mohren halten das Wappenschild, in dem sich jetzt statt des Morey-Wappens eine Uhr befindet.
Wendet man sich nach l, steht man bald vor der im frühen 18. Jh. veränderten, großartigen N-Fassade mit ihrer Terrasse und Freitreppe, die sich wunderschön im verbreiterten Wassergraben spiegeln. Die Front wurde bis fast zu den Turmkanten vorverlegt und dadurch auf 19 Achsen verbreitert. Die beiden Hauptgeschosse haben gleichmäßig gereihte Rechteckfenster zwischen Pilastern. Wieder ist der Mittelteil akzentuiert: Dreiecksgiebel, darunter Rundbogenfenster, im Erdgeschoß Fenstertüren.

Taizé, Sainte-Marie-Madeleine, Kirchenfenster – Einzug in Jerusalem

Während der O-Flügel seit der Renaissance nur wenig verändert wurde, zeigt sich die S-Fassade in einem »Kleid« des 19. Jh. Neugot. Umbauten um 1830 führten u. a. zur Errichtung des Kapellenturms in der Mitte. Gegen 1890 wurde diese Seite wieder im Renaissancestil gestaltet.

Taizé

71 Saône-et-Loire

Einw.: 144	Höhe: 215 m	S. 323 □ E4

Tasiacum hieß der kleine Ort in karolingischer Zeit, der im Tal der Grosne nicht fern von Cluny liegt. Heute ist er berühmt als Zentrum der Bewegung von Roger Schütz und alljährlich Treffpunkt von Tausenden von Jugendlichen aus aller Welt zu ökumenischen Versammlungen, beseelt von dem Wunsch nach Versöhnung der Konfessionen.

1944 gründete Roger Schütz aus Lausanne in diesem Ort, der sich gleichsam im Schnittpunkt der alten katholischen »Hochburgen« Cluny, Vézelay und Cîteaux befindet, eine protestantisch-kalvinistische Mönchsgemeinschaft und gab ihr 1952/53 Ordensregeln, die auf den alten Mönchsgelübden von Armut, Keuschheit und Gehorsam basieren.

Sainte-Marie-Madeleine: Die roman. Kir-

Tanlay, Schloß

che (frühes 12.Jh.) dient den liturgischen Feiern der Gemeinschaft. Sie ist einschiffig mit spitztonnengewölbtem Langhaus, das v. Blendbogen gegliedert wird. Eine oktogonale Kuppel überfängt das schmalere Joch unter dem Turm; anschließend die halbrunde Apsis. Schmale neue farbige Fenster schaffen eine weihevolle Stimmung. Moderne Vorhalle, jedoch das Äußere sonst weitgehend original.

Versöhnungskirche »Verklärung Christi«: 1962 v. Freiwilligen verschiedener Nationalitäten mit Unterstützung der Aktion Sühnezeichen erbaut.

Umgebung

Ameugny (2 km n): Das alte *Amoniacum* kam 1247 an das Domkapitel v. Mâcon. Die *Kirche* aus dem 11.Jh. ist einschiffig mit Querhaus und imposantem quadratischen Turm. Schöne, roman., um 1160 entstandene Fassade mit verziertem Portal. Im Inneren einige alte Fresken und eine got. Kapelle des 15.Jh.

Tanlay
89 Yonne

Einw.: 1100 Höhe: 153 m S.320 □ D2

Besonders wegen des prachtvollen *Renaissanceschlosses* bekanntes Dorf. – 1655 gestiftete Kirche *Saint-Émilien* mit vorzüglichen Schnitzarbeiten im Chor v. Jean Nicole* (1742). – 2 kleine *Markthallen* (Place Général-de-Gaulle) aus dem 16.Jh.

Schloß: Die selbst in den Religionskriegen und der Revolutionszeit unbeschädigt gebliebene Anlage (seit 1704 in kontinuierlichem Familienbesitz) gehört zu den Meisterwerken der franz. Schloßarchitektur. François d'Andelot, mit seinen Brüdern Gaspard und Odet de Coligny entschiedener Kämpfer auf seiten der Hugenotten, begann den Bau um 1555 auf dem

Tanlay, Schloß, Teilansicht

Gelände einer einst festungsmäßig ausgebauten Burg aus dem 13. Jh. mit wichtiger Verteidigungsfunktion im Grenzbereich zwischen dem Herzogtum Burgund und der Grafschaft Champagne: Hieraus leitet sich noch die v. den runden Ecktürmen eingefaßte Gesamtanlage des *Hauptschlosses* ab. Beim Tod des Schloßherrn 1569 waren der linke Trakt mit den flankierenden Türmen und der Ansatz des Mittelflügels ausgeführt. Jenseits des Grabens entstand gleichzeitig bis 1610 das *Kleine Schloß* in der Art eines herrschaftlich-repräsentativen Torbaus mit reichem plastischem Schmuck der Fassaden. Von hier gelangt man durch die Cour Verte (Grüner Hof) und über eine Brücke zum *Haupttor,* das urspr. (statt der bestehenden Balustraden) starke Mauern mit hofseitigen Wehrgängen an die Flügelbauten angeschlossen hatten. Seine Nüchternheit läßt wie die Verwendung der (Halb-)Säulen und Obelisken – in ihrer scheibenartigen Gliederung durch Horizontalfugen gängige Dekorationsmotive in der zeitgenössischen Militärarchitektur – noch die berufliche Herkunft des Baumeisters Pierre Le Muet* erkennen, der das Schloß mit dem Ehrenhof 1643–49 vollendete: Diese anspruchsvolle Bauaufgabe, wozu auch die Innengestaltung, die Wirtschaftsgebäude und der weitläufige *Park* mit dem perspektivisch geschickt zum Brunnenbau gezogenen Kanal gehörten, löste er mit beeindruckender Eleganz. Außer dem Gesamtentwurf sowie der architektonischen und bauplastischen Einzelausführung sind am Außenbau bes. die majestätische Gartenfront und die bewegte Bedachung zu beachten.

Höhepunkte des außerordentlich geschmackvollen *Inneren* (geführte Besichtigung), das sich auch durch kostbares Mobiliar auszeichnet, sind die *Galerie* (im traditionell vornehmsten 1. Obergeschoß) mit virtuoser Grisaille-Ausmalung und die obere *Rotunde* in der Tour de la Ligue: Im Kuppelfresko vereinten die Maler aus dem weiteren Umkreis des Primaticcio in der Epoche der sich unaufhaltsam verschärfenden innenpolitischen und konfessionellen Auseinandersetzungen die wichtigsten Figuren der Liga und der Hugenottenführung zu einer ungewöhnlichen (und freilich etwas ungelenk-steifen) Komposition: Nach der Art eines olympischen Götterhimmels aufgebaut, bezieht sie sich wohl auf ein Preisgedicht des mit dem Schloßherrn befreundeten Dichters Pierre de Ronsard auf König Heinrich II. U.a. erkennt man: Heinrich II. (doppelgesichtiger Janus), der sich lächelnd den Katholiken, aber grimmig den Protestanten zuwendet; Königin Katharina v. Medici (Juno); Diana v. Poitiers, Geliebte des Königs (Venus); Herzog v. Guise (Mars); auf der Seite der Protestanten: den Schloßherrn (Herkules); Gaspard de Coligny (Neptun); Margarete v. Navarra, Schwester König Franz' I., die selbst kath. und tief religiös, dennoch verfolgten Protestanten Zuflucht gewährt hatte (Minerva).

Umgebung

Cruzy-le-Châtel (12 km nö): *Château de Maulnes* (4 km n außerhalb). Eine völlig andere Konzeption des Renaissanceschlosses liegt dieser einst als großartig gerühmten Anlage zugrunde, die ein unbekannter Architekt in der 2. Hälfte des 16. Jh. für den Herzog v. Uzès geschaffen hatte. Denn hier verbinden sich die Erfordernisse möglicher Verteidigung (in der Epoche der Religionskriege) noch in der franz. Tradition des ma Burgenbaus mit Vorbildern der ital. Schloßarchitektur (am deutlichsten des Palazzo Farnese in Caprarola v. 1559-75). Erhalten blieb nur das eindrucksvolle (nicht zugängliche) Wohngebäude über fünfeckigem Grundriß (1566-70), Mittelpunkt des symmetrisch um die n-s Längsachse angelegten Gesamtkompexes, das nach der Veräußerung dieses Jagdschlosses bereits im 18. Jh. einer Glasbläserei diente. Verloren sind mit der rechteckigen, alle Teile umfassenden Wehrmauer auch die Gartenterrasse auf der S-Seite und die im Halbkreis angeordneten Wirtschaftsgebäude im N, die eine Galerie in der N-S-Achse mit dem Hauptbau (Zugang im N) verbunden hatte. Die Ecken dieses noch bestehenden Wohnbaus mit seiner der Hanglage angepaßten Geschoßaufteilung sichern ebenfalls fünfeckige Türme in Höhe der Seitenwände, deren scharfkantiger Schnitt wesentlich zum wehrhaften Erscheinungsbild beiträgt. Es läßt nicht unbedingt den zweckmäßigen, auch durch die Pläne und zeitgenössischen Schilderungen überlieferten Wohnkomfort erwarten, wozu u.a. ein raffiniertes System der Behei-

Til-Châtel, Saint-Florent, Tympanon des westlichen Stufenportals

zung und der Wasserleitungen gehörten sowie die durchdachte Organisation der Flur- und Treppenverbindungen zwischen den einzelnen Flügeln und Geschossen. Entsprechend dem streng geometrischen Entwurf zentrieren sie sich um eine Wendeltreppe im Mittelpunkt des Gebäudes, deren Spindel einen Quellbrunnen umschließt.

Tannay
58 Nièvre

Einw.: 741 Höhe: 246 m S.319 □ C3

Von der im 14.Jh. angelegten Befestigung des alten Städtchens *Tanneio* sind heute nur noch wenige Reste erhalten. Sehenswert ist jedoch eine Anzahl schöner Häuser des 15. und 16.Jh., wie z.B. die *Maison des Chanoines*.

Seit dem 13.Jh. wird in Tannay Wein angebaut – heute v.a. ein leichter, spritziger Weißwein. Der Pflege der Tradition widmen sich das Kanonikerstift und die Confrérie de Saint-Vincent-de-Vignerons v. T., deren Jahresfest am Sonntag nach dem 22.Januar, dem St.-Vinzenz-Tag, gefeiert wird.

Ehem. Kollegiatsstiftskirche Saint-Léger: Sie wurde in der Hochgotik erbaut, im 15./16. Jh. umgestaltet und bewahrt in der Sakristei als Reliquie das Haupt der hl. Agathe, Gefährtin der hl. Ursula.

Umgebung

Amazy (1 km nw): Das kleine, in liebliche Landschaft gebettete ehem. *Amaziacum* wird erstmals 849 erwähnt. – Die im frühen 16.Jh. erbaute *Kirche* enthält reiche Bauornamentik im Flamboyantstil, spätgot. Glasmalereien und barocke Altargemälde. **Château de Pignol** (2 km s): Bau aus dem frühen 17.Jh.

Til-Châtel
21 Côte-d'Or

Einw.: 700 Höhe: 273 m S.321 □ F2

An der seit gallorömischer Zeit wichtigen Straße zwischen Langres (Département Haute-Marne) und Dijon (bis ins 11.Jh. Lehen des mächtigen Bischofs von Langres) gelegen, war der ab dem 8.Jh. durch ein Kastell gesicherte Ort wichtiger Verkehrspunkt und Handelsplatz. Dies

Til-Châtel, Saint-Florent, Tympanon des südlichen Seitenportals

lassen auch noch die stattlichen Häuser (besonders aus dem 14.–16. Jh.) erkennen.

Saint-Florent: Die im 19. Jh. erheblich restaurierte roman. Kirche aus dem 12. Jh. zeichnet bes. der plastische Dekor aus. Den sonst schlichten Außenbau mit 3 Apsiden, Querhaus und Turm (durch dessen innere Kuppel kein Licht in die Vierung dringt) schmückt das w Stufenportal, dessen Tympanon den thronenden Christus zwischen den Evangelistensymbolen zeigt. In einer für das Bildprogramm v. Portalen unüblichen Weise greift dieses Thema auch das Tympanon des s Seitenportals eines als Peter aus Dijon signierenden Steinmetzen auf: Dieser Name erscheint auch beim Bau der Kirche Saint-Bénigne in Dijon; ob es sich aber um denselben Meister handelt, ist nicht eindeutig geklärt. Im Inneren mit der zeitgemäßen Gewölbestruktur der spitzbogigen Längstonne im zweizonigen Mittelschiff und Kreuzgrat in den Seitenschiffen vorzüglich gearbeitete *Kapitelle* mit unterschiedlichen Motiven: Tiere, Fabelwesen und Monster, aber auch elegant geschwungene antikisierende bzw. ornamental stilisierte, streng geschnittene Blätter. Reliquienkästchen des Kirchenpatrons, der als frühchristl. Märtyrer auf der Brücke enthauptet worden sein soll, deren Steine man zum Bau des Altars verwandte. Reliquiar des hl. Honorius (16. Jh.) mit der Darstellung einzelner Szenen aus seiner Lebensgeschichte.

Til-Châtel, Saint-Florent, Detail einer gotischen Kreuzigungsgruppe

Tonnerre

89 Yonne

Einw: 6100 Höhe: 144 m S.320 □ C2

Das gallorömische *Tornodurum,* eine ursprünglich keltische Siedlung auf einem Felsplateau über dem Armançon, blieb wichtiger Etappenort an der Kreuzung der Straßen zwischen Auxerre und Langres bzw. Sens und Alise-Sainte-Reine. Ab dem 11. Jh. verlagerte sich die Hauptstadt der gleichnamigen Grafschaft allmählich über die Hänge weiter ins Tal und gelangte auch durch den Anbau von Getreide und Wein zu beachtlichem Wohlstand (die Ausbreitung der Reblaus um die Mitte des 19. Jh. richtete jedoch auch hier größten Schaden an). Schwere Zerstörungen erlitt Tonnerre durch die Normannen (9. Jh.), wiederholt im 15. Jh. bis zur Vernichtung der Oberstadt und ihrer mittelalterlichen Burg, 1556 durch einen verheerenden Stadtbrand und durch die Luftangriffe im 2. Weltkrieg.

Altstadt: Das Erscheinungsbild wird beherrscht v. den beiden Kirchen und dem imposanten Krankensaal des ma Hospitals. Es bewahrt noch größtenteils seinen historischen Charakter in der ma Anlage mit engen, verwinkelten Straßen und der nach der Brandkatastrophe erneuerten Bausubstanz. Bes. typische Straßenzüge: *Rue du Pont* (Nr. 22: Wohnhaus des Chevalier d'Éon [1728–1810], eines erfolgreichen Heerführers und geschickten Geheimdiplomaten, um dessen schillernden Charakter und ungewöhnlichen Lebensstil sich mancherlei Legenden rankten); *Rue Armand-Collin* sowie *Rue Jean-Garnier* mit allen umgebenden Straßen und Gassen an Hang und Fuß der steil abfallenden Hochfläche.

Notre-Dame (Rue Saint-Michel): In seiner stilistisch heterogenen Gestalt ist der Bau, der auch nach der Bombardierung v. 1944 tiefgreifend restauriert werden mußte, hauptsächlich das Resultat mehrerer Wiederherstellungen in verschiedenen Epochen: Hieraus ergibt sich jedoch eine sehr interessante Zusammenschau charakteristischer Elemente der beim Wiederaufbau jeweils zeitgemäßen Architekturstile. Eine im 9. Jh. gegr. Kapelle war im Zuge der ma Stadtentwicklung zur Pfarrkirche erweitert worden. Dem got. Chor des 13. Jh. schließt sich das in mehreren Abschnitten bis ins 14. Jh. erbaute Langhaus an; bes. seine W-Partie war dann in der Renaissance zu erneuern. Die Renaissancefassade mit einer Fülle stiltypischer Dekorationsmotive entstand großenteils abermals nach dem Stadtbrand in der 2. Hälfte des 16. Jh. Haupt- und Nebenportal v. 1536 bzw. 1545 waren zwar erhalten geblieben, wurden aber in der Revolutionszeit und durch Bomben stark beschädigt. Der um 1620 aufgeführte Turm folgt in seiner Struktur dem ma Vorgänger. Im n Seitenschiff die um 1640 nach einer Epidemie dem Pestheiligen Rochus geweihte Kapelle.

Saint-Pierre: Der roman. Bau (12. Jh.) der einstigen Klosterkirche und späteren Pfarrkirche der Oberstadt war im 15. Jh. zugunsten einer (noch an der Ummauerung erkennbaren) Befestigung bis auf geringe Teile im W abgebrochen worden. Der um 1300 erbaute *got.* Chor blieb erhalten, da er jenseits dieser Mauer lag. Beide Partien verband man nach 1556 wiederum – und nun im zeitgenössischen Baustil der *Renaissance* – durch ein Langhaus: Dabei verlegte man das Hauptportal (um 1590) an die S-Front der Kirche, die sich der zum Zentrum gewordenen Unterstadt zuwandte und deshalb zur repräsentativen Schauseite mit dem architektonischen Anspruch und dem betont dekorativen Charakter einer Hauptfassade ausgestaltet wurde. Auch der in Aufbau und Mauerwerk noch ma wirkende W-Turm entstammt dieser Bauphase. – Das Innere prägt eine trotz der unterschiedlichen Formensprache zweier Stilepochen gelungene Homogenität. Sie ergibt sich aus dem behutsamen Umgang der Renaissancebaumeister mit der vorhandenen got. Substanz der Chorpartie sowie aus der gotisierenden Nachempfindung für die Baulogik bzw. die plastische Ausformung wichtiger Einzelelemente: z. B. in den Gewölben, im Pfeileraufbau der Langhausarkaden und im (nunmehr allerdings zirkelgerechten) Maßwerk der Fenster.

Fosse Dionne (Rue de la Fosse-Dionne): Ein sehr malerisches Ensemble bilden am

Tonnerre, Blick auf die Altstadt und Saint-Pierre

Fuß des Felsrückens die einst für die Wasserversorgung der Oberstadt unerläßliche *Quelle,* die der kelt. Gottheit Divona geweiht war, und die 1758 als *Waschhaus* errichtete, überdachte Rundgalerie (Durchmesser 14 m) mit umlaufendem Kanalgang. Die wissenschaftliche Erforschung der Quelle erschweren die Stärke der unterirdischen Strömung, die stellenweise erhebliche Enge des Durchflusses und die Wassertrübung durch den tonigen Boden. Erst 1980 konnten Taucher rund 380 m weit bis in ca. 60 m Tiefe vordringen.

Hôpital Notre-Dame-des-Fontenilles (Rue de l'Hôpital): Der monumentale *Krankensaal* mit Kapelle (nach dem Abbruch der w Vorhalle noch 91 m lang, 19 m breit, Firsthöhe des mächtigen Satteldachs 25 m) ist der einzige erhaltene Teil des Hospitals, das Margarete v. Burgund (Gräfin v. T. und Witwe Karls I. v. Anjou, König v. Neapel-Sizilien) 1293 gegr. hatte. Es blieb Vorbild für den Typus des burgund.-franz. Armenhospitals bis ins 15. Jh. (→Beaune). Während das gleichzeitig im N errichtete Schloß ebenso wie die anderen Baulichkeiten vernichtet wurde, überdauerte dieser 1295 vollendete Bau alle für die Stadt so zerstörerischen Auswirkungen ihrer bewegten Geschichte. (Der bestehende Krankenhauskomplex entstand hauptsächlich Mitte des 19. Jh.) Das Hauptgewicht des urspr. mit farbig glasierten Ziegeln gedeckten Dachs auf Konsolgesims (Fläche 4500 qm) ruht auf den an ihrer Basis 2,20 m tiefen Stützpfeilern, die die relativ niedrigen Seitenwände mit 10 Fensterachsen lebhaft gliedern. Gewölbe und Dachstuhl wurden im Laufe des 20. Jh. restauriert. Der vergoldete Bleihelm der Kapelle fehlt seit der Revolution; w Dachreiter v. 1832; W-Front aus dem 18. Jh. anstelle der ma Vorhalle.

Der bis 1650 genutzte Saal, dessen urspr. Proportionen die Erhöhung des Bodens im 17. Jh. um 0,5 m deutlich beeinträchtigten, bot Platz für 40 Betten. Die hölzerne Längstonne stützen Querbalken, die durch Vertikalstreben im Dachstuhl verankert sind. Die außen mit spitzbogigen Doppelarkaden gestalteten Fenster sind innen rundbogig geschnitten. Im Boden des w Drittels eingeritzte sog. Gnomonkurve v. 1795 (der Gnomon, ein senkrecht stehender Stab, ermöglichte als ältestes astronomisches Meßinstrument durch seine Schattenlänge, u. a. die Zeit und Sonnenwenden zu bestimmen).

An der O-Seite die urspr. durch einen Lettner abgegrenzte, chorartig angelegte

Tonnerre, Fosse Dionne

Kapelle: Die „Grablegung Christi" der Brüder Jean Michel und Georges de la Sonnette* (1452–54) ist die älteste erhaltene, aus lebensgroßen Figuren wie die Szene eines Mysterienspiels komponierte Darstellung dieses Themas: Sie schildert die Aufbahrung des Leichnams zur Salbung durch die 3 Frauen, bevor er in den bereitstehenden Sarg gebettet wird. Der individuelle Ausdruck der schmerzvoll verhaltenen, jedoch aufs tiefste empfundenen Trauer in Gesicht und Körperhaltung der Figuren (Joseph v. Arimathia und Nikodemus, die v. Johannes d. Ev. gestützte Mutter Jesu und die 3 Marien) und die Gelöstheit der leblosen Gestalt Christi zeugen v. höchster künstlerischer Invention und meisterlicher Ausführung. – Großartig auch die got. Komposition »Madonna, Mose und der brennende Dornbusch« (14. Jh.), die die Jungfräulichkeit der Gottesmutter versinnbildlicht. – Das in der Revolution zerstörte Grabdenkmal der Gründerin wurde 1826 erneuert; Hochaltar v. 1621. – Ein bezeichnendes Beispiel für die Hofkunst in der Epoche Ludwigs XIV. ist das 1693–99 geschaffene (1819 aus Paris hierher gebrachte) Grabmal des François Michel Le Tellier (der Marquis de Louvois, politisch sehr einflußreicher Kriegsminister, hatte 1684 die Grafschaft gekauft) und seiner Gemahlin: Aufbau, Figur des Marquis und Allegorie der Klugheit (Minerva) v. François Girardon*, Statue der Marquise und Allegorie der Wachsamkeit v. Martin Desjardins*.

Hotel d'Uzès (Rue des Fontenilles; jetzt Sitz einer Bank): Das herrschaftliche Renaissancegebäude wurde in der 2. Hälfte des 16. Jh. (bei einer Restaurierung im 19. Jh. falsch datiert) für die Gräfin Louise de Clermont, spätere Herzogin v. Uzès erbaut. Geburtshaus des Chevalier d'Éon.

Umgebung

Molosmes (7 km nö): **Saint-Marcel:** Sehr schöner, großzügiger Renaissancebau (1537–41) anstelle der Kirche einer im 6. Jh. gegr. und im 12. Jh. in das s benachbarte Saint-Martin-sur-Armançon verlegten Benediktinerabtei.

Tournus

71 Saône-et-Loire

Einw.: 7300 Höhe: 193 m S. 324 □ E4

Zwischen die Ostausläufer des Massif

Tonnerre, Hôpital Notre-Dame-des-Fontenilles, Krankensaal

Tournus, Panorama

Central und Saône schmiegt sich die kleine Stadt Tournus, die mit der ehemaligen Abteikirche Saint-Philibert eine »Inkunabel der europäischen Architektur« besitzt.

Saint-Philibert: Das röm. *Castrum Trenchiorum* lag strategisch günstig an der Via Agrippina v. Lyon nach Trier. Hier missionierte der hl. Valerianus und starb den Märtyrertod (177). Das bei seinem Grab errichtete Kloster und das Castrum schenkte Kaiser Karl der Kahle 875 den Mönchen v. Noirmoûtier an der Mündung der Loire, die vor dem Normannensturm auf die Atlantikküste geflohen waren. Ihrem Klostergründer Saint-Philibert weihten sie nun auch das neue Kloster, das sie nach Zerstörung durch die Ungarn 937 und verheerendem Brand 1007 jeweils neu erbauen mußten. Die Blütezeit dauerte vom 10. bis zum 13. Jh.; das Kloster besaß u. a. große Ländereien, Münz- und Fischereirecht, kontrollierte die Handelsstraßen entlang der Saône und profitierte v. a. vom Strom der Pilger. Gegen den »bürgerlichen« Ort schützte sich das reiche Kloster mit Wehrtürmen und Festungsmauern, die z. T. erhalten sind. Dem Niedergang im 14. Jh. folgte 1627 die Umwandlung in ein Kanonikerstift, endlich in eine Pfarrkirche. Die ehem. Abteikirche ist eine dreischiffige Basilika mit Querhaus und zweijochigem Chor mit halbrunder Apsis. Die Seitenschiffe des Langhauses setzen sich in einem schmalen Chorumgang fort, v. dem 3 rechteckige Chorkapellen abstrahlen – das früheste erhaltene Beispiel eines solchen Umgangschores.

Äußeres: Dem fünfschiffigen Langhaus (11. Jh.) ist im W ein *Narthex* vorgelagert: eine ebenfalls dreischiffige, jedoch schmalere Vorhalle, die mit einer mächtigen, an karolingische Westwerke erinnernden Zweiturmfront geschlossen ist. Sehr massiv und wehrhaft wirkt die *Fassade:* Flache Lisenen und Bogenfriese gliedern die Mauern aus grob behauenen Steinen, in die da und dort antike röm. Quaderblöcke eingesetzt sind.

Rundbogenfenster durchbrechen die Tür-

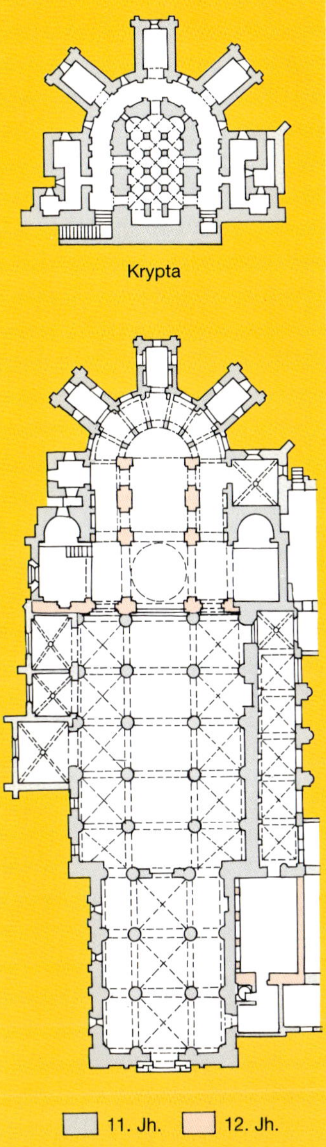

Tournus, Saint-Philibert

Tournus, Saint-Philibert

me, wobei der linke (NW-)Turm im 12. Jh. erhöht wurde, im plastisch reicheren Stil der Hochromanik. Beachtenswert im obersten Turmgeschoß: 2 Säulenfiguren an der SW- und NW-Ecke, angeblich Philibert und Valerianus darstellend.

Portal und zinnenbekränzter Wehrgang zwischen den Türmen: 14./15. Jh., im 19. Jh. verfälschend restauriert.

Den Seitenschiffen des Langhauses sind im N gotische Kapellen (15. Jh.) vorgebaut, im S der Kreuzgang (11. Jh.) und das Kloster.

Der *Vierungsturm* besitzt 3 Geschosse, in dessen unterstem (frühes 12. Jh.) sich die Vierungskuppel verbirgt; die 2 oberen Stockwerke ähneln dem linken Fassadenturm, entstanden aber etwas früher (2. Hälfte 12. Jh.).

Im O schließt sich die *Chorpartie* an, die über der Krypta lagert. Sie erschließt sich am besten mit Blick v. SO. Unten das sehr unregelmäßige Mauerwerk der Krypta (10. Jh.), des Chorumgangs und der rechteckigen Chorkapellen, deren Ecken durch

nachträglich angesetzte Strebepfeiler aus größeren Steinquadern verstärkt sind. Darüber erhebt sich der Hochchor aus dem frühen 12. Jh. 2 große tiefe Rundbogen sichern die beiden geraden Chorjoche statisch ab. Halbsäulenvorlagen, Schachbrett- und Rundbogenfries gliedern und schmücken die halbrunde Apsis.

Inneres: Eingang durch das W-Portal. Der *Narthex* liegt im Dämmer; gedrungene Rundpfeiler tragen die Kreuzgratgewölbe der 3 Mittelschiffjoche; jedes der Seitenschiffjoche wird v. einer kurzen Quertonne überfangen. Über dem Narthex die *Michaelskapelle:* in ihrer »Archaik« einer der beeindruckendsten Räume der abendländischen Architektur. Massige, niedrige Rundpfeiler; sehr niedrige halbtonnengewölbte Seitenschiffe; ungewöhnlich hohes, durchfenstertes Mittelschiff mit Längstonnengewölbe – ein statisches Wagnis, das nur durch die sehr überlegte Konstruktion und sorgfältigste Aufmauerung gelang. Urspr. öffnete sich die Kapelle zum Mittelschiff des Langhauses, heute versperrt das Orgelgehäuse den Bogen. Als Säulenschäfte der Bogenarkade verwendete der roman. Baumeister antike röm. Stücke; die Kapitelle ahmen Antikes nach und verraten damit ebenfalls den hohen Anspruch des Bauwerks. Auf den Kämpfersteinen Flachreliefs (10. oder 11. Jh.): l maskenähnliches Gesicht, r Mann mit Beil in der Linken und segnender rechter Hand (der Baumeister? der Abt?), Laibungsseiten mit einer Art Lebensbaum. Rechts des Bogens verstümmelte Inschrift:
GERLANNUS/ABATE ISTO MO/NETERIUM E/ILE, die bis heute nur hypothetisch gedeutet ist. War Gerlanus der Baumeister oder der Abt, der die Kapelle errichten ließ?

Noch beeindruckender als die Kapelle ist das *Langhaus,* dessen Helligkeit und Größe nach dem dunklen Narthex überraschen. Auch hier Rundpfeiler, Höhe 9,35 m, Durchmesser 1,32 m, aber die Proportionen sind schlanker. Jedes Mittelschiffjoch ist mit einer Quertonne überwölbt, die auf Schwibbogen ruht, also Bogen, die sich quer über das Mittelschiff schwingen. Sie werden beidseitig v. halb-

Tournus, Saint-Philibert,
< NW-Turm, Säulenfigur

runden Säulen gestützt, die auf den Rundpfeilern stehen. So entsteht der Eindruck v. großer Höhe und Würde. Diese ungewöhnliche Wölbungsart - wieder eine technische Meisterleistung - ermöglichte die Anbringung v. Fenstern hoch oben im Obergaden und eine schöne gleichmäßige Durchlichtung, zumal auch die kreuzgewölbten Seitenschiffe Fenster besitzen.
Die Querhausarme sind tonnengewölbt. Über der *Vierung* ein quadratisches Tambourgeschoß, dicht mit Säulen besetzt. Ein Kranz aus 8 Rundbögen über den 4 Fenstern und den 4 Eckkonchen bildet den Übergang zum Fußkreis der halbkugelförmigen Kuppel.
Mit großer Leidenschaft sind in T. alle möglichen Gewölbeformen und -kombinationen in immer neuen Varianten durchgespielt; man spürt das neugierige Suchen und Probieren - daher die ungeheure Lebendigkeit dieses Bauwerks.
Querhaus, Vierung und *Chor* sind unerwartet eng. Grund dafür ist, daß man ihren Grundriß auf die darunterliegende Krypta bezog, deren Mauern als Fundamente benutzt wurden. Freisäulen umstehen das halbrunde Chorhaupt, darüber reich ornamentierte Blendarkaden.
Im Chor - wie auch sonst in der Kirche - sind die interessanten Kapitelle zu beachten.
Eine Treppe im N-Querhaus führt hinab zur *Krypta* (10. Jh.), die sich in einen tonnengewölbten äußeren Umgang mit Kapellen und eine kreuzgratgewölbte Innenkrypta gliedert. 2 Säulenreihen (sehr schöne Kapitelle) teilen diese in 3 Schiffe: eine vollständige kleine Unterkirche mit der Confessio (Märtyrergrab) des hl. Valerianus.
Ausstattung: Verschiedentlich finden sich in Saint-Philibert Reste der alten Wandfreskierung, denn in der Romanik waren die Mauern nicht so nackt, wie sie das 19. Jh. renovierte: z. B. Engel im Narthex, an den Mittelschiffarkaden dekorative Malereien, in einer der Umgangskapellen die Darstellung des Jüngsten Gerichts.
Bedeutendstes Stück der Ausstattung ist die sog. *Notre-Dame-la-Brune,* eine thronende Madonna mit Kind aus Zedernholz des 12. Jh.; die starre Frontalität und Axialität der Frühromanik beginnt schon zu weichen zugunsten größerer Bewegtheit.

Tournus, Saint-Philibert, Krypta

Die Madonna ist in einem got. Wandnischengrab des 14. Jh. aufgestellt, Reste got. Bemalung.

Kloster: Das alte Kloster liegt im S der Kirche. Nur ein Kreuzgangflügel, der sich an das Langhaus anlehnt, blieb erhalten. Das got. Portal am O-Ende entstand vermutlich gleichzeitig mit dem got. Kapitelsaal, einem elegant proportionierten Hallenraum ö des Klosterhofes. Dessen W-Seite wird v. einem ehem. Kellergebäude, die S-Seite vom alten Refektorium eingenommen. Etwas abseits im SW steht das spätgot. Abtshaus (Ende 15. Jh.) mit Bauornamentik im Flamboyantstil.

Musée Greuze (Place du Collège): Es ist untergebracht im ehem. Benediktinerkonvent aus dem 17. Jh. Das Museum bewahrt Druckgraphik, Zeichnungen und Porträts des franz. Malers Jean-Baptiste Greuze*, der, 1725 in T. geboren, 1805 in Paris starb. Er malte sentimental-moralisierende Szenen aus dem Leben des Kleinbürgertums.

Seine rührenden Mädchenbildnisse haben oft einen versteckten erotischen Sinn, der in Titeln wie »Der zerbrochene Krug« oder »Das bestrafte Mädchen« angedeutet wird. Vorwiegend das bürgerliche Publikum zu seiner Zeit schätzte diese versteckten Pikanterien. Greuzes Zeitgenosse Denis Diderot, der berühmte, einflußreiche Kunstkritiker und Enzyklopädist, rühmte v.a. die moralisierende Note in Greuzes Bildern, die im Gegensatz zum »frivolen« Rokoko stand. – Außer den Werken dieses berühmtesten Sohnes v. T. sind im Museum archäologische Funde aus der Umgebung zu besichtigen, darunter ein augenärztliches Besteck aus galloröm. Zeit und merowingischer Schmuck sowie religiöse Kunst des MA und der Renaissance und Arbeiten lokaler Bildhauer des 19. Jh.

Außerdem sehenswert: *Sainte-Marie-Madeleine:* aus dem 12. Jh., mehrfach verändert und restauriert; Turm und schönes Portal aus der Romanik. – Hübsche *Altstadt* mit einigen got. Wohnhäusern (13.–15. Jh.) und zahlreichen Gebäuden des 16.–18. Jh. – *Hôtel-Dieu:* 17./18. Jh., mit sehr gut erhaltener Apotheke. – *Hôtel de Ville* im klassizistischen Stil, 1774–78 erbaut. – *Palais de Justice* aus dem 18. Jh.

Tournus, Saint-Philibert, Notre-Dame-de-la-Brune

U

Uchizy

71 Saône-et-Loire

Einw.: 612	Höhe: 240 m	S.324 □ E4

Ludwig der Stammler, Sohn von Kaiser Karl dem Kahlen, stiftete 878 Dorf und Kirche der Abtei von Tournus, der Uzichy fortan unterstand.
Reste des mittelalterlichen Mauergürtels umgeben den kleinen Ort mit seinen malerischen Gassen und hübschen Häusergruppen. Der Tradition zufolge sollen die Bewohner von Uchizy – die Chizerats – Abkömmlinge von hier siedelnden Sarazenen des 7. Jh. sein. Ob diese Sage zutrifft, ist unbekannt, tatsächlich aber wichen Brauchtum und Aussehen der Einheimischen bis ins frühere 20. Jh. von dem der Umgebung ab.

Saint-Pierre: Die in der 1. Hälfte des 11. Jh. erbaute dreischiffige, vierjochige Basilika besitzt ein Querhaus mit Nebenapsiden und einen einjochigen Chor mit halbrund geschlossener Apsis.
Über der Vierung erhebt sich sehr hoch der quadratische Vierungsturm. Er hat über einer Blendbogenreihe ein heute schmal durchfenstertes, ursprünglich geschlossenes Geschoß; die beiden nächsten Geschosse durchbrechen Rundbogenöffnungen.
Das oberste, zinnenbekrönte Stockwerk wurde erst während der Religionskriege als Wachausguck aufgesetzt (16. Jh.). Aus dieser Zeit stammen auch der Wehrgang

zwischen dem S-Seitenschiff und der kleinere, halbrunde Turm.

Das schmale hohe Mittelschiff wird v. einer Spitztonne überwölbt. Unter Rundbogenfenstern öffnen sich spitzbogige Arkaden zu den niedrigen, kreuzgratgewölbten Seitenschiffen. Auch Vierung und Querschiff sind sehr niedrig und tragen Tonnengewölbe, die durch massive Pfeiler mit breiten Vorlagen und tief herabgezogene Bogenlaibungen statisch abgesichert sind. Letztere tragen auch die Last des hohen Vierungsturms. All diese Merkmale weisen darauf hin, daß der »offensichtlich im Wölben noch wenig erfahrene Baumeister« (Fegers) kein Risiko wagte, zumal der Chor ebenfalls mit einer Tonne gewölbt ist: Er stützte den schweren Schub der Gewölbe lieber durch viele Mauerverstärkungen ab, selbst wenn er dadurch den Eindruck eines kontinuierlichen Raumes zerstörte.

Das ist ein interessantes Beispiel dafür, wie selbst ein unerfahrener Architekt bei seinem Bauwerk unbedingt die zu seiner Zeit modernsten Wölbungsformen verwenden wollte. Dabei ging es nicht in erster Linie um die Demonstration technischer Fertigkeiten, sondern v.a. um die »Würdeform«, d.h. eine gewölbte Kirche war würdiger als eine nicht gewölbte!

V

Vareilles

71 Saône-et-Loire

Einw.: 324	Höhe: 400 m	S.323 □ D5

Kirche: Von außen beeindruckt der kleine roman. Bau aus dem 11. Jh. v.a. durch seinen gewaltigen, quadratischen, v. Rundbogenfenstern durchbrochenen Glockenturm, innen durch die auf den vorroman. Stil zurückgehende Flachdecke. Ebenfalls älter ist die Giebelfassade aus dem 10. Jh. mit dem Rundbogenportal.

Uchizy, Saint-Pierre

Vareilles, Kirche

Außerdem sehenswert: *Haus* aus dem 13. Jh. (gegenüber der Kirche). - Die zum Schloß v. Drée gehörende *Tour de Montgiraud* samt *Wohnhaus* aus dem 17. Jh. - *Château du Montet.*

Varenne-l'Arconce

71 Saône-et-Loire

Einw.: 135	Höhe: 330 m	S.323 □ D5

Ehedem Sitz des 1065 vom hl. Odilo gegründeten, in den Religionskriegen im 16. Jh. zerstörten cluniazensischen Priorats, beeindruckt die kleine Ortschaft auch heute noch mit einer für ihre Größe erstaunlichen Reihe von Baudenkmälern und Kunstwerken.

Kirche: Der schöne roman. Bau aus dem 11. Jh. ist nicht, wie sonst im Brionnais vielfach üblich, aus Sandstein, sondern aus Granit erbaut und beeindruckt v.a. durch seinen zweigeschossigen, v. Rundbogenfenstern durchbrochenen Vierungsturm und eine in ihrer Schmucklosigkeit strenge, wuchtige Fassade. Im Gegensatz dazu ist die S-Seite mit einer sehr großzügig gegliederten, außerordentlich schönen Osterlammdarstellung über dem Portal verziert. Im *Inneren* des dreischiffigen, dreijochigen Baus mit Querhaus und Chor mit halbkreisförmiger Apsis verdienen die skulptierten Kapitelle, die mehrfarbigen Holzstatuen aus dem 15. Jh. und v.a. ein gekreuzigter Christus (Holz) aus dem 13. Jh. Beachtung.

Außerdem sehenswert: *Friedhofskreuz* aus dem 16. Jh. - Befestigtes *Stadttor.* - Ruine des alten befestigten *Schlosses (Château de la Tour).*

Varzy

58 Nièvre

Einw.: 1495	Höhe: 220 m	S.319 □ B3

Der seit dem 5. Jh. bestehende Ort ist nach einem in der Nähe entspringenden Flüßchen benannt und gehörte bis zur Französischen Revolution den Bischöfen von Auxerre. Am bedeutendsten für die Geschichte des alten *Variacus* war aber das 450 hier errichtete Oratorium der hl. Eugenia von Alexandrien, das später einer Stiftskirche eingegliedert wurde. Die dort gezeigten Reliquien dieser Heiligen und des hl. Bischofs Regnobert von Bayeux waren es, die Varzy im Mittelalter zu einem

Varenne-l'Arconce, Kirche

bedeutenden Ziel der Pilger werden ließen, zumal der Ort an einem der Wallfahrtswege nach Santiago de Compostela in Spanien, der neben Rom und Jerusalem wichtigsten Wallfahrt des Mittelalters, lag.

Saint-Pierre: Größe und Anspruch der 1220–80 errichteten hochgot. Kirche zeugen v. der einstigen Bedeutung des Ortes. Saint-Pierre zählt zu den eindrucksvollsten der Kirchen im Nivernais. Das sechsjochige Langhaus hat einen dreigeschossigen Aufriß, 2 mächtige Türme überragen die Querhausarme. Im polygonalen Chor befindet sich am Hochaltar das Retabel mit der Darstellung der hl. Eugenia – ein flämisches Werk des frühen 16. Jh.; im Mittelfenster der Apsis Glasgemälde des 13. Jh.
Die reiche *Schatzkammer* in der Sakristei birgt u. a. folgende, 1792 aus der erwähnten Stiftskirche hierher transferierte Reliquien: Armreliquiar und Reliquiar in Form einer Basilika der hl. Eugenia; Arm- und Kastenreliquiar sowie Reliquiar in Baptisteriumsform des hl. Regnobert – alles Werke des frühen bis späten 12. Jh. in z. T. sehr reicher und feiner Goldschmiedearbeit, beachtenswerte Zeugnisse der ma Frömmigkeit. Außerdem eine spätgot. höfisch-elegante Statue der hl. Eugenia und ein Triptychon mit Darstellung der Passion Christi und des Martyriums des hl. Petrus.

Château des Evêques d'Auxerre: Ein Gebäudeflügel des 15. Jh. und ein Pavillon des 18. Jh. blieben vom alten Palast der Bischöfe erhalten (heute Centre de Vacance de Clichy).

Museum (gegenüber Saint-Pierre): Verschiedene Sammler seit der Mitte des 19. Jh. trugen zum uneinheitlichen, aber reizvollen Bestand des Museums bei, in dem altägyptische Funde, Werke der christl. Kunst, Möbel, Musikinstrumente, Waffen, volkskundliche Objekte und sehr qualitätvolle Fayencen des späten 18. Jh. ausgestellt sind.

Außerdem sehenswert: Reste der alten Stiftskirche Sainte-Eugènie sind in der *Chapelle de Saint-Roch* erhalten: Arkaden, Triforium und Kapitelle. – *Chapelle Saint-Lazaire* des alten Leprosenhauses (13./16. Jh.). – Schöne *Wohnhäuser* des 16. Jh. – *Maison Guiton,* das ehem. Rathaus (15. Jh.). – *Hôtel de l'Écu,* der ehem. Franziskanerkonvent (17. Jh.).

Umgebung

Chapelle-Saint-André, La (6 km nw): *Kirche* des 16. Jh., Fenster mit Flamboyantmaßwerk; Turm des 18. Jh.
Château de Corbelin (9 km nw): Anlage mit 4 Rundtürmen aus dem 14. Jh. und Renaissancebau v. 1559; Kapelle des 13. Jh.
Château de Menou (12 km w): 1682–84 nach Plänen v. Berthélemy Le Blanc* im prunkvoll-strengen Stil des franz. klassischen Barock. Ein Ehrenhof v. imposanter Größe öffnet sich vor dem v. 2 quadratischen Pavillons eingefaßten Corps de Logis.
Courcelles (5 km n): Archäologische Funde beweisen die Besiedlung der Gegend seit der Jungsteinzeit. – *Kirche Saint-Nicolas* (16. Jh.) auf rechteckigem Grundriß, Fenster mit Flamboyantmaßwerk. – Nahebei das *Grabmal des Generals Allix,* eines Kampfgenossen Napoleons. – Pittoreske alte *Brücken* über den Fluß Sainte-Eugènie. – Im N des Dorfes das *Château de Bazarnes* aus dem 15. Jh., im 19. Jh. umgestaltet, einst Besitz des Generals Allix, der hier starb.
Oudan (5 km sw): Ehem. Flößereihafen am Ursprung des Flüßchens Sauzay. Der Ort wird als *Heldinus* schon im 5. Jh. genannt und war im Besitz des hl. Germain v. Auxerre, der ihn dem Bistum Auxerre vermachte. – *Kirche* des 15./16. Jh. mit flachem Chorende und dem typischen flamboyanten Fenstermaßwerk der Spätgotik. Hübsches schmiedeeisernes Gitter des 18. Jh.

Vermenton

89 Yonne

Einw.: 1200 Höhe: 130 m S. 320 □ C2

Weinbau und der auch durch den Flußverkehr geförderte Handel hatten dem Städtchen, das 1477 nach dem Tod Herzog Karls des Kühnen mit der Bourgogne dem französischen Kronland einverleibt wurde, einst erheblichen Wohlstand gebracht. Den historischen Ortskern mit Bebauung hauptsächlich aus dem 17.–18. Jh. beherrscht die architekturgeschichtlich sehr interessante Pfarrkirche.

Pfarrkirche Notre-Dame: Vom roman. Bau aus der 2. Hälfte des 12. Jh. bestehen noch die W-Partie mit Doppelturmfassade (der S-Turm wurde 1804 z. T. erneuert) und 2 Doppeljoche des Mittelschiffs. Der *N-Turm* mit plastisch gegliederten Geschossen zählt neben dem verwandten Turm v. Saint-Germain in →Auxerre zu den schönsten roman. Glockentürmen Burgunds. Vielleicht war ein vollkommener Neubau der Kirche geplant, denn man führte im 2. Drittel des 13. Jh. die Seitenschiffe, das Querhaus und einen quadratischen Chor auf. Um 1320 schließlich verbreiterte man den got. Chor und schuf durch angebaute Querschiffjoche eine durchgehende *Halle*. Das in der Revolutionszeit und beim Wiederaufbau des S-Turms stark beschädigte *W-Portal* bewahrt noch 3 verstümmelte Gewändefiguren, deren überlängter, noch im Säulenschema verhafteter Aufbau wie die feine Zeichnung an die frühgot. Portalplastik der Ile-de-France (z. B. Chartres und Saint-Denis) denken lassen. – Die eindrucksvolle Wirkung des Inneren prägt der Gegensatz zwischen den roman. Teilen des Mittelschiffs und der großzügigen Chorhalle (ö Mittelfenster v. 1876). Bes. zu beachten ist die in allen Teilen sorgfältig, wenn auch in unterschiedlicher künstlerischer Qualität ausgeführte plastische Bearbeitung z. B. der Pfeiler und Kapitelle; ein Unikum sind die baumförmigen Säulen im SW.

Der Kirche sw benachbart ein *Rundturm* der Stadtbefestigung aus der 2. Hälfte des 14. Jh.

Umgebung

Cravant (5 km nw): Der hübsche Ort an der Mündung der Cure in die Yonne bewahrt mehrere *Fachwerkhäuser* (bes. 16. Jh.) und einige Teile der ma *Befestigung* (z. B. den Turm v. 1387), auf deren zugeschütteten Gräben man die sog. »Promenades« anlegte; die Porte du Pont wurde 1782 erneuert. – *Saint-Pierre-et-Saint-Paul:* Der im 16. Jh. geplante Renaissanceneubau der Kirche aus dem 13. Jh. konnte nur in der Aufstockung des Glockenturms und im großartigen *Chor* (1551–58) verwirklicht werden. Die Strebebogen des Langhauses erforderten die Erneuerung seines Gewölbes im 17. Jh. Anders als im schlichten Au-

Vermenton, Pfarrkirche Notre-Dame, Westportal, Gewändefiguren (links und rechts)

ßenbau zeichnen den Chor mit Umgang und Kapellenkranz im Inneren die hervorragende Steinmetzarbeit der stiltypischen Dekorationselemente und das reichgegliederte Gewölbe aus. Am besten erhalten sind die *Glasgemälde* der Scheitelkapelle aus der Bauzeit. Zu den künstlerisch wertvollsten Werken des *Figurenschmucks* gehört die Darstellung des »Ecce-Homo« aus dem 16. Jh.

Régny (3 km s): In einen (nur bedingt zugänglichen) Bauernhof integrierte man die got. Gebäudeteile eines 1134 gegr. und in der Revolutionszeit aufgehobenen Zisterzienserklosters (dieser Orden bevorzugte für seine Niederlassungen wasserreiche Waldtäler): Refektorium, Saal (Schreibatelier?) und Taubenhaus jeweils aus dem späten 13. Jh.

Sacy (9 km ö): Geburtsort des Schriftstellers Nicolas Restif de la Bretonne (1734 bis 1806; →auch Auxerre). Seine zahlreichen Romane von literarisch sehr unterschiedlichem Rang (am bekanntesten »Le paysan perverti« und »Monsieur Nicolas«) wurden wegen ihrer pornographischen Elemente zunächst heftig kritisiert. Sie hatten dann aber großen Einfluß auf den literarischen Realismus und die Sozialtheorien des späten 19. Jh. wegen der Schilderungen des bäuerlichen Lebens und der Darstellung der Großstadt im Spannungsfeld zwischen Dynamik und Aufgeschlossenheit bzw. gefährlichen Verlockungen und menschlicher Entfremdung. Gegenüber der Kirche das Geburtshaus Restifs, der seinen Beinamen vom elterlichen Hof am Ortsrand ableitete.

Sehr sehenswerte *Pfarrkirche Saint-Jean-Baptiste:* Der roman. Bau (um 1140) mit achteckigem Vierungsturm wurde um 1260 durch den großen, sorgfältig durchgegliederten frühgot. Neubau des Querschiffs und Chors verändert: Nun tritt das nach O vorgeschobene Querhaus aus der urspr. Achse heraus, und der Turm überwölbt nicht mehr die roman. Vierung. Die Erhöhung der Seitenschiffe beeinträchtigt außen jedoch die Proportionen des Langhauses. Auch in der Raumgestaltung des Inneren dominieren die ausgezeichnet proportionierten, neueren Bauteile mit leichterem Mauerwerk und überraschender Lichtführung durch hohe Fenster. Im Chor sehr qualitätvolle Figuren des Kirchenpatrons und Johannes d. Ev. aus dem späten 13. Jh.

Vézelay
89 Yonne

Einw. 520	Höhe: 302 m	S.320 □ C3

Die Geschichte des Orts auf dem nach O ansteigenden Sporn eines Felsplateaus ist eng mit der ehemaligen Abtei verknüpft: Ihre romanisch-gotische Kirche *Sainte-Madeleine* (in die UNESCO-Klassifikation »Kulturerbe der Welt« aufgenommen) auf der Höhe über dem Steilhang war im 12. bis Anfang des 14. Jh. eines der wichtigsten Wallfahrtsziele des Abendlandes; hier begann auch eine der 4 großen Pilgerstraßen nach Santiago de Compostela.

Der Gründung eines Nonnenklosters im Jahre 858 durch Girart de Rousillon (Graf von Lyon und Vienne und historisches Vorbild für die Titelfigur in 3 altfranzösischen Heldenepen des 12. und 13. Jh.) auf dem Gelände der heutigen Gemeinde Saint-Père-sous-Vézelay (→Umgebung), das alsbald von den Normannen vernichtet worden war, folgte im späteren 9. Jh. die Neugründung eines Benediktiner-Klosters durch Girart in günstigerer Verteidigungs-

Vézelay, Sainte-Madeleine

lage auf der Höhe. Ab Mitte des 11. Jh. ist die Verehrung der unter unbekannten Umständen hierher gelangten Reliquien einer hl. Magdalena bezeugt, in deren legendärer Gestalt sich Elemente der 3 Frauen Maria aus Magdala, der »reuigen Sünderin« und der Schwester Marthas sowie des wiedererweckten Lazarus (→Autun) aus Betanien vereinen. Die rasch wachsende Bedeutung der Wallfahrt brachte der inzwischen dem Benediktinerkloster von Cluny unterstellten Institution und der Gemeinde zwar beachtlichen Reichtum, führte aber einerseits wegen der vom Kloster geforderten Abgaben und andererseits mit den Grafen von Nevers immer wieder zu heftigem Streit.

Dem anschwellenden Pilgerstrom entsprechend – die Gläubigen wurden größtenteils im Ort beherbergt, der einst bis zu 15 000 Einwohnern zählte – entstanden *Kirche und Kloster* in wesentlich größeren Dimensionen vollkommen neu: Über der Krypta der karolingischen Vorgängerkirche mit dem Grab der Heiligen wurden Anfang 12. Jh. Chor und Querhaus errichtet. Nachdem eine Feuersbrunst 1120 das zunächst noch bewahrte ältere Langhaus verwüstet hatte, war der alsbald begonnene, nunmehr *romanische Neubau* dieses Gebäudeteils bereits um 1135 vollendet. Ihm folgte die ebenfalls dreischiffige *Vorhalle* bis ca. 1150.

Ein Brand fügte 1165 der Krypta so schwere Schäden zu, daß man bis um 1215 den gesamten *Chorbereich* und das *Querschiff* – jetzt in den zeitgemäßen Bauformen der *frühen Gotik* – erneuerte.

Diese für die Christenheit hochbedeutsame Wallfahrtsstätte (1146 rief Bernhard von Clairvaux hier leidenschaftlich zum 2. Kreuzzug, 1190 brachen die Könige von Frankreich und England, Philipp August und Richard Löwenherz, aus Vézelay zum 3. Kreuzzug auf, 1217 wurde in Vézelay das 1. Franziskanerkloster auf französischem Boden gegründet) verlor jedoch seit der Wende zum 14. Jh. ihre geradezu mystische Anziehungskraft: Eine päpstliche Bulle bestätigte nämlich 1295 die Echthheit der Gebeine der hl. Magdalena, die man 1279 in der Provence (Saint-Maximin-Sainte-Baume) entdeckt zu haben glaubte. Der unaufhaltsame Niedergang (auch des Pilgerorts) führte im 15. Jh. zum Wechsel des Klosters aus der seit 1162 (nach der Lösung von Cluny) wieder unmittelbaren Zuständigkeit des Papstes in die Verwaltungshoheit des Königs, der es 1537 auf den Rang eines Chorherrenstifts mit weltlichem Kommendatarabt reduzierte. In den Religionskriegen war Vézelay wiederholt

Vézelay, Sainte-Madeleine, Westfassade, Detail (l), Tympanondetail des Hauptportals (r)

Angriffsziel der Hugenotten, wobei auch die Reliquien verschwanden. 1795 ersetzte die Klosterkirche die beiden in der Revolution entweihten Pfarrkirchen und konnte so vor dem Untergang bewahrt werden. Die Anlage des 1790 aufgehobenen Klosters wurde jedoch verkauft und bis auf geringe Mauerreste abgebrochen.
Der besonders als Schriftsteller bekannte Prosper Mérimée, seit 1831 Inspektor der historischen Denkmäler Frankreichs, veranlaßte die Rettung der zunehmend verwahrlosten Kirche, die Eugène Emmanuel Viollet-le-Duc* 1840–61 von Grund auf restaurierte (hierbei wurde zur Abstützung des erhaltenen mittelalterlichen Kapitelsaals [III] auch der Ostflügel des ehem. Kreuzgangs [II] sinngemäß erneuert): In ihrer wiedergewonnenen Großartigkeit fügen sich Langhaus und Vorhalle mit dem herrlichen Schmuck der Portale und Kapitelle zu einem der eindrucksvollsten Zeugnisse roman. Sakralarchitektur in Frankreich, dessen frühgot. Querhaus und Chor dem Raumerlebnis dieses monumentalen Kirchenbaus zusätzliche Faszination verleihen.
1920 wurde die Kirche in den Rang einer Basilika erhoben, die seit 1959 Franziskanermönche betreuen. – *Fest* der Titelheiligen am 22. Juli.

Sainte-Madeleine: *Außenbau:* Die um 1150 aufgeführte *W-Fassade* wurde im 13. Jh. durch die 5 gestaffelten Fenster über dem Portalgeschoß zur Belichtung der *Vorhalle* (um 1135–um 1150) verändert. Damals stockte man auch lediglich den S-Turm der unvollendet gebliebenen charakteristischen ma Doppelturmkomposition auf, der nach Beschädigung durch Blitzschlag (1819) weitgehend rekonstruiert wurde. – Bei der Restaurierung der W-Fassade erneuerte man die Figuren zwischen den Fenstern des Mittelteils mit stilistisch nachempfindender Hinzufügung der Skulpturen über den Fenstern. Viollet-le-Duc* schuf als Ersatz für den in der Revolutionszeit fast vollständig zerschlagenen Schmuck aller 3 Portale das Tympanon des *Hauptportals*, das in thematischer Anlehnung an das ma Bildprogramm das Weltgericht darstellt; dem entspricht an ebenso traditionell hervorgehobener Stelle im Türsturz auch seine Neuschöpfung der Szenenfolge aus dem Leben der Maria aus Betanien und ihres Bruders Lazarus. – Bes. an der S-Seite des mit der Vorhalle 13 Joche tiefen und bis zur Vierung rund 62 m messenden *roman. Langhauses* (1120–um 1135) sieht man Reste des mit Köpfen verzierten Konsolgesimses. – Von den *got. Flankentürmen* in den Gelenken zwischen Lang- und Quer-

Vézelay, Sainte-Madeleine, Bogenfeld des Südportals

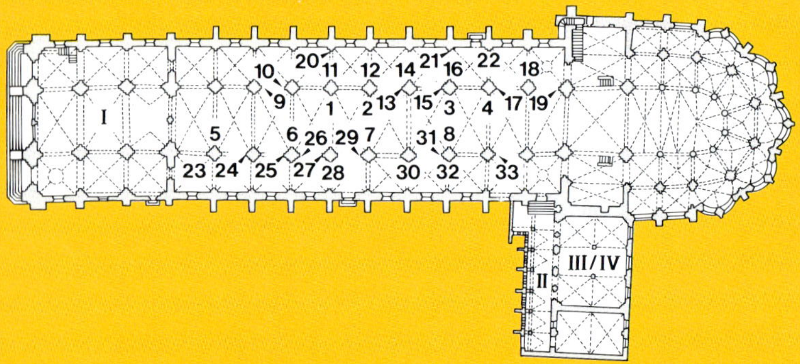

haus war seit jeher ebenfalls nur der S-Turm über das Schiff hinaus erhöht worden. – Über dem bei der Restaurierung aufgebauten Trakt des ehem. ö Kreuzflügels [II] wurde statt des einstigen Dormitoriums [IV] eine Sammlung geretteter Architekturfragmente *(Musée lapidaire)* eingerichtet.

Die *frühgot.* Gebäudeteile (um 1190–um 1215) umfassen das *Querhaus* und den v. der Apsis geschlossenen *Chor* mit Umgang und Kapellenkranz.

Inneres: Die auch wegen ihrer Ausleuchtung äußerst großzügig wirkende *Vorkirche* [I], die sich als fast quadratischer Raum mit Emporen über die gesamte Breite des basilikalen Langhauses (rund 23 m) erstreckt, gliedern Kreuzpfeiler in ebenfalls 3 Schiffe. Alle Kapitelle dieses Raums sind mit figürlichen oder pflanzlichen Motiven gestaltet. Die Zugänge zur Hauptkirche (ins Mittelschiff durch ein majestätisches Doppeltor, in die Seitenschiffe durch kleinere Portale) schmücken Bildkompositionen, die zu den kostbarsten Schöpfungen der *roman. Plastik* zählen. Das *Hauptportal* (um 1125–30) offenbart anders als die stilistisch direkt mit Cluny verwandten Seitenportale eine ganz eigenständige Stilhaltung: Am Mittelpfosten trägt Johannes d. T. zwischen 2 Aposteln auf einem Schild das Lamm Gottes; Seitenstützen mit Darstellungen aus dem Alten Testament (Saul und David) und szenisch agierenden Fabelwesen. Das Mittelfeld des monumentalen Tympanons verbindet in einmaliger Weise das Pfingstwunder mit der Aussendung der Apostel. Die zentrale Gestalt Christi, deren Haupt in die Rahmenzone ragt, ist im Oberkörper en face gegeben, die Beine sind im Profil gestellt; sie tritt in der „räumlichen" (d.h. oben eingetieften, aber unten aus dem Stein herausgearbeiteten) Mandorla unmittelbar aus der somit optisch gesteigerten Tiefenstaffelung des Reliefs hervor. Die spannungsvolle Dynamik des Geschehens drücken einerseits die lebhafte Haltung der Apostel sowie die Zeichnung der körperumspielenden Gewänder aus (mit schwungvollen oder spi-

Vézelay, Sainte-Madeleine
I Vorkirche **II** ö Kreuzflügel (19. Jh.) **III** ehemaliger Kapitelsaal; darüber: **IV** Museum/Musée lapidaire
Figurenkapitelle im Langhaus (Auswahl), N-Hochwand des Mittelschiffs:
1 Sündenfall **2** Kain und Abel beim Opfer **3** Kampf zwischen Ritter und Drachen **4** Gerichtsszene
S-Hochwand des Mittelschiffs:
5 Selbstmord des Judas **6** Bau der Arche Noah **7** Tod eines Märtyrers **8** Josef und die Frau Potifars
n Pfeilerreihe:
9 Kampf zwischen Tugenden und Laster **10** Judit und Holofernes **11** David und Goliat **12** Tod des Abschalom **13** kämpfende Fabelwesen **14** Mose und das Goldene Kalb **15** Bestattungsszene mit dem hl. Antonius und Löwen **16** Szenen aus dem Leben der hl. Eugenia **17** Versuchung des hl. Antonius **18** Sündenfall **19** Petrus wird aus dem Kerker befreit
n Seitenschiff, Außenwand:
20 Lazarus und der Reiche **21** Gott läßt 2 Einsiedler durch Vögel speisen **22** Kampf zwischen Gut und Böse
s Pfeilerreihe:
23 der Adler (Zeus) entführt Ganymed **24** Kampfszene **25** Bekehrung des röm. Offiziers Eustachius **26** Tierkreiszeichen (Waage, Zwillinge) **27** mystische Mühle: Verbildlichung des Verhältnisses zwischen Altem Testament (Korn) und Neuem Testament (Mehl) **28** Tod des Lazarus und des Reichen **29** Personifizierung der Winde **30** Daniel in der Löwengrube **31** Jakobs Kampf mit dem Engel **32** Jakob läßt sich statt Esau segnen **33** Daniel in der Löwengrube

ralartig angeordneten Falten und gleichsam v. einem Windstoß erfaßten Säumen); anderseits die figurenreiche Inszenierung auf dem Türsturz, wo heidnische Völker auf die überlängten Gestalten v. Petrus und Paulus zueilen. Die weltumfassende Missionsaufgabe verbildlichen auch die Völkerstämme »exotischer« Menschen im Rahmenwerk. Das Ganze umfängt die im traditionellen Portalaufbau eigtl. mittlere Archivolte mit der Darstellung der Tierkreiszeichen und der ihnen zugeordneten, durch typische Arbeiten gekennzeichneten

Vézelay, Sainte-Madeleine, Detail des Nordportals

Kalendermonate: Sie sind hier wohl über das herkömmliche Programm hinaus als Verbildlichung »aller Zeiten« zu deuten, entsprechend der für »alle Länder« ausgedrückten Geltung des christl. Glaubens. – Die Bogenfelder der *Seitenportale* zeigen im S Verkündigung und Heimsuchung sowie Anbetung durch die Hirten und Könige; im N das Geschehen in Emmaus. – Vorherrschendes Thema der *Kapitelle* ist (wie auch bei den Kapitellen in der Hauptkirche) der die gesamte Bilderwelt des MA bestimmende *Kampf des Guten gegen das Böse:* In Sainte-Madeleine illustrieren ihn unerschöpfliche Phantasie und einzigartige künstlerische Kreativität durch eine Fülle v. Szenen und Einzelfiguren aus der biblischen Geschichte, der antiken Mythologie und der Welt der Dämonen und Fabelwesen.

Überwältigend ist das Raumerlebnis in der *Hauptkirche* (Gesamtlänge 103 m, Höhe des Mittelschiffs 18,5 m, Breite der Schiffe 10,6 m bzw. jeweils 6,2 m), wozu auch die

Vézelay, Sainte-Madeleine, Kapitell: Erweckung des Jünglings von Naim

Vézelay, Sainte-Madeleine, Figurenkapitell

Lichtführung und die unterschiedliche Farbtönung der Steine in den einzelnen Gebäudeteilen beitragen. Das ausgewogene Verhältnis v. Vertikal- und Horizontalbewegung (bes. sichtbar im Mittelschiff an den aufstrebenden Diensten und dem dehnenden Gesims, das die Wände in 2 Zonen gliedert), die kraftvolle, rhythmische Durchgliederung und die Proportionen aller Einzelelemente lassen den Raum trotz seiner Monumentalität überschaubar bleiben. Die suggestive Kraft des unwiderstehlichen Tiefensogs spürt man bes., wenn man vom Beginn der Seitenschiffe bis in die Rundung des Chorumgangs blickt. Meisterhaft ist der Zusammenklang des *roman.* Hauptschiffs (1120–um 1135) mit dem lichten *frühgot.* Chor (um 1190–um 1215) im charakteristischen dreigeschossigen Wandaufbau und mit dem dunklen, fensterlosen Band des Triforiums.

Die berühmten (zumeist restaurierten) *Figurenkapitelle* im Langhaus, das Werk verschiedener Meister, variieren das bekannte Hauptthema (Kampf zwischen Gut und Böse) in außerordentlichem Reichtum und lassen den Betrachter die geniale Erfindung und künstlerische Gestaltungskraft bewundern: Ohne kompositorischen Zusammenhang angeordnet, sollte jedes Kapitell als selbständige Aussage wirken. (Eine *Auswahl* einzelner Motive ist beim Grundriß aufgeführt.) Etwa ein Drittel zeigen ebenso hervorragend gestaltete Blattornamente. – Im Chor beschränkte man sich auf noch roman. Blatt- bzw. frühgot. Knospenkapitelle. An Säulenschäften und im Mauerwerk sind einige Signaturen der Steinmetze und ihrer Werkstätten zu erkennen.

Aus dem Querschiff, in dessen S-Arm eine kleine (im 19. Jh. gestiftete) Reliquie der Kirchenpatronin verehrt wird, gelangt man in die im 13. Jh. zur dreischiffigen Anlage ausgebauten *Krypta*. Ihr W-Teil, der wohl noch der karolingischen Kirche (Ende 9. Jh.) entstammt, birgt einen im 19. Jh. hierher gebrachten Reliquienschrein. – Aus dem s Querarm Zugang in den schönen *Kapitelsaal* aus der 2. Hälfte des 12. Jh. [III], einziger erhaltener Teil des ma Klostergevierts. Östlicher Kreuzgangflügel [II] aus dem 19. Jh. Im Obergeschoß das *Musée lapidaire* [IV], das hauptsächlich die bei der Restaurierung durch Kopien oder

Vézelay, Sainte-Madeleine, Bogenfeld des Nordportals

Vézelay, Sainte-Madeleine, Östlicher Kreuzgangflügel

Nachschöpfungen ersetzten Fragmente des ma Bauschmucks enthält.
Im S der Kirche *Mauerreste* des ehem. Refektoriums und des in der 2. Hälfte 18. Jh. erneuerten Abtspalastes. Von der Terrasse der ma Stadtmauer bietet sich ein herrlicher Rundblick über das Cure-Tal. - Auf der N-Seite der Kirche Wohnhäuser der Kanoniker (18. Jh.).

Ortsbild: Der insgesamt sehr sehenswerte Ort - seine Hauptachse bildet der Aufstieg zur Wallfahrtskirche - bewahrt mit seiner historischen Bausubstanz noch zahlreiche, zumeist got. Reste (z. B. Türen und Fenster), die in Wohngebäude aus späteren Epochen integriert wurden. Das stimmungsvolle Ensemble war und bleibt, wie Gedenktafeln und Namen an vielen Gebäuden nachweisen, beliebter Aufenthaltsort zahlreicher Persönlichkeiten aus allen Bereichen der Künste. - *Chapelle de la Cordelle* (am N-Hang unterhalb Sainte-Madeleine): Die an der Stelle der Kreuzzugspredigt Bernhards v. Clairvaux Mitte des 12. Jh. erbaute Kapelle wurde Bestandteil des 1217 gegr. Franziskanerklosters; Neubauten um 1960. - Die beiden ehem. Pfarrkirchen waren in der Revolutionszeit zweckentfremdet bzw. z. T. abgebrochen worden: *Saint-Étienne* (am sw Beginn der Rue Saint-Étienne) v. der Wende zum 13. Jh. wurde zum Wohn- und Geschäftshaus umgebaut; v. *Saint-Pierre* (Rue Saint-Pierre) zeugt noch der Glockenturm aus dem 17. Jh.
Vor den großenteils noch zusammenhängenden, aber in ihrer Höhe wesentlich reduzierten Mauerzügen der im 12. Jh. erbauten und im 14. Jh. während des Hundertjährigen Kriegs durch Türme, Gräben und Verstärkungsmauern gesicherten *Stadtbefestigung* führt die schöne *Promenade des Fossés* entlang mit weitem Blick ins Umland und interessanter Sicht auf die Ortschaft. - In V. wurde der Reformator Theodor de Bèze geboren (1519 bis 1605).

Umgebung

Chamoux (8 km w): *Cardo-Land:* Nach seinem Initiator und Arrangeur benanntes prähistorisches Ensemble in Form eines großen Phantasieparks, dessen originelle Anlage zahlreiche Figuren nach der urgeschichtlichen Tierwelt bevölkern. Diese Illustration ergänzt ein paläontologisches Museum.
Fontenay-près-Vézelay (8 km s): Nordwestlich außerhalb (ca. 4 km Waldweg) *Aus-*

Pierre-Perthuis (Vézelay), Brücke

grabungsstätte einer galloröm. Eisenhütte mit Resten eines Wohngebäudes und eines kleinen Merkur-Tempels.

Pierre-Perthuis (6 km sö): Malerisch gelegenes Dörfchen an der Cure, im 9. Jh. erstmals unter dem Namen *petra pertusa* (»durchbohrter Stein«) erwähnt in Anspielung auf die landschaftlichen Gegebenheiten. Brücke v. 1770 in Form des sog. Eselsrückens; v. der modernen, 30 m hohen Brücke sehr schöner Blick bis V. – *Saint-Léonard:* Ehem. Kapelle der nur noch als Ruine verbliebenen Burg aus dem 12./13. Jh. An den Chor (12. Jh.) schließt sich das im 15. Jh. erneuerte Langhaus mit mächtigen Stützen an; Glockenturm aus dem 19. Jh. – Reste der ma *Befestigungsmauer,* Tor um 1300.

Saint-Père-sous-Vézelay (2 km sö): Am Fuß des Hügels v. V. war das urspr. Kloster angesiedelt, das nach seiner Zerstörung auf der besser zu verteidigenden Höhe abermals im 9. Jh. neugegr. wurde. – Die äußerst beeindruckende *Pfarrkirche Notre-Dame* ist eine der schönsten *got.* Kirchen Burgunds und läßt der Baugeschichte entsprechend verschiedene Stilstufen erkennen. 1840 restauriert v. Viollet-le-Duc* im Zusammenhang mit den Arbeiten in V. (die umfassende Sanierung wird demnächst abgeschlossen sein). Dem Vorgängerbau aus dem 13. Jh. entstammen das Schiff, die Fassade mit hohem Giebel und der schöne N-Turm. Der zum urspr. Plan nach ma Doppelturmschema gehörende S-Turm blieb unvollendet. Um 1300 fügte man die W-Vorhalle v. zierlicher Eleganz an. Der Chor wurde in der 1. Hälfte des 14. Jh. erneuert. Trotz wiederholter schwerer Beschädigung im Lauf der Jh. blieb der reiche plastische Schmuck des Außenbaus z. T. erhalten. Im Inneren schaffen die harmonischen Proportionen des Schiffs mit zweizonigem Wandaufbau sowie des hochgot. Umgangschors ein äußerst ansprechendes Raumbild, das die vorzügliche Qualität der Steinmetzarbeit im einzelnen vervollständigt. – *Musée archéologique régional* (s neben der Kirche): Das Museum im ehem. Pfarrhaus (17. Jh.) zeigt Exponate aus galloröm. Zeit und dem frühen und hohen MA. Bes. interessant sind die Funde aus der sehenswerten Ausgrabungsstätte *Les Fontaines-Salées* (2 km s): Die salzhaltigen Mineralquellen waren seit dem 6. Jh. v. Chr. Mittelpunkt einer Kultstätte, wie bes. die Mauerreste eines Rundbaus aus gallischer Zeit mit zentralem Bassin belegen; außerdem Votivgaben und Münzopfer. Im 1. Jh. n. Chr. wurde neben dem Heiligtum eine große Thermenanlage nach röm. Vorbild erbaut.

Saint-Père-sous-Vézelay (Vézelay), Pfarrkirche, Außenansicht (l), Blick zum Chor (r)

Villeneuve-l'Archevêque
89 Yonne

Einw.: 1200 Höhe: 111 m S.320 □ C1

Die Grafen der Champagne gründeten den Ort im frühen 12. Jh. zum Schutz der Westgrenze ihres Territoriums an der seit gallorömischer Zeit wichtigen Verbindungsstraße zwischen Sens und ihrer Hauptstadt Troyes. Charakteristisch für derartige Siedlungsgründungen ist die planmäßige Anlage im Rechteckraster. Den Beinamen führt diese »Neustadt« seit 1172, als sie in das Eigentum des Erzbischofs von Sens (Bruder des Grafen der Champagne) überging, dessen Nachfolger bis zur Revolution ihre Herren blieben. 1239 nahm König Ludwig IX. in Villeneuve - nunmehr östlicher Grenzort im Besitz des auch politisch äußerst einflußreichen Erzbischofs, der für die diplomatischen Beziehungen zwischen König und Papst zuständig war - die Dornenkrone Jesu entgegen. Nachdem sie die Venezianer bei der Einnahme von Konstantinopel (1204) geraubt hatten, errichtete man für sie in Paris als kostbaren Schrein die Sainte-Chapelle. - Die Anlage der im 18. Jh. geschleiften Stadtbefestigung bleibt am Verlauf der »Promenades« kenntlich.

Notre-Dame: Nach den schweren Schäden, die das Städtchen im Hundertjährigen Krieg und im Religionskrieg getroffen hatten, erneuerte man im späten 16. Jh. Chor und Querhaus der Ende des 12. Jh. erbauten Kirche (Seitenschiffe aus dem 13. Jh.). Das sonst schlichte Äußere ziert ein schönes *Portal* (13. Jh.): am Mittelpfeiler die Figur der Kirchenpatronin, am Türsturz die Geburt Jesu, im Tympanon die Krönung der Gottesmutter; im Gewände Verkündigungsszene und die hl. Anna, die Personifikationen des Geizes und der Freigebigkeit; gegenüber die Figuren Abrahams, Salomos und Davids. Künstlerisch bedeutsamstes Werk des insgesamt sehr beachtenswerten Figurenschmucks (zumeist aus dem 16. Jh.) im Inneren ist eine Darstellung der Grablegung Christi (1528) aus der zerstörten Klosterkirche v. Vauluisant. Hauptaltar aus der 2. Hälfte des 17. Jh.

Umgebung

Vauluisant (5 km n): Der Gutshof geht auf ein 1127 gegr. Zisterzienserkloster zurück, dessen Ländereien sich nach königlichen und gräflichen Schenkungen bis zur Seine ausdehnten. Im Hundertjährigen Krieg

Saint-Père-sous-Vézelay (Vézelay), Les Fontaines-Salées, Thermenanlage

stark zerstört, verfiel die Abtei, bis die Institution im 16. Jh. ihre Bedeutung zurückgewann und man den Gebäudekomplex erneuerte. Auflösung und Verkauf in der Revolutionszeit führten zum Abbruch der Kirche und eines Teils der Baulichkeiten: Erhalten blieben Torhaus, Besucherkapelle, Mühle und Taubenhaus sowie der im 18. Jh. errichtete Gästebau.

Villeneuve-sur-Yonne

89 Yonne

Einw.: 4900 Höhe: 70 m S. 319 □ B1

Kontinuierliche Besiedlung – zunächst der umliegenden Hügel, dann auch des teils sumpfigen Tals seit der Altsteinzeit – belegt das archäologische Fundmaterial. Doch erst 1163 gründete König Ludwig VII. diese Stadt sowohl zur strategischen Sicherung der Grenze des Kronlands am rechten Yonne-Ufer als auch im Rahmen der besonders im 12.–13. Jh. planmäßig vorangetriebenen Urbarmachung weiträumiger Gebiete. Die Altstadt innerhalb der zum Teil erhaltenen Ummauerung ist nach dem für die Gründungsstädte des Hochmittelalters kennzeichnenden Schema sich rechtwinklig kreuzender Straßen angelegt. Villeneuve war also nicht nur militärischer Vorposten, sondern auch Zentrum der zunehmend intensivierten Landwirtschaft (Getreide, Wein, Holz und Holzkohle) dieser Region und wichtiger Handelshafen. Diese solide ökonomische Grundlage hatte die Stadt auch ihre schwersten Krisen im Hundertjährigen Krieg, im Religionskrieg und bei der Eroberung 1594 im Kampf Heinrichs IV. gegen die Liga überwinden lassen. Auch nach den Schwierigkeiten, die ab Mitte des 19. Jh. die strukturellen Umwälzungen der Industrialisierung und die fast völlige Vernichtung der Weinberge durch den Reblausbefall mit sich gebracht hatten, führte schließlich eine Umorientierung auf mittelständische Betriebe und Fremdenverkehr (besonders in den letzten Jahrzehnten) zur wirtschaftlichen Stabilisierung des Städtchens.
Villeneuve ist Geburtsort des Bildhauers Émile Peynot* (1850–1932).

Notre-Dame (Rue Carnot): In der stilgeschichtlich sehr interessanten Pfarrkirche vereinen sich die Bauelemente v. *Gotik* und *Renaissance* zu einem Architekturzeugnis v. großer Eleganz. Im 1. Bauabschnitt wurden ab etwa 1240 der verhältnismäßig schlichte Chor und die 3 anschließenden

Villeneuve-l'Archevêque, Notre-Dame, Tympanon mit Krönung der Gottesmutter

Villeneuve-sur-Yonne, Notre-Dame

Schiffsjoche errichtet, wobei man den Turm über dem s Seitenschiff nur bis zur Gewölbehöhe aufmauerte. Seine Vorhalle und das nächste Geschoß folgten in der 1. Hälfte des 14. Jh.; im frühen 16. Jh. wurde er in spätgot. Formen vollendet (die Terrasse in 47 m Höhe entstand bei der Restaurierung ab 1865). Um 1300 verlängerte man das Schiff um die 3 mittleren Joche. Die 3 im frühen 16. Jh. begonnenen W-Joche wurden schließlich 1597 wohl v. Jean Chéreau* zu Ende geführt. Schon 1551–59 hatte man die Portalzone der noch als ma Doppelturmfassade konzipierten W-Front erbaut: Chéreau vollendete sie (jedoch ohne Aufstockung der Türme) bis zum ausklingenden Jh. zu einer der schönsten Kirchenfassaden der Renaissance in Frankreich (seine Planzeichnung v. 1575 im städtischen Museum). Hervorzuheben sind hier das Maßwerk der Rose und die Rundung der Treppentürme, die die unvollendeten W-Türme geschmeidig in die Fassade einbinden. Die Säulensockel der Nischen mit antikisierenden Giebeln blieben ohne den geplanten Figurenschmuck.

Trotz der langen Bauzeit fügen sich die im einzelnen deutlich abzulesenden Stilmerkmale der verschiedenen Epochen am Außenbau wie im Inneren zu einem sehr homogenen Gesamtbild.

Das beeindruckende Raumerlebnis bewirken zum einen die ausgewogenen Proportionen (Länge 66 m, Breite 19 m, Scheitelhöhe der Schiffe 22 m bzw. jeweils 9,5 m) und der architektonische Zusammenklang v. Umgangschor und Langhaus, wo man auch in den jüngeren Jochen den eigtl. got. Wandaufbau in 2 Zonen mit »burgund.« Laufgang beibehielt; zum anderen die Lichtführung sowie die relative Leichtigkeit des Mauerwerks und der Pfeiler des Mittelschiffs (zumal ab dem 2. Bauabschnitt, der mit dem 4. Joch einsetzte). – Von der durchweg qualitätvollen künstlerischen *Ausstattung* mit Plastiken und Gemälden des 15.–18. Jh. sind bes. zu nennen: die z. T. durch Stücke unterschiedlicher Herkunft ergänzten Glasmalereien des 16. Jh. (die Bildfenster in den Umgangskapellen zumeist aus der 2. Hälfte 19. Jh.): Schönstes Beispiel ist der Zyklus aus dem Marienleben (1. Kapelle s Seitenschiff); »Madonna mit der Taube« im Stil der sog. Internationalen Gotik des späten 14. Jh. In der im 17. Jh. ausgemalten Nikolauskapelle (2.) Szenen aus dem Leben des Patrons der Schiffer. – N-Seite: In der 3. Kapelle schuf Jean Goujou* um die Mitte des 16. Jh. die ausdrucksvollen Gestalten der »Grablegung« zu einer Christusfigur des 14. Jh.; Madonnenbild (16. Jh.); Darstellung der Kreuzabnahme (Mitte 17. Jh.) aus der Schule des Jusepe de Ribera.

Stadtbild: Da die Altstadt 1594 schwere Brandschäden erlitt, geht ihre bestehende Substanz größtenteils auf den bis ins 18. Jh. andauernden Wiederaufbau zurück. Die urspr. v. 7 Türmen gesicherte *Stadtmauer* aus dem 13. Jh. wurde im S und N mit ihren Ecktürmen auf wesentlich geringere Höhe reduziert, im O völlig abgebrochen; der Boulevardring jenseits der Gräben folgt ihrem Verlauf. Die gut erhaltenen

Villeneuve-sur-Yonne, Notre-Dame, Marienfenster, Detail >

Villeneuve-sur-Yonne, Porte de Sens

Villeneuve-sur-Yonne, Porte de Joigny

Stadttore im N *(Porte de Sens)* und im S (*Porte de Joigny;* Museum) – 2 der einst 4 Zugänge in der Befestigung, zwischen denen die Rue Carnot als Hauptachse eingespannt ist – wurden im 16. Jh. verstärkt. Vom einstigen Königsschloß aus dem frühen 13. Jh. im NO besteht nur noch der massige Hauptturm *Tour Grosse* (Rue Saint-Jean), der in der Revolution zur Gewinnung v. Baumaterial für die Kaimauern um 7 m auf 21 m abgetragen wurde. – Die 214 m lange *Brücke* mit noch 7 ma Bogen verbindet V. mit der urspr. zum Besitz des Erzbischofs v. Sens gehörenden Vorstadt Saint-Laurent; Nikolaus Kreuz v. 1735. – *Rue Carnot:* Fontaine Briard v. É. Peynot*; Nr. 41: Maison des Sept-Têtes, Poststation aus dem 18. Jh., mit dem namengebenden Fassadenschmuck mythologischer Figuren; Nr. 43: ehem. Sitz der Hafenverwaltung; Nr. 85: einstige Niederlassung eines im 13. Jh. gegr. Zisterzienserklosters. – *Rue Joubert:* Nr. 16: Wohnhaus (18. Jh.) des Moralisten Joseph Joubert (1754–1824), Freund des die franz. Frühromantik entscheidend prägenden Schriftstellers und Politikers François René Vicomte de Chateaubriand.

Musée de la Porte de Joigny et des Beaux-Arts (Porte de Joigny): Die einzelnen Abteilungen des Museumsensembles zeigen interessante Funde v. der Altsteinzeit bis zur galloröm. Epoche (bes. Werkzeuge, Waffen, Schmuck, Töpferwaren), Dokumente zur Stadtgeschichte (u. a. Stadtpläne, Ansichten, den Aufriß der Renaissancefassade v. Notre-Dame), ma Skulpturen sowie Kunstwerke des 19.–20. Jh.

Umgebung

Dixmont (10 km ö): *Saint-Gervais-et-Saint-Protaïs:* Die im 16. Jh. vergrößernd erneuerte Kirche bewahrt den Turm und einen Teil der Fassade des roman. Vorgängerbaus (12. Jh.) mit dem N-Portal. Das *Hauptportal* ist ein vorzügliches Beispiel des in der Champagne entwickelten Skulpturenstils (13. Jh.). Zur ebenso sehenswerten künstlerischen Ausstattung gehören die

Saint-Julien-du-Sault (Villeneuve-sur-Yonne), Saint-Pierre, Fenster >

Schnitzfiguren der Kirchenpatrone (18. Jh.) an der Innenseite der Fassade; Anna selbdritt (14. Jh.) im s Seitenschiff; im Chor wurden Abtsstuhl (15. Jh.) und Gestühl (16. Jh.) aus der zerstörten Kirche eines Klosters in der Umgebung v. Dixmont aufgestellt.

Passy (5 km n): Die 1606 datierte *Kirche Saint-Jacques-le-Mineur* ist ein zwar schlichter, doch auch im Inneren stilistisch sehr homogener Renaissancebau. – *Schloß:* Hauptgebäude in den Bauformen der Renaissance (Mitte 16. Jh.) für Jacques Spifame, Bischof v. Nevers; Erweiterungen aus dem frühen 18. Jh. Pauline de Beaumont, Tochter des Außenministers Ludwigs XVI. und spätere Geliebte Chateaubriands, konnte sich hier den Verfolgungen während der Revolutionszeit entziehen, denen ihre Familie zum Opfer gefallen war.

Saint-Julien-du-Sault (8 km s): Der Ort war im MA ein wichtiges Marktstädtchen im Territorium des Erzbischofs v. Sens und bewahrt mehrere stattliche (Fachwerk-) Häuser aus dem 15.–16. Jh. – *Saint-Pierre:* Die Mitte des 13. Jh. erbaute got. Kirche, deren zugehöriges Stift im 18. Jh. aufgehoben wurde, war nach der schweren Zerstörung im Hundertjährigen Krieg bis zu ihrer späten Wiederherstellung so weit verfallen, daß man im 16. Jh. hauptsächlich nur den Chorumgang mit Kapellenkranz retten konnte, während der Chor und das (unvollendete) Langhaus mit W-Turm erneuert werden mußten. Damals stockte man auch wieder den Treppenturm an der S-Seite auf. Doch trotz des damit einhergehenden Wechsels der Stilelemente bleibt bes. im Chor der got. Charakter der Gesamtkonzeption (z. B. Vertikaldynamik, »burgund.« Laufgang, Gewölbestruktur) weitgehend erhalten. Von höchstem Interesse sind die (im späten 19. Jh. sichtlich restaurierten) *Bildfenster* im Chorumgang – hervorragende Schöpfungen des 13. Jh., die z. T. den in der Sainte-Chapelle v. Paris tätigen Meistern zugeschrieben werden. N-Kapelle: Szenen aus der Kindheit Jesu; Johannes d. T., Johannes d. Ev., hl. Margarete. Scheitelkapelle: thronender Christus, Passionsgeschichte, Darstellungen v. Märtyrerszenen und aus dem Leben des hl. Nikolaus. Anschließend Wunder des hl. Theophil, dem Maria erschienen war. Die z. T. erneuerten Scheiben der S-Kapelle schildern das Marienleben. Die Glasmalereien aus der Mitte des 16. Jh. zeigen in den s Chorkapellen das Jüngste Gericht, Kreuzabnahme und Auferstehung Christi, Martyrium der hll. Petrus und Paulus, einen durch Legendentradition überliefer-

Saint-Julien-du-Sault (Villeneuve-sur-Yonne), Kapelle Saint-Julien

ten Traum Karls d. Gr.; erneuert bzw. stark ergänzt sind die Erzählung der Kreuzeslegende und die Darstellung der Wurzel Jesse. An der N-Seite Szenen aus den Lebensgeschichten der hll. Genoveva und Julian. - Auf der Höhe Vauguillain am s Ortsrand die Reste der erzbischöflichen *Burg* aus dem 12. Jh.: Kapelle Saint-Julien und Teile der Ummauerung.

Vitteaux

21 Côte-d'Or

Einw.: 1000 Höhe: 335 m S. 321 □ E3

Den früheren Wohlstand des stimmungsvollen Marktfleckens innerhalb der zum Teil erhaltenen mittelalterlichen Befestigungsmauer bezeugt noch seine altburgundische Bausubstanz zumeist aus dem 15.-17. Jh. (z. B. Rue de la Ville, Rue de la Portelle). Am historischen Marktplatz die im 13.-14. Jh. erbauten Hallen (mit Veränderungen aus dem 17. Jh.). Benachbart die berühmte *Maison Bélime* aus dem 13. Jh. und ein gut restauriertes Haus aus dem 15. Jh. (Apotheke).

Saint-Germain: Die um 1180 erbaute roman. Dorfkirche mit wehrhaftem Turm bot den Bewohnern auch Zuflucht vor Angriffen. Unter der Vorhalle (17. Jh.) das Hauptportal des 13. Jh. mit got. Türflügeln (15. Jh.). Das Innere erhellen die hohen Fenster des im 14. Jh. erneuerten Chors. Gestühl aus dem 15. Jh. mit amüsanten Figurenschnitzereien. In der Marienkapelle (s Chorseite) Figur des hl. Georg im Kampf mit dem Drachen. In der Franziskuskapelle (S-Seite) Flügelaltar des Niederländers Niclas de Hoey* v. 1592. Im 15. Jh. eingebaute Orgeltribüne mit Maßwerkdekor: ein geschnitzter Bildzyklus schildert in 13 Szenen die Passionsgeschichte nach dem Matthäusevangelium. Außer den insgesamt qualitätvollen Ausstattungsstücken zumeist aus dem 15. und 16. Jh. ist das got. Kruzifix des 14. Jh. zu beachten: An der Spitze des horizontalen Balkens erscheint gemäß einem bes. in Italien anzutreffenden Kreuztypus das Motiv des Pelikans, in der ma Bildtradition Symbol der Aufopferung Jesu für die Menschen.

Außerdem sehenswert: Im ummauerten Gelände der einst für ihre imposante Größe gerühmten *Burg* (Ende 16. Jh. zerstörter Besitz eines Anführers der Liga) wurden Wohnhäuser errichtet; erkennbar bleiben die Reste mehrerer Türme, Teile des Wehrgrabens, der Brunnen und die ehemalige Kapelle aus dem 14. Jh. - *Ehem. Minimenkloster* aus dem 17. Jh. (Rue Vieille).

Umgebung

Grosbois-en-Montagne (10 km sö): *Château Rose:* Anfang des 18. Jh. im Baustil der frühen franz. Klassik erneuerter S-Flügel einer im 16. Jh. anstelle der ma Burg errichteten Schloßanlage. Neugot. Erweiterungsbau aus dem 19. Jh. für die umfangreiche Bibliothek. Park aus dem 18. Jh. in der Art der v. André Le Nôtre in der 2. Hälfte des 17. Jh. entwickelten Gartenarchitektur.

Posanges (3 km n): *Schloß* (nicht zu besichtigen): Die mächtige Anlage wurde 1437-53 für den Haushofmeister Herzog Philipps des Guten errichtet und ist ausgezeichnet restauriert: Außer dem zerstörten NW-Turm und den später in die Außen-

Saint-Julien-du-Sault (Villeneuve-sur-Yonne), Panorama mit Saint-Pierre

mauern eingeschnittenen Fenstern bewahrt sie ihr trutziges Erscheinungsbild. Über die (jetzt trockenen) Wassergräben führte eine Zugbrücke zum einzigen Tor, das Pechnasen im obersten Geschoß und wuchtige Rundtürme sicherten; die got. Madonna (15. Jh.) über dem Portal ließen die Ursulinen aus V. einsetzen, in deren Besitz das Schloß 1714 bis zur Revolution übergegangen war.

Register der Fachausdrücke

Ädikula: Wandnische, die zur Aufstellung einer Büste oder Statue dient; meist mit → Giebel. → Pfeilern oder → Säulen verziert.
Akanthus: Schmuckelement, das sich vor allem am → korinthischen → Kapitell findet und aus der stilisierten Darstellung eines scharf gezackten, distelähnlichen Blattes entwickelt wurde.
Altarretabel: → Altaraufsatz.
Ambo: Pult an den Chorschranken in altchristlichen und mittelalterlichen Kirchen; Vorläufer der → Kanzel.
Anna selbdritt: Darstellung von Anna, Maria und dem Jesusknaben.
Antependium: Frontverkleidung des Altartisches.
Apsis: Abschluß des → Chors, meist halbkreisförmig. In der Regel Standort des → Altars.
Aquädukt: Wasserleitung, oft als über eine Bogenbrücke geführter Kanal, bei den Römern häufig zu Monumentalbauten entwickelt.
Aquamanile: Gießgefäß oder Schüssel für rituelle Waschungen bei der kath. Liturgie.
Arabeske: Ein stilisiertes Blattwerk, das als Schmuckmotiv verwendet wird.
Architrav: Steinerner Hauptbalken über den → Säulen.
Archivolte: Bogenlauf über romanischen und gotischen Portalen.
Atrium: Bei den Römern ein zentraler Raum mit einer Öffnung im Dach, durch die das Regenwasser einfallen konnte. In der christlichen Architektur ein Vorhof, der meist von → Säulen umgeben ist, auch Paradies genannt.
Attika: Eine (meist reich verzierte) Wand, die über das → Gesims einer Säulenreihe gemauert wird und das Dach verdecken soll.
Aufgehendes Mauerwerk: Der sichtbare (oberirdische) Teil des Mauerwerks.

Baluster: Kleine bauchige oder profilierte Säule.
Balustrade: Aus → Balustern gebildetes Geländer.
Barock: Stilbezeichnung für die Kunst- und Kulturepoche ab etwa 1600 bis etwa 1750. Bestimmend sind kraftvoll bewegte, ineinandergreifende Formen.
Basis: Fuß einer → Säule oder eines → Pfeilers, meist breit auslaufend und dekorativ gestaltet.
Bauhütte: Die Werkstatt der Handwerker, die an einem Kirchenbau beteiligt waren.
Bergfried: Hauptturm einer Burg, letzte Zufluchtsstätte bei Belagerungen.
Bering: Mantelmauer einer Burg.
Beschlagwerk: Schnitzwerk der → Renaissance, das bandeisernen Zierbeschlägen nachgebildet wurde.
Blattkapitell: Gotisches → Kapitell, bei dem die Grundform von feinen Blattornamenten überzogen ist.
Blendarkade: → Arkade.
Blendmaßwerk: → Maßwerk.
Bogenfries: Ein → Fries in der Form von Rundbogen (häufig bei romanischen Bauwerken).
Boskett, *Bosquett:* Besonders in französischen Parks und Gärten angepflanzte Baum- und Sträuchergruppen (»Lustwäldchen«).
Bündelpfeiler: In der Gotik beliebte → Pfeilerform. Um Kernpfeiler gruppieren sich kleinere und größere Dreiviertelpfeiler.

Cella: Hauptraum des antiken Tempels mit dem Götterbild.
Chor: Der meist erhöhte und in der Regel östlich gelegene Abschluß des Kirchenraumes. Der Chor hat meist nicht die gleiche Breite wie das → Schiff. Er dient zur Aufnahme des → Altars. Im Mittelalter war der Chor oft durch Schranken zum übrigen Kirchenraum abgegrenzt.
Chorgestühl: Sitzreihen für die Geistlichkeit bzw. in Klosterkirchen für die Mönche und Nonnen, zu beiden Seiten des → Chors aufgestellt.
Chorumgang: Ein Gang, der durch die Fortführung der Seitenschiffe entsteht und um den → Chor herumführt.
Cosmatentechnik: Mosaikarbeiten, meist ornamental aus Marmor angefertigt.

Dachreiter: Türmchen über dem Dachstuhl.
Dienste: Dünne Säulen oder Rundstäbe, die einer Wand oder einem Pfeiler vorgelagert sind, meist zur Unterstützung des Gewölbes.
Diptychon: Zusammenklappbare zweiteilige (Altar-)Tafel.
Directoire-Stil: Französischer Kunststil während der Herrschaft des Direktoriums (1795–99), Anlehnung an die Antike.
Donjon: Befestigter Haupt- und Wohnturm mittelalterlicher französischer Burgen.
Doppelkapelle: Eine zweigeschossige Kapelle.
Dorische Säulenordnung: → Ordnung, bei der die → Säulen ohne → Basis direkt auf den Boden gesetzt sind und flache, wulstförmige → Kapitelle tragen.

Empire-Stil: Klassizistischer Kunststil in Frankreich zu Beginn des 19 Jh., mit griechisch-römischen und ägyptischen Vorbildern.
Enclos Paroissial: Kirchplatz (eingefriedet), in Frankreich oft mit Kalvarienberg.
Englischer Gruß: Verkündigung des Engels an Maria.
Epitaph: Gedenktafel oder Gedenkstein an Wand oder Pfeiler, oft über dem Grab des Verstorbenen.
Eremitage: Pavillon in Park- und Gartenanlagen, einsam gelegenes Schloß.
Eselstreppe: Stufenloser Aufgang eines Turms, vermutlich benutzt, um Esel das Baumaterial hinauftragen zu lassen. Daher sog. Eselstürme an mittelalterlichen Domen.
Exedra: Apsis, überwölbt mit einem Kuppelausschnitt.
Fassung: Bemalung.
Fayence: Töpferwaren mit Glasurüberzug, benannt nach der italienischen Stadt Faënza.
Fiale: Ziertürmchen in der → Gotik; oft als Bekrönung eines → Strebepfeilers.
Figurenkapitell: Das → Kapitell einer Säule, das zu einer Figur ausgearbeitet worden ist.
Filigranwerk: Ursprünglich Goldschmiedearbeit, bei der Gold- und Silberdraht ornamentartig auf eine Metallunterlage gelötet werden. Auch auf vielfach durchbrochene Schnitzwerke und Stukkaturen übertragen.
Fischblase: Flammenförmige Ornamentform im gotischen → Maßwerk.
Flamboyant-Stil: Bezeichnung für die Stilform der englischen und französischen Spätgotik mit flammenden Ornamenten (→ Fischblase) im → Maßwerk.
Fries: Schmuckstreifen zum Abschluß oder als Untergliederung einer Wand. Der Fries kann flächig oder plastisch sein, er kann aus Figuren oder → Ornamenten bestehen.

Gaden: In der Architektur Bezeichnung für Obergeschoß.
Gaube: Als Giebelhäuschen ausgebildetes Dachfenster.
Gebundenes System: Quadratisches Schema eines Grundrisses (vorwiegend in romanischen Kirchen). Ausge-

hend von der quadratischen 6 Vierung sind jeweils gleichgroße Gewölbequadrate in allen Richtungen angefügt. In den Seitenschiffen entsprechen jeweils zwei kleinere Gewölbequadrate den größeren Quadraten des Mittelschiffes.
Gesims: Ein vorspringender Wandabschluß.
Gesprenge: Abschließende Bekrönung des → Altaraufsatzes.
Gobelin: Bildteppich.
Gotik: Epoche der europäischen Kunst und Kultur, die von der Mitte des 12. Jh. bis ins 16. Jh. reicht.
Grisaille: Malerei in verschiedenen Grauabstimmungen.
Gurtbogen: Eine konstruktive und dekorative Unterstützung des Gewölbeabschnitts, die sich rippenartig als Bogen quer zur Längsachse spannt.

Hallenchor: Ein → Chor, der aus mehreren, jedoch gleichhohen → Schiffen besteht.
Halsgraben: Künstlich geschaffener Graben, der Burgen vom Landrücken trennt. Oft auch Zugang über Zugbrükken.
Heim: Der Abschluß eines Turmes.

Ikonostasis: In der Ostkirche Bilderwand zwischen Allerheiligstem und Gemeinderaum.
Immaculata: Die Unbefleckte, Ehrenname Marias.
Ionische Säulenordnung: → Ordnung, bei der die → Säulen auf einer mehrgliedrigen → Basis stehen und das → Kapitell durch zwei Schneckenbögen charakterisiert ist.
Joch: Grundeinheit des durch → Pfeiler, → Säulen oder → Gurtbogen gegliederten Raumes.

Kalotte: Gewölbte Kuppel in Form eines Kugelabschnitts.
Kalvarienberg, *Calvaire:* Plastische Darstellung der Kreuzigungsgruppe und des Kreuzigungsberges, oft Wallfahrtsort.
Kamee: Stein oder Edelstein mit erhaben geschnittener Darstellung.
Kampanile, *Campanile:* (meist freistehender) Glockenturm.
Kämpfer: Steinplatte zwischen → Säule bzw. → Kapitell und Bogen oder Gewölbe.
Kannelüren: Senkrechte Rillen am Schaft von Säulen oder Pfeilern.
Kanon: Regelmäßiges, wiederkehrendes Maß.
Kapitelsaal: Versammlungsraum der Klostergemeinde.
Kartusche: Zierrahmen, mit dem Wappen, Initiale oder Inschriften eingefaßt sind.
Karyatide: → Gebälk tragende Figur.
Kassettendecke: Diese in rechteckige Felder unterteilte Decke ist durch → Ornamente, Bemalung oder anderen Schmuck ausgeprägt.
Kenotaph: Grabdenkmal, an anderer Stelle errichtet als das tatsächliche Grab.
Klassizismus: Von klassisch-antiken Vorbildern ausgehende Stilrichtung, die zwischen etwa 1770 bis etwa 1830 ihren Höhepunkt erreichte.
Klostergewölbe: (Haubengewölbe): Ein kuppelähnliches, waagrecht gerade abschließendes Gewölbe aus Tonnenabschnitten.
Knorpelstil: Die vorbarocke Form des → Ornaments, aus dem → Beschlagwerk entwickelt, mit ohrmuschelartigen Formen.
Knospenkapitell: Abwandlung des → korinthischen Kapitells in frühgotischer Zeit.
Konche: Halbrunder, sich in einen Nebenraum öffnender Raum, besonders Halbkuppel der Apsis.
Kopfreliquiar: → Reliquiar in Kopf- oder Büstenform.
Korbbogen: Flachgedrückter Rundbogen.
Korinthische Säulenordnung: Reiche Zierformen kennzeichnen bei dieser → Ordnung die → Kapitelle. Die → Basis ähnelt der → ionischen Ordnung.
Kragstein: Aus der Mauer herausragender Stein, der als Stütze, als Auflage oder auch nur als Träger für eine Büste dient.
Kreuzgewölbe: Ein → Gewölbe, bei dem sich zwei → Tonnengewölbe rechtwinklig kreuzen. Man unterscheidet das einfache Kreuzgratgewölbe von dem Kreuzrippengewölbe, bei welchem die Schnittkanten durch Rippen verstärkt sind.

Laterne: Kleiner Turm zum Abschluß einer Kuppel, meist reich verziert.
Laubengang: Bogengang, der dem Erdgeschoß eines Baus vorgelagert ist.
Leibung: Fläche des Mauereinschnitts bei Fenstern und Türen.
Lettner: Wand oder Brüstung zwischen → Chor und → Mittelschiff, die den klerikalen Bereich vom Laienraum trennt.
Loggia: Nach außen geöffnete Säulenhalle eines Bauwerks, häufig im Obergeschoß.
Lünette: Halbkreisförmiges Feld über Türen und Fenstern, oft mit Malerei oder Plastik.

Manierismus: Kunststil zwischen → Renaissance und → Barock (ungefähr von 1530–1630). Der Manierismus vernachlässigt natürliche und »klassische« Formen zugunsten gewollter Künstlichkeit der Manier.
Maßwerk: Gotische geometrische Zierformen, vor allem für die Ausgestaltung von Fensterbögen oft verwendet. Liegen die Zierbogen direkt auf der Wand, spricht man von Blendmaßwerk.
Menhir: Roh behauener, senkrecht aufgestellter Stein aus vorgeschichtlicher Zeit.
Mezzanin: Halb- oder Zwischengeschoß.
Mönchschor: Jener Teil des → Chores, der den Mönchen vorbehalten ist, oft abgeschlossen.
Muschelwerk: Zierornamente, die dem Muschelmotiv nachempfunden sind; vor allem in der späten → Renaissance und im → Rokoko.

Narthex: Vorhalle von Basiliken und Kirchen.
Netzgewölbe: Ein → Gewölbe, bei dem sich die Rippen mehrfach kreuzen. Vor allem zur Zeit der → Gotik anzutreffen.
Neubarock: Reaktion auf den kühlen → Klassizismus. Die Wiederverwendung der Formen des → Barock entwickelte sich im letzten Drittel des 19. Jh. als ein historisierender Prunkstil mit übertriebenem plastischem Schmuck und auffälligen Farben.
Neugotik (Neogotik): Historisierender Kunststil, mit dem man im 19. Jh. die Bauformen und Schmuckornamente der → Gotik neu beleben wollte.
Nonnenchor: → Empore, auf der Nonnen dem Gottesdienst beiwohnen.

Odeon: Meist rundes Gebäude, in dem musikalische und andere musische Aufführungen stattfinden.
Oktogon: Gebäude mit achteckigem Grundriß.
Olifant: Das Wunderhorn Rolands, ein Signal- und Kriegshorn aus Elfenbein, reich geschnitzt und in Edelmetall gefaßt.
Ophistodom: Beim griechischen Tempel Raum hinter der → Cella.
Orangerie: Teil barocker Schloß- und Parkanlagen, ursprünglich für die Überwinterung der während des Sommers im Freien aufgestellten Orangenbäume und anderer südlicher Gewächse gedacht. Oft erhielten die Orangerien jedoch Festräume für große Hofgesellschaften.
Oratorium: Kleine Kapelle, die in der Regel nicht für die Öffentlichkeit zugänglich ist, oft dem → Chorraum angegliedert.
Ordensburg: Burgen des Deutschen Ritterordens, vornehmlich in Preußen und Livland. Die vierflügeligen Anlagen sind um einen Innenhof gruppiert und durch sehr starke Befestigungsanlagen geschützt. Kloster, Garnison und Verwaltung sind in den Ordensburgen gemeinsam untergebracht gewesen.
Ottonische Kunst: Kunst aus der Zeit der Könige Otto I., Otto II. und Otto III. (936–1002). Anreger und Finanziers dieser Kunst waren die Könige sowie Würdenträger der Kirche.

Pagode: Süd- und ostasiatischer Reliquienschrein und Tempel.
Pala: Altaraufsatz.
Palas: Wohnbau einer Burg.
Pallium: Ein mantelähnlicher Umhang der Römer, im Mittelalter Krönungsmantel für Könige und Kaiser, später auch bei Erzbischöfen.
Paneel: Brusthohe Holzvertäfelung.
Panorama: In der Kunst ein Rundgemälde, vor allem zur Darstellung von Schlachten und Städteansichten.
Pantheon: Den Göttern geweihter Tempel. Nach dem Vorbild des Pantheons in Rom (Rundbau).
Paradies: → Atrium.
Patio: Innenhof des Hauses, vor allem in Spanien.
Pavillon: Meist mehreckiger oder runder Bau in Parkanlagen. Bei Barockschlössern verbinden sehr häufig Eckpavillons den Hauptbau mit den davon abzweigenden → Galerien.
Pergola: Offener Laubengang aus einer Holzkonstruktion; an den Balken ranken sich Pflanzen empor.
Peripteros: Griech. Tempel mit einem Säulengang rundum.

Pesel: Wohnraum und Zentrum norddeutscher Bauernhäuser.
Pfalz: Wohnstatt für Könige und Kaiser, die im Mittelalter nicht an einem Ort residierten, sondern ihren Sitz regelmäßig wechselten.
Pfeiler: Stützglied wie die → Säule, doch von recht- oder mehreckigem Grundriß.
Pfeilerbasilika: Die Bogen des → Schiffes der → Basilika liegen auf → Pfeilern.
Pilaster: → Pfeiler, der aus einer Wand hervortritt (Halbpfeiler), mit → Basis und → Kapitell.
Polygon: Vieleck.
Polyptychon: Ein aus mehreren Tafeln (Flügeln) zusammengesetztes (Altar-) Bild.
Portikus: Von → Pfeilern gestützte Vorhalle.
Postament: Sockel eines Standbildes.
Predella: Unterbau des → Altars.
Presbyterium: Ursprünglich »Raum der Priester«, heute allgemeine Bezeichnung für den → Chor bzw. die → Apsis einer Kirche.
Pronaos: Vorhalle des antiken Tempels (auch christliche Kirchengebäude).
Propyläen: Die Eingangshalle monumentaler Bauten. Vorbild späterer Bauten waren die Propyläen auf der Akropolis in Athen (entstanden 437 bis 432 v. Chr.).
Prothyros: Einfriedung vor der Tür des römischen Hauses.
Pylon: Eingangstor bei griech. Tempeln und Palästen.
Quader: Behauener Block aus massivem Stein.
Quadriga: Ein vierspänniger Wagen.
Querhaus oder **Querschiff:** Raum in der Kirche, quer zum → Langhaus (→ Basilika).
Querschnitt: Ein gedachter Schnitt quer durch ein Gebäude zur Darstellung der Architektur.

Refektorium: Speiseraum in Klöstern.
Régence-Stil: Französischer Kunststil. Übergang vom Barock zum Rokoko.
Reliquiar: Behälter, in dem die Reliquien eines Heiligen aufbewahrt werden.
Remter: Speisesaal einer → Ordensburg (→ Refektorium).
Renaissance: Stilbezeichnung für die bildende Kunst ab etwa 1500 bis etwa 1600. Die Renaissance fällt zusammen mit dem Ende des mittelalterlichen Weltbilds und dem Beginn einer neuen, an der Antike orientierten Lebenshaltung (ital. rinascimento = Wiedergeburt).
Retabel: → Altarretabel.
Risalit: Aus der Fluchtlinie vortretender Teil eines Gebäudes, der dessen volle Höhe erreicht.
Rocaille: Reich gestaltete, muschelähnliche → Kartusche, die namengebend für das → Rokoko wurde.
Rokoko: Stilbezeichnung für die Zeit des ausklingenden → Barock (etwa 1720–70), mit eleganten, leichten oft verspielten, vor allem ovalen Formen.
Romanik: Die zusammenfassende Bezeichnung für die Kunst vom Jahr 1000 bis ins 13. Jh. In ihren Bauwerken ist die Romanik bestimmt von Rundbogen, ruhigen Ornamenten und einer insgesamt schweren Haltung.
Romantik: Kunstrichtung zu Beginn des 19. Jh., die sich vor allem in der Literatur (Märchen), Malerei und Musik ausbreitete. Sie nimmt Formen und Motive des Mittelalters wieder auf und bedeutet eine Abkehr von den rationalen Normen des → Klassizismus.
Rose: Ein stark gegliedertes Rundfenster über dem Portal mit reichem → Maßwerk, vor allem bei gotischen Kirchen.
Rotunde: Rundbau.
Rustika: Mauern aus → Quadern, deren Schauseite absichtlich unbehauen geblieben ist.
Saalkirche: Stützenfreier Kircheninnenraum, also ohne → Seitenschiff.
Sakramentshäuschen: Gehäuse zur Aufbewahrung der geweihten Hostien. In der späten → Gotik entstanden zahlreiche große Sakramentshäuschen, die teilweise zu bedeutenden Kunstwerken ausgestaltet sind.
Säkularisation: Umwandlung geistlicher Besitztümer in weltliche, vor allem in der Zeit unter Napoleon (1803).
Satteldach: Von zwei schräg gegeneinander gestellten Flächen gebildetes Dach. Die 2 Giebel befinden sich an den Schmalseiten.
Säulenbasilika: → Basilika, die von → Säulen gestützt wird (im Gegensatz zur → Pfeilerbasilika).
Schalldeckel: → Kanzel.
Sepultur: Für Begräbnisstätten reservierter Kirchenraum.
Sgraffito: Kratzputz.
Spiegelgewölbe: Ein langgestrecktes → Klostergewölbe, das im Scheitel mit einer waagrechten Fläche schließt.
Sprengwerk: → Gesprenge.
Stabwerk: Senkrechte Stäbe zur Gliederung gotischer Fenster und Fassaden (→ Maßwerk).
Staffelgiebel: Giebel mit treppenartiger Stufung, auch Treppen- oder Stufengiebel.
Stichkappengewölbe: Ein von dreieckigen Kugelflächen eingeschnittenes → Tonnengewölbe.
Stuck: Ein leicht formbarer Werkstoff aus Gips, Kalk, Sand und Wasser, der vor allem im 17./18. Jh. zur plastischen Ausschmückung von Innenräumen gedient hat.

Tabernakel: Altargehäuse für die Hostie.
Tambour: Unterbau einer Kuppel, in der Regel zylindrisch oder polygonal.
Terrakotta: Gebrannte, unglasierte Tonerde.
Tonnengewölbe: → Gewölbe, das einer Tonne gleicht, die in Längsrichtung durchgeschnitten wird.
Transenne: In die Fensteröffnungen eingefügte Holz- oder Steinplatten (Vorläufer der Fensterverglasung).
Triforium: Laufgang in der Wand unter den Fenstern von Mittelschiff, Querschiff und Chor, besonders in gotischen Kirchen.
Triptychon: Dreiteiliges Altarbild.
Trompe l'œil: Spezielle Art der Darstellung, bei der Gegenstände so täuschend ähnlich gemalt sind, daß sie dem Auge als Wirklichkeit erscheinen.
Tudorstil: Baustil, der Elemente der → Gotik und der → Renaissance verbindet; benannt nach der englischen Familie Tudor (etwa um 1530 bis um 1600).
Tumba: Aufbau über einer Grabstelle.
Tympanon: Das Bogenfeld über dem mittelalterlichen Portal.

Verblendung: Verkleidung von Bauteilen, die nicht sichtbar sein sollen.
Vesperbild: Pieta.
Vierung: Die Stelle, an der sich → Lang- und → Querhaus kreuzen.
Volute: Spiralenförmiges → Ornament.

Weicher Stil: Spezifische Erscheinung in der deutschen Malerei und Plastik der Spätgotik mit fließenden Gewandfalten und zartem Gesichtsausdruck.
Westwerk: Monumentaler Westabschluß bei Kirchen aus karolingischer, ottonischer und romanischer Zeit. Als Kirche für den Herrscher vorgesehen und deshalb oft auch mit einem eigenen Altar ausgestattet.
Würfelkapitell: Aus der Durchdringung von Würfel- und Kugelform entwickeltes → Kapitell der romanischen Stilepoche.

Zackenstil (auch: Knitterstil): In der Spätgotik, sogar bereits in der Spätromanik auftretender Stil, Falten an (Schnitz-)Figuren sehr scharf (zackig, knitterig) zu gestalten.
Ziborium (auch Ciborium): Großer von Säulen getragener steinerner → Baldachin über dem → Altar.
Zopfstil: Stilrichtung aus der Zeit zwischen → Rokoko und → Klassizismus (etwa um 1760–80); geprägt von strenger Ausdrucksweise.
Zwerchhaus: Dachhäuschen mit einem Giebel, der quer zum Hauptdach steht.
Zwerggalerie: Gang in der Außenmauer unter dem Dachgesims: nach außen geöffnet und meist reich verziert.
Zwinger: Das Gelände zwischen den inneren und äußeren Mauern der mittelalterlichen Stadtbefestigungen. Hier wurden oft Tiere gehalten. Im → Barock errichtete man an dieser Stelle dann oft Vergnügungsstätten.

Künstlerregister

Ortsregister

Abkürzungen

bes.	besonders
burgund.	burgundisch
christl.	christlich
d. Ä.	der Ältere
Dép.	Département
d. J.	der Jüngere
d. Gr.	der Große
d. h.	das heißt
dt.	deutsch
ehem.	ehemalig(e)
eigtl.	eigentlich(e)
europ.	europäisch
fränk.	fränkisch
franz.	französisch
galloröm.	gallorömisch
gegr.	gegründet
got.	gotisch
griech.	griechisch
Hl., hl.	Heilige(r), heilig(e)
ital.	italienisch
Jh.	Jahrhundert
Jtd.	Jahrtausend
kath.	katholisch
kelt.	keltisch
km	Kilometer
l	links
lat.	lateinisch
m	Meter
ma	mittelalterlich
MA	Mittelalter
N	Norden, Nord-
n	nördlich
O	Osten, Ost-
ö	östlich
qm	Quadratmeter
r	rechts
röm.	römisch
roman.	romanisch
S	Süden, Süd-
s	südlich
sog.	sogenannt(e)
u. a.	und andere, unter anderem
u. ä.	und ähnliche
urspr.	ursprünglich
usw., etc.	und so weiter
v.	von
versch.	verschieden(e)
vgl.	vergleiche
W	Westen, West-
w	westlich
z. B.	zum Beispiel
zugeschr.	zugeschrieben
z. T.	zum Teil

Anschluß-Seite 320

Anschluß-Seite 322

C
D
4°
Nogent-s-S.
Marcily-le-Hayer
SEINE
Fleurigny
Troyes
Estissac
Vauluisant
Aix-en-Othe
1
Villeneuve-l'Archevêque
Cerisiers
Bar-s-Seine
Dixmont
T.G.V.
Neuvy-Sautour
Ervy-le-Châtel
Chaource
Anschluß-Seite 319
Brienon-sur-Armançon
Joigny
Saint-Florentin
les Riceys
Laroche-Saint-Cydroine
YONNE
Flogny-la-Chapelle
Armançon
Molesmes
Pontigny
Vertault
Molosmes
Maulnes
Laduz
Appoigny
Seignelay
Ligny-le-Châtel
Serein
Aillant-s-Tholon
Cruzy-le-Châtel
Marcenay
Tonnerre
Tanlay
Laignes
Auxerre
Chablis
Ancy-le-Franc
2
Chitry-le-Fort
Poilly-sur-Serein
Gy-l'Évêque
Saint-Bris-le-Vineux
Escolives-Sainte-Camille
Irancy
Noyers-sur-Serein
Rougemont
Cravant
Vermenton
Nitry
Jouancy
Buffon
Sacy
YONNE
Châtel-Gérard
Régny
Courson-les-Carrières
Arcy-sur-Cure
89
Montbard
Mailly-le-Château
Montfort
l'Isle-s-S.
Saint-Moré
Yonne
Montréal
Grignon
Sermizelles
Moutiers-Saint-Jean
Lantilly
47°30'
Sauvigny-le-Bois
Époisses
Châtel-Censoir
Vault-de-Lugny
Guillon
Vézelay
Château de Bourbilly
Semur-en-Auxois
Clamecy
Pontaubert
Avallon
Chamoux
Saint-Père-sous-Vézelay
Sainte-Magnance
Fontenay-près-Vézelay
Pierre-Perthuis
Chastellux-sur-Cure
Bierre-lès-S.
Courcelles
Brèves
Saint-Léger-Vauban
Saint-André-en-Morvan
Lac de Crescent
Précy-sous-Thil
Amazy
Metz-le-Comte
Varzy
Bazoches
Quarré-les-Tombes
Tannay
Marigny-la-Ville
Sainte-Marie de la Pierre-qui-Vire
Château de Vésigneux
3
Saint-Martin-du-Puy
La Roche des Fées
Serein
Château de Pignol
Monceaux-le-Comte
Lormes
Saint-Agnan
Brinon-s-Beuvron
Château de Villemolin
Lac de Chaumeçon
Cure
Saulieu
Anschluß-Seite 322
C
Gorges de la Narvau
Brassy
4°
Saint-Brisson
D

Montier-en-Der
E
5°
F
Joinville
Brienne-le-Château
Doulevant-le-Château
Liffol-le-Grd.
Aube
Bar-s-Aube
Andelot
1
Bologne
Chaumont
Essoyes
Châteauvillain
Meuse
48°
Montigny-le-Roi
Marne
Arc-en-Barrois
Montigny-sur-Aube
Vix
Châtillon-sur-Seine
Aube
Langres
Leuglay
Ampilly-le-Sec
Recey-s-Ource
Auberive
Val-des-Choues
Longeau
2
Seine
Can. de la Marne à la Saône
Aignay-le-Duc
Villaines-en-Duesmois
Grancey-le-Château
Champlitte
Selongey
ssy-le-Grand
CÔTE-D'OR
21
Bussy-Rabutin
lise-Sainte-Reine
Fontaine-Française
Til-Châtel
Flavigny-sur-Ozerain
47°30'
Autrey-lès-Gray
Les Sources de la Seine
Salmaise
Gemeaux
Bèze
Gray
Beaumont-sur-Vingeanne
Posanges
Saint-Seine-l'Abbaye
Étaules
Vitteaux
Mirebeau-sur-Bèze
Saône
Saint-Thibault
Lantenay
Fontaine-lès-Dijon
Talmay
Grosbois-en-Montagne
Talant
Mâlain
Dijon
3
Sombernon
Pontailler-s-Saône
Pesmes
ailly-sur-Armançon
Chenôve
Échannay
Montculot
Rouvres-en-Plaine
23 und 324
Commarin
E
Fixey
Fixin
F
Anschluß-Seite 324

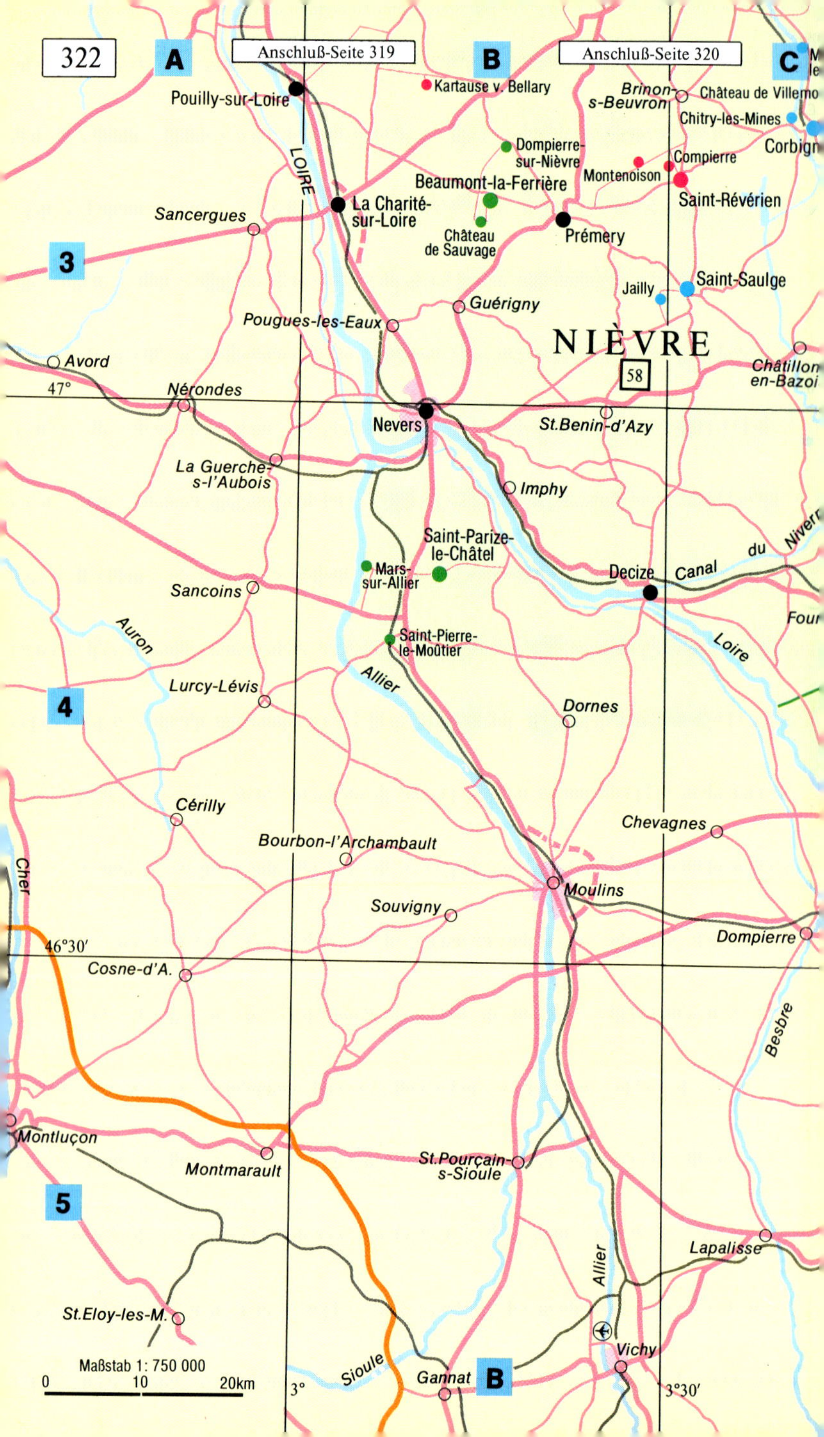
A
B
C
3
4
5
Anschluß-Seite 319
Anschluß-Seite 320
Pouilly-sur-Loire
Kartause v. Bellary
Brinon-s-Beuvron
Château de Villemo
Chitry-les-Mines
Corbign
LOIRE
Dompierre-sur-Nièvre
Montenoison
Compierre
Beaumont-la-Ferrière
Saint-Révérien
La Charité-sur-Loire
Sancergues
Château de Sauvage
Prémery
Jailly
Saint-Saulge
Guérigny
Pougues-les-Eaux
NIÈVRE
58
Avord
Châtillon en-Bazoi
47°
Nérondes
Nevers
St.Benin-d'Azy
La Guerche-s-l'Aubois
Imphy
Saint-Parize-le-Châtel
Canal du Niverr
Mars-sur-Allier
Decize
Sancoins
Four
Auron
Saint-Pierre-le-Moûtier
Loire
Allier
Lurcy-Lévis
Dornes
Cérilly
Chevagnes
Bourbon-l'Archambault
Cher
Moulins
Souvigny
Dompierre
46°30'
Cosne-d'A.
Besbre
Montluçon
Montmarault
St.Pourçain-s-Sioule
Lapalisse
Allier
St.Eloy-les-M.
Vichy
Maßstab 1: 750 000
0
10
20km
3°
Sioule
Gannat
3°30'

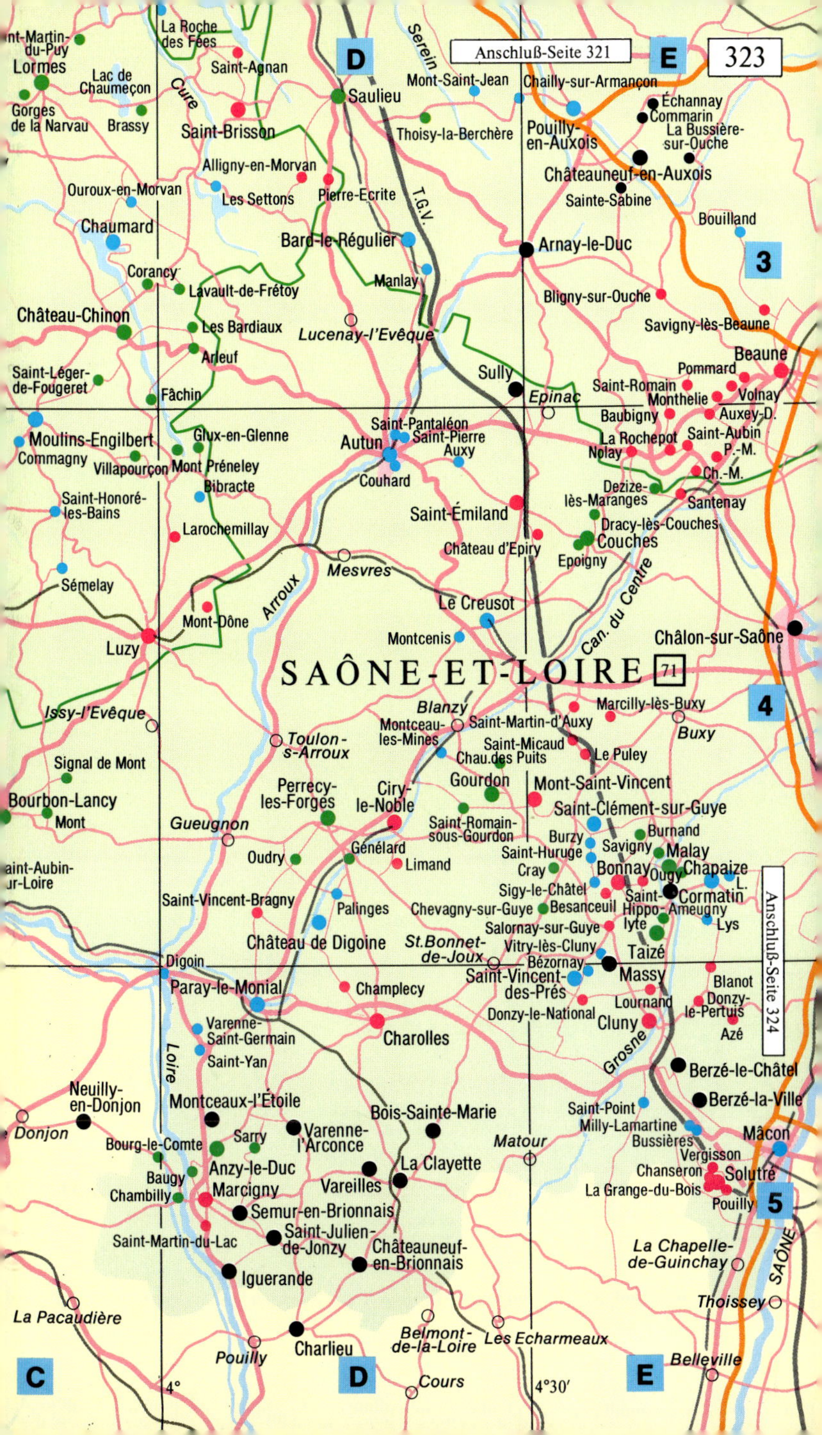
Anschluß-Seite 321
D
E
3
4
5
C
D
E
Anschluß-Seite 324
4°
4°30′
SAÔNE-ET-LOIRE
71
Saint-Martin-du-Puy
Lormes
Gorges de la Narvau
Lac de Chaumeçon
Brassy
La Roche des Fées
Saint-Agnan
Cure
Saint-Brisson
Saulieu
Serein
Mont-Saint-Jean
Thoisy-la-Berchère
Chailly-sur-Armançon
Pouilly-en-Auxois
Échannay
Commarin
La Bussière-sur-Ouche
Châteauneuf-en-Auxois
Sainte-Sabine
Bouilland
Alligny-en-Morvan
Les Settons
Pierre-Ecrite
Ouroux-en-Morvan
Chaumard
T.G.V.
Bard-le-Régulier
Arnay-le-Duc
Corancy
Lavault-de-Frétoy
Manlay
Bligny-sur-Ouche
Château-Chinon
Les Bardiaux
Lucenay-l'Evêque
Savigny-lès-Beaune
Arleuf
Beaune
Saint-Léger-de-Fougeret
Fâchin
Sully
Epinac
Pommard
Saint-Romain
Monthelie
Volnay
Baubigny
Auxey-D.
Moulins-Engilbert
Commagny
Villapourçon
Glux-en-Glenne
Mont Préneley
Bibracte
Saint-Pantaléon
Autun
Saint-Pierre
Auxy
Couhard
La Rochepot
Nolay
Saint-Aubin
P.-M.
Ch.-M.
Dezize-lès-Maranges
Santenay
Saint-Honoré-les-Bains
Larochemillay
Saint-Émiland
Château d'Epiry
Dracy-lès-Couches
Couches
Epoigny
Sémelay
Mesvres
Arroux
Le Creusot
Can. du Centre
Mont-Dône
Luzy
Montcenis
Châlon-sur-Saône
Issy-l'Evêque
Blanzy
Montceau-les-Mines
Saint-Martin-d'Auxy
Marcilly-lès-Buxy
Buxy
Toulon-s-Arroux
Saint-Micaud
Chau.des Puits
Le Puley
Signal de Mont
Gourdon
Mont-Saint-Vincent
Bourbon-Lancy
Mont
Perrecy-les-Forges
Ciry-le-Noble
Saint-Clément-sur-Guye
Gueugnon
Saint-Romain-sous-Gourdon
Burzy
Burnand
Savigny
Malay
Saint-Aubin-sur-Loire
Oudry
Genélard
Limand
Saint-Huruge
Cray
Bonnay
Ougy
Chapaize
Sigy-le-Châtel
Saint-
Cormatin
L.
Saint-Vincent-Bragny
Palinges
Chevagny-sur-Guye
Besanceuil
Hippo-
Ameugny
Lys
Salornay-sur-Guye
lyte
Château de Digoine
St.Bonnet-de-Joux
Vitry-lès-Cluny
Taizé
Bézornay
Digoin
Saint-Vincent-des-Prés
Massy
Blanot
Paray-le-Monial
Champlecy
Lournand
Donzy-le-Pertuis
Donzy-le-National
Cluny
Azé
Varenne-Saint-Germain
Charolles
Grosne
Loire
Saint-Yan
Berzé-le-Châtel
Neuilly-en-Donjon
Montceaux-l'Étoile
Bois-Sainte-Marie
Saint-Point
Berzé-la-Ville
Milly-Lamartine
Donjon
Bussières
Mâcon
Matour
Bourg-le-Comte
Sarry
Varenne-l'Arconce
Vergisson
Anzy-le-Duc
La Clayette
Chanseron
Solutré
Baugy
Marcigny
Vareilles
La Grange-du-Bois
Chambilly
Pouilly
Semur-en-Brionnais
Saint-Julien-de-Jonzy
Saint-Martin-du-Lac
Châteauneuf-en-Brionnais
La Chapelle-de-Guinchay
Iguerande
SAÔNE
Thoissey
La Pacaudière
Belmont-de-la-Loire
Les Echarmeaux
Pouilly
Charlieu
Belleville
Cours

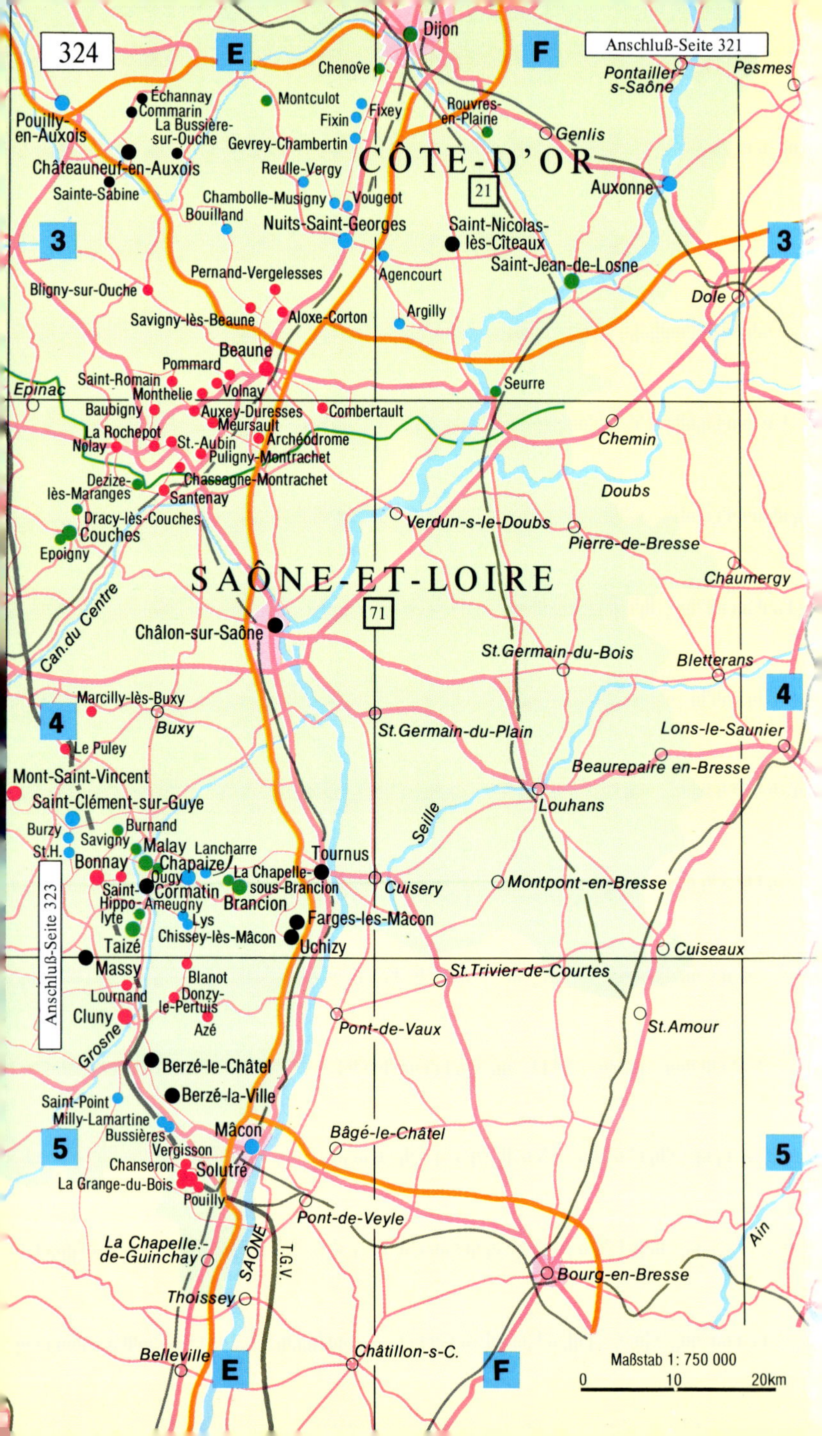
Anschluß-Seite 321
Anschluß-Seite 323
E
F
3
4
5
CÔTE-D'OR
21
SAÔNE-ET-LOIRE
71
Dijon
Chenôve
Montculot
Fixey
Fixin
Gevrey-Chambertin
Rouvres-en-Plaine
Genlis
Pontailler-s-Saône
Pesmes
Pouilly-en-Auxois
Échannay
Commarin
La Bussière-sur-Ouche
Châteauneuf-en-Auxois
Sainte-Sabine
Reulle-Vergy
Chambolle-Musigny
Vougeot
Bouilland
Nuits-Saint-Georges
Saint-Nicolas-lès-Cîteaux
Auxonne
Agencourt
Saint-Jean-de-Losne
Dole
Pernand-Vergelesses
Bligny-sur-Ouche
Savigny-lès-Beaune
Aloxe-Corton
Argilly
Beaune
Pommard
Saint-Romain
Monthelie
Volnay
Epinac
Seurre
Baubigny
Auxey-Duresses
Meursault
Combertault
La Rochepot
Nolay
St.-Aubin
Archéodrome
Puligny-Montrachet
Chemin
Dezize-lès-Maranges
Chassagne-Montrachet
Santenay
Doubs
Dracy-lès-Couches
Couches
Epoigny
Verdun-s-le-Doubs
Pierre-de-Bresse
Chaumergy
Can. du Centre
Châlon-sur-Saône
St. Germain-du-Bois
Bletterans
Marcilly-lès-Buxy
Buxy
St. Germain-du-Plain
Lons-le-Saunier
Le Puley
Beaurepaire en-Bresse
Mont-Saint-Vincent
Saint-Clément-sur-Guye
Louhans
Burnand
Burzy
Savigny
Seille
St.H.
Malay
Lancharre
Tournus
Bonnay
Chapaize
La Chapelle-sous-Brancion
Ougy
Saint-Hippolyte
Cormatin
Cuisery
Montpont-en-Bresse
Ameugny
Brancion
Lys
Farges-les-Mâcon
Chissey-lès-Mâcon
Uchizy
Taizé
Cuiseaux
Massy
Blanot
St. Trivier-de-Courtes
Lournand
Donzy-le-Pertuis
Cluny
Azé
St. Amour
Pont-de-Vaux
Grosne
Berzé-le-Châtel
Berzé-la-Ville
Saint-Point
Milly-Lamartine
Bussières
Mâcon
Bâgé-le-Châtel
Vergisson
Chanseron
Solutré
La Grange-du-Bois
Pouilly
Pont-de-Veyle
Ain
La Chapelle-de-Guinchay
SAÔNE
T.G.V.
Bourg-en-Bresse
Thoissey
Belleville
Châtillon-s-C.
Maßstab 1: 750 000
0
10
20km

Knaurs
Kulturführer
in Farbe
Athen
und Attika

Knaurs
Kulturführer
in Farbe
Griechische
Inseln

Knaurs
Kulturführer
in Farbe
Großbritannien
und Irland

Knaurs
Kulturführer
in Farbe
London
und Umgebung

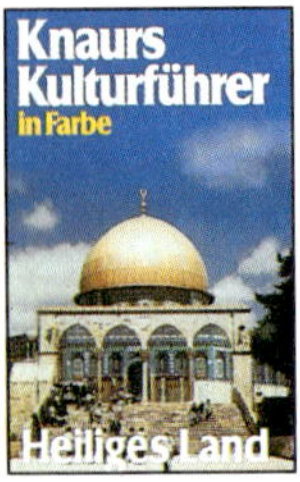
Knaurs
Kulturführer
in Farbe
Heiliges Land

Knaurs
Kulturführer
in Farbe
Holland

Knaurs
Kulturführer
in Farbe
Italien

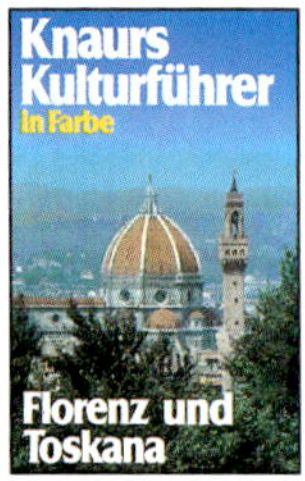
Knaurs
Kulturführer
in Farbe
Florenz und
Toskana

Knaurs
Kulturführer
in Farbe
Rom
und Latium

Knaurs
Kulturführer
in Farbe
Sizilien

Knaurs
Kulturführer
in Farbe
Südtirol

Knaurs
Kulturführer
in Farbe
Venedig
und Venetien

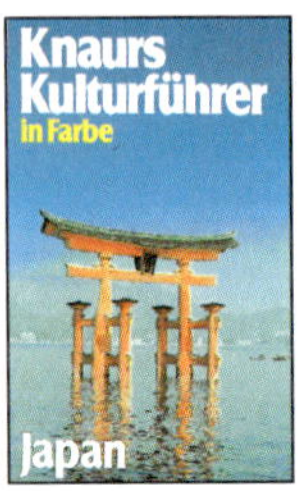
Knaurs
Kulturführer
in Farbe
Japan

Knaurs
Kulturführer
in Farbe
Jugoslawien

Knaurs
Kulturführer
in Farbe
Norwegen

Knaurs
Kulturführer
in Farbe
Österreich

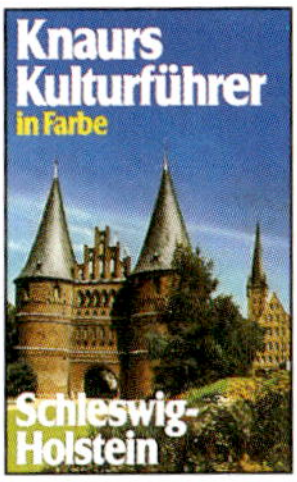
Knaurs
Kulturführer
in Farbe
Schleswig-
Holstein

Knaurs
Kulturführer
in Farbe
Schwarzwald

Knaurs
Kulturführer
in Farbe
Ägypten

Knaurs
Kulturführer
in Farbe
Belgien und
Luxemburg

Knaurs
Kulturführer
in Farbe
China

Knaurs
Kulturführer
in Farbe
Dänemark

Knaurs
Kulturführer
in Farbe
Deutsche
Demokratische
Republik

Knaurs
Kulturführer
in Farbe
Finnland

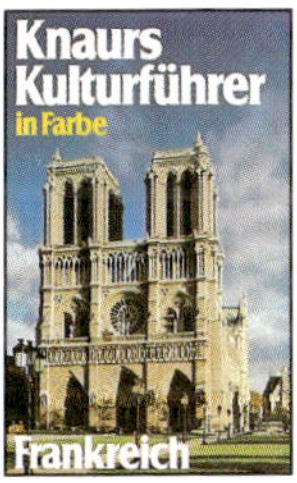
Knaurs
Kulturführer
in Farbe
Frankreich

Knaurs
Kulturführer
in Farbe
Bretagne

Knaurs
Kulturführer
in Farbe
Burgund

Knaurs
Kulturführer
in Farbe
Elsaß

Knaurs
Kulturführer
in Farbe
Paris
und Ile de France

Knaurs
Kulturführer
in Farbe
Provence
und die Côte d'Azur

Knaurs
Kulturführer
in Farbe
Tal der Loire

Knaurs
Kulturführer
in Farbe
Griechenland